Historische Grundlagen der Moderne
Historische Demokratieforschung

Herausgegeben von

Eckart Conze
Philipp Gassert
Peter Steinbach
Sybille Steinbacher
Benedikt Stuchtey
Andreas Wirsching

Margaretha Franziska Vordermayer

Justice for the Enemy?

Die Verteidigung deutscher Kriegsverbrecher
durch britische Offiziere in Militärgerichtsprozessen
nach dem Zweiten Weltkrieg (1945–1949)

© Titelbild: ullstein bild – TopFoto
London solicitors defend Belsen criminals.
Luneberg, Germany: A photo of Major T. C. M. Winfield [sic: Winwood] (left) who de-
fends Josef Kramer at the Belsen trial here and Major L. S. W. Cranfield who defends
SS woman Irma Grese. The British solicitors were chosen by the German war criminals
17 September 1945.

Die Deutsche Nationalbibliothek verzeichnet diese Publikation in
der Deutschen Nationalbibliografie; detaillierte bibliografische
Daten sind im Internet über http://dnb.d-nb.de abrufbar.

Zugl.: München, Univ., Diss., 2016

ISBN 978-3-8487-6021-3 (Print)
ISBN 978-3-7489-0141-9 (ePDF)

1. Auflage 2019
© Nomos Verlagsgesellschaft, Baden-Baden 2019. Gedruckt in Deutschland. Alle Rechte,
auch die des Nachdrucks von Auszügen, der fotomechanischen Wiedergabe und der
Übersetzung, vorbehalten. Gedruckt auf alterungsbeständigem Papier.

Meiner Mutter,
J. Katharina Geier

Ihr hättet Nein sagen müssen.
Fritz Bauer, 1946

Vermöge der Tatsache nämlich, daß nicht jeder Mensch seinen seelischen
Raum wie ein Schneckenhaus, d.h. getrennt von andern bewohnt, sondern
durch sein unbewußtes Menschsein allen andern Menschen verbunden ist, so
kann ein Verbrechen nie, wie es zwar unserem Bewusstsein erscheint, allein
für sich, d.h. als isoliertes und isolierbares, psychisches Faktum geschehen,
sondern es geschieht im weitern Umkreis.
C. G. Jung, 1945

Vorwort und Dank

Keine Leistung beruht allein auf dem Schaffen einer Einzelnen, so auch diese Arbeit.

Die Basis und Voraussetzungen, überhaupt jemals akademisch arbeiten zu können, hat mir in allen Belangen meine Mutter J. Katharina Geier ermöglicht und geöffnet. Ihr Vorbild, ihre allumfassende Unterstützung, ihr bedingungsloses Vertrauen und ihre wahrhaftige Stärke haben mich alles gelehrt und mich mehr bestärkt und beflügelt, als es Worte je sagen könnten – für das geschenkte Urvertrauen, die Liebe und das Durchhaltevermögen bedanke ich mich von ganzem Herzen bei der Frau, die ich am meisten bewundere, meiner Mutter. Ohne sie wäre diese Studie nie geschrieben worden, ihr ist dieses Buch gewidmet.

Dass Zusammenhalt und Wetteifer keine Gegensätze, sondern zwei Seiten derselben Medaille sind, durfte ich durch meine Brüder Paul und Maximilian erfahren – Danke für das stetige Mit- und Aneinanderwachsen.

Das unerhörte Glück, in allem am gleichen Strang zu ziehen, erfahre ich tagtäglich durch meinen Ehemann Thomas, der die Arbeit in unzähligen Stunden Korrektur gelesen hat und über die Jahre in immerwährendem Gedankenaustausch wesentlich bei der Verwirklichung geholfen hat – Danke für die Liebe und den unerschütterlichen Glauben an mich.

Die vorliegende Studie wurde im Juli 2016 von der Ludwig-Maximilians-Universität als Dissertation angenommen. Für die vielfältig erfahrene Unterstützung möchte ich mich an dieser Stelle sehr herzlich bei allen Kolleg*innen und Betreuer*innen an der Universität Augsburg, der LMU München und dem Institut für Zeitgeschichte München-Berlin bedanken.

Für die Betreuung meiner Arbeit gilt mein Dank zunächst meinem Doktorvater Prof. Dr. Andreas Wirsching und seiner Förderung seit der Augsburger Studienzeit. Für konstruktive Anregungen danke ich ebenso Prof. Dr. Margit Szöllösi-Janze, die meine Doktorarbeit als Zweitgutachterin begleitet hat. Prof. Dr. Susanne Lepsius vertrat in meiner Disputation die Rechtsgeschichte.

Für ihren Ansporn und Rat bin ich zudem Prof. Dr. Elke Seefried und dem Kreis der damals angehenden Augsburger Zeitgeschichtshistoriker*innen zu Dank verpflichtet. Für die Aufnahme in die Schriftenreihe „Historische Grundlagen der Moderne" des Nomos Verlags danke ich Prof. Dr. Eckart Conze sehr herzlich.

Das Deutsche Historische Institut London förderte meine Arbeit bei einem Aufenthalt in London finanziell und unterstütze mich insbesondere bei den Archivrecherchen in den National Archives, Kew, London sehr. Eine enorme Hilfe während der Promotionsphase war mir das Mentoring-Programm für Nachwuchswissenschaftlerinnen UniMento an der Universität Augsburg. Hier möchte ich ganz besonders den durch Prof. Dr. Mathias Mayer erhaltenen Rat hervorheben.

Dr. Wolfgang Form, Geschäftsführer des Forschungs- und Dokumentationszentrums für Kriegsverbrecherprozesse an der Philipps-Universität Marburg, danke ich herzlich für sein Interesse, die klugen Anregungen und den unbürokratischen Zugang zu dem für diese Studie immens bedeutsamen Quellenmaterial des ICWC. Der fachliche Austausch am dortigen Forschungskolloquium wie auch die vielen konstruktiven Gespräche haben meine Arbeit wesentlich vorangebracht.

Bei meinem ersten akademischen Lehrmeister Prof. Dr. Jörg Wesche, der die unvergleichliche Gabe besitzt, einem selbst mit den einfachsten Dingen Wertschätzung zuteilwerden zu lassen, bedanke ich mich für die Begleitung bei den ersten Schritten in der Wissenschaft und die so immens wichtige Ermutigung an der Universität Augsburg.

Für die einmalige Chance, in einem akademisch höchst anregenden und geradezu horizonterweiternden historisch-juristischen Forschungsumfeld meine Dissertation schreiben zu können, bin ich Prof. Dr. Arnd Koch zu außerordentlichem Dank verpflichtet.

München, März 2019   Margaretha Vordermayer

Inhaltsverzeichnis

Abkürzungsverzeichnis

Abt.	Abteilung
AEL	Arbeitserziehungslager
AIR	Air Ministery (Abk. National Archives)
AWSW	Auswertestelle West
BAFO	British Air Force of Occupation
BAOR	British Army of the Rhine
Bd.	Band
BdS	Befehlshaber der Sicherheitspolizei und des SD
Capt.	Captain
CCC	Control Commission Courts
C-in-C	Commander-in-Chief
Col.	Colonel
DAF	Deutsche Arbeitsfront
DJAG	Deputy Judge Advacate General
Dulag	Durchgangslager
F/Lt.	Flieght Lieutenant
F/O	Flighing Officer
FO	Foreign Office
Gestapo	Geheime Staatspolizei
Gren Gda	Grenadier Guards
HJ	Hitlerjugend
HLKO	Haager Landkriegsordnung
HQ	Headquarter
ICWC	International Research and Documentation Centre for War Crimes Trials, Marburg
IfZ	Institut für Zeitgeschichte München – Berlin
IMT	International Military Tribunal
IWM	Imperial War Museum, London
JAG	Judge Advacate General
JTA	Jewish Telegrphic Agency
k.A.	keine Angabe
Kap.	Kapitel
KZ	Konzentrationslager
Lt.	Lieutenant
Maj.	Major

MML	Manual of Military Law
MStGB	Militärstrafgesetzbuch
NA	National Archives, Kew, London
NSDAP	Nationalsozialistische Deutsche Arbeiterpartei
NSV	Nationalsozialistische Volkswohlfahrt
OGH	Oberste Strafgerichtshof für die britische Zone
OKH	Oberkommando des Heeres
OKL	Oberkommando der Luftwaffe
OKW	Oberkommando der Wehrmacht
POW	Prisoner of War
Pte	Private
RA	Royal Regiment of Artillery, abgekürzt auch Royal Artillery
RAD.	Reichsarbeitsdienst
RAF	Royal Air Force
RAOC	Royal Army Ordnance Corps
RASC	Royal Army Service Corps
RSF	Royal Scosts Fusiliers
RW	Royal Warrant
SCAP	Supreme Commander for the Allied Powers
Sgd.	Signed
Sipo	Sicherheitspolizei
SS	Schutzstaffel der NSDAP
StIGH	Ständiger Internationaler Gerichtshof
Uffz.	Unteroffizier
UNWCC	United Nations War Crimes Commission
Vol.	Volume
WCIT	War Crimes Investigation Team
WO	War Office (britisches Kriegsministerium, Abk. National Archives)
z. S.	zur See
z.b.V.	zur besonderen Verwendung

I. Importierte Gerechtigkeit? – Britische Offiziere als Verteidiger mutmaßlicher deutscher Kriegsverbrecher

Am Nachmittag des 11. Februar 1946, einem Montag, sprach Lieutenant Ellison im sogenannten *Enschede Case* im nordrhein-westfälischen Burgsteinfurt seine Schlussworte als letzter von drei britischen Offizieren, die dort als Verteidiger fungierten. Ellison vertrat den ehemaligen Brigadeführer und Befehlshaber der Sicherheitspolizei und des SD in den Niederlanden, Eberhard Schöngarth. Der Beschuldigte – einer unter mehreren in diesem Prozess – war maßgeblich beteiligt am Holocaust; unter seinem Kommando war 1941 auch das als „Lemberger Professorenmord" bekannt gewordene Massaker erfolgt, dem 25 polnische Professoren und in etwa ebenso viele ihrer Familienmitglieder, Freunde und Hausbewohner zum Opfer fielen.[1] Angeklagt vor dem britischen Militärgericht wurde Schöngarth allerdings nicht für dieses Verbrechen, sondern für einen Vorfall im Jahr 1944 in unmittelbarer Umgebung der Villa Hooge Boekel bei Enschede in Holland: die Erschießung eines abgestürzten alliierten Fliegers.

In seinem Schlussplädoyer gewährte Ellison einige Einblicke in sein Selbstverständnis als Vertreter eines mutmaßlichen deutschen Kriegsverbrechers vor einem britischen Militärgericht und breitete dem Gericht die Hintergründe seiner Tätigkeit sowie seine persönliche Einschätzung dieser Arbeit näher aus. Zum Abschluss des Verfahrens führte er aus:

> I should like to say that I, as a British officer, was asked to defend Schoengarth knowing that he was a German accused of a war crime, and I was by no means keen or enthusiastic about it; but when I had taken on his case I regarded as my duty to consider him as I consider a British soldier on trial for his live. I would not allow any prejudice or bias against him as a German to affect my duty toward him as a Defending Officer.[2]

---

1 Vgl. Schenk, Dieter, Der Lemberger Professorenmord und der Holocaust in Ostgalizien, Bonn 2007.
2 NA, WO 235/ 102A-B, Proceedings of the trial, Vierter Tag, Schlussplädoyer von Lt. Ellison, S. 53.

Freilich vermengte sich das berufliche Selbstverständnis Ellisons hier un-
trennbar mit seiner Strategie, das Gericht im Sinne seines Mandanten zu
beeinflussen. So appellierte er an die Fairness des Gerichts – eine Tugend,
die Ellison ganz besonders für die britische Gerichtsbarkeit in Anspruch
nahm – und forderte im weiteren Verlauf seines Schlussplädoyers vor allem
Unbestechlichkeit und Objektivität ein, gerade auch für einen mutmaßlichen deutschen Kriegsverbrecher:

> I am quite sure the court will have a no less high sense of duty when it
> comes to weighing the evidence against him but will resolutely close
> their minds against prejudice or bias which they might have against
> the Accused, and will not deal with the Accused I represent as a
> Brigadefuehrer and the head of the German police in Holland but
> purely and simply as Schoengarth, Accused No. 1 in the dock, and will
> well and truly try him according to the evidence and only the evidence
> brought against him by the Prosecutor without partiality or favour.[3]

Was auch immer die Mitglieder des Gerichts (ausnahmslos aktive britische
Offiziere), die über den Angeklagten richten würden, von Schöngarth als
Person halten würden, ob sie ihn positiv oder negativ beurteilten, einzig
und allein die vor Gericht vorgelegten Beweise sollten und dürften demnach über Schuld oder Unschuld seines Mandanten entscheiden. Das Gericht, so betonte Ellison, habe kein moralisches Urteil zu fällen. Es dürfe
vielmehr nur anhand der präsentierten Beweise der Anklage und der Verteidigung entscheiden – objektiv, unabhängig und ohne irgendeine Art
von äußerer Beeinflussung, sei diese menschlich auch noch so verständlich
oder naheliegend.[4] Das Schlussplädoyer Ellisons offenbart damit viele der
für die britischen Offiziere, die als Verteidiger deutscher Angeklagten fungierten, typischen Selbsteinschätzungen ihrer Rolle vor Gericht wie auch
ihrer Strategien als Verteidiger vor diesen Gerichten.

---

3 Ebenda.
4 „The evidence, as in every trial, is the crux of the whole matter, and particularly in a
   British court of law. If the evidence is not sufficient beyond reasonable doubt that
   the Accused is guilty of the crime with which he is charged, than he is entitled to
   an acquittal, irrespective of whatever personal feelings or opinions may be held re-
   garding his character or his worthlessness. His past history, his past deeds, whatever
   else may be thought about him, should not be allowed to count one iota in this
   court of law in which he is being tried today. This is not a court of ethics or a court
   of morals but a court of law, and the court must deal with the matter is that light
   and must arrive at its decision by weighing and shifting the evidence and only the
   evidence." (Ebenda).

Die Aburteilung von mutmaßlichen deutschen Kriegsverbrechern vor alliierten Gerichten begann schon unmittelbar nach Ende des Zweiten Weltkriegs. Das Aufeinandertreffen von Angeklagten, Verteidigern, Anklägern und Richtern schuf dabei vor Gericht eine spezifische Form transnationaler Begegnung. Im Zentrum der vorliegenden Untersuchung stehen britische Offiziere, die (zumeist) deutsche Angeklagte als Verteidiger vor den entsprechenden Militärgerichten vertraten. Die Perzeption der Prozesse gegen mutmaßliche Kriegsverbrecher geschah in Deutschland und Großbritannien vor allem über die Wahrnehmung der Angeklagten, wobei die Verteidiger gleichsam als Vermittler zwischen Mandanten, Gericht und Öffentlichkeit deren Bild maßgeblich mitbestimmten. Dennoch bilden die Strategien und Motive der britischen Verteidiger bislang ein erstaunliches Desiderat in der ansonsten regen Erforschung von NS-Prozessen – ihren Hintergründen, ihren Protagonisten und, nicht zuletzt, ihren Folgewirkungen.

Die ungewöhnliche Konstellation der Vertretung durch einen Militärangehörigen eines kurz zuvor noch befeindeten Staates stellt in den frühen britischen Militärgerichtsprozessen, denen ohnehin schon ein Modellcharakter für spätere NS- aber auch Menschenrechtsverfahren im Allgemeinen zukommt, ein zusätzliches Spezifikum dar. Insbesondere dem Beitrag der Verteidiger im Hinblick auf die Transformation des deutschen Rechts- und Demokratieverständnisses soll in der folgenden Untersuchung Rechnung getragen werden.

Die Möglichkeiten, welche die Strafverfolgung bietet, trafen in den Gerichtsverfahren auf die Erwartungen und Forderungen der Gesellschaft, insbesondere der Opfer und Hinterbliebenen, nach Strafen und Bestrafung für die Verbrechen, die von den Achsenmächten während und teils schon vor dem Zweiten Weltkrieg begangen worden waren. Die Suche nach Gerechtigkeit vor Gericht ist dabei nicht gleichzusetzen mit dem Wunsch nach Vergeltung für die begangenen Kriegsverbrechen. Nicht nur für Großbritannien, sondern für alle vom Krieg betroffenen Staaten galt es, nach Kriegsende eine eigene Vergangenheitspolitik zu finden. Die Kriegsverbrecherfrage wurde dabei mit politischen Forderungen verbunden und prägte nachhaltig die nationalen Erinnerungskulturen.[5]

---

5 Vgl. als maßgebliche Arbeit zum Komplex der Verbindung von Politik und Kriegsverbrecherfrage: Frei, Norbert (Hrsg.), Transnationale Vergangenheitspolitik. Der Umgang mit deutschen Kriegsverbrechern in Europa nach dem Zweiten Weltkrieg, Göttingen 2006.

1. Fragestellungen und Ziele

Im Vordergrund der Untersuchung steht also die heute weithin vergessene Rolle britischer Verteidiger in den von Großbritannien durchgeführten Kriegsverbrecherprozessen. In der britischen Besatzungszone wurden zwischen Herbst 1945 und Dezember 1949 insgesamt 329 Militärgerichtsprozesse gegen 964 Angeklagte durchgeführt. Der erste Prozess begann am 17. Oktober 1945 gegen 44 Personen, die verschiedenste Funktionen in den Konzentrationslagern Bergen-Belsen und Auschwitz innehatten, bis hinauf zum Kommandanten von Bergen-Belsen, Josef Kramer.[6] Die Militärgerichtsprozesse in der britischen Besatzungszone endeten am 23. September 1949 mit dem Prozess gegen Generalfeldmarschall Erich von Manstein in Hamburg. In diesen Militärgerichtsprozessen traten neben deutschen Anwälten und juristisch ausgebildeten britischen Offizieren auch deutsche Marineoffiziere und Strafrechtsprofessoren als Verteidiger auf. Insgesamt 46 britische Offiziere waren als Verteidiger in diesen Gerichtsprozessen tätig. Die Frage, wie die zu dieser Arbeit abkommandierten Offiziere ihre Aufgabe interpretierten, interessiert im Folgenden ebenso wie die Stellung der Offiziere in ihrem militärischen Umfeld. Wie stark und mit welchen Mitteln gelang es den Verteidigern, die öffentliche Meinung über ihre Mandanten zu beeinflussen? Betrachteten sie die juristische Vertretung eines mutmaßlichen Kriegsverbrechers als einen Fall wie jeden anderen oder forderte eine solche Arbeit mehr persönliche Überzeugung? Stützten die Offiziere in ihrer Funktion als Verteidiger den Anspruch der britischen Besatzungsmacht, im postnazistischen Deutschland rechtsstaatliche Prinzipien zu etablieren?

Die vorliegende Studie versteht sich als Beitrag zur Erforschung der juristischen Aufarbeitung von NS-Unrecht und der Demokratisierung der

---

6 Das mediale Interesse am ersten Bergen-Belsen-Prozess ist bis heute ungebrochen. Im Februar 2015 sorgte in verschiedenen Zeitungen ein dreieinhalbstündiges Interview mit der ehemaligen KZ-Aufseherin Hilde Liesiewicz, verheiratete Michnia für Aufregung. Michna, als junge Frau im Bergen-Belsen-Prozess zu einem Jahr Haft verurteilt, schilderte dort ihre Erinnerung an das Konzentrationslager. Für Aufsehen sorgte insbesondere ihre Leugnung, von den Zuständen und Vorkommnissen, dem Leiden und Sterben abertausender Menschen dort auch nur gewusst zu haben. Im Zuge der Berichterstattung nahm die Hamburger Staatsanwaltschaft ein Ermittlungsverfahren (AZ: 7305 Js 1/15) gegen die inzwischen im Ruhestand befindliche Hilde Michna auf. Vgl. Levy, Sarah, Die Lüge ihres Lebens, in: Die Zeit (26.02.2015); Hinrichs, Per, Die Akte der Nazi-Aufseherin Hilde Michnia, in: Die Welt (01.03.2015); Gupta, Oliver, Das dunkle Geheimnis der Hilde M., in: Süddeutsche Zeitung (04.02.2015).

deutschen politischen Kultur nach 1945. Dabei werden, in Abgrenzung zu der lange Zeit vorherrschenden Tendenz in der Zeitgeschichtsschreibung, die Verteidiger als eigenständige Akteure vor Gericht verstanden. Ihr Handeln wird sowohl innerhalb der formalisierten Strukturen des Gerichtsverfahrens als auch in der öffentlichen Auseinandersetzung um die Bewertung von NS-Verbrechen auf der Basis bisher nicht ausgewerteter Quellen untersucht. Die Bedeutung der Nachkriegsprozesse für die Etablierung des demokratischen Rechtsstaats nach dem Zweiten Weltkrieg im Sinne der *Transitional Justice*[7] ist noch nicht abschließend erforscht: Während der Beitrag der Anklage im Demokratisierungsprozess zumeist offenkundig erscheint, wird im Folgenden kontrastierend und ergänzend dazu die Bedeutung der Verteidiger in diesem Transformationsprozess näher betrachtet.

Da es sich bei den 34 in dieser Studie analysierten Verfahren (mit nur zwei prominenten Ausnahmen[8]) um in der Forschung bislang weitestgehend bis völlig unbekannte Prozesse handelt, besteht eine Kernaufgabe zunächst darin, das Prozessgeschehen genau zu dokumentieren. Dabei wird ein besonderer Fokus auf die Frage gelegt, welche unterschiedlichen Strategien die britischen Offiziere verfolgten, um ihre Mandanten zu verteidigen. Wie die Prozessanalyse in Kapitel III zeigen wird, reicht die Bandbreite der Angeklagten von schwerst belasteten Haupttätern bis hin zu völlig unbekannten Kleinbürgern, die in der Geschichte ansonsten kaum Spuren hinterlassen haben. Entsprechend stark variierte die Schwere der angeklagten Taten und – damit unmittelbar zusammenhängend – die Taktik, mit der die britischen Offiziere vor Gericht agierten.

Den britischen Offizieren konnten sich deutsche Anwälte als Berater anschließen. In späteren britischen Verfahren durften deutsche Juristen dann auch allein als Verteidiger auftreten. Auf diesen Kooperationen liegt ebenfalls ein Augenmerk der Studie. Wie gestaltete sich die Zusammenarbeit im Prozess, die in der ersten Zeit nach Kriegsende ganz entscheidend von

---

7 Zum Begriff der *Transitional Justice* vgl. Hinton, Alexander Laban (Hrsg.), Transitional justice. Global Mechanisms and Local Realities after Genocide and Mass Violence (Genocide, Political Violence, Human Rights Series), New Brunswick, NJ 2010; Lincoln, Jessica, Transitional Justice, Peace and Accountability, Abington, New York 2011, S. 15–33. Einen umfassenden länderübergreifenden Überblick zur Entwicklung der europäischen Strafjustiz bietet: Halbrainer, Heimo/Kuretsidis-Haider, Claudia (Hrsg.), Kriegsverbrechen, NS-Gewaltverbrechen und die europäische Strafjustiz von Nürnberg bis Den Haag (Veröffentlichungen der Forschungsstelle Nachkriegsjustiz, Bd. 1), Graz 2007. Zur Entstehung des Begriffs der *Transitional Justice* bzw. dem Forschungsfeld siehe auch Kap. V.

8 Gemeint sind hier der erste Bergen-Belsen-Prozess und der Manstein-Prozess.

dem Umstand gekennzeichnet war, dass die britischen Offiziere weit intimere Kenntnis der britischen Rechtsgepflogenheiten besaßen, die gemeinsame Arbeit also kaum „auf Augenhöhe" geschehen konnte?

Anders als in den amerikanischen „critical legal studies"[9] haben in der deutschen Rechtsgeschichte Theorien und Methoden der neuen Kultur- und Politikgeschichte bis dato nur verhältnismäßig wenig Beachtung gefunden. Allerdings gibt es seit geraumer Zeit in der „Historischen Kriminalitätsforschung" von Seiten der Geschichtswissenschaft und der Rechtsgeschichte den Versuch eines Brückenschlags zur Kulturgeschichte bzw. den „cultural studies".[10] Ziel auch der vorliegenden Arbeit ist es, durch die Verknüpfung (militär-)historischer und rechtswissenschaftlicher Ansätze eine genuin interdisziplinäre Forschungsperspektive zu eröffnen und am Beispiel der britischen Militärgerichtsprozesse das Potenzial der „cultural studies" im Bereich der zeithistorischen Militär- und Rechtsgeschichtsforschung auszuloten. Deswegen beschränkt sich die Untersuchung nicht nur auf die Darstellung der juristischen Normengenese, sondern berücksichtigt, soweit quellenmäßig möglich, auch die soziokulturellen und biografischen Hintergründe der Akteure, ihre Tätigkeit in der Praxis und den geradezu experimentellen Charakter der untersuchten Prozesse.

In der medialen Wirkung der alliierten Militärgerichtsprozesse war das Handeln der Verteidiger von großer Bedeutung.[11] Obwohl primär als Repräsentant des Angeklagten wahrgenommen, bestimmte die Verteidigung

---

9   Vgl. Frankenberg, Günter, Partisanen der Rechtskritik. Critical Legal Studies etc., in: Sonja Buckel/Ralph Christensen/Andreas Fischer-Lescano (Hrsg.), Neue Theorien des Rechts, Stuttgart 2006, S. 97–116.

10 Einen Überblick zur Entwicklung der Historischen Kriminalitätsforschung bietet: Eibach, Joachim, Kriminalitätsgeschichte zwischen Sozialgeschichte und Historischer Kulturforschung, in: Historische Zeitschrift, 263 (1996), S. 681–715.

11 Den alliierten Verteidigern standen nach ihrer Entlassung aus dem Militärdienst die Medien ihrer Heimatländer prinzipiell offen. Neben William Everett, Verteidiger in amerikanischen NS-Prozessen, machte sich besonders Maximilian Koessler, der nach seiner Tätigkeit als Verteidiger mit der rechtlichen Überprüfung der Malmedy-Fälle beauftragt worden war, mit kritischen Aufsätzen zu den alliierten Prozessen in Fachzeitschriften einen Namen. Vgl. exemplarisch Koessler, Maximilian, The Borkum Tragedy on Trial, in: Journal of Commonwealth Literature, 47 (1956), S. 184–189. Vgl. ergänzend: Weingartner, James J., Americans, Germans and war crimes justice. Law, memory and „the good war", Santa Barbara 2011, S. 197–199. Eine Kurzbiografie Koesslers findet sich in: Gausmann, Frank, Deutsche Großunternehmer vor Gericht. Vorgeschichte, Verlauf und Folgen der Nürnberger Industriellenprozesse 1945–1948/51, Hamburg 2011, S. 353. Unter den deutschen Anwälten in alliierten Prozessen traten insbesondere Hans Laternser und Ernst Achenbach (publizistisch) hervor. Vgl. exemplarisch:

den öffentlichen Blick auf die Prozesse als eine Plattform des gesellschaftlich-justiziellen Konfliktaustrags wesentlich mit. Der Verteidiger bringt die Äußerungen und Erklärungen des Mandanten in eine rechtsförmige Sprache und macht sie damit vor Gericht verhandelbar. Zudem obliegt es der Verteidigung, die rechtlichen Interessen des Angeklagten und gegebenenfalls ihre persönlichen Ansichten ebenso wie jene ihres Mandanten nach außen zu artikulieren und auch öffentlich zu vertreten. In der Situation direkt nach Ende des Zweiten Weltkriegs war diese Rollenfunktion besonders spannungsgeladen, als Verbrechen und Untaten ans Licht kamen und verhandelt wurden, die nur wenige Jahre zuvor viele Zeitgenossen als, zumal in Zentraleuropa, völlig undenkbar erachtet hätten.

Insofern lässt sich der Verteidiger als ein eigenständiger und selbstverantwortlicher Gerichtsteilnehmer mit beachtlichem Einfluss und Spielraum verstehen – einzig beschränkt durch den (meist antizipierten) Willen des Angeklagten, berufsrechtliche Vorschriften und das Berufsethos des Anwalts. Im Fall der betrachteten britischen Verteidiger kamen noch die Besonderheiten der militärischen Gerichtsbarkeit hinzu. Gerade die ältere Literatur zu den alliierten Kriegsverbrecherprozessen verkannte diese Rolle des Verteidigers und reduzierte den Anteil der Verteidigung am Prozessgeschehen auf den bloßen Dienst als „Sprachrohr" des Mandanten.[12] Ein näherer Blick offenbart hier jedoch erhebliche Handlungs- und Gestaltungsspielräume.

Sozialisierte Denkmuster der britischen Verteidiger, etwa in Bezug auf „Ehrbarkeit", militärischen Rang oder Standeszugehörigkeit von Angeklagten und Zeugen, verdienen ebenfalls Beachtung. Problematisch wurden diese Denkmuster vorrangig im Aufeinandertreffen von Verteidigern und Opferzeugen. Auf der einen Seite erforderte es das anwaltliche Berufsethos, nötigenfalls auch im Widerspruch zur öffentlichen Meinung mit allen legalen Mitteln für den eigenen Mandanten einzutreten und die Aussagen der Zeugen, gerade im Kreuzverhör, offensiv und direkt in Zweifel zu ziehen. Auf der anderen Seite standen aber insbesondere bei KZ-Prozessen ein mit der alltäglichen Gerichtspraxis und -erfahrung nicht vergleichbarer

---

Laternser, Hans, Verteidigung deutscher Soldaten. Plädoyers vor alliierten Gerichten, Bonn 1950; Achenbach, Ernst, Redliche Bemühungen um Frieden und Wiedervereinigung. Aussenpolitische Reden und Aufsätze, Opladen 1961.

12 Vgl. bspw. Rückerl, Abalbert (Hrsg.), NS-Prozesse. Nach 25 Jahren Strafverfolgung: Möglichkeiten - Grenzen – Ergebnisse (Recht – Justiz – Zeitgeschehen (RJZ), Bd. 12), Karlsruhe 1972; KZ-Gedenkstätte Neuengamme (Hrsg.), Die frühen Nachkriegsprozesse (Beiträge zur Geschichte der nationalsozialistischen Verfolgung in Norddeutschland; H. 3), Bremen 1997.

Unrechtsgehalt der Taten und schwerste Leiden der Zeugen. Hinzu kommt, dass gerade auch für erfahrene Strafverteidiger in diesen politisch hoch aufgeladenen Verfahren weniger die Widerlegung des Straftatbestands an sich als vielmehr die psychologische Wirkung im Gerichtssaal im Vordergrund stand.[13] War beispielsweise der Hinweis, dass ein Opferzeuge wegen gewöhnlicher Verbrechen in ein KZ eingeliefert oder möglicherweise für Propagandazwecke des Ostblocks benutzt wurde, eine legitime Taktik der Verteidigung? Oder machten die Verteidiger dadurch den Zeugen erneut zum Opfer und agierten moralisch verwerflich?

Den frühen britischen Militärgerichtsverfahren kommt auch dadurch besondere Bedeutung zu, da die ersten bereits im Herbst 1945 durchgeführt wurden. Der erste Bergen-Belsen-Prozess besaß als erster alliierter Kriegsverbrecherprozess nach dem Ende des Kriegs eine Vorbildfunktion für alle folgenden Verfahren. Anders als die Militärgerichtshöfe in Nürnberg und Tokio, die entgegen ihrem Namen von Zivilrichtern geleitet wurden, waren die britischen Prozesse reine Militärgerichtsverfahren. Während etwa die USA sogenannte *Military Commissions*, das heißt spezielle Militärgerichtshöfe gegen Angehörige von Feindstaaten, errichtete, wurden die britischen Verfahren als reguläre *field general courts* martial durchgeführt.[14] Gerade auf britischer Seite bestanden dabei große Bedenken gegen Militärgerichtsverfahren, die durch verschiedene prozessual-rechtliche Sicherungen abgemildert wurden, vor allem in Bezug auf die Definition der Verteidiger-Rechte vor Gericht.[15]

---

13 Vgl. Cramer, John, Belsen Trial 1945. Der Lüneburger Prozess gegen Wachpersonal der Konzentrationslager Auschwitz und Bergen-Belsen (Bergen-Belsen. Dokumente und Forschungen, Bd. 1), Göttingen 2011, S. 143–145.

14 Zu den allgemeinen Rechtsgrundlagen vgl. United Nations War Crimes Commission, Law Reports of Trials of War Criminals, 1946–1949 (künftig: Law Reports), Vol. XV, S. 23–48, sowie die Arbeiten von: Marienburg, Kerstin, Die Vorbereitung der Kriegsverbrecherprozesse im II. Weltkrieg, Hamburg 2008, und Hassel, Katrin, Kriegsverbrechen vor Gericht. Die Kriegsverbrecherprozesse vor Militärgerichten in der britischen Besatzungszone unter dem Royal Warrant vom 18. Juni 1945 (1945–1949), Baden-Baden 2009.

15 Dagegen bestanden solche Bedenken gegen die allenfalls rudimentären prozessualen Verteidiger-Rechte der Angeklagten in den *Military Commissions* nicht. Anders als die Militärgerichtsverfahren gegen eigene Militärangehörige sind die *Military Commissions* der USA bis heute rechtlich nur ungenügend normiert, was dem Thema angesichts von Guantanamo Bay eine anhaltende Brisanz verleiht. In dem seit mehr als einem Jahrzehnt andauernden „war on terror" werden Angeklagten- und Verteidiger-Rechte durch Military Commissions eingeschränkt, was heftige Debatten auch außerhalb der Rechtswissenschaften nach sich zog. Vgl. exemplarisch Amnesty International, Military Commissions Act of 2006 –

In allen alliierten Militärgerichtsprozessen nach dem Zweiten Weltkrieg trafen zwei zwar im europäischen Rechtsdenken wurzelnde, aber in den Prozessrechten diametral unterschiedliche Rechtstraditionen aufeinander. Diesen „clash of legal cultures" hat die Forschung nicht nur in Bezug auf die Fairness der alliierten Verfahren untersucht, sondern auch als Spezifikum der Transfersituation nach 1945.[16] Im Verhältnis von Anklage und Verteidigung prallten in brisanten, politisch hochaufgeladenen Nachkriegsprozessen konkurrierende Ordnungsvorstellungen direkt aufeinander. Gerade in ihnen zeigte sich die elementare Herausforderung von Rechtsstaat und Demokratie bei der Einforderung prozessual-rechtlicher Garantien für alle Angeklagten durch die Verteidiger. Die Gewährung dieser Rechte für mutmaßliche Kriegsverbrecher galt als sensibler Prüfstein der Auseinandersetzung um eine Demokratisierung des zukünftigen deutschen Staates und das Einstehen der Besatzungsmächte für ihre Ideale. Der in vielerlei Hinsicht experimentelle, weil historisch beispiellose Charakter der alliierten Militärgerichtsprozesse auf deutschem Boden und die Schlüsselstellung der Verteidiger zwischen traditionellen Militärgerichtsverfahren und neuartigen Verbrechensstraftatbeständen muss in der historischen Bewertung stets mit berücksichtigt werden.

2. Stand der Forschung

Die skizzierten Forschungsdesiderate treten besonders in der älteren Literatur zu den alliierten Nachkriegsprozessen deutlich hervor. Die Rolle und Bedeutung der Verteidiger bleiben in ihr weitestgehend unkommentiert. Das Wissen über die Verteidigung beschränkt sich allerdings auch heute noch vielfach auf Eigendarstellungen von deutschen Verteidigern in alliierten Gerichtsverfahren.[17]

Turning bad policy into bad law, URL: http://www.globalissues.org/article/688/us-military-commissions-act-2006-turning-bad-policy-into-bad-law (letzter Aufruf: 10.03.2019).

16 Unter diesem Begriff fasst die Juristin Christine Schuon allgemein das Verhältnis zwischen „Common Law" und „Civil Law" in der Internationalen Strafgerichtsbarkeit. Vgl. Schuon, Christine, International criminal procedure. A clash of legal cultures, The Hague 2010. Hier im Sinne eines konfliktreichen Aufeinandertreffens von angloamerikanischen mit kontinentaleuropäischen Rechtstraditionen und unterschiedlichen Rechtsverständnissen verwendet.

17 Eine wichtige Forschungslücke geschlossen hat indes kürzlich der Augsburger Historiker Hubert Seliger mit seiner Studie: Seliger, Hubert, Politische Anwälte?

Den Wiederaufbau der deutschen Nachkriegsjustiz hat Edith Raim in ihrer Habilitationsschrift „Justiz zwischen Diktatur und Demokratie" minutiös herausgearbeitet.[18] Eine vergleichbare Überblickstudie zur britischen Strafverfolgungspolitik nach 1945, einschließlich der verschiedenen Militärgerichts- und Spruchkammerverfahren, existiert bislang nicht. Das Standardwerk zu den wichtigsten Kriegsverbrecherprozessen nach dem Zweiten Weltkrieg unter britischer Verantwortung – und zugleich auch die umfangreichste Zusammenstellung verschiedener Verfahren – ist nach wie vor der 1998 von der KZ-Gedenkstätte Neuengamme herausgegebene Band „Die frühen Nachkriegsprozesse"[19] Aufgrund seiner Konzentration auf KZ-Verfahren bleibt ein großer Teil der britischen Nachkriegsjustiz in Deutschland in diesem Band jedoch unerwähnt.[20]

In den letzten Jahren sind aufgrund eines neu erwachten Interesses zahlreiche Einzeldarstellungen aus rechts- wie geschichtswissenschaftlicher Perspektive zu den alliierten Kriegsverbrecherprozessen nach dem Zweiten Weltkrieg publiziert worden. Einige dieser Werke befassen sich über die

---

Die Verteidiger der Nürnberger Prozesse, Baden-Baden 2016. Zur Genese der britischen Kriegsverbrecherpolitik vgl. Kochavi, Arieh, Prelude to Nuremberg. Allied war crimes policy and the question of punishment, Chapel Hill 1998; Jones, Priscilla Dale, British Policy towards 'minor' Nazi War Criminals. 1939–1958, Cambridge 1989; Bloxham, Donald, Genocide on trial. War crimes trials and the formation of Holocaust history and memory, Oxford 2010; Brochhagen, Ulrich, Nach Nürnberg. Vergangenheitsbewältigung und Westintegration in der Ära Adenauer, Hamburg 1994; Frei (Hrsg.), Transnationale Vergangenheitspolitik; Marienburg, Die Vorbereitung der Kriegsverbrecherprozesse im II. Weltkrieg.

18 Raim, Edith, Justiz zwischen Diktatur und Demokratie. Wiederaufbau und Ahndung von NS-Verbrechen in Westdeutschland 1945–1949, München 2013.

19 Vgl. KZ-Gedenkstätte Neuengamme (Hrsg.), Die frühen Nachkriegsprozesse, Bremen 1998. Ein Überblick der britischen Haltung gegenüber deutschen Kriegsverbrechern findet sich in: Bloxham, Donald: British War Crimes Policy in Germany 1945–1947. Implementation and Collapse, in: Journal of British Studies, 41 (2003), S. 91–118, oder Jones, British Policy towards 'minor' Nazi War Criminals, siehe auch Kap. II.2.

20 Behandelt werden in ihm die Prozesse gegen Personal aus den KZs Bergen-Belsen, Neuengamme, Ravensbrück und Fuhlsbüttel, das Arbeitserziehungslager Liebenau sowie die Bedeutung der Nürnberger Nachfolgeprozesse. Die Auswahl von Gerichtsverfahren hauptsächlich wegen nationalsozialistischer Verbrechen in Arbeits- und Konzentrationslagern fasst die, auf lange Sicht gesehen, aufsehenerregendsten Prozesse zusammen. Ein Großteil der britischen Militärgerichtsverfahren in der deutschen Besatzungszone behandelte indes Verbrechen gegen alliierte Kriegsgefangene und abgesprungene oder abgestürzte alliierte Flieger. Aufgrund der Konzentration des Bandes auf die oben genannten KZ-Verfahren bleibt ein wesentlicher Teil der britischen Nachkriegsjustiz in Deutschland unerwähnt.

Prozesse hinausgehend mit den politischen, kulturellen und intellektuellen Folgen alliierter Tribunale oder behandeln Biografien einzelner Angeklagter.[21]

Während einige der gegen deutsche Generäle und SS-Offiziere in Deutschland, Italien und Norwegen durchgeführten britischen Militärgerichtsverfahren mittlerweile als gut erforscht gelten können,[22] existieren zwar eine selektive Dokumentation der Urteile,[23] aber kaum Studien zu den britischen Verfahren auf deutschem Boden. Bezüglich der italienischen Verfahren kann neben den Schriften von Kerstin von Lingen zum Kesselringprozess als neuestes Werk auch auf die Biografie des SS-Führers Max Simon verwiesen werden.[24] Die Darstellung des Manstein-Prozesses durch Oliver von Wrochem beleuchtet zugleich auch das Ende des britischen Kriegsverbrecherprogramms.

---

21 Für eine umfassende Darstellung des Zusammenhangs der amerikanischen und britischen Kriegsverbrecherprozesse mit der Erinnerung an den Holocaust vgl. Bloxham, Donald, Genocide on Trial. War Crimes Trials and the Formation of Holocaust History and Memory, Oxford u.a. 2005.

22 Vgl. insb. die britischen Militärgerichtsprozesse gegen Albert Kesselring, Erich von Manstein, Nikolaus von Falkenhorst und Kurt Student: Lingen, Kerstin von, Kesselrings letzte Schlacht. Kriegsverbrecherprozesse, Vergangenheitspolitik und Wiederbewaffnung. Der Fall Kesselring, Paderborn 2004; Wrochem, Oliver von, Erich von Manstein. Vernichtungskrieg und Geschichtspolitik, Paderborn 2006; Hürter, Johannes, Hitlers Heerführer. Die deutschen Oberbefehlshaber im Krieg gegen die Sowjetunion 1941/42, München 2006, S. 626–627; Roth, Günter, Die deutsche Fallschirmtruppe 1936–1945. Der Oberbefehlshaber Generaloberst Kurt Student. Strategischer, operativer Kopf oder Kriegshandwerker und das soldatische Ethos – Würdigung. Kritik. Lektion, Hamburg 2010.

23 Die Law Reports of Trials of War Criminals der United Nations War Crimes Commission setzten sich in 15 Bänden aus der Dokumentation von 89 Verfahren zusammen. Darin wird nicht nur das jeweilige Prozessgeschehen referiert, sondern auch eine Bewertung strittiger Rechtsfragen gegeben. Auch 27 Verfahren vor britischen Gerichten erfahren dort eine nähere Betrachtung.

24 Wrochem, Erich von Manstein; Lingen, Kesselrings letzte Schlacht; Merkl, Franz Josef, General Simon. Lebensgeschichten eines SS-Führers. Erkundungen zu Gewalt und Karriere, Kriminalität und Justiz, Legenden und öffentlichen Auseinandersetzungen, Augsburg 2010. Zu den Prozessen in Italien siehe außerdem: Guerazzi, Amendeo Osti, Italiener als Opfer und Täter. Kriegsverbrecherprozesse in Italien nach dem Zweiten Weltkrieg, in: Jürgen Finger/Sven Keller/Andreas Wirsching, Vom Recht zur Geschichte. Akten aus NS-Prozessen als Quellen der Zeitgeschichte, Göttingen 2009, S. 84–96.

Wenig Literatur gibt es hingegen zu den französischen Prozessen gegen deutsche Kriegsverbrecher.[25] Ähnliches gilt für die sowjetische Nachkriegs-justiz. Aufgrund der Öffnung der russischen Archive nach 1989/90 ergaben sich zwar zunächst ganz neue, deutlich verbesserte Untersuchungsmöglich-keiten von Prozessen in der sowjetischen Besatzungszone sowie in der Sowjetunion selbst, dennoch beschränken sich die meisten Untersuchun-gen auf die Lage der deutschen Kriegsgefangenen bzw. auf die Umstände ihrer Heimkehr.[26] Besser sieht die Forschungslage zu einigen amerikani-schen Verfahren aus, darunter den Nürnberger Nachfolgeprozessen sowie den Dachauer Prozessen.[27]

Indes handelt es sich bei vielen dieser Studien aufgrund der umfangrei-chen Stoffmenge zumeist um eher überblicksartige bzw. rein täterzentrier-

---

25 Zu erwähnen ist hier Pendaries, Yveline, Les procès de Rastatt, 1946–1954. Le ju-gement des crimes de guerre en Zone française d'occupation en Allemagne, Bern, New York 1995.

26 Prusin, Alexander Victor, „Fascist criminals to the gallows!" The Holocaust and Soviet war crimes trials, December 1945–February 1946, in: Holocaust and geno-cide studies. An international journal, 17 (2003), S. 1–30; Zeidler, Manfred, Sta-linjustiz contra NS-Verbrechen. Die Kriegsverbrecherprozesse gegen deutsche Kriegsgefangene in der UdSSR in den Jahren 1943–1952. Kenntnisstand und For-schungsprobleme, Dresden 1996; Ueberschär, Gerd R., Die sowjetischen Prozesse gegen deutsche Kriegsgefangene 1943-1952, in: Ueberschär, Gerd R., Der Natio-nalsozialismus vor Gericht. Die alliierten Prozesse gegen Kriegsverbrecher und Soldaten. 1943–1952, Frankfurt/M. 1999; Hilger, Andreas/Schmidt, Ute/Wagen-lehner, Günther, Sowjetische Militärtribunale. Bd. 1: Die Verurteilung deutscher Kriegsgefangener 1941–1953, Köln u.a. 2001; Hilger, Andreas/Schmidt, Ute/ Wagenlehner, Günther, Sowjetische Militärtribunale. Bd. 2: Die Verurteilung deutscher Zivilisten 1945–1955, Köln u.a. 2001.

27 Eine Übersicht über die Nürnberger Nachfolgeprozesse bietet: Blasius, Rainer A./ Ueberschär, Gerd R., Der Nationalsozialismus vor Gericht. Die alliierten Prozesse gegen Kriegsverbrecher und Soldaten 1943–1952, Frankfurt a.M 1999. Zu den Dachauer Prozessen vgl. Eiber, Ludwig/Sigel, Robert, Dachauer Prozesse. NS-Ver-brechen vor amerikanischen Militärgerichten in Dachau 1945–48. Verfahren, Er-gebnisse, Nachwirkungen, Göttingen 2007; Gruner, Martin, Verurteilt in Dachau. Der Prozess gegen den KZ-Kommandanten Alex Piorkowski vor einem US-Mili-tärgericht, Augsburg 2008; Lessing, Holger, Der erste Dachauer Prozeß. (1945/46), Baden-Baden 1993; Löffelsender, Michael, „A particularly unique role among concentration camps". Der Dachauer Dora-Prozess 1947, in: Helmut Kramer/Karsten Uhl/Jens-Christian Wagner (Hrsg.), Zwangsarbeit im Nationalso-zialismus und die Rolle der Justiz. Täterschaft. Nachkriegsprozesse und die Aus-einandersetzung um Entschädigung, Nordhausen 2007, S. 152–168; Sigel, Robert, Im Interesse der Gerechtigkeit. Die Dachauer Kriegsverbrecherprozesse 1945–1948, Frankfurt, New York 1992 Zum sogenannten Stalag Luft III Trial vgl. Jones, Nazi Atrocities, in: The Historical Journal, 41 (1998), S. 543–565.

te Darstellungen, in denen der Verteidigung und deren Vertretern allenfalls ein Nebenschauplatz zugewiesen wird. Einzige Ausnahme bilden einige Verteidiger ehemaliger Mitglieder des Oberkommandos der Wehrmacht (OKW) und des Generalstabs wie Hans Laternser, Ernst Achenbach oder Otto Kranzbühler, die in der Forschung relativ viel Beachtung fanden.[28] Über die Verteidiger in den britischen Militärgerichtsverfahren, die Grundlage des Untersuchungsgegenstands der vorliegenden Arbeit sind, ist hingegen so gut wie nichts bekannt. Dieses Desiderat soll, soweit es die Überlieferungslage erlaubt, im Folgenden geschlossen werden. Einzig der Bergen-Belsen-Prozess ist durch die jüngsten Forschungen von John Cramer detailliert beleuchtet worden. Obwohl Cramer der Verteidigung in seiner Darstellung relativ breiten Raum gibt und auch die Fairness des Verfahrens in Bezug auf die Verteidigung feststellt, steht allerdings auch in dieser sehr verdienstvollen Studie die Verteidigung nicht explizit im Fokus.[29]

Erst seit jüngster Zeit befasst sich auch die Rechtswissenschaft mit der Verteidigung in den alliierten Nachkriegsprozessen. Zu verweisen ist etwa auf die Analyse der Verteidigungsstrategien in den Nürnberger Prozessen von Christoph Safferling.[30] Sehr gute und detaillierte juristische Arbeiten liegen zu den rechtlichen Grundlagen der britischen Kriegsverbrecherprozesse vor.[31] Insbesondere Katrin Hassel hat die Gesamtheit der von den Briten in Deutschland durchgeführten Prozesse systematisch gegliedert und auf ihre juristischen Besonderheiten hin untersucht. Die Bedeutung und Rolle der Verteidigung bzw. der Verteidiger bleiben aber auch in diesem Werk weitestgehend im Dunkeln. Die Verteidigung in den britischen Mili-

---

28 Insbesondere Hans Laternser und seine Tätigkeit als Verteidiger sind durch die Arbeiten von Kerstin von Lingen zum Kessering-Prozess und durch die Arbeit von Hubert Seliger zu den Nürnberger Verteidigern gut erforscht.

29 Vgl. Cramer, Belsen Trial 1945, S. 145. Vgl. zum ersten Bergen-Belsen-Prozess auch: Phillips, Raymond, The Belsen trial. Trial of Joseph Kramer and forty-four others, London 1949.

30 Saffering, Christoph, Strafverteidigung im Nürnberger Hauptkriegsverbrecherprozess. Strategien und Wirkung, in: Zeitschrift für die gesamte Strafrechtswissenschaft, 123 (2011), S. 1–81.

31 Marienburg, Die Vorbereitung der Kriegsverbrecherprozesse im II. Weltkrieg; Hassel, Kriegsverbrechen vor Gericht. Die Vorbereitungen während des Zweiten Weltkriegs fasst Kerstin Marienburg in ihrem zweibändigen Werk am detailliertesten zusammen. Hinzu kommen die Dokumentationen und Bewertungen der alliierten Kriegsverbrecherprozesse der UNWCC in den Reihen: United Nations War Crimes Commission, History of the United Nations War Crimes Commission and the Development of the Laws of War, 1948 (künftig: UNWCC History) und Law Reports.

tärgerichtsprozessen ist bis auf die genannten Ausnahmen somit bis dato gleichsam ein blinder Fleck in der historischen und rechtwissenschaftlichen Forschungslandschaft geblieben.

3. Quellengrundlage

Den wichtigsten und umfangreichsten Quellenbestand der vorliegenden Arbeit bilden die Prozessakten der einzelnen untersuchten Verfahren. Die britischen Prozessakten sind gesammelt in den „War Crimes Case Files" des *Judge Advocate General's Office* im britischen Nationalarchiv (National Archives, Kew, London).[32] Neben den Verhandlungsprotokollen enthalten die Prozessakten auch Korrespondenz zwischen den verschiedenen juristischen Abteilungen der britischen Besatzungsverwaltung sowie die Gnadengesuche der Verurteilten. Gerade die von den Angeklagten in diesen Schriften vorgebrachten Unschulds- oder Strafmilderungsgründe erhellen mitunter die vor Gericht verfolgten Verteidigungsstrategien zusätzlich. In den Handakten zu den jeweiligen Verfahren finden sich darüber hinaus Notizen der Verteidiger sowie zahlreiche Eingaben der Verurteilten.

In den National Archives befindet sich darüber hinaus wichtiges ergänzendes Material zu den politischen Rahmenbedingungen der Prozesse und zu den Reaktionen der deutschen und britischen Öffentlichkeit. Zu nennen sind hier vor allem die Akten der *Legal Division* (FO 1060) und der *Political Division* (FO 1049) der *Control Commission for Germany*, die Akten zum Kriegsverbrechergefängnis Werl (FO 1024) sowie weitere interne Korrespondenz des Außenministeriums (FO 371). Die Vorbereitung der britischen Kriegsverbrecherprozesse ist wiederum in den Generalakten des *JAG's Office* (WO 311) dokumentiert. Anhand des internen Schriftwechsels der britischen Besatzungsverwaltung lassen sich die administrativen und politischen Einflüsse auf das Prozessgeschehen nachvollziehen und damit zugleich auf die Arbeitsbedingungen der Verteidigung.

Das Archiv des *Imperial War Museum* (IWM) in London verwaltet zahlreiche Nachlässe von Militärangehörigen, die direkt oder indirekt mit den Militärgerichtsprozessen in Deutschland in Berührung kamen. Sofern vor-

---

32 Im Bestand WO 235 sind sowohl die Prozessakten (mit größtenteils Wortlautprotokollen) sowie die Handakten zu den Verfahren überliefert. Für die 34 Prozesse mit britischen Offizieren als Verteidiger sind die entsprechenden Akten bis auf wenige Ausnahmen – allerdings in sehr unterschiedlichem Umfang und Genauigkeit – in den National Archives vorhanden.

handen und der Öffentlichkeit zugänglich, bezieht die vorliegende Arbeit Nachlässe der damaligen britischen Verteidiger mit ein. Bislang sind jedoch nur wenige Nachlässe in staatliche Archive oder Universitätsarchive gelangt.[33]

Darüber hinaus wird die Presseberichterstattung in Deutschland und Großbritannien anhand ausgewählter Beispiele zu einzelnen aufsehenerregenden Verfahren miteinbezogen – sei es bei Verfahren von besonderer lokaler Bedeutung, sei es bei Verbrechen in Konzentrationslagern. Zugang dazu bietet die Zeitungsausschnittsammlung der Gedenkstätte Bergen-Belsen sowie weitere nur vereinzelt überlieferte Zeitungsberichte über britische Militärgerichtsprozesse in Deutschland.

Ergänzend hinzu kommen die Bestände zur britischen Besatzungsverwaltung, zum Justizwesen und der Presse im Bundesarchiv Koblenz und die Bestände des Archivs des Instituts für Zeitgeschichte München-Berlin in München zu den alliierten Militärgerichtsverfahren bzw. dem gesellschaftlichen Rahmen, in dem die angeklagten Taten während der nationalsozialistischen Herrschaft geschahen.

An gedruckten Quellen sind in erster Linie die Erläuterungen zu den britischen Verfahren, die in 15 Bänden erschienen, *Law Reports of Trials of War Criminals* der *United Nations War Crimes Commission* (UNWCC), zu nennen. Die 89 wichtigsten Verfahren sind dort beschrieben und mit rechtlichen Erläuterungen versehen.[34] Hinzu kommt die von der UNWCC, als Untersuchungsbehörde maßgeblich an der Vorbereitung der genannten Verfahren beteiligt, selbst verfasste Geschichte der alliierten Kriegsverbrecherprozesse, unter die auch die britischen Militärgerichtsverfahren in Deutschland fallen.[35] Zu erwähnen sind ferner die zeitgenössischen Fassungen des britischen *Manual of Military Law* (künftig: MML), die sich maßgeblich auf die Rechtsauslegungen von Oppenheimer/Lauterpacht, „International Law", stützten.[36]

Die Auswahlgrundlage für die in der vorliegenden Arbeit betrachteten Prozesse mit britischen Verteidigern ist die Access-Datenbank des *International Research and Documentation Centre for War Crimes Trials* (ICWC) an

---

33 So befindet sich der Nachlass des für den ersten Bergen-Belsen-Prozess zentralen Verteidigers T. C. M. Winwood im *Imperial War Museum* unter der Signatur IWM Document Archive P420-21.

34 Hassel, Kriegsverbrechen vor Gericht, S. 8 Fn. 38.

35 Vgl. UNWCC History, Vol. I–XV.

36 Zur Bedeutung von Oppenheimer/Lauterpracht für die Veränderungen des MML vgl. Kap. III.1.1. e).

der Universität Marburg.[37] Die dort vollständig digitalisierten Akten zu den britischen Militärgerichtsprozessen in Europa aus dem Bestand der National Archives sind nach allen Personen durchsuchbar, die an den Gerichtsverfahren beteiligt waren. Die aus der Marburger Datenbank gewonnene Zusammenstellung der britischen Wahl-Pflicht-Verteidiger ergab die Auswahl der im Folgenden genauer untersuchten Prozesse. Ihre Bedeutung für die vorliegende Arbeit lässt sich kaum überschätzen.

---

37 Für die langjährige Unterstützung bei der Ermittlung und Auswahl der Prozesse bin ich Herrn Dr. Wolfgang Form, Geschäftsführer des Forschungs- und Dokumentationszentrum Kriegsverbrecherprozesse (ICWC) an der Universität Marburg, zu besonderem Dank verpflichtet.

II. Pläne zur Strafverfolgung deutscher Kriegsverbrechen 1939–1946

„The butcheries in France are an example of what Hitler's Nazis are doing in many other countries under their yoke. The atrocities in Poland, in Yugoslavia, in Norway, in Holland, in Belgium and above all behind the German fronts in Russia, surpass anything that has been known since the darkest and most bestial ages of mankind. They are but a foretaste of what Hitler would inflict upon the British and American peoples if only he could get the power. Retribution for these crimes must henceforward take its place among the major purposes of the war."[38]

1. Alliierte Strafverfolgungspläne während und nach dem Zweiten Weltkrieg

Verteilt über West-, Nord- und Südeuropa fanden in den unmittelbaren Nachkriegsjahren über 1000 Kriegsverbrecherprozesse mit rund 2700 Todesurteilen und teils sehr hohen Haftstrafen statt.[39] Die Frage der Strafverfolgung deutscher Kriegsverbrecher beschäftigte die Alliierten aber nicht erst nach dem Ende des Zweiten Weltkriegs; lange bevor ein Ende des Kriegs überhaupt in Sicht kam, wurden Pläne zur Bestrafung von nationalsozialistischen Verbrechen entwickelt.[40]

Öffentlich verurteilt wurde die brutale und völkerrechtswidrige Besatzungspolitik des NS-Regimes bereits Ende 1940: In einer am 12. November 1940 gemeinsam veröffentlichten Erklärung prangerten die Exilregierungen Polens und der Tschechoslowakei in London die massenhaften Hinrichtungen, Deportationen und Plünderungen, die gezielte Ermordung der Bildungseliten und die Zwangsarbeit in ihren Ländern an.[41] Wenige Wochen danach verurteilte die polnische Exilregierung in einer zwei-

---

38 Erklärung von Winston Churchill am 25. Oktober 1941, abgestimmt mit einer ähnlichen Erklärung von T. Roosevelt, abgedruckt in: ebenda, Capt. V, S. 88.
39 Vgl. Hassel, Kriegsverbrechen vor Gericht, S. 1.
40 Vgl. dazu beispielsweise: Boll, Bernd, Wehrmacht vor Gericht. Kriegsverbrecherprozesse der Vier Mächte nach 1945, in: Geschichte und Gesellschaft. Zeitschrift für historische Sozialwissenschaft, 24 (1998), S. 570–594, hier S. 570.
41 Vgl. NA, FO 371/ 38993 C6475; Boll, Wehrmacht vor Gericht, S. 570; Bajohr, Frank/Pohl, Dieter, Der Holocaust als offenes Geheimnis. Die Deutschen, die NS-

ten Erklärung die grausame deutsche „Germanisierungspolitik" und den Zwang zur bedingungslosen Zusammenarbeit mit den Besatzungsbehörden als völkerrechtswidrig. Insbesondere verletzten die deutschen Besatzer die auch vom Deutschen Reich ratifizierte Haager Landkriegsordnung (HLKO) von 1907.[42]

Die Alliierten waren seit Kriegsbeginn mit der Frage konfrontiert, auf welche Weise und besonders unter wessen Verantwortung die Verbrechen ihrer Gegner im und nach dem Krieg geahndet werden sollten. Bestimmend für die Ausrichtung der alliierten Pläne zur Strafverfolgung von deutschen Kriegsverbrechen war deren leidige Erfahrung aus den „Leipziger Prozessen" von 1921 bis 1927.[43] Die aus Sicht der Alliierten gescheiterte juristische Aufarbeitung der deutschen Kriegsverbrechen im Ersten Weltkrieg sorgte bereits lange vor 1945 für Einigkeit darüber, die Bestrafung mutmaßlicher Kriegsverbrecher nach einer deutschen Niederlage eigenhändig durchzuführen und nicht etwa der deutschen Nachkriegsjustiz zu überlassen. Das Negativbeispiel der „Leipziger Prozesse" setzte damit einen ersten Rahmen, ließ aber die konkrete Art der Durchführung von Strafverfahren noch weitestgehend offen.

Eine erste koordinierte Stellungnahme zur Kriegsverbrecherpolitik von Großbritannien, den Vereinigten Staaten und der Sowjetunion wurde im Herbst 1941 publik gemacht. Am 25. Oktober verurteile der britische Premierminister Winston Churchill in einer Erklärung die als Geiselerschießungen getarnten Massemorde in den deutschen Besatzungsgebieten.[44] Am gleichen Tag kündigte US-Präsident Theodore Roosevelt für die

---

Führung und die Alliierten, München 2006, S. 86–91. Siehe als ein Beispiel der Berichterstattung über deutsche Kriegsverbrechen und Grausamkeiten im Zuge der Besatzungsherrschaft auch: Slaying of Jews in Galicia Depicted, in: New York Times (26.10.1941).

42 UNWCC History, Capt. V, S. 87. Vgl. auch: Boll, Wehrmacht vor Gericht, S. 570.

43 Die Bedeutung der Leipziger Prozesse für die Haltung der Alliierten zur Kriegsverbrecherfrage kann nicht hoch genug eingeschätzt werden. Vgl. Hankel, Gerd, Die Leipziger Prozesse. Deutsche Kriegsverbrechen und ihre strafrechtliche Verfolgung nach dem Ersten Weltkrieg, Hamburg 2003; Wiggenhorn, Harald, Verliererjustiz. Die Leipziger Kriegsverbrecherprozesse nach dem Ersten Weltkrieg, Baden-Baden 2005. Vgl. UNWCC History, S. 109, 111. Zur sowjetischen Einschätzung der Fehler bei der Bestrafung von deutschen Kriegsverbrechen nach dem Ersten Weltkrieg vgl. Trainin, I., Lessons of Versaille, in: Soviet War News (23.09.1944), S. 3–4.

44 Vgl. Hartmann, Christian, Wehrmacht im Ostkrieg. Front und militärisches Hinterland 1941/42, München 2010, S. 107, 330, 681, sowie besonders zur internationalen Rechtslage in Bezug auf den Partisanenkrieg im Osten, S. 707–711;

zu diesem Zeitpunkt noch neutralen USA an, „frightful retribution" würde unabwendbar für all diejenigen kommen, die sich Kriegsverbrechen schuldig gemacht hätten.[45] Kurze Zeit später deutete schließlich auch der sowjetische Außenminister Wjatscheslaw Michailowitsch Molotow juristische Konsequenzen für deutsche Verbrechen gegen Kriegsgefangene und Zivilisten zumindest an.[46] Konkrete Forderungen, insbesondere auf Drängen der Vertreter der besetzten Staaten in Europa,[47] wurden schließlich erstmals mit der *Deklaration von St. James* vom 13. Januar 1942 festgehalten. Unter dem Eindruck schrecklicher Flüchtlingsberichte aus den besetzten Ländern[48] formierten sich die Exilregierungen zur *Inter-Allied Conference on the Punishment of War Crimes*. Das Ergebnis dieses Zusammen-

---

Hartmann, Christian, Verbrechen der Wehrmacht. Bilanz einer Debatte, München 2005, S. 84, 120.

45 UNWCC History, Capt. V, S. 87–88: „The practice of executing scores of innocent hostages in reprisal for isolated attacks on Germans in Countries temporarily under the Nazi heel revolts a world already inured to suffering and brutality. Civilized peoples long ago adopted the basic principle that no man should be punished for the deed of another. Unable to apprehend the persons involved in these attacks, the Nazi characteristically slaughter fifty or a hundred innocent persons. Those who would 'collaborate' with Hitler and try to 'appease' him cannot ignore this ghastly warning. The Nazis might have learned from the last war the impossibility of breaking men's spirit by terrorism. Instead, they develop their lebensraum and new order by depths of frightfulness which even they have never approached before. These are the acts of desperate men who know in their hearts that they cannot win. Frightfulness can never bring peace to Europe. It only sows the seeds of hatred which will one day bring frightful retribution."

46 Ebenda, Capt. V, S. 89. „All these facts are an outrageous violation by the German Government of the elementary principles and regulations of international law and of the International Agreement signed by representatives of Germany itself. In bringing these horrible facts to the notice of all countries with which the Soviet Union has diplomatic relations, the Soviet Government indignantly protests before the whole world against the barbaric violation by the German Government of the elementary rules of international law." Vgl. auch: Boll, Wehrmacht vor Gericht, S. 571.

47 Vertreten waren auf der Konferenz Belgien, Luxemburg, Niederlande, Jugoslawien, Griechenland, Tschechoslowakei, Polen, Norwegen und das Französische Nationalkomitee, Letzteres repräsentiert durch Charles de Gaulles.

48 Radtke, Henning/Rössner, Dieter/Schiller, Theo/Form, Wolfgang (Hrsg.), Historische Dimensionen von Kriegsverbrecherprozessen nach dem Zweiten Weltkrieg, Baden-Baden, Zürich 2007. Vgl. auch: „In England zum Beispiel berichteten die aus den besetzten Ländern geflohenen Menschen schreckliche Geschichten über die NS-Verbrechen": Bryant, Michael S., Dachau Trials – Die rechtlichen und historischen Grundlagen der US-amerikanischen Kriegsverbrecherprozesse, 1942–1947, in: Radtke/Rössner/Schiller/Form (Hrsg.), Historische Dimensionen

schlusses war die dezidierte Forderung nach gerichtlicher Bestrafung deutscher Kriegsverbrecher. Ganz ähnliche Ansichten vertraten auch die Großmächte Großbritannien, USA und UdSSR und drohten Deutschland im Herbst 1942 ihrerseits die juristische Verfolgung von nationalsozialistischen Kriegsverbrechen an.[49] Mit der *Inter-Allied Conference of the Punishment of the War Crimes*, aus der die *Deklaration von St. James* hervorging, erhielt die Aburteilung von Kriegsverbrechern erstmals den „Status eines vorrangigen Kriegsziels".[50] Denn in ihr wurde explizit die gerichtliche Verfolgung deutscher Kriegsverbrechen gefordert. Darüber hinaus vereinbarten die USA und Großbritannien, eine Untersuchungskommission von Kriegsverbrechen einzurichten. Trotz zeitweiliger Gegenstimmen in einigen Ländern, darunter auch Großbritannien, setzte sich dabei bald die Einsicht durch, reguläre Gerichtsverfahren abzuhalten und nicht etwa, wie ebenfalls diskutiert worden war, gesuchte Personen bei ihrer Ergreifung standrechtlich zu erschießen.

Dass es die Alliierten ernst meinten mit ihren Forderungen nach gerichtlicher Ahndung von deutschen Kriegsverbrechen zeigen exemplarisch Militärgerichtsprozesse in Amerika und der Sowjetunion inmitten des Kriegs: Im Juli 1942 eröffnete ein amerikanisches Militärgericht ein Verfahren wegen Spionage und Hochverrat gegen acht Mitglieder eines deutschen Sabotagekommandos. Das Verfahren endete nach dem Schuldspruch mit der Hinrichtung von sechs Angeklagten durch den elektrischen Stuhl.[51] In der Sowjetunion begannen im Jahr 1943 erste Militärgerichtsprozesse wegen Verbrechen an Zivilisten und Kriegsgefangenen. Die Ermittlungen hatten ein Jahr zuvor mit der Einsetzung der *Außerordentlichen Staatlichen Kommis-*

---

von Kriegsverbrecherprozessen nach dem Zweiten Weltkrieg, S. 111–122, hier S. 111.

49 Vgl. Radtke/Rössner/Schiller/Form (Hrsg.), Historische Dimensionen von Kriegsverbrecherprozessen nach dem Zweiten Weltkrieg sowie Bryant, Dachau Trials – Die rechtlichen und historischen Grundlagen der US-amerikanischen Kriegsverbrecherprozesse, 1942–1947, S. 111.

50 Boll, Wehrmacht vor Gericht, S. 571. Abdruck der Deklaration in: UNWCC History, Capt. V, S. 90.

51 Beteiligt an der Operation Pastorius waren acht Deutsche, die zuvor schon einmal in den USA gelebt hatten. Die Operation sah die Sabotage von wichtigen ökonomischen Zielen in Amerika vor. Bevor die Pläne allerdings zur Ausführung kommen konnten, verriet einer der Beteiligten die gesamte Aktion an das FBI. Das Verfahren gegen Richard Quirin u.a. fand vom 8. Juli bis 1. August 1942 statt und war namensgebend für die darauffolgende Entscheidung des Supreme Court, *Ex parte Quirin*.

sion begonnen.[52] Umfang und Wirkung der sowjetischen Kriegsverbrecherprozesse während des Kriegs lassen sich in Ermangelung entsprechender Grundlagenforschung jedoch nach wie vor nur schwer einschätzen.[53]

Zur gleichen Zeit nahm auch die von Großbritannien und den Vereinigten Staaten initiierte Untersuchungskommission ihre Arbeit auf. Die *United Nations War Crimes Commission* (UNWCC) war ab dem 20. Oktober 1943 zuständig für die Auslegung rechtlicher Fragen und für die Erfassung von Personen, die eines Kriegsverbrechens verdächtigt wurden.[54]

Die entscheidende Weichenstellung für die Nachkriegszeit in Bezug auf die Kriegsverbrecherfrage erfolgte indes auf der *Drei-Mächte-Konferenz* von Moskau am 30. Oktober 1943. Die Außenminister Großbritanniens, der USA und der Sowjetunion einigten sich dort auf eine gemeinsame Kriegsverbrecherpolitik. Festgehalten in der *Moskauer Erklärung* wurde der gemeinsame Entschluss zur juristischen Bestrafung all jener, die Kriegsverbrechen entweder eigenhändig begangen oder deren Durchführung unterstützt hatten.[55] Zwei unterschiedliche, potenziell widersprüchliche Strategien kristallisierten sich mit der *Moskauer Erklärung* vom 30. Oktober 1943

---

52 Zur Bedeutung der Außerordentlichen Staatlichen Kommission für „die Feststellung und Untersuchung der Gräueltaten der deutsch-faschistischen Eindringlinge und ihrer Komplizen, und des Schadens, den sie den Bürgern, Kolchosen, öffentlichen Organisationen, staatlichen Betrieben und Einrichtungen der UdSSR zugefügt haben" vgl. Prusin, "Fascist criminals to the gallows!" sowie: Karner, Stefan, Zum Umgang mit der historischen Wahrheit in der Sowjetunion. Die "Außerordentliche Staatliche Kommission" 1942 bis 1951, in: Wilhelm Wadl (Hrsg.), Kärntner Landesgeschichte und Archivwissenschaft. Festschrift für Alfred Ogris zum 60. Geburtstag, Klagenfurt 2001, S. 508–523; Sorokina, Marina, People and procedures. Towards a History of the Investigation of Nazis Crimes in the USSR, in: Michael David-Fox (Hrsg.), The Holocaust in the East. Local Perpetrators and Soviet Responses, Pittsburgh 2014, S. 118–141; Dumitru, Diana, An Analysis of Soviet Postwar Investigation and Trial Documents and Their Relevance for Holocaust Studies, in: Michael David-Fox (Hrsg.), The Holocaust in the East. Local Perpetrators and Soviet Responses, Pittsburgh 2014, S. 142–157.

53 Den genauesten Überblick bietet: Hilger/Schmidt/Wagenlehner, Sowjetische Militärtribunale.

54 „United Nations" meint hier den 1942 erstmals von 26 alliierten Ländern verwendeten Begriff, der Eingang in die Benennung der UNWCC fand. Vgl. Bryant, Dachau Trials – Die rechtlichen und historischen Grundlagen der US-amerikanischen Kriegsverbrecherprozesse, 1942–1947, S. 112.

55 Abgedruckt ist die *Moskauer Erklärung* in: Michaelis, Herbert, Deutschland unter dem Besatzungsregime. Die Viermächteverwaltung - Schuld und Sühne. Die Kriegsverbrecherprozesse - Die Vertreibung aus den Ostgebieten. 1958-1979, S. 395, sowie in: Marrus, Michaël Robert, The Nuremberg war crimes trial 1945–46. A documentary history, Boston 1997, S. 20–21. Zu den vorausgegangenen Pla-

heraus: Zum einen war ein internationaler Gerichtshof zur Aburteilung der führenden Politiker und Militärs angedacht: der sogenannten Haupt-kriegsverbrecher.[56] Zum anderen wurde die Zuständigkeit der nationalen Gerichtsbarkeiten der alliierten Einzelstaaten für deutsche Verbrechen gegen die Menschlichkeit und Kriegsverbrechen betont.[57]

Endgültige rechtliche Grundlagen schufen die Alliierten schließlich mit dem *Londoner Abkommen* vom 8. August 1945. Verabschiedet wurde mit dem IMT-Statut zugleich eine Definition der Verbrechen, über die das Internationale Militärtribunal zur Bestrafung der deutschen Hauptkriegsverbrecher entscheiden sollte. Mit dem Kontrollratsgesetz Nr. 10 vom 20. Dezember 1945[58] wurde zudem eine einheitliche Rechtsgrundlage für die nationalen Gerichte der Alliierten geschaffen. Zwar gab es Ergänzungen und Zusätze für die einzelnen Ländergerichtsbarkeiten, die Straftatbestände waren aber mit denen des Nürnberger Prozesses größtenteils identisch.

2. Konjunkturen der britische Strafverfolgungspolitik

„[German War Criminals] must be dealt with, not by courts of law, but by military courts composed of officers who know what has been going on during the war with Germany. The Germans in war have proved themselves to be outside the pale of civilization. They have committed atrocities, offences against the laws of war, and the only courts before which they can be suitably dealt with are courts of military justice.“[59]

Trotz der zahlreichen Absichtserklärungen, Absprachen und Vorarbeiten der Alliierten zur Bestrafung mutmaßlicher deutscher Kriegsverbrecher zeigte sich erst bei Kriegsende das ganze Ausmaß an Schwierigkeiten, diese Pläne in die Tat umzusetzen. Obwohl Großbritannien mit seinen Verbün-

---

nungen und dem Kenntnisstand der britischen Regierungsstellen insb. der Außenministeriums vgl. NA, FO 371/ 34378; NA, FO 371/ 30916.

56 Zu den Planungen insb. auf amerikanischer Seite siehe: Bryant, Dachau Trials – Die rechtlichen und historischen Grundlagen der US-amerikanischen Kriegsverbrecherprozesse, 1942–1947, S. 111–114.

57 Boberach, Heinz, Das Nürnberger Urteil gegen verbrecherische Organisationen und die Spruchgerichtsbarkeit der Britischen Zone, in: Zeitschrift für neuere Rechtsgeschichte, 12 (1990), S. 40–50, hier S. 40.

58 Vgl. Hassel, Kriegsverbrechen vor Gericht, S. 88–98.

59 Lord Hutchison of Montrose, Parliamentary Debates (Hansard), House of Lords. Official Report, Fifth Series, Volume 401, 13. Juli 1944, S. 930.

deten bis zur bedingungslosen Kapitulation Deutschlands ein gemeinsames Vorgehen vereinbart hatte, dürfen die Besonderheiten der britischen Strafverfolgungspolitik nicht übersehen werden. Sowohl in den Kriegsjahren wie auch nach 1945 lassen sich für Großbritannien zahleiche nationale Besonderheiten beobachten. Die Entscheidung, alle Verbrechen im Krieg durch reguläre Gerichtsverfahren zu ahnden, fiel in Großbritannien beispielsweise deutlich später als bei seinen Verbündeten.

Mit der Gründung der UNWCC Ende 1943 entstand zwar eine Einheit, die erstmals konkrete Nachforschungen zu mutmaßlichen Kriegsverbrechen aufnahm, die Ermittlung der Täter lag aber trotz des Hauptsitzes der Behörde in London nicht in britischer Hand. Hinzu kam, dass – abgesehen von den Hauptkriegsverbrechern – sämtliche Gerichtsverfahren in jenen Ländern stattfinden sollten, in denen die jeweiligen Verbrechen begangen worden waren.[60] Großbritannien war eine der wenigen Nationen in Europa, die nicht selbst unter deutscher Besatzung gestanden hatten. Berichte über deutsche Grausamkeiten erschienen in Großbritannien während des Kriegs oft übertrieben oder gar unglaubwürdig. Die Dringlichkeit des Handelns, wie sie die in London ansässigen Exilregierungen immer wieder artikulierten, fehlte deshalb in der britischen Strafverfolgungspolitik gegen mutmaßliche deutsche Kriegsverbrecher zunächst weitgehend.[61]

Treibende Kraft hinter den Debatten um die Ahndung von Kriegsverbrechen der Achsenmächte waren in Großbritannien in den Jahren 1942/43 denn auch nichtstaatliche Institutionen wie die *Cambridge Commission on Penal Reconstruction and Development* und die *London International Assembly*. Hervorgegangen aus einer Konferenz am 14. November 1941 von Mitgliedern der juristischen Fakultät der Universität Cambridge mit Juristen aus den besetzten Ländern Europas, machte es sich die *Cambridge Commis-*

---

60 Zu den Debatten bis hin zu der Einigung, deutsche Kriegsverbrecher im Land des begangenen Verbrechens vor Gericht zu stellen, siehe: UNWCC History, Capt. V, insb. S. 94.

61 Anders als die in London ansässigen europäischen Exilregierungen waren für die britische Regierung die Interessen der eigene Staatsbürger zuallererst mit der Sicherheit von gefangen genommenen Soldaten und möglichen Racheakten von deutscher Seite bei einer offensiveren Anprangerung von deutschen Kriegsgräuel handlungsleitend. Zu den Gründen für die zögerliche Haltung Großbritanniens bezüglich einer gerichtlichen Ahndung deutscher Kriegsverbrechen vgl. ausführlich: Jones, British Policy towards 'minor' Nazi War Criminals, S. 53–100. Zu der hinhaltenden Taktik des Außenministeriums bezüglich einer gemeinsamen Erklärung Großbritanniens, Frankreichs und Polens (vor allem Letztere drängten auf ein zügiges Vorgehen, das die nationalsozialistischen Verbrechen in Polen verurteilen und deren Ahndung ankündigen sollte) siehe: NA, FO 371/ 24422.

sion zur Aufgabe, relevante Informationen „to the re-establishment of justice in Europe after the war" zusammenzutragen. Außerdem unterbreitete sie Regeln und Maßnahmen für Prozesse wegen „Crimes against International Public Order" gegenüber den jeweiligen nationalen Regierungen.[62]

Unter der Schirmherrschaft der Vereinten Nationen fand sich am 20. Oktober 1941 die *London International Assembly* zusammen. Auch sie versuchte auf die britische Strafverfolgungspolitik einzuwirken, indem sie konkrete politische Handlungsempfehlungen aussprach. Obwohl dieses Gremium keinen offiziellen Status erhielt, hatten die Mitglieder, die von den alliierten Regierungen entsandt wurden, allesamt hohe politische Positionen inne. Keiner nationalen Politik verpflichtet, erarbeitete die Vereinigung von 1941 bis zu ihrem Abschlussbericht im Dezember 1943 Vorschläge zum Umgang mit Kriegsverbrechern. Kopien der Empfehlungen gingen regelmäßig an die amerikanische und britische Regierung.[63] Zwei Bereiche betrachtete die *London International Assembly* schon 1942 als vorrangig: Einerseits die Definition von strafbaren Verbrechen im Krieg, andererseits die Überprüfung der jeweiligen nationalen Auslieferungsgesetze und internationalen Verträge – verbunden mit der möglichst umgehenden Einführung oder Kodifizierung der fundamentalen Prinzipien des Völkerrechts. Doch trotz solch früher Forderungen und eindeutiger Willenserklärungen herrschte während des Zweiten Weltkriegs meist keine Einigkeit über die tatsächliche Umsetzung eines Strafverfolgungsplans.[64]

Gerade die britische Regierung verhielt sich sowohl während des Kriegs wie auch in der unmittelbaren Nachkriegszeit extrem vorsichtig und zurückhaltend bei der Ermittlung von Kriegsverbrechern, der Durchführung von Prozessen und der Vollstreckung von Hinrichtungen bei verhängter

---

62 UNWCC History, Capt. 5, S. 95. Vertreten waren neben Mitgliedern der Universitäten Oxford und Cambridge, Gesandte aus Belgien, Frankreich, der Tschechoslowakei, Griechenland, den Niederlanden, Polen, Luxemburg, der Türkei und Jugoslawien.

63 Ebenda, Capt. V, S. 99–104, hier S. 99.

64 Cramer, John, Belsen Trial 1945. Der Lüneburger Prozess gegen Wachpersonal der Konzentrationslager Auschwitz und Bergen-Belsen, Göttingen 2011, S. 28. In den Aufzeichnungen der UNWCC findet sich als Grund für die andauernden Verzögerungen des Projekts „Investigation Commission" – neben der Sorge einer Wiederholung der „Leipziger Prozesse" – der anhaltende Unwille der offiziellen Stellen und die Uneinheitlichkeit der beteiligten Regierungen. Als retardierender Faktor besonders hervorgehoben wurde dabei die Sowjetunion. Vgl. UNWCC History, Capt. VI, S. 111–112.

Todesstrafe.[65] Mit Ausnahme des gemeinsamen alliierten Tribunals in Nürnberg hielten sich alle Länder mehr oder weniger strikt an ihre nationalen Gerichtsbarkeiten bzw. übergaben die Strafverfolgung von Kriegsverbrechen und Verbrechen gegen die Menschlichkeit bald an deutsche Gerichte.

Die Gründe für das nach Kriegsbeginn zunächst geringe Interesse Großbritanniens an der Verfolgung von Kriegsverbrechen sind zahlreich.[66] Von besonderem Gewicht dürfte insbesondere zu Kriegsbeginn die klare Erkenntnis der eigenen Machtlosigkeit[67] gewesen sein: Solange die Befürchtung bestand, das nächste Opfer eines deutschen Überfalls werden zu können, beließ es die britische Regierung bei unverbindlichen Absichtserklärungen. Erst als der Druck der Verbündeten sowie der eigenen Öffentlichkeit größer wurde, schloss sich auch die britische Regierung ab 1943 den international immer deutlicher werdenden Bemühungen zur gerichtlichen Ahndung deutscher Kriegsverbrechen an.[68]

Nach Kriegsende mussten mit der Übernahme der Verantwortung in einer eigenen Besatzungszone, zumal der darin gelegenen Konzentrationslager Bergen-Belsen und Neuengamme, die Pläne zur Strafverfolgung mutmaßlicher deutscher Kriegsverbrecher schließlich praktisch durchgeführt

---

65 „The British Government was extremely reluctant to commit to the prosecution, trial and execution of war criminals": Stähle, Nina, British War Crimes Policy and Nazi Medecine. An Overview, in: Henning Radtke/Dieter Rössner/Theo Schiller/ Wolfgang Form (Hrsg.), Historische Dimensionen von Kriegsverbrecherprozessen nach dem Zweiten Weltkrieg, Baden-Baden, Zürich 2007, S. 123–135, hier S. 123. Vgl. auch: Frei (Hrsg.), Transnationale Vergangenheitspolitik; Bloxham, Genocide on trial, S. 141. Noch im Mai 1945 drückte beispielsweise Sir John Grigg, Secretary of State of War, inmitten der Vorbereitung der Kriegsverbrecherprozesse, in einem Schreiben an den Lord Chancellor Viscount Simon seine Haltung aus, die Kriegsverbrecher auf ein Minimum zu beschränken und baldmöglichst zu beenden. Vgl. seine Einschätzung zu den durchzuführenden Prozessen in: NA, WO 32/ 11728, Bl. 33A, Brief von Sir John Grigg an Viscount Simon vom 5. Mai 1945.

66 Am Beispiel der britischen Kriegsverbrecherpolitik in Bezug auf nationalsozialistische Verbrechen im medizinischen Bereich hat die britischen Vorbehalte exemplarisch beschrieben: Stähle, British War Crimes Policy and Nazi Medecine.

67 Cramer, Belsen Trial 1945, S. 27.

68 Beispielhaft für die sich verändernde, öffentlich kommunizierte Haltung gegenüber einer gerichtlichen Ahndung von nationalsozialistischen Verbrechen, gegebenenfalls auch durch die Schaffung neuer (internationaler) Gesetze, kann ein Brief von Lord Atkin an die *Times* vom 30. Dezember 1943 stehen. Das Schreiben wurde Premierminister Churchill zur Kenntnis gebracht, da es „the views of the overwhelming majority of British Lawyers" repräsentiere. Vgl. NA, FO 371/ 39004 C14163, Brief von Edward G. Hemmerde an Churchill vom 6. Oktober 1944.

werden. Dabei war es unmöglich, die politischen und juristischen Sphären strikt voneinander zu trennen. Die Ziele und Vorgaben der britischen Besatzungsverwaltung in Deutschland ließen alle durchgeführten Prozesse notwendigerweise zu politischen Prozessen werden.[69] Beginn und Abschluss der von den Briten selbst durchgeführten Prozesse wurden durch Regierungsentscheidungen, nicht jedoch durch die zuständigen Anklagebehörden bestimmt. Noch bevor der erste Prozess überhaupt eröffnet worden war, legte sich die britische Regierung bereits auf ein anzupeilendes Ende der britischen Strafverfolgung fest; der durchführende Apparat sollte sich nach dem Willen der politischen Verantwortlichen baldmöglichst selbst wieder demontieren.[70]

Prägend für die öffentliche Wahrnehmung in der Heimat und den damit verbundenen Ansprüchen an die Besatzungsherrschaft in Nordwestdeutschland waren die Aufnahmen und Berichte über das Ausmaß der deutschen Barbarei im Konzentrationslager Bergen-Belsen. Am 13. April 1945 befreite die britische Armee das Lager einschließlich seiner Außenstellen. Die Bilder der massenhaft toten, sterbenden und nur knapp überlebenden Häftlinge lösten einen tiefen Schock in der britischen Öffentlichkeit aus und prägten das Bild von der nationalsozialistischen Schreckensherrschaft nachhaltig.[71] Die Zuständigkeit für das bald als „eigenes Problem" empfundene Konzentrationslager Bergen-Belsen setzte die britische Politik unter erheblichen Zeitdruck, mit der gerichtlichen Bestrafung der Verantwortlichen zu beginnen. Hinzu kam ein enormes öffentliches Interesse an den ersten Prozessen in Großbritannien sowie in den verbündeten Staaten.[72] Bald zeigte sich jedoch sehr deutlich, wie wenig vorbereitet die britischen Behörden auf die praktische Durchführung von Kriegsverbrecherprozessen waren. Politischer Unwille traf dabei auf völlige Ahnungslo-

---

69 Vgl. Political trials Bloxham, Genocide on trial, S. 52. Der Begriff „Politischer Prozess" wird hier im Sinne eines durch politische Vorgaben und/oder rechtlichen Regelungen beeinflussten Verfahrens verwendet. Die gleiche Definition liegt auch den Beiträgen im 2012 gegründeten *Lexikon der Politischen Strafprozesse* zugrunde. Vgl. http://www.lexikon-der-politischen-strafprozesse.de.

70 Vgl. Frei (Hrsg.), Transnationale Vergangenheitspolitik; Bloxham, Genocide on trial, S. 142.

71 Vgl. Caven, Hannah, Horror in Our Time. Images of the concentraion camps on the British media, in: Historical Journal of Film, Radio and Television, 21 (2001), S. 299. Die Veränderungen in der deutschen Haltung gegenüber der britischen Militärregierung in Deutschland beschreibt: Marshall, Barbara, German Attitudes to British Military Government 1945–47, in: Journal of Contemporary History, 15 (1980), S. 655–684.

72 Cramer, Belsen Trial 1945, S. 37–38.

sigkeit der zuständigen bzw. neu geschaffenen Behörden. Hinzu kam die starke Erschöpfung der britischen Armee, die sich, so kurz nach Kriegsende, nun unverhofft um die Ermittlung von mutmaßlichen deutschen Kriegsverbrechern und deren Aburteilung kümmern musste.[73]

Die Kontroversen um den letzten von den Briten auf deutschem Boden durchgeführten Militärgerichtsprozess gegen Erich von Manstein[74] vom 23. August bis 19. Dezember 1949 im Hamburger Curiohaus illustrieren am deutlichsten die veränderte Großwetterlage mit zunehmendem Abstand zum Kriegsende. Zu Wort meldeten sich damals mehrere prominente Persönlichkeiten, darunter Admiral of the Fleet William Boyle, Earl of Cork and Orrery, genannt „Ginger Boyle", der sich besonders bei der Schlacht um Narvik 1940 einen Namen gemacht hatte.[75] Verweisend auf die soldatische Ehre und den militärischen Gehorsam, kritisiert Boyle nicht nur die geplante Anklage gegen von Manstein, sondern auch die Härte, mit der in vorangegangenen Prozessen gegen ehemalige Angehörige der Wehrmacht geurteilt worden war. In dieselbe Kerbe schlug der Bischof

---

73 Ebenda, S. 36. Vgl. auch: Bower, Tom, Blind Eye to Murder. Britain, America and the Purging of Nazi Germany – A Pledge Betrayed, London 1995, S. 127–130. Bower fasst den äußerst geringen Enthusiasmus des JAG bezüglich der neuen Aufgaben bei der Kriegsverbrecherverfolgung treffend zusammen: „War crimes work came as an unwelcome intrusion into the life of JAG, which, like army legal sections the world over, was a traditionally quiet military backwater." Bower, Blind Eye to Murder, S. 129–130.

74 Erich von Lewiski, genannt von Manstein (1887–1973), war als Generalfeldmarschall Oberbefehlshaber der 11. Armee sowie der Heeresgruppe Süd und somit maßgeblich verantwortlich für den Krieg gegen die Sowjetunion von 1941–1944. Der „Reichenau-Befehl", von Hitler den Befehlshabern im Ostkrieg zur Nachahmung empfohlen, wurde von Manstein in weiten Teilen übernommen. In seiner selbstformulierten Version wird indes mildernd an die soldatische Ehre appelliert und zu Rücksicht gegenüber der nichtbolschewistischen Bevölkerung gemahnt; die Judenvernichtung legitimierte Mansteins Befehl dagegen sehr direkt. Im Prozess gegen Erich von Manstein war dieser Befehl und sein Verhalten im Ostkrieg Hauptgegenstand der Anklage. Vgl. Hürter, Hitlers Heerführer, S. 584, 590; Wrochem, Erich von Manstein, S. 58–63, 166–175. Nach seiner Haftentlassung 1953 wurde Manstein inoffizieller Berater der 1955 gegründeten Bundeswehr.

75 Während seiner 54 Jahre in der britischen Marine erlebte Boyle beide Weltkriege als aktiver Soldat. Von 1933 bis 1935 war er Oberbefehlshaber der britischen Heimatflotte. Die Stationen seiner militärischen Karriere beschreibt Boyle ausführlich in seiner Autobiografie: Boyle, William, My Naval Life. Admiral of the Fleet the Earl of Cork & Orrery, London 1942.

von Chichester George Bell,[76] als er den späten Zeitpunkt der Anklage gegen Manstein kritisierte: „We can never justify a trial at this time of von Manstein. The delay ist the crux of the matter."[77] Die unterschiedliche Beurteilung von angeblich „anständig gebliebenen" Soldaten einerseits und verkommenen SS-Angehörigen oder KZ-Personal andererseits verstärkte sich bis zum Ende der Militärgerichtsprozesse zunehmend und fand vor allem in der britischen Presse ein starkes Echo.

Dem Leiter der Rechtsabteilung der britischen Armee, *Judge Advocate General* Sir Harry McGeagh,[78] wurde schließlich die Aufgabe übertragen, für die Vorbereitung der Prozesse zur Aufarbeitung deutscher Verbrechen während des Zweiten Weltkriegs zu sorgen. Zu diesem Zweck wurde die Abteilung „War Crimes" bei der 21. Army Group gebildet, deren Aufgabe darin bestand, verschiedene „War Crimes Investigation Teams" (WCIT) aufzustellen. Diese Teams sollten vor Ort Beweise sichern, Verdächtige und Zeugen befragen und bei ausreichenden Verdachtsmomenten ihre Ergebnisse an die JAG-Zentrale in London weiterleiten. Gerade die Vorlagepflicht aller Unterlagen vor einer Verfahrenseröffnung trug ganz wesentlich zu dem nur schleppenden Tempo bei, mit dem die Militärgerichtsprozesse in der britischen Besatzungszone eingeleitet werden konnten. Beim JAG wurde dann über die Anklageformulierung und die Art der Beweisaufnahme vor Gericht entschieden. Als Leiter der neu eingerichteten Kriegsverbrecherabteilung bei der 21. Army Group wurde Lieutenant-Colonel John Barraclough bestimmt, der seinen Posten in Deutschland allerdings nie antrat.[79] Auch bei der neu geschaffenen Abteilung AG3 des

---

76 George Kennedy Allen Bell (1883–1958) war anglikanischer Bischof sowie führender Vertreter der Ökumene, bekannt für seine Friedens- und Versöhnungsarbeit während und nach dem Zweiten Weltkrieg. Vgl. Chandler, Andrew, Patronage des Widerstands. Bischof Bell und das „andere Deutschland" während des Zweiten Weltkriegs, in: Joachim Garstecki (Hrsg.), Die Ökumene und der Widerstand gegen Diktaturen. Nationalsozialismus und Kommunismus als Herausforderung an die Kirchen 2007, S. 47–70.

77 NA, WO 235/ 604.

78 Vgl. Cramer, Belsen Trial 1945, S. 36; Bower, Blind Eye to Murder, S. 129. Bower charakterisiert McGeahs Fähigkeiten durchweg negativ. Der an ihn gestellten Aufgabe sei er nicht gewachsen gewesen, da er nie über den Ärmelkanal gekommen war und den Krieg ausschließlich vom Schreibtisch aus erlebte. McGeahs Deputy Judge Advocate General Brigadier Henry Shapcott, so Bower, hätte sich zwar durch größeres Interesse an der Kriegsverbrecherverfolgung ausgezeichnet, sei aber gegenüber seinem Vorgesetzten immer im Hintertreffen gewesen: siehe ebenda.

79 Ebenda.

Adjutant General's Department im Kriegsministerium und dessen Leiter Viscount Bridgeman zeigte sich bald, wie unwillkommen die zusätzliche Koordinierungsaufgabe zwischen den etwa 20 verschiedenen Dienststellen der mit Kriegsverbrecherprozessen befassten Behörden und Minister in London war.[80] Brigadier Richard Halse, JAG-Mitarbeiter seit 1935, erinnerte sich an die unübersichtliche und Anfang 1945 chaotische Situation in Sachen Kriegsverbrecherprozesse mit den Worten: „ [W]e really had nothing and knew nothing in the beginning. But everyone was tired at the end of the war and both Jag and war office felt that war crimes were not going to produce glory for anyone."[81]

Die Bedenken, sich mit den Kriegsverbrecherprozessen ein Fass ohne Boden einzuhandeln, waren bereits während des Kriegs groß gewesen. Die Verantwortung für die Ahndung von Verbrechen vor dem Kriegseintritt Großbritanniens am 3. September 1939 und für Verbrechen gegen Deutsche wollten die Briten möglichst ganz vermeiden.[82] Außenminister Anthony Eden plädierte im Juni 1942 dafür, Gerichtsverfahren auf ein kurzes Zeitfenster nach Kriegsende zu begrenzen, um jahrelange Prozesse zu verhindern und den „return to a peaceful atmosphere in Europe"[83] nicht zu verzögern. Bezeichnend für die britische Haltung gegenüber mutmaßlichen deutschen Kriegsverbrechern war dann auch die Ankündigung des Churchill-Nachfolgers Clement Attlee vom 21. November 1945, alle Kriegsverbrecherprozesse bis zum Frühjahr 1946 beenden zu wollen.[84] Für Idealismus blieb hier nur sehr wenig Raum, stattdessen bestimmten kühle,

---

80 Vgl. Cramer, Belsen Trial 1945, S. 36.

81 Zitiert nach: Bower, Blind Eye to Murder, S. 129.

82 Das zeigt exemplarisch ein Brief von Secretary of State for War Sir John Grigg an den Lord Chancellor Viscount Simon vom 5. Mai 1945. Griggs mahnte darin das aus seiner Sicht kaum zu bewältigende Ausmaß von Prozessen an, sollten sowohl Verbrechen vor dem Krieg wie auch Verbrechen der Achsenmächte gegen Bürger ihrer eigenen Staaten vor Militärgerichten verhandelt werden: „That would involve an almost intolerable burden, whoever undertook it. Even to deal with crimes in concentration camps during the war period will be an immense task." Vgl. NA, WO 32/ 11728, Blatt 33A.

83 Zitiert nach: Jones, Priscilla Dale, Nazi Atrocities against Allied Airmen. Stalag Luft III and the End of British War Crimes Trials, in: The Historical Journal, 41 (1998), S. 543–565, hier S. 547.

84 Vgl. Frei (Hrsg.), Transnationale Vergangenheitspolitik; Bloxham, Genocide on trial, S. 142, sowie Jones, Nazi Atrocities against Allied Airmen, S. 548–549.

realpolitische und zweckrationale Überlegungen das Handeln aller mit der britischen Strafverfolgungspolitik befassten Institutionen.[85]

Die mit der Demonstration von Gerechtigkeit in rechtsstaatlichen, fairen Prozessen verbundene Wirkungsabsicht der Briten sollte deswegen aber nicht übersehen werden. Beachtung verdient etwa eine Äußerung des in den *Wuppertal Trials*[86] 1946 als *Judge Advocate* eingesetzten Parlamentsabgeordneten Anthony Marlowe über den Auftrag des militärischen Justizapparats. Betraut mit der Etablierung einer funktionierenden Rechtspre-

---

85 „Ohnehin beruhte das Vorgehen der britischen Institutionen in diesem Bereich nicht etwa auf entfesseltem Idealismus, sondern auf nüchterner Realpolitik." Frei (Hrsg.), Transnationale Vergangenheitspolitik. Siehe auch: Bloxham, Genocide on trial, S. 153.

86 Das sogenannte *Wuppertal Trial* fand vom 29. Mai bis 1. Juni 1946 gegen Wolfgang Zeuss, Magnus Wochner, Emil Meier, Peter Straub, Friedrich (genannt Fritz) Hartjenstein (Letztgenannter war SS-Obersturmbannführer und Lagerkommandant in den KZs Auschwitz-Birkenau und Natzweiler und wurde sowohl von einem britischen wie auch von einem französischen Gericht zum Tode verurteilt), Franz Berg, Werner Rohde (Marburger Arzt und ehemalige Lagerarzt in Auschwitz-Birkenau), Emil Bruttel und Kurt aus dem Bruch statt. Alle Angeklagten hatten zum Personal des Konzentrationslagers Natzweiler-Struthof (Frankreich) gehört (mit Ausnahme von Franz Berg, der Gefangener im dortigen Lager gewesen war). Die Anklage lautete auf Beteiligung an der Tötung von vier britischen Frauen im Juli oder August 1944 in Struthof/Natzweiler. Die vier ermordeten Frauen waren Angehörige der Womens Auxiliary Force bzw. der First Aid Nursing Yeomanry und mit dem Auftrag nach Frankreich gesandt worden, eine Kommunikation zwischen London und der Résistance herzustellen. Nach ihrer Gefangennahme kamen die vier Frauen zuerst in ein Gefängnis in Karlsruhe und wurden dann nach Natzweiler überführt. Ihre Hinrichtungen erfolgten dort durch Giftspritzen und die Leichen wurden sofort danach im Krematorium verbrannt. Kontrovers diskutiert wurde vor Gericht die Frage, ob die vier Frauen rechtmäßig wegen Spionage hingerichtet worden waren oder nicht. Die Rechtmäßigkeit der Exekutionen hing von einem ordnungsgemäß durchgeführten Gerichtsverfahren im Vorfeld der Hinrichtungen ab – dieser Nachweis gelang der Verteidigung nicht. In der Presse erregte besonderes Aufsehen, dass nur ein einziger Angeklagter zum Tode verurteilt wurde, mehrere Angeklagte hingegen Freisprüche erhielten. Die vom Gericht ausgemachten Hauptverantwortlichen in diesem Fall waren aber bis auf eine Ausnahme nicht die Angeklagten. Vgl. Law Reports, Vol. V, S. 54–59. Zu den Prozessunterlagen siehe: Zeuss, Wolfgang/Webb, Anthony Michael Francis, The Natzweiler Trial. Trial of Wolfgang Zeuss, Magnus Wochner, Emil Meier, Peter Straub, Fritz Hartjenstein, Franz Berg, Werner Rohde, Emil Bruttel, Kurt aus dem Bruch and Harberg, London 1949; Brunner, Bernhard, Auf dem Weg zu einer Geschichte des Konzentrationslagers Natzweiler. Forschungsstand, Quellen, Methode, Stuttgart 2000; Charlesworth, Lorie, Forgotten justice. Forgetting law's history and Victims' justice in British „minor" war crimes trials in Germany 1945-8, in: Amicus Curiae, 74 (2008), S. 1–10.

chung könne die Militärverwaltung durch die bereits durchgeführten Prozesse in Deutschland deutlich sichtbare Erfolge in der Bevölkerung verzeichnen. Gleichzeitig warnte Marlowe vor öffentlichem Druck und negativen Pressekampagnen:

> The difficult task of administering British justice in a foreign country is being carried out with conspicuous success; great harm will be done if it is to be subject to pressure and to adverse comment from the Press. The members of military courts are serving soldiers who cannot defend themselves.[87]

Politische Rücksichtnahmen bei bestimmten Prozessen oder Personen, zumeist ehemalige Angehörige der Wehrmacht, zeigten sich bereits ab dem Jahr 1946. Schon vor der Eröffnung des ersten Prozesses gegen Personal des Konzentrationslagers Bergen-Belsen lassen sich verschiedene militärische und politische Strömung in Großbritannien nachweisen, die Einfluss auf den Umgang mit deutschen Kriegsverbrechern auszuüben versuchten.[88] Breit angelegte öffentliche Kampagnen sowie interessengeleitete Parteibildungen innerhalb des Regierungsapparats veränderten die britische Kriegsverbrecherpolitik maßgeblich.[89] Am deutlichsten änderten sich die politischen Vorgaben in Bezug auf die Strafverfolgung mutmaßlicher deutscher Kriegsverbrecher in den Jahren 1947 und 1949.[90]

---

87 Marlowe, Anthony, The Wuppertal Trials. Crimes and sentence. A reply to recent comment, in: The Times (13.06.1946).

88 Radtke/Rössner/Schiller/Form (Hrsg.), Historische Dimensionen von Kriegsverbrecherprozessen nach dem Zweiten Weltkrieg. Exemplarisch am Prozess von Adolf Kesselring beschreibt Kerstin von Lingen die Wechsel in der britischen Haltung zur Kriegsverbrecherfrage. Vgl. Lingen, Kesselrings letzte Schlacht, S. 141.

89 Radtke/Rössner/Schiller/Form (Hrsg.), Historische Dimensionen von Kriegsverbrecherprozessen nach dem Zweiten Weltkrieg; Lingen, Kesselrings letzte Schlacht, S. 137. Insbesondere die Stimmen zur raschen Beendigung der Kriegsverbrecherprozesse wurden immer lauter, aber auch die veränderten weltpolitischen Rahmenbedingungen und der sich abzeichnende Kalte Krieg trugen zu einer veränderten Stimmungslage bei.

90 Vgl. Lingen, Kesselrings letzte Schlacht, S. 140. Der einzige noch im Jahr 1949 durchgeführte Prozess gegen Manstein bildet den Abschluss aller britischer Militärgerichtsprozesse in Europa und ist zugleich das Paradebeispiel eines bei der eigenen Bevölkerung aber auch der Regierung höchst unpopulären Verfahrens, zustande gekommen und durchgeführt wesentlich auf Druck von außen, namentlich der Sowjetunion und den USA. Das Jahr 1947 mit seinem drastischen Rückgang an neu aufgenommenen Prozessen in Deutschland stand vor allem unter dem Eindruck der im Jahr zuvor schon eingeleiteten Politik, dass von Seiten der Briten (nur) noch Verfahren durchgeführt werden sollten, die britische Interessen

Großbritannien wählte in seiner Besatzungszone den Weg der Militärgerichtsbarkeit[91] zur Ahndung deutscher Kriegsverbrechen. Die Rechtsgrundlage orientierte sich dabei an der allgemeinen britischen Militärgerichtsbarkeit und wurde nur in geringem Umfang, allerdings mit großen Folgewirkungen, den singulären Erfordernissen der Kriegsverbrecherprozesse angepasst. Die im Vergleich mit anderen alliierten Gerichtsbarkeiten, insbesondere den USA, auffallend geringen rechtlichen Neuerungen gehen hautsächlich auf die äußerst starke englische Rechtstradition des Rückwirkungsverbots *nulla poena sine lege* zurück.[92] Dem Vorwurf, auf die vormaligen Kriegsgegner gewissermaßen zugeschnittene Tribunale zu schaffen, wollte Großbritannien unter allen Umständen entgehen.

Ebenso wie die US-Amerikaner führten auch die Briten Militärgerichtsprozesse überwiegend in Deutschland durch. Zur Anwendung kamen dort die eigenen nationalen Gesetze – ähnlich wie bei den in Frankreich und der Sowjetunion abgehaltenen Verfahren. Nur die USA schufen auch in den Nürnberger Nachfolgeprozessen in erheblichem Maße neue Rechtsgrundlagen. Die meisten alliierten Prozesse wurden in der jeweiligen Besatzungszone oder dem eigenen Heimatland durchgeführt. Die britischen Militärgerichtsverfahren fanden in den Gebieten der Besatzungszone Großbritanniens in Deutschland, Österreich, Italien, Norwegen und den Niederlanden statt. Hinzu kamen mehrere Prozesse gegen japanische Angeklagte.[93] Sämtliche in der vorliegenden Studie betrachteten Prozesse wurden auf deutschem Boden im britischen Besatzungsgebiet durchgeführt.

---

ganz unmittelbar betrafen – so beispielsweise, wenn die Opfer britische Flieger oder Kriegsgefangene waren. Vgl. Jones, British Policy towards 'minor' Nazi War Criminals, S. 194–262, insb. S. 215.

91 Die einzige umfassende und detaillierte Aufschlüsselung mit übersichtlichen Tabellen der britischen Militärgerichtsprozesse auf deutschem Boden bietet: Hassel, Kriegsverbrechen vor Gericht, insb. S. 5 mit Anm. 25. Zu den Gründen für die Auswahl der Militärgerichtsbarkeit siehe: Jones, British Policy towards 'minor' Nazi War Criminals, S. 134.

92 Vgl. Cramer, Belsen Trial 1945, S. 29. Während des Zweiten Weltkriegs war insbesondere das britische Außenministerium der Meinung, dass bestehendes Recht zur Anwendung kommen und keinesfalls eine speziell auf die Aburteilung mutmaßlicher deutscher Kriegsverbrecher zugeschnittene Ad-hoc-Gesetzgebung geschaffen werden sollte. Vgl. NA, FO 371/ 34366 C6380/31/62, Schreiben D. Allen vom 9. Juni 1943.

93 Nationale Strafverfolgungen: Hassel, Kriegsverbrechen vor Gericht, S. 3.

3. Die United Nations War Crimes Commission (UNWCC)

„[The UNWCC] was an international corporation pledged to fulfill its
purpose by a definite practical scheme. Its establishment put an end to
the days of mere talk or moralizing. It stood as an objective symbol or
testimony that the splendid declarations of the Allied nations, that war
criminals would be pursued and punished, were to be carried out."[94]

Die ganze Ambivalenz Großbritanniens im Umgang mit der Frage der individuellen juristischen Bestrafung von Kriegsverbrechern während des
Zweiten Weltkriegs zeigt sich exemplarisch an der *United Nations War Crimes Commission*. Die UNWCC entstand auf britische Initiative, hauptsächlich als Reaktion auf den zunehmenden öffentlichen Druck, insbesondere
seitens der in London ansässigen Exilregierungen. Den Anstoß, eine überstaatliche Kommission zur Untersuchung von Kriegsverbrechen zu schaffen, gab der britische Premierminister Winston Churchill bereits 1942
während eines Besuchs in den Vereinigten Staaten. Obwohl die Idee bei
US-Präsident Roosevelt von Beginn an auf Zustimmung stieß, vergingen
nochmals anderthalb Jahre, ehe am 20. Oktober 1943 die UNWCC
schließlich offiziell ins Leben gerufen wurde.[95] Vom ersten Treffen der
Kommissionsmitglieder am 18. Januar 1944[96] in London bis hin zur bedingungslosen Kapitulation Deutschlands am 8. Mai 1945 blieb die
UNWCC die einzige internationale Behörde, die sich mit der Klärung juristischer Sachverhalte und der Ermittlung von Personen befasste, die als
Kriegsverbrecher verdächtigt wurden.

Neben den unterschiedlichen Ansichten insbesondere der Führungen in
London und Moskau, welche zu erheblichen Verzögerungen führten, war
trotz der inzwischen zunehmenden Presseberichte über Massentötungen
von Juden, Partisanen und Kriegsgefangenen durch Deutschland das Interesse an der unmittelbaren gerichtlichen Verfolgung von gefangen genommenen Gegnern noch 1942 auffallend gering – sowohl in den USA als
auch bei den Briten. Bereits im Herbst 1941 berichtete die *New York Times*
von „Massacres of thousands of Jews deported from Hungary to Galicia
and the machine-gunning of more thousands of Galician Jews by German

---

94 UNWCC History, Introductory Capt., S. 3.
95 Ebenda, Capt. VI, S. 112–115.
96 Kochavi, Arieh, Britain and the establishment of the United Nations War Crimes
    Commission, in: Holocaust: critical concepts in historical studies (2004), S. 323.

soldiers and Ukrainian bandits".[97] Auch in der *Neuen Zürcher Zeitung* erschien eine ganze Reihe von Berichten über die Deportationen der mitteleuropäischen Juden.[98] Die genauesten Kenntnisse von deutschen Verbrechen lagen jedoch der britischen Regierung vor: Infolge der erfolgreichen Entschlüsselung des deutschen Polizeifunks durch die Geheimdienste Großbritanniens konnten Berichte über Massenerschießungen dechiffriert, später sogar die Funkkommunikation deutscher Konzentrationslager abgehört werden. Politischen Gebrauch von diesem Wissen machte die britische Regierung jedoch nicht – aus Furcht, einen entscheidenden militärischen Vorteil im Krieg zu verlieren.[99]

Die Schwierigkeiten bei der Aufstellung der Kommission zwischen der Sowjetunion und Großbritannien resultierten zum einen aus unterschiedlichen Wünschen, welche Länder Vertreter in die Kommission entsenden dürften, bezogen sich also auf die direkte Ausgestaltung einer internationalen Behörde.[100] Zum anderen trug auch die bis dato unerfüllte sowjetische Forderung nach einer zweiten Front in Frankreich erheblich zur angespannten Stimmung bei. Besonders übel nahm es die Führung der Sowjetunion auf, dass der seit Mai 1941 nach seinem Fallschirmabsprung über Schottland in Gefangenschaft befindliche Rudolf Hess von den Briten nicht vor Gericht gestellt wurde.[101]

Im Gegensatz zu den angloamerikanischen Verbündeten hatte die Sowjetunion ein großes Interesse daran, mit der Ahndung von Kriegsverbre-

---

97 New York Times vom 26. Oktober 1941, „Slaying of Jews in Galicia depicted". Bericht über Deportationen und Ermordungen von Juden aus Ungarn.

98 Vgl. Neue Zürcher Zeitung vom 17. April 1941, 15. Dezember 1941, 16. Dezember 1941, 7. März 1942, 18. September 1942 u. a.

99 Vgl. Bajohr/Pohl, Der Holocaust als offenes Geheimnis, S. 86. Die Ambivalenz, die der alliierten Kriegsverbrecherverfolgung von Beginn an innewohnte, verdeutlicht eine Passage aus der Radioansprache Churchills vom 22. Juni 1941: „These quislings, like the Nazi leaders, if not disposed of by their own fellow-countrymen – which would safe trouble – will be delivered by us on the morrow of the victory to the justice of the Alied tribunals. That is our policy, and that is our declaration." Zitiert nach: Jones, British Policy towards 'minor' Nazi War Criminals, S. 27. Abdruck der Rede auch in der *Times* vom 23. Juni 1941.

100 Kochavi, Britain and the establishment of the United Nations War Crimes Commission, S. 340, 335; UNWCC History, Capt. VI, S. 112; ebenda, Capt. VII, S. 158–159.

101 Kochavi, Britain and the establishment of the United Nations War Crimes Commission, S. 330–331. Zum Vorgehen im Fall Hess siehe auch: NA, FO 371/ 30920.

chen nicht erst nach Kriegsende zu beginnen.[102] Die Dringlichkeit der Bestrafung deutscher Kriegsgräuel und Menschenrechtsverbrechen wurde auch in viel stärkerem Maße öffentlich kommuniziert und die eigenen Anstrengungen herausgehoben. So brachte die Zeitung *Moscow News* Anfang 1944 einen ausführlichen Bericht über Morde in Kiew und die Ankündigungen der „außerstaatlichen Kommission", die Täter für diese Verbrechen ausfindig zu machen und zu bestrafen.[103]

Als weiterer Streitpunkt stellte sich die Festsetzung des Zeitpunkts heraus, ab dem die Kommission für Kriegsverbrechen zuständig sein sollte – je nachdem, wann die eigene nationale Kriegs- oder Besatzungsphase begann. China beispielsweise plädierte dafür, den Untersuchungszeitraum für die Kommission bereits mit dem Beginn der Besatzungsherrschaft der Japaner in der Mandschurei im Jahr 1931 anzusetzen.[104]

Insbesondere das britische Außenministerium sah die Zusammensetzung der Kommission, ihre Aufgaben und ihre Kompetenzen, von Anfang an mit großer Skepsis.[105] Die mit der geplanten Kommission verbundenen Ziele, die trotz einer eher vagen Aufgabendefinition – zumindest in der Öffentlichkeit – sehr hoch angesetzt waren, präsentierte im Oktober 1942 der Lordkanzler Viscount John Allsebrook Simon im Oberhaus:

The Commission will be composed of nationals of the United Nations selected by their Governments. The Commission will investigate war crimes committed against nationals of the United Nations recording the testimony available, and the Commission will report from time to

---

102 Kochavi, Britain and the establishment of the United Nations War Crimes Commission, S. 330.

103 Record Hun Devastation, Pillage and Mass Murder in Kiev. Extraordinary State Commission Issues Statement on Crimes Committed By Occupationsts, names germans Responsible for Atrocities, in: Moscow News (01.03.1944), S. 2. Zur Reaktion der britischen Botschaft in Moskau siehe auch: NA, FO 371/ 38993 C 4453.

104 Vgl. Kochavi, Britain and the establishment of the United Nations War Crimes Commission, S. 334, sowie UNWCC History, Capt. VI, S. 114. Zur Position Chinas innerhalb der UNWCC aus britischer Sicht siehe auch: NA, FO 371/ 38999 C10728. Neue Forschungsergebnisse finden sich in: Lai, Wen-Wei, China, the Chinese Representative, and the use of International Law to Counter Japanese Acts of Aggression. China's Standpoint on UNWCC, in: International Criminal Law Forum, 25 (2014), S. 111–132.

105 Kochavi, Arieh J., The British Foreign Office versus the United Nations War Crimes Commission during the Second World War, in: International Criminal Law (2012), insb. S. 44–45, sowie Kochavi, Britain and the establishment of the United Nations War Crimes Commission, insb. S. 341.

time to the Governments of those nations cases in which such crimes appear to have been committed, naming and identifying wherever possible the persons responsible. The Commission should direct its attention in particular to organized atrocities. [...] The investigation should cover war crimes of offenders irrespective of rank, and the aim will be to collect material, supported wherever possible depositions or by documents, to establish such crimes, especially where they are systematically perpetrated, and to name and identify those responsible for their perpetration.[106]

Fortan bestand die UNWCC vom 20. Oktober 1943 bis zum Frühjahr 1948 aus einer europäischen und einer asiatischen Abteilung. Als überstaatliche Kommission mit Hauptquartier in London war es ihre Aufgabe, strittige juristische Fragen zu klären bzw. für die tatsächliche Umsetzung vorzubereiten. Des Weiteren stellte die Kommission erste Ermittlungen hinsichtlich mutmaßlicher Kriegsverbrechen der Achsenmächte an. Das Ergebnis dieser Arbeiten waren Listen mit verdächtigen Personen für einzelne Länder.[107]

Von Oktober 1943 bis Januar 1945 wurden Prozessvorbereitungen getroffen und prinzipielle rechtliche sowie prozessrechtliche Fragen erörtert. Dabei lagen die politischen Spannungen zwischen den Kommissionsmitgliedern und Teilen der amerikanischen und britischen Behörden (zumeist den Außenministerien) bald offen zutage. Sie betrafen im Besonderen die Kompetenzerweiterung der UNWCC im Verbund mit der Ausweitung von deren Zuständigkeit für Vergehen unter einem weiten Kriegsverbrechensbegriff.[108]

Die Durchführung der strafrechtlichen Verfolgung von Kriegsverbrechern, insbesondere die des Nürnberger Hauptkriegsverbrecherprozesses, bildete bis Oktober 1946 den zweiten Tätigkeitsabschnitt der UNWCC.

---

106 Lord Simon, Lord Chancellor, im Namen der britischen Regierung zu den Zielen der Kommission in einer Debatte im House of Lords am 7. Oktober 1942: UNWCC History, Capt. 6, S. 110. Lord Simon blieb in seiner Aufgabe als Lordkanzler auch für Justizfragen zuständig und damit ein wichtiger Ansprechpartner für die UNWCC, insbesondere bei Streitigkeiten mit dem britischen Außenministerium unter Anthony Eden.

107 Ebenda, Introductory Capt. S. 6–7.

108 Kochavi, The British Foreign Office versus the United Nations War Crimes Commission during the Second World War, S. 30, 34, 38 sowie insb. 44–45; Kochavi, Britain and the establishment of the United Nations War Crimes Commission, insb. S. 340–341. Zur Erweiterung der UNWCC Kompetenzen auf Verbrechen an Nicht-UN-Bürgern siehe auch: NA, FO 371/ 38993.

1947 wurden erneut Listen potenzieller Kriegsverbrecher aufgestellt sowie weitere alliierte Prozesse unterstützend begleitet. Bis zum Frühjahr 1948 beendete die Kommission schließlich ihre Arbeit, übermittelte ihre bis dato gewonnenen Erkenntnisse an die zuständigen Gerichtsbarkeiten und verfasste ihre eigene Geschichte.[109]

Zur bereits geschilderten, stark verzögerten Etablierung der UNWCC kamen deren geringe Zuständigkeiten: Ausschließlich für Vergehen gegen Angehörige der Vereinten Nationen zuständig, hatte die Kommission keine eigene Ermittlungskompetenz oder gar exekutive Macht. Stattdessen musste sie warten, bis Anklagen von den einzelnen Länderregierungen an sie herangetragen wurden. Vier Monate nachdem die UNWCC offiziell ihre Arbeit aufgenommen hatte, waren nur 70 Fälle zur weiteren Untersuchung dort eingegangen.[110] Die Definition der Aufgaben blieb vage:

1. It [the UNWCC] should investigate and record the evidence of war crimes, identifying where possible the individuals responsible.
2. It should report to the Governments concerned cases in which it appeared that adequate evidence might be expected to be forthcoming.[111]

Ungeklärt war auch die Frage, was genau unter den Begriff „Kriegsverbrechen" gefasst werden sollte und welche Verbrechen darüber hinausgingen bzw. nicht durch die bereits vorhanden internationalen Vereinbarungen zu Verbrechen im Krieg gefasst werden konnten. Die von den Kommissionsmitgliedern von Beginn an als unbefriedigend empfundene ungenaue Zuständigkeit barg aber auch Chancen. Auch um der Beschränkung der eigenen Kompetenzen entgegenzuarbeiten, betrachtete sich die Kommission für prinzipielle rechtliche Überlegungen zur Kriegsverbrecherpolitik zuständig.[112]

---

109 Die Tätigkeiten der Kommission sind umfassend veröffentlicht in: UNWCC History, Vol. I–XV.
110 Kochavi, The British Foreign Office versus the United Nations War Crimes Commission during the Second World War, S. 31.
111 Lord Simon auf der Eröffnungskonferenz am 20. Oktober 1943, vgl. UNWCC History, Capt. VI, S. 133.
112 Das britische Außenministerium war anderer Ansicht und lehnte die Bestrebungen der UNWCC zur Kompetenzerweiterung zumeist rundweg ab. So beispielsweise in Bezug auf die Definition eines Kriegsverbrechens (NA, FO 371/ 39003 C13627) oder der Frage nach der Behandlung von Kriegsgefangenen (NA, FO 371/ 39004 C14178).

Bohumil Ećer, der tschechoslowakische Vertreter in der UNWCC, formulierte in einem Memorandum im Dezember 1943 die Überzeugung, dass die aus internationalen Experten und hochqualifizierten Juristen zusammengesetzte Kommission an der schlichten Durchsicht von Dossiers und der Aufstellung von Listen verdächtiger Personen verschwendet wäre. Stattdessen galt ihm die prinzipielle Klärung rechtlicher Aspekte der Anklage von Kriegsverbrechern als besonders dringlich. Nicht die von staatlichen Ermittlungsbehörden besser und effizienter zu bewerkstelligenden Vorermittlungsarbeiten, sondern die rechtspolitische Beratung sollte nach seinem Dafürhalten Aufgabe der UNWCC sein.[113]

Genau diese Haltung der Kommission und deren immer wieder besonders an das britische Außenministerium herangetragenen Empfehlungen waren dort indes äußerst unerwünscht. Befürchtet wurde dort, aufgrund einer eigenständigen Position der UNWCC, der Forderung nach einem Internationalen Gerichtshof und der Erfassung von Verbrechen von Deutschen gegen Deutsche bald mit einer nicht zu bewältigenden Flut an Prozessen konfrontiert zu werden, welche zudem nur sehr indirekt britische Interessen betreffen würde.[114]

Die größte Streitfrage zwischen der Kommission und dem Außenministerium mit Anthony Eden an der Spitze war die Zuständigkeit für Verbrechen der Achsenmächte gegen deren eigene Bevölkerung. Nach Auffassung des britischen Außenministeriums handelte es sich bei diesen Taten nicht um Kriegsverbrechen. Gehe der Feind gegen seine eigenen Leute vor, so die Haltung des Foreign Office, liege die Ahndung dieser Verbrechen nicht in der Verantwortung der Alliierten. Dem hielt die UNWCC entgegen, dass zum damaligen Zeitpunkt (1944/45) in den nationalen Rechtsprechungen in Bezug auf Verbrechen gegen die eigenen Landsleute große Lücken klafften. Auch eine Neudefinition von internationalem Recht wäre dringend geboten, um zu verhindern, dass ein Großteil der abscheulichsten Taten, die von den Deutschen und ihren Verbündeten begangen worden waren, ungesühnt bleiben würde.[115]

---

113 Zitiert nach: Kochavi, The British Foreign Office versus the United Nations War Crimes Commission during the Second World War, S. 29.

114 Ebenda, S. 39.

115 Ebenda, S. 31–32. Zur von der UNWCC angestrebten Kompetenzerweiterung vgl. NA, FO 371/ 38993 C6011, sowie Plesch, Dan/Sattler, Shanti, A New paradigm of Customary International Criminal Law. The UN War Crimes Commission of 1943–1948 and its Associated Courts and Tribunals, in: International Criminal Law Forum, 25 (2014), S. 17–43.

Schon durch die räumliche Nähe – das Hauptquartier der UNWCC war in London beheimatet – waren die Briten erster Ansprechpartner und in gewissem Sinne auch Sponsor der Kommission. Hinzu kamen persönliche Kontakte. So hatte der Vorsitzende der UNWCC, Sir Cecil Hurst, von 1918 bis 1929 sogar als *Legal Adviser* des britischen Außenministeriums gearbeitet, bevor er anschließend Richter beim Ständigen Internationalen Gerichtshof (StIGH) wurde.[116] Dass den Anfragen der Kommissionsmitglieder trotz manch langjähriger Arbeitsbeziehungen keine hohe Priorität im britischen Außenministerium eingeräumt wurde, erklärt sich aus ihrer Vogel-Strauß-Taktik in Sachen Kriegsverbrecherverfolgung. Zu groß war die Angst, durch eine aktivere, auch in der Öffentlichkeit kommunizierte Kriegsverbrecherpolitik deutsche Racheakte an britischen Kriegsgefangenen zu provozieren.[117]

In die Hände spielten Eden und seinem Ministerium auch die notwendigen Abstimmungen mit den USA. Sporadische bzw. sehr verspätete Antworten aus Washington, wo ebenfalls hauptsächlich das Außenministerium mit der Frage der strafrechtlichen Verfolgung von Kriegsverbrechen befasst war, erschwerten die Arbeit der UNWCC erheblich und führten Anfang 1945 zu einer tiefen Vertrauenskrise der Kommissionsmitglieder in die eigenen Regierungen. Dies galt insbesondere für Briten und US-Amerikaner.[118] Mit ihrer Taktik des Hin- und Niedrighaltens unterliefen die Bri-

---

116 Vgl. UNWCC History, Capt. VI, S. 119, sowie Kochavi, Britain and the establishment of the United Nations War Crimes Commission, S. 335; Bower, Blind Eye to Murder, S. 54. Zur Person Hurst siehe: Visscher, Charles de/Carpmael, Kenneth/Colombos, C. John, Sir Cecil Hurst. Two Tributes, in: International and Comparative Law Quarterly, 13 (1964), S. 1–5. Für eine Würdigung der beteiligten Personen und Arbeiten der UNWCC vgl. Lingen, Kerstin von, „Crimes against Humanity". Eine Ideengeschichte der Zivilisierung von Kriegsgewalt 1864–1945, Paderborn 2018, insb. S. 287–335.

117 Kochavi, The British Foreign Office versus the United Nations War Crimes Commission during the Second World War, S. 38. So kam das War Cabinet am 4. Oktober 1944 zu dem Ergebnis „the danger of retaliation against our prisoners could not be overlooked." War Cabinet Conclusion 131 (44), NA, FO 371/ 39003 C 13528. Auch das Parlament beschäftigte sich mit der Behandlung von britischen Soldaten in deutscher Kriegsgefangenschaft, wie eine Frage an Außenminister Eden zum Vorgehen der Regierung wegen Verbrechen an britischen POW in Bulgarien zeigt: NA, FO 371/ 39003 C13512.

118 Am 3. Januar 1945 trat der völlig desillusionierte Hurst zurück, offiziell aus gesundheitlichen Gründen. Die Position des Vorsitzenden sollte daraufhin Lord Finlay, seit 1924 Richter und im Zweiten Weltkrieg Vorsitzender der Blockadekomitees im Ministerium für wirtschaftliche Kriegführung, übernehmen. Die

ten die UNWCC ganz grundsätzlich.[119] Eine gemeinsame Kriegsverbrecherpolitik der Alliierten unter Regie der UNWCC kam deshalb während des Kriegs nie zustande. Die *Moskauer Erklärung* blieb die einzige gemeinsame öffentliche Einigung bezüglich Kriegsverbrecher.

Keine Zuständigkeit erhielt die UNWCC bis zum Schluss für Verbrechen von Deutschen an Deutschen und wurde damit von vorneherein von einem ganz wesentlichen Bereich der Kriegsverbrecherverfolgung ausgeschlossen. Die konsequente Weigerung insbesondere der Juristen im britischen Außenministerium veranlasste Ende 1945 den amerikanischen Vertreter in der Kommission Heribert C. Pell zu der provokanten Vermutung, die Briten schienen „afraid to brand the Nazi murder of 4 000 000 Jews a war crime".[120]

Insgesamt liegt die Bedeutung der UNWCC weniger in der tatsächlichen gerichtlichen Ahndung von Kriegsverbrechen nach dem Zweiten Weltkrieg als vielmehr in ihrem Beitrag zum Internationalen Strafrecht. Die Straftatbestände *collective responsibility*, „Verbrechen gegen die Menschlichkeit", „Crimes of Aggression/Angriffskrieg" oder „Sexuelle Gewalt" finden sich erstmals ausgearbeitet in den Berichten der Kommission.[121]

Nominierung einer derart bekannten Persönlichkeit sollte eine Aufwertung der Kommission seitens der britischen Regierung demonstrieren. Hinzu kam die Schaffung eines abteilungsüberreifenden Komitees zur Koordination aller verschiedenen mit Kriegsverbrecherfragen befassten Stellen, ebenfalls mit Lord Finlay an der Spitze. Tatsächlich übernahm aber der offiziell für Australien in der Kommission sitzende Lord Wright of Durley, vormals Lordrichter, den Vorsitz. Vgl. UNWCC History, Capt. VI, S. 119; The Glasgow Herald, Bekanntgabe der Nominierung von Lord Finlay, 16. Jan. 1945, S. 2; Kochavi, The British Foreign Office versus the United Nations War Crimes Commission during the Second World War, S. 42.

119   Cramer, Belsen Trial 1945, S. 35. So berichtete Lord Halifax besorgt über die Außenwirkung der britischen Haltung gegenüber der UNWCC: „[T]here have been disturbing reports that the Commission's activities are been 'hamstrung' by the British Foreign Office or the State Department". Vgl. NA, CAB 122/ 1353, Blatt 42A, Halifax an das Außenministerium am 24. März 1945.

120   Ebenda, Halifax ans Außenministerium, No. 164, 23. März 1945. Bower, Blind Eye to Murder, S. 93–95.

121   Plesch, Dan/Sattler, Shanti, Changing the Paradigm of International Criminal Law. Considering the Work of the United Nations War Crimes Commission of 1943–1948, in: International community law review, 15 (2013), S. 203–223.

4. Der Royal Warrant vom 14. Juni 1945: Die Rechtsgrundlage der britischen Kriegsverbrecherprozesse

> „WE [King George VI] deem it expedient to make provisions for the trial
> and punishment of violations of the laws and usage of war committed
> during any war in which WE have been or may be engaged at any time
> after the second day of September, nineteen hundred and thirty-nine;
> OUR WILL AND PLEASURE IS that the custody, trial and punish-
> ment of persons charged with such violations of the law and usage of
> war as aforesaid shall be governed
> by the Regulations attached to this Our warrant."[122]

Die rechtliche Grundlage der Militärgerichtsprozesse, die im Folgenden näher betrachtet werden, war der *Royal Warrant. Regulations of the Trial of War Criminals* vom 14. Juni 1945. Der „Königliche Erlass" zur Aburteilung mutmaßlicher deutscher Kriegsverbrecher erlangte mit der Veröffentlichung in der Army Order 81/45 Gesetzeskraft.[123] Festgelegt im Einleitungssatz des Erlasses wurde die Ahndung von Verstößen gegen die Gesetze und Gebräuche des Kriegs in allen Konflikten, an denen Großbritannien seit Beginn des Zweiten Weltkriegs beteiligt war (festgelegt wurde hier als Stichtag das Ultimatum an Deutschland zum Rückzug aus Polen vom 2. September 1939) oder künftig sein würde. Damit legte sich Großbritannien als Besatzungsmacht auf die Militärgerichtsbarkeit zur Bestrafung deutscher Kriegsverbrechen fest, gestützt auf allgemeines (Kriegs-)Völkerrecht. Alle britischen Militärgerichte unterstanden formell dem britischen War Office. Festgelegt wurden mit dem *Royal Warrant* zudem die Einberufung eines *Military Courts*, die Besetzung der Gerichte, die Beweis- und Verfahrensregeln (unter Anwendung der *Rules of Procedure* des MML[124]) sowie alle vorgesehenen Strafen und das Strafmaß. Außerdem definierte der Erlass, was unter einem Kriegsverbrechen zu verstehen sei, und gab Verfahrensregeln für gemeinschaftlich begangene Verbrechen vor.[125] Nicht zuständig waren die Gerichte unter dem *Royal Warrant* für „Verbrechen gegen den Frieden" und „Verbrechen gegen die Menschlichkeit".

---

122 Royal Warrent vom 14. Juni 1945, abgedruckt in: Hassel, Kriegsverbrechen vor Gericht, S. 242–247.
123 Erweiterungen bzw. Änderungen hauptsächlich Verfahrensrecht betreffend erfolgten mit zwei Zusatzartikeln vom 4. August 1945 und 2. September 1946.
124 The War Office, Manual of Military Law, London 1944.
125 Vgl. Hassel, Kriegsverbrechen vor Gericht S. 82, 106–108.

Kriegsverbrechen wurden sehr allgemein definiert als „violation of the laws and usages of war"[126], begangen nach dem Beginn des Zweiten Weltkriegs und nicht gerichtet gegen Personen der eigenen Nationalität, folglich keine Verbrechen von Deutschen an Deutschen. Diese Definition von „war crimes" ist größtenteils mit den Bestimmungen des IMT-Statuts deckungsgleich, beinhaltet aber, wie auch die zusammenfassende Bewertung der rechtlichen Grundlagen der britischen Militärgerichtsprozesse in den *Law Reports* zeigt, Einschränkungen:

> Regulation 1 of the Royal Warrant provides that "war crime" means a violation of the laws and usages of war committed during any war in which His Majesty has been or may be engaged at any time since the 2nd September, 1939. The jurisdiction of the British Military Courts is, as far as the scope of the crimes subject to their jurisdiction is concerned, narrower than the jurisdiction of, e.g., the International Military Tribunal established by the Four-Power Agreement of 8th August, 1945, which, according to Article 6 of its Charter, has jurisdiction not only over violations of the laws and customs of war (Art. 6 (b)) but also over what the Charter calls "crimes against peace" and "crimes against humanity" (Art. 6 (a) and (c)).[127]

Darüber hinaus regelte der *Royal Warrant* die Teilnahme anderer alliierter Offiziere und rechtlich qualifizierten Personals am Gerichtsverfahren. Sonderregelungen, die von der allgemeinen britischen Militärgerichtsbarkeit abwichen, waren dabei nur in Form von speziellen Beweisregeln vorgesehen. Außerdem konnten nur Taten, die sich gegen britische oder alliierte Personen richteten, angeklagt werden, Letzteres sofern das Verbrechen in der britischen Besatzungszone stattgefunden hatte. Die Angeklagten konnten, mussten aber nicht Deutsche sein. Darunter befanden sich sowohl Militärangehörige wie auch Polizisten und Zivilisten.[128]

Neben den *Military Courts* existierte zeitweise parallel noch eine Vielzahl weiterer britischer Gerichte. Durch sie sollte das mit Kriegsende entstandene rechtliche Vakuum in der britischen Besatzungszone in Norddeutschland gefüllt werden. Anders als die Militärgerichte unter dem *Royal Warrant* kümmerten sich zwei weitere Gerichtstypen der britischen Militärverwaltung nicht ausschließlich um Kriegsverbrechen und Verbrechen gegen

---

126 Royal Warrant, Regulation 1, NA, WO 311/ 8, S. 1.
127 Law Reports, Vol. I, Annex I, S. 105.
128 Zusammengefasst sind die Bestimmungen des *Royal Warrant* in den UNWCC, Law Reports Vol. I, Annex I, S. 105–110.

die Menschlichkeit, sondern auch um allgemeine Kriminalität und um Straftaten, die nicht an Briten oder alliierten Staatsbürgern begangen worden waren: Die *Control Commission Courts* waren auf der Grundlage des KRG Nr. 10 ab dem 1. Januar 1947 zuständig für Verbrechen gegen andere alliierte Staatsbürger oder gegen Bürger der Vereinten Nationen, gegen Deutsche und insbesondere auch gegen Personen, deren Staatsangehörigkeit nicht geklärt werden konnte.[129]

In ihre Jurisdiktion fielen Verbrechen gegen die Menschlichkeit und Kriegsverbrechen ebenso wie Fälle der allgemeinen Kriminalität, auch wenn sich die Taten bereits vor Kriegsausbruch ereignet hatten. Nach der Einteilung Deutschlands in Besatzungszonen regelten sogenannte *Military Government Courts* bis zum Jahresende 1946 die Gerichtsbarkeit im britischen Gebiet. Die zu diesem Zweck von den Alliierten erlassenen Verordnungen Nr. 2 und Nr. 4 (Ordinance No. 2 und No. 4) wurden am 14. Juni 1945 in der britischen Besatzungszone rechtskräftig. Anders als die *Military Courts* waren die *Military Government Courts* alliierte Gerichte, besetzt mit amerikanischen, französischen oder britischen Offizieren. Ihre Zuständigkeit erstreckte sich von der „Zonenkriminalität" über die allgemeine Kriminalität ebenfalls bis hin zu Verbrechen gegen die Menschlichkeit und Kriegsverbrechen. Hinzu kamen deutsche Spruchgerichte, die in der britischen Besatzungszone von 1947 bis 1949 Verfahren gegen Angehörige verbrecherischer Organisationen[130] auf der Grundlage des Nürnberger Urteils verhandelten. Nach der Verordnung Nr. 69 vom 31. Dezember 1946 waren diese Gerichte für die juristische Seite der Entnazifizierungspolitik im britischen Gebiet zuständig.[131]

Nur für kurze Zeit bestand als ein oberstes Revisionsgericht der *Oberste Strafgerichtshof für die britische Zone* (OGH). Seine Arbeit nahm er am 29. Mai 1948 auf, am 1. Oktober 1950 wurde er durch den Bundesgerichts-

---

129 Wie virulent das Problem der staatenlosen Personen insbesondere in der britischen Besatzungszone mit den dort gelegenen Konzentrationslager war, belegen die Beiträge in: Diercks, Herbert, Zwischenräume. Displaced Persons, Internierte und Flüchtlinge in ehemaligen Konzentrationslagern, Bremen 2010.

130 Gemeint sind hier die nach dem Urteil des Nürnberger Hauptkriegsverbrecherprozesses als verbrecherisch eingestuften Organisationen: Führerkorps der NSDAP, SS, SD und Gestapo.

131 Boberach, Das Nürnberger Urteil gegen verbrecherische Organisationen und die Spruchgerichtsbarkeit der Britischen Zone, S. 40, 44. Die Kammern der deutschen Spruchgerichte bestanden aus je einem vorsitzenden Volljuristen und je zwei Laien als Beisitzer. Revisionsinstanz war ein Zonenspruchgericht bestehend aus Senaten mit drei Berufsrichtern.

hof abgelöst. Als Letztinstanz für Straf- und Zivilsachen stellte der OGH allmählich wieder Rechtssicherheit in der britischen Zone her. Durch die vielen nebeneinander gültigen gesetzlichen Bestimmungen und neu eingeführtes Recht herrschten in der Revisionsrechtsprechung große Uneinheitlichkeit. Der OGH wirkte dem erfolgreich entgegen und erleichterte zudem den Übergang zu einer selbstständigen deutschen Gerichtsbarkeit.[132] Ein weiteres Verdienst des *Obersten Strafgerichtshofs für die britische Zone* liegt in der frühen Ablehnung des Rechtspositivismus, verbunden mit dem Bekenntnis zu einer materiellen Bestimmung des Unrechts.[133]

Die *Military Courts* blieben aber Zeit ihres Bestehens in Deutschland reguläre britische Militärgerichtsverfahren, die nur in geringem, allerdings folgenreichem Umfang an die Erfordernisse von Kriegsverbrecherprozessen angepasst wurden. Beteiligt an einem solchen Prozess waren die Richter (Judges), der Ankläger (Prosecutor), die Verteidiger (Defence Counsels or Defending Officers), die Angeklagten (Accused) sowie eine unterschiedliche Zahl von Zeugen (Witnesses), Protollschreibern und Übersetzern. Die Richterbank bestand immer aus zwei Offizieren und einem Gerichtspräsidenten. Sofern es sich bei einem der Angeklagten um einen Angehörigen des Militärs handelte, sollte wenn möglich mindestens ein Gerichtsmitglied der gleichen Waffengattung angehören und einen gleich hohen oder höheren Rang besitzen.[134] In den allermeisten Fällen waren die Richter keine Juristen. Der für die Eröffnung des Verfahrens zuständige Offizier (*Convening Officer*) hatte jedoch die Möglichkeit,[135] dem Gericht als recht-

---

132 Vgl. auch Hassel, Kriegsverbrechen vor Gericht, S. 98–101.

133 Zum Problem des Rückwirkungsverbots der alliierten Gerichtsbarkeiten stellte der OGH fest, dass „das Rückwirkungsverbot ein Postulat der Rechtssicherheit sei und als solches Ausnahmen zulasse, daß die Rückwirkung dagegen nicht mit der Gerechtigkeit in Widerspruch stehe, wenn die Tat gegen das Sittengesetz verstoßen habe." Lange, Richard, Die Rechtsprechung des Obersten Gerichtshofes für die Britische Zone zum Verbrechen gegen die Menschlichkeit, in: Süddeutsche Juristen-Zeitung, 11 (1948), S. 656–658, hier S. 656, Spalte I.

134 Royal Warrent, Regulation 5, NA, WO 311/ 8, S. 3.

135 Bis zur Änderung des *Royal Warrant* durch das Amendment Nr. 3 vom 28. Februar 1946 war es verpflichtend für den *Convening Officer*, sicherzustellen, dass dem Gericht ein Jurist angehörte bzw. im Falle des *Judge Advocate* beratend zur Seite stand. Eine tabellarische Auswertung aller britischen Militärgerichtsprozess in Deutschland mit und ohne juristisch qualifiziertes Personal ist aufgelistet in: Hassel, Kriegsverbrechen vor Gericht, S. 161–163.

lichen Beistand einen *Judge Advocate* oder einen *Legal Member* zur Seite zu stellen.[136]

Der Begriff *Judge Advocate*, wörtlich übersetzt „Richter-Anwalt", entstammt dem Militärstrafrecht und hat im Deutschen keine direkte Entsprechung. Beiden kam die Aufgabe zu, das Gericht als Juristen in rechtlichen Fragen zu beraten.[137] Dem *Judge Advocate* war als Vertreter der zentralen Anklagebehörde der britischen Streitkräfte (*Judge Advocate General*) zudem enormer Einfluss auf den Prozess gewährt, indem er nach den Schlussplädoyers von Anklage und Verteidigung eine zusammenfassende Beweiswürdigung vornahm. Er war nicht an der Anklageerhebung und der Urteilsfindung beteiligt, leitete aber die Verhandlungen vor Gericht. Außerdem erhielt der *Judge Advocate* durch seine an den Gerichtsherren gerichtete Empfehlung zum Urteil großen Einfluss auf die Bestätigung des Urteils und damit auf dessen Rechtsgültigkeit. Das MML legte in den *Rules of Procedure 103* im Einzelnen fest:

(a) The prosecutor and the accused respectively, are at all times, after the judge-advocate is named to act on the court, entitled to his opinion on any question of law or procedure relative to the charge or trial, whether he is in or out of court, subject, when he is in court, to permission of the court;

(b) At a court-martial he represents the Judge-Advocate-General;

(c) He is responsible for informing the court of any informality or irregularity in the proceedings. Whether consulted or not, he will inform the convening officer and the court of any informality or defect in the charge, or in the constitution of the Court, and will give his advice on any matter before the court;

(d) Any information or advice given to the court on any matter before the court will, if he or the court desires it, be entered in the proceedings;

---

136 Zu den Pflichten und Aufgaben von *Judge Advocate* und *Legal Member* vgl. Hassel, Kriegsverbrechen vor Gericht, S. 141, 159–167.

137 Die Zusammenfassung der Aufgaben des Judge Advocate in den *Law Reports* lautet: „The duties of the Judge Advocate, according to Rule 103 of the Rules of Procedure, an Order in Council (S.R. & O. 9,89/1926 as amended) promulgated under the authority of Section 70 of the Army Act, consist mainly in advising the Court on matters of substantive and procedural law. He must also, unless both he and the Court think it unnecessary, sum up the evidence before the Court deliberates on its findings." Law Reports, Vol. I, Annex I, S. 107.

(e) At the conclusion of the case he will, unless he or the court both consider it unnecessary, sum up the evidence and advise the court upon the law relating to the case before the court proceed to deliberate upon their finding;

(f) Upon any point of law or procedure which arises upon the trial which he attends, the court should be guided by his opinion, and not disregard it, except for very weighty reasons. The courts are responsible for the legality of theater decisions, but they must consider the grave consequences which may result from their disregard of the advice of the judge-advocate on any legal point. The court, in following the opinion of the judge-advocate on a legal point, may record that they have decided in consequence of that opinion;

(g) The judge-advocate has, equally with the president, the duty of taking care that the accused does not suffer any disadvantage in consequence of his position as such, or of his ignorance or incapacity to examine or cross-examine witnesses or to make his evidence clear or intelligible, or otherwise, and may, for that purpose, advise the court that witnesses should be called or re-called for the purpose of being questioned by him or on any other matter which appear to be necessary or desirable for the purpose of eliciting the truth;

(h) In fulfilling his duties, the judge-advocate will be careful to maintain an entirely impartial position.[138]

Trotz der gewichtigen Rolle, welche der Judge Advocate damit im Verfahren einnahm, waren alle seine Kompetenzen beratender Natur. Die Urteilsfindung geschah ausdrücklich ohne ihn.[139] Anstelle eines Judge Advocate konnte vom *Convening Officer* auch ein *Legal Member* eingesetzt werden,[140] der einer Mitschrift anfertigen musste, wenn kein Protokollant anwesend war. Er konnte Fragen an Zeugen richten und außerdem jederzeit vom Ge-

---

138 The War Office, Manual of Military Law, London 1943, S. 678–679.

139 „The Judge Advocate has no voting powers. The members of the Court are judges of law and fact, and consequently the Judge Advocate's advice need not be accepted by them." (Law Reports, Vol. I, Annex I, S. 107. Vgl. auch: Hassel, Kriegsverbrechen vor Gericht, S. 141.)

140 „If no Judge Advocate is appointed the Convening Officer must appoint at least one officer having legal qualifications as President or as member of the Court, unless in his opinion no such officer is necessary (Rule of Procedure 103 and Regulation 5, paragraph 2, of the Army Order 81 of 1945, as amended). Since the Legal Member, unlike the Judge Advocate, is a member of the Court, he has the right to vote." (Law Reports, Vol. I, Annex I, S. 107.)

richt zu rechtlichen Aspekten des Falls befragt werden. Das Rügen des Angeklagten und die Urteilverkündung konnten vom Gerichtspräsidenten an ihn delegiert werden.[141]

Rechtsmittel gegen ein bestätigtes Urteil gab es keine. Im Zeitraum zwischen Urteilsverkündung und der Bestätigung erhielten die Angeklagten jedoch die Möglichkeit, Petitionen um Gnade bzw. Strafmilderung bei den Gerichtsherren einzureichen. Das Strafmaß bei einer Verurteilung reichte vom Tod durch den Strang oder Erschießung, lebenslänglicher oder jedweder anderen Freiheitsstrafe oder jedem anderer möglichen Zeitraum über Enteignung bis hin zu Geldstrafen.[142] Jedes Urteil musste vom *Confirming Officer* bestätigt werden, bevor es Rechtskraft erlangte. Bestätigte Urteile konnten gemildert oder erlassen werden vom Secretary of State oder einem von ihm autorisierten Offizier im Rang nicht unter einem Major-General.[143] Eine Urteils- oder Bestätigungsbegründung war in den britischen Militärgerichtsprozessen hingegen nicht vorgesehen.

Die Prozesse wiesen die Form eines Parteienstreitverfahrens auf, deren Urteile nicht bindend für nachfolgende Verfahren waren. Sie zeigen vielmehr den damaligen Rechtsstand und den Umgang mit solchen Verfahren. Dennoch waren einige der ersten Verfahren insofern richtungsweisend, als sich nachfolgende Verfahren an diesen „Parent Cases" orientierten.[144] Der erste Bergen-Belsen-Prozess gegen Personal der Konzentrationslager Bergen-Belsen und Auschwitz ist ein solches Beispiel.[145]

Durch die Anwendung der regulären Militärrechtsprechung billigten die Briten den Angeklagten sehr weitgehende Rechte zu. Einzig die Regelungen zur Beweisvorlage wurden aufgrund der enormen technischen und logistischen Schwierigkeiten gelockert. Es lag demnach im Ermessenspielraum der Gerichte, offizielle Dokumente zuzulassen, deren Ursprung nicht erst bewiesen werden musste.[146] Das Gericht war demnach ermächtigt,

---

141 Administrative Instruction No. 104, Part II, NA, WO 311/ 8, Bl. 2.

142 Royal Warrant, Regulation 9, ebenda, S. 5.

143 Ebenda.

144 Vgl. Law Reports, Vol. XV, S. 1: „Neither the Judge Advocate's advice nor the decisions of courts are, in any case, binding on future courts in the sense of a strictly binding precedent." Siehe auch: Hassel, Kriegsverbrechen vor Gericht, S 7.

145 Vgl. zur Vorbildfunktion eines Prozesses beispielhaft die „Notes on the Case" zum Bergen-Belsen-Prozess in: Law Reports, Vol. II, Part II, S. 126–152.

146 Hassel, Kriegsverbrechen vor Gericht, S. 6. Royal Warrant, Regulation 8, NA, WO 311/ 8, S. 4–5.

> [to] take into consideration any oral statement or any document appearing on the face of it to be authentic, provided the statement or document appears to the Court to be of assistance in proving or disproving the charge, notwithstanding that such statement or document would not be admissible as evidence in proceedings before a Field General Court Martial.[147]

Die Lockerung der Beweisvorlageregeln ging aber auch auf den speziellen Charakter der nationalsozialistischen Verbrechen zurück – Verbrechen, bei denen oftmals nur wenige Augenzeugen überlebten, die hätten aussagen können. Im Licht dieses grauenvollen Umstands war die Entschärfung der Regeln zur Beweisvorlage wahrscheinlich die bedeutendste Bestimmung des *Royal Warrant*.[148] Auch in den die britischen Militärgerichtsprozesse beschreibenden *Law Reports* wiesen die Verfasser explizit auf die besonderen Bedingungen dieser Kriegsverbrecherprozesse hin, welche eine Praxis rechtfertigen, die vor normalen britischen Gerichten nicht zulässig gewesen wäre:

> In view of the special character of the war crimes trials and the many technical difficulties involved, the Royal Warrant, by Regulation 8, has introduced a certain relaxation of the rules of evidence otherwise applied in English Courts. [...] It is under this provision that Military Courts are entitled to admit, e.g., affidavits or statutory declarations, i.e., written statements made under oath, which otherwise would not be received as evidence in an English Court.[149]

Ebenso großen Wert wurde im *Royal Warrant* auf die freie Wahl des Verteidigers durch den Angeklagten gelegt. Das konnte sowohl ein deutscher Anwalt sein als auch ein britischer Offizier, welcher vom einberufenden Offizier bestimmt wurde. Regulation 7 bestimmte im Wortlaut:

> Counsel may appear on behalf of the Prosecution and the accused in like manner as if the Military Court was a General Court-Martial, and Rules of Procedure 88-93 shall in such cases apply accordingly. In addition to the persons deemed to be properly qualified as Counsel under the Rule of Procedure 93 any person qualified to appear before the Courts of the Country of the accused and any person approved by the

---

147 Royal Warrent, Regulation 8, ebenda, S. 4–5.
148 Vgl. Jones, British Policy towards 'minor' Nazi War Criminals, S. 164.
149 Law Reports, Vol. I, Annex I, S. 108.

Convening Officer of the Court shall be deemed to be properly qualified as Counsel for the Defence.[150]

In der Praxis bedeutete diese Regelung entlang der *Rules of Procedure*, dass Verteidiger in britischen Militärgerichtsprozessen englische, schottische oder nordirische Anwälte sowie die entsprechend juristisch ausgebildete Personen aus allen britischen Hoheitsgebieten sein konnten. Zudem waren alle Personen, die vor Gerichten des Landes des Angeklagten erscheinen durften, ebenfalls zugelassen.[151] In der konkreten Umsetzung hieß das, wie auch in den *Law Reports* der UNWCC vermerkt, „war criminals are defended either by advocates of their own nationality or by British serving officers appointed by the Convening Officer, who may or may not be lawyers."[152] Von dem Recht, sich von einem britischen Offizier verteidigen zu lassen, machten die Angeklagten in insgesamt 34 Prozessen Gebrauch.

Noch genauere Richtlinien in Bezug auf zulässige Verteidiger und deren Rechte legte die *Administrative Instruction No. 104* vom 11. Januar 1946 fest. Der erste Abschnitt unter der Überschrift „Defending Officer or Counsel" behandelt das Recht eines jeden Angeklagten auf einen britischen Offizier als Verteidiger vor Gericht. Interessant ist dabei, dass im Normalfall nur juristisch qualifizierte Soldaten in Betracht kommen konnten. Zudem mussten sie für die Zeit ihrer Verteidigertätigkeit, soweit dies angebracht erschien, von allen anderen militärischen Pflichten freigestellt werden. Dadurch sollte eine ausreichende Konzentration des Wahl-Pflicht-Verteidigers auf die Vorbereitung der Verteidigung vor Prozessbeginn gewährleistet werden.[153]

---

150 Royal Warrant, Regulation 7, NA, WO 311/ 8, S. 3.

151 Vgl. Law Reports, Vol. I, Annex I, S. 109: „The Rules of procedure, 1926, provide that English and Northern Irish barrister-at-law and Solicitors, Scottish Advocates or Law Agents, and the corresponding members of the legal profession in other British territories, are qualified to appear before a Court Martial.
Regulation 7 also provides that, in addition to these persons qualified in British law, any person qualified to appear before the Courts of the country of the accused, and any person approved by the Convening Officer of the Court, shall be deemed to be properly qualified as a Counsel for the Defence."

152 Ebenda, Vol. I, Annex I, S. 109.

153 Vgl. Administrative Instruction No. 104, Part II, NA, WO 311/ 8, Bl. 3: „If the accused wishes to be represented by a Defending Officer the commanding officer will apply at once by the quickest possible means direct to HQ Corps District. The convening officer will thereupon appoint a suitable officer with legal qualifications who will be relieved so far as is necessary of all other duties in order to prepare the defence."

Um die Zahl derer, die ein Mandat für mutmaßliche deutsche Kriegsverbrecher vor britischen Militärgerichten übernahmen, nicht über Gebühr
anwachsen zu lassen, galt für Angeklagte, die gemeinschaftlicher Verbrechen beschuldigt wurden, folgende Regelung:

> Whenever two or more persons jointly charged as war criminals elect
> to be defended by a British defending officer, in the first place only
> one officer will be appointed to defend all the accused so electing. [...]
> If such defending officer, on investigation of the case for the defence,
> finds that there are circumstances which make it undesirable for him
> to defend certain of the accused jointly charged, he will report such
> circumstances immediately to the convening officer who will decide,
> in consultation with a DJAG, weather or not certain of the accused
> should be separately represented and appoint additional defending of-
> ficers if necessary.[154]

Die Einschränkung der gemeinsamen Vertretung mehrerer Angeklagter,
sollte der bestellte britische Offizier triftige Gründe dagegen anführen
können, milderte die vorherige Anweisung indes wieder deutlich ab. Auch
von der juristischen Ausbildung als Voraussetzung für die Abordnung eines britischen Offiziers als Verteidiger gab es Ausnahmen, allerdings ausschließlich unter eng bestimmten Voraussetzungen.[155]

Verfahren mit britischen Wahl-Pflicht-Verteidigern ohne juristische Vor-
qualifikationen blieben jedoch eine absolute Ausnahme. Nur in einem
einzigen Prozess, dem Verfahren gegen Otto Nickel im Frühjahr 1946,[156]
waren sowohl Ankläger als auch der als Verteidiger agierende Captain P. J.
D. Langrishe vom 7*th Medium Regiment* der *Royal Artillery* „not legally qua-

---

154 Administrative Instruction No. 104, Part II, ebenda, Bl. 3.
155 „In the event of it proving impossible, in any particular case, to find a legally
     qualified defending officer, an officer who has attended war crimes trials 'under
     instruction' may be detailed by the convening officer after agreement has been
     obtained from HQ, British Army of the Rhine. When such action is necessary
     the prosecutor will also be from the same source. If a legally qualified officer is
     detailed to prosecute then the defending officer must also be legally qualified.
     [...] Where the defence is to be undertaken by an officer 'under instruction' the
     form of election shown at Appendix 'F' will be amended by the deletion of the
     words 'legally qualified' and 'der gleichzeitig Doktor der Rechte ist' and the po-
     sition will be explained to the accused. [...] An officer detailed to defend an ac-
     cused in a war crimes case will be deemed to be engaged on military duty." Ad-
     ministrative Instruction No. 104, Part II, ebenda, Bl. 3–4.
156 Ausführlicher zum Prozess gegen Otto Nickel siehe Kap. III.2.2.1.

lified".[157] Die Hauptverhandlung im Fall gegen Otto Nickel dauerte auch nur sehr kurz, da er die vorgeworfenen Misshandlung eines unbekannten alliierten Piloten gestand, wodurch der vorgeschriebene Prozessverlauf wesentlich verkürzt wurde.

Neben der Möglichkeit, sich als Angeklagter vor einem Militärgericht einen britischen Offizier als Verteidiger zuteilen zu lassen, konnte auch ein Anwalt des eigenen Landes gewählt werden. Einzige Einschränkung waren praktische bzw. logistische Gründe, die die Wahl eines bestimmten Anwalts verhinderten. Anders als bei britischen Wahl-Pflicht-Verteidigern mussten die Kosten für einen Zivilanwalt der eigenen Nationalität jedoch zur vollen Höhe vom Angeklagten selbst übernommen werden – eine gerade in der auch wirtschaftlich krisenhaften Zeit nach dem Zweiten Weltkrieg schwerwiegende Auflage. Die Unterbringung und Verpflegung eines Zivilanwalts lagen wiederum in der Zuständigkeit des Bürgermeisters jener Stadt, in der die Gerichtsverhandlungen stattfanden. Zusätzlich zu einem Anwalt eigener Wahl hatten Angeklagte das Recht auf die Zuteilung eines britischen *Assisting Officer*. Dessen Aufgabe war die Beratung des Angeklagten und seines Anwalts im britischen Militärprozessrecht und den Verfahrensgepflogenheiten.[158]

---

157 NA, WO 235/ 51, Proceeding of the Trial, S. 1.

158 „If the accused desires to be represented by Counsel of his own country, it will be made clear to him by the commanding officer concerned that any expenses incurred thereby will be payable by him. Steps will be taken by the commanding officer concerned through the nearest Military Government Detachment to obtain the services of such Counsel as may be available locally but the accused will be permitted to exercise his choice, as far as practicable and, where reasonably possible, steps will be taken to obtain the services of any particular counsel nominated by the accused. The accused should be advised to see his counsel at once and it should be explained to him that his trial will not be delayed unduly to enable him to make such arrangements if he does not do so. [...] The accused will also be entitled, if he elects to be represented by a counsel of his own country, to have available the service of a legally qualified British officer, to be nominated by the commanding officer concerned to explain points of law and procedure. Any officer so provided to assist the accused will be deemed to be engaged on military duty. [...] Civilian counsel for the defence will be permitted to see the accused for the purpose of preparation of the defence. A representative of the commanding officer concerned (who should if possible be the officer appointed to assist the defence in accordance with para 23) will be present at all interviews to ensure that nothing is improperly passes to or from the accused. He will treat such interviews as entirely confidential. [...] Civilian counsel for the defence will be accommodated and messed under their own arrangements made with the Burgermeister concerned." (Administrative Instruction No. 104, Part II, NA, WO 311/ 8, Bl. 4.)

Die große Vorsicht gegenüber deutschen Zivilanwälten zeigt sich in der Order, Gespräche zwischen Anwälten und Mandaten möglichst nur unter Aufsicht eines britischen Offiziers zuzulassen. Der Hinweis an britische Verteidiger, dass alles dort Besprochene streng vertraulich zu behandeln sei, mutet ob seiner Selbstverständlichkeit fast befremdlich an. Dieser Eindruck relativiert sich jedoch, wenn man bedenkt, dass bei einem Großteil der Militärgerichtsprozesse auf deutschem Boden weder ein britischer Verteidiger noch ein *Assisting Officer* Teil der Verteidigung war. Nach den Bestimmungen der *Administrative Instruction No. 104* musste bei allen Unterredungen zwischen Anwalt und Mandant ein Vertreter des *Commanding Officer* als zuständiger Gerichtsherr anwesend sein, der zum Angeklagten in keinerlei Vertrauensbeziehung oder rechtlicher Funktion stand.

Tatsächlich befanden sich unter den Verteidigern der britischen Militärgerichtsprozessen in Deutschland neben der überwiegenden Anzahl von deutschen Rechtsanwälten (in fast 90% der Verfahren) vereinzelt ehemalige deutsche Marineoffiziere und deutsche Strafrechtsprofessoren sowie im allerletzten von den Briten durchgeführten Militärgerichtsprozess auf deutschen Boden 1949 zwei englische Zivilanwälte. Daneben traten britische Offiziere und Offiziere anderer alliierter Staaten als Verteidiger für Angeklagte vor diesen Gerichten auf.

Trotz aller dezidierten Einschränkungen gewährten die Briten mutmaßlichen deutschen Kriegsverbrechern umfassende Möglichkeiten zur Wahl eines Verteidigers vor Gericht, besonders durch das Recht auf die Zuteilung eines – kostenlosen – britischen Offiziers. Um genau diese 34 Verfahren mit einem britischen Wahl-Pflicht-Verteidiger wird es im folgenden Kapitel gehen.

III. Die Militärgerichtsprozesse mit britischen Verteidigern

> „The right way to deal with those who had committed war crimes against British subjects, was to set up military courts, to try the offenders, in Germany."[159]

In der britischen Besatzungszone wurden zwischen Herbst 1945 und Dezember 1949 insgesamt 329 Militärgerichtsprozesse gegen 964 Angeklagte durchgeführt.[160] Der erste Prozess begann am 17. Oktober 1945 gegen 44 Personen, die verschiedenste Funktionen in den Konzentrationslagern Bergen-Belsen und Auschwitz innehatten, bis hinauf zum Lagerkommandanten Josef Kramer.[161] Die britischen Militärgerichtsprozesse in der Besatzungszone in Deutschland endeten am 19. September 1949 mit dem Prozess gegen den ehemaligen Generalfeldmarschall Erich von Manstein in Hamburg.[162]

Die sehr unterschiedlichen und teils widersprüchlichen Angaben in der Forschungsliteratur zur Anzahl der von den Briten abgehaltenen Kriegsverbrecherprozesse in Deutschland beruhen auf zwei verschiedenen Faktoren. Zum einen findet sich in der „Consolidated List of British War Crimes Trials", ermittelt von der *War Crimes Group (North West Europe) Headquarter British Army of the Rhine I,*[163] eine Auflistung aller Militärgerichtsprozesse der Briten. Sie enthält allerdings mehrere zu Verfahrenskomplexen zusammengefasste Prozesse und bezieht nicht alle in den National Archives überlieferten Verfahrensakten mit ein. Eine separate Zählung aller Prozesse mit eigener Hauptverhandlung für einen oder mehrere Angeklagte ergibt deswegen eine deutlich höhere Gesamtzahl. Zum anderen wurde oft nicht zwischen verschiedenen Gerichtstypen – Militärgerichtsprozessen und an-

---

159 NA, FO 371/ 39003 C 13528, War Cabinet Conclusion 131 (44) vom 4. Oktober 1944.

160 Die verlässlichsten und aktuellsten Zahlen zum Umfang der britischen Militärgerichtsprozesse in Deutschland von 1945 bis 1949 liefert: Hassel, Kriegsverbrechen vor Gericht, S. 145–157. Im Folgenden werden die von Hassel ermittelten Zahlen allen weiteren Betrachtungen zugrunde gelegt.

161 Zum hier gemeinten ersten Bergen-Belsen-Prozess vgl. Kap. III.2.1.1.a); Cramer, Belsen Trial 1945.

162 Vgl. Wrochem, Erich von Manstein, S. 187–192.

163 Zur „Consolidated List of British War Crimes Trials" vgl. NA, WO 309/ 479; NA, WO 311/ 663.

deren Besatzungsgerichten – unterschieden oder die miteinbezogenen Verhandlungsorte enger oder weiter gefasst.[164]

Auch ein Bericht der deutschen Bundesregierung vom 26. Februar 1965[165] zur Zahl der Angeklagten und Todesstrafen vor britischen Militär-

---

164 Die differierenden Zahlenangaben in der Forschungsliteratur erklären sich wie folgt: Boll, Wehrmacht vor Gericht, S. 584, der seine Zahlen übernommen hat aus: Rückerl, Adalbert, NS-Prozesse. Nach 25 Jahren Strafverfolgung. Möglichkeiten, Grenzen, Ergebnisse, Karlsruhe 1972, S. 30, nennt fälschlicherweise die Gesamtzahlen der Angeklagten und verhängten Todesstrafen in britischen Militärgerichtsprozessen zusammen mit weiteren alliierten Militärgerichtsverfahren und anderen Besatzungsgerichten. Boberach, Heinz, Strafrechtliche Verfolgung von NS-Verbrechen, in: Wolfgang Benz (Hrsg.), Deutschland unter alliierter Besatzung 1945–1949/55. Ein Handbuch, Berlin 1999, S. 181–186, hier S. 184, gibt 1085 Angeklagte an, von denen 240 die Todesstrafe erhielten. Ebenso gibt Gutman, Israel/Jäckel, Eberhard/Longreich, Eberhard/Schoeps, Julius H./Bergner, Margrit/Schmid, Marion, Enzyklopädie des Holocaust. Die Verfolgung und Ermordung der europäischen Juden, Berlin 1993, S. 1030, Bd. II, insgesamt 357 britische Kriegsverbrecherprozesse an. In beiden Fällen sind damit indes alle britischen Militärgerichtsprozesse in Europa gemeint, nicht nur jene in der Besatzungszone in Deutschland. Gleiche Zahlenangaben finden sich in: Jones, Nazi Atrocities against Allied Airmen, S. 544, Jones, British Policy towards 'minor' Nazi War Criminals, S. 10, und Kaienburg, Hermann, Die britischen Militärgerichtsprozesse zu den Verbrechen im Konzentrationslager Neuengamme, in: Kurt Buck (Hrsg.), Die frühen Nachkriegsprozesse, Bremen 1997, S. 56–64, hier S. 56–57 (hier ergänzt um einen zusätzlichen Prozess in Österreich). Quelle für die Angaben von 357 britischen Militärgerichtsprozessen sind die in den *War Crimes Papers* (NA, WO 235) dokumentierten statistischen Übersichtsdarstellungen. Außer Acht gelassen wurde dabei jeweils, dass es sich um alle in Europa geführten britischen Militärgerichtsprozesse bzw. um alle von britischen Besatzungsgerichten geführten Verfahren handelt. Neben den britischen *Military Court for the Trial of War Criminals* gab es außerdem *Military Government Courts* (zuständig für die allgemeine Gerichtsbarkeit in der britischen Zone) und ab 1947 *Control Commission Courts* (CCC Courts) unter dem Kontrollratsgesetz Nr. 10 (KRG Nr. 10).
165 Deutscher Bundestag, 4. Wahlperiode, Der Bundesminister der Justiz, Drucksache IV/3124, 26. Februar 1965. Bericht über die Verfolgung nationalsozialistischer Straftaten, S. 9–10. Der Bericht nennt als wichtigstes britisches Verfahren die Prozesse gegen Generalfeldmarschall Kesselring, Generalfeldmarschall von Manstein und Generaloberst von Falkenhorst sowie die Prozesse wegen Verbrechen in den KZs Bergen-Belsen und Auschwitz. Neben einer Zusammenfassung der von den alliierten Besatzungsmächten durchgeführten Prozessen findet sich auch eine Übersicht zu Strafverfahren im Ausland und den Strafverfolgungsbemühungen deutscher Gerichte und Staatsanwaltschaften sowie der deutschen Justizbehörden in der sowjetischen Besatzungszone und dem sowjetischen Sektor in Berlin. Siehe auch: Götz, Albrecht, Bilanz der Verfolgung von NS-Straftaten, in: Bundesanzeiger, Jahrgang 38 (30.06.1986).

gerichten fasst fälschlicherweise die Personen vor Militär- und anderen Besatzungsgerichten zusammen. Ähnlich verhält es sich mit der 1981 veröffentlichten statistischen Übersicht der Zentralen Rechtsschutzstelle[166] zu den angeklagten Personen vor britischen Militärgerichten. Die dort angegebenen Zahlen wurden unkritisch übernommen aus dem Buch „U.N.O. and war crimes" von Viscount Frederic Herbert Maugham[167], der keinen Nachweis für seine Angaben machte.

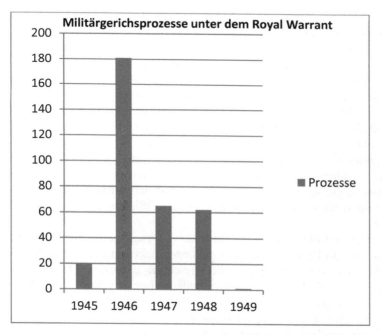

(Zahlen entnommenen aus: Hassel, Kriegsverbrechen vor Gericht, S. 157)

Umfang und Durchführung der britischen Kriegsverbrecherprozesse lassen sich am verlässlichsten aus den *War Crimes Case Files*[168] ermitteln, die in den National Archives in Kew, London, archiviert sind. Zu allen durchge-

---

166 Bundesarchiv Koblenz, Bestand „Zentrale Rechtsschutzstelle": BArch B 305/ Nr. 120, S. 118–119.
167 Maugham, Frederic Herbert, U.N.O. and war crimes, London 1951, S. 20–22.
168 Der Bestand WO 235/1-602, 1119-1122 enthält die Verfahrensakten, der Bestand WO 235/ 603-812 versammelt zusätzliche Informationen des DJAG zu den in Europa durchgeführten Verfahren. Anhand dreier Formblätter, die fast in allen

führten Prozessen – Militärgerichtsprozesse sowie Verfahren, die Verbrechen gegen die Menschlichkeit zum Gegenstand hatten – existieren dort Verfahrensakten. Dieses Aktenkonvolut bildet die Basis für die Auswahl derjenigen britischen Militärgerichtsverfahren, in denen ein oder mehrere der Verteidiger Angehörige der Streitkräfte Großbritanniens waren und auf Wunsch des oder der Angeklagten vom *Convening Officer*, dem zuständigen *Commander-in-Chief* für die Eröffnung eines Prozesses, zugeteilt wurden.

Die Verfahren mit britischen Wahl-Pflicht-Verteidigern – oft auch im Zusammenspiel mit deutschen Anwälten – eignen sich in besonderem Maße dafür, das Aufeinanderprallen von kontinentaleuropäischen und angelsächsischen Rechtstraditionen sichtbar zu machen. Durch die Linse der britischen Verteidiger, des ehemaligen Feindes, werden aber auch Verteidigungsstrategien mutmaßlicher deutscher Kriegsverbrecher sichtbar, die vor Gericht oder in der öffentlichen Wahrnehmung zumindest zu einem gewissen Teil als erfolgreiche Entlastungsargumente akzeptiert werden konnten. Zu nennen wäre hier an erster Stelle der Verweis auf Soldatenberuf und Kriegssituation, die eine außergewöhnliche Lage erzeugt hätten, aufgrund derer andere Regeln geltend gemacht werden müssten. Diese und weitere Verteidigungsstrategien verwendeten mit den britischen Rechtstraditionen und Verfahrensregeln bestens vertraute Offiziere in ihrem Wirken vor Gericht.

Konzentriert auf die Prozesse mit britischen Verteidigern entsteht somit ein Sample von 34 Prozessen, die das gesamte Spektrum der verhandelten Kriegsverbrechen vor britischen Militärgerichten abdecken. Die Zusammenarbeit von britischen Offizieren mit deutschen Zivilanwälten bildet ein weiteres bislang völlig unerschlossenes Forschungsfeld. Die Regeln und Dynamiken dieser länderübergreifenden Zusammenarbeit in der Verteidigung von mutmaßlichen deutschen Kriegsverbrechern vor Gericht sind

---

Verfahrensakten vorhanden sind, können die wichtigsten Informationen zum jeweiligen Prozess ermittelt werden, wie Datum der Verhandlung, Ort und Tatvorwürfe aber auch die Namen aller beteiligten Personen, der Gerichtsbesetzung, der Angeklagten, der Anklage und der Verteidigung, die Urteile und Hinweise zur Urteilsbestätigung. Die Auswertung dieser Angaben der Formblätter bildet die Grundlage für die Access-Datenbank zu den britischen Kriegsverbrecherprozessen am Internationalen Forschungs- und Dokumentationszentrum Kriegsverbrecherprozesse (ICWC) an der Philipps-Universität Marburg, die für die Ermittlung der Verteidiger, hier bes. der britischen Offiziere, die als Wahl-Pflicht-Verteidiger abkommandiert wurden, für die vorliegende Arbeit herangezogen wurden.

überliefert in den Verfahrensakten der einzelnen Prozesse. In den britischen Militärgerichtsprozessen traten neben deutschen Anwälten und in aller Regel juristisch ausgebildeten britischen Offizieren auch deutsche Marineoffiziere und Strafrechtsprofessoren als Verteidiger auf. Insgesamt 46 britische Offiziere waren als Verteidiger in diesen Gerichtsprozessen tätig.

Das in der bisherigen Forschung als Auftakt der britischen Strafverfolgung angesehene Verfahren ist der im September 1945 begonnene erste Bergen-Belsen-Prozess.[169] In Wirklichkeit begann die gerichtliche Aburteilung von deutschen Kriegsverbrechen durch britische Militärgerichte auf deutschem Boden jedoch bereits vor Ende des Kriegs. In völlige Vergessenheit geraten ist der tatsächlich erste britische – und aller Wahrscheinlichkeit nach auch der erste westalliierte – Militärgerichtsprozess auf deutschem Boden: Bereits am 22. November 1944 wurde elf deutschen Angeklagten, darunter neun Frauen, nahe Geilenkirchen an der Grenze zu den Niederlanden vor einem Military Government Court der Prozess gemacht. Die Anklage legte allen Beschuldigten den unerlaubten Übertritt von Holland nach Deutschland zur Last. Der vorsitzende Richter des Verfahrens, der 35-jährige Major Reuben Cowburn Seddon,[170] beschrieb in seinen Briefen an seine Ehefrau Laura Seddon den großen Presseandrang[171]:

---

169 Die Benennung des Bergen-Belsen-Prozesses ist nicht einheitlich. Ebenso finden sich: Belsen Case, Belsen Trial, Luneburg Atrocities Trial, Trial against Josef Kramer and 44 others. Hinzu kommen noch zwei Nachfolgeverfahren, welche meist als 2. und 3. (Bergen-)Belsen-Prozess bezeichnet werden.

170 Major Reuben Cowburn Seddon war im Zivilleben Anwalt in Manchester, zugelassen 1933, und während des Kriegs als *Legal Officer* Teil der *Civil Affairs Commission of the British Liberation Army* in Belgien, Holland und ab September 1944 in Norddeutschland. Seine Aufgaben umfassten die Evakuierung von Zivilisten aus Kampfgebieten, die Organisation von Displaced Persons und Flüchtlingen sowie den Vorsitz über verschiedene Militärgerichtsverfahren darunter auch den allerersten britischen Militärgerichtsprozess im November 1944 in den kurz zuvor befreiten Gebieten nahe der deutschen Stadt Geilenkirchen.

171 Zur Presseberichterstattung vgl. First British Military Court in Germany Presided over by Wigan Barrister, Wigan Observer, 25.11.1944; Mr. Chips tried Germans. Court in Reich, The Daily Mail, Thursday, 23.11.1944; Manchester Barrister tries eleven Nazis. First Court in Reich, Manchester Evening Chronicle, 22.11.1944; Lessing, John, 9 German Women Face Trial. First British Military Court, Daily Express, 22.11.1944, British Trial in Germany. City lawyer presides at first court, Manchester Evening News, 22.11.1944; Military Government Officers in Conference, Daily Mail, 22.11.1944; 1940 Blitz Fighter is trying Germans, Manchester Evening Chronicle, 22.11.1944.

We have been in the news as I hope you have heard. I held the first British Military Government Court yesterday and I think it went down quite well. We have had masses of war correspondents and the Times (inter alia) and have been photographed by Pathé and the Army Film Unit.[172]

Diesen Ausführungen folgt im Brief Seddons ein Einblick in die schwierigen Bedingungen der Prozessdurchführung, aber auch in die Sorgfalt, welche auf die Demonstration eines geschlossenen alliierten Willens in Sachen juristischer Ahndung deutscher Verbrechen gelegt wurde. Besonders betonte Major Seddon den großen Arbeitsaufwand nicht nur während des eigentlichen Verfahrens, sondern vor allem vor und nach dem Prozess, der sich bis hin zu dekorativen Details wie dem öffentlichkeitswirksamen Aufstellen alliierter Flaggen erstreckte.[173]

Noch viel mehr öffentliches Interesse und Kontroversen erzeugten aber einige der im Herbst 1945 beginnenden Militärgerichtsprozesse. Dies galt insbesondere bei sehr grausamen Verbrechen in Konzentrationslagern. Auf der anderen Seite gerieten viele der Prozesse vor britischen Militärgerichten nicht erst im Laufe der Zeit im kollektiven Gedächtnis Deutschlands und Großbritanniens in Vergessenheit, sondern erhielten schon während ihrer Durchführung, wenn überhaupt, nur sehr geringe, lokal begrenzte Aufmerksamkeit. Ein Grund dürfte die für deutsche wie auch britische Prozessbeobachter undurchsichtige Auswahl derjenigen gewesen sein, die sich vor Gericht verantworten mussten. Hinzu kam die Tatsache, dass es sich in der Regel um Angehörige niedrigerer Dienstgrade oder Funktionen handelte, schon deshalb weniger öffentliches Interesse erzeugten wie etwas namhafte, berühmte Generäle.[174]

---

172 Imperial War Museum, London Private Papers of Major R C Seddon. Documents.3305 (künftig: IWM, Private Papers of Major R C Seddon) Notebook S. II, 23.11.1944.

173 Vgl. ebenda, Notebook S. II, 23.11.1944: „The Court Room, improvised, was quite imposing, with the three appropriate flags behind me. We had great difficulties getting the USSR one and in fact had it made. You can see we have been busy. There is more work before and after a case than the actual hearing". Zum Ausgang des Prozesses sind leider keine Informationen im Nachlass von Maj. Seddon überliefert.

174 Ausnahmen gab es dennoch: Hochrangigere Personen wurden angeklagt im Bergen-Belsen-Prozess, dem sogenannten *Enschede Case* und dem Peleus-Prozess (unter anderem ein Kommandant eines deutschen U-Boots). Sofern Angeklagte der SS oder anderen NS-Organisationen angehört hatten, wurden die Bedeutung der Dienstgrade und/oder der Ranghöhe oft auch von den britischen Anklagebehörden nicht richtig eingeschätzt bzw. waren die Tätigkeiten der betref-

Die meisten unter dem *Royal Warrant* verfolgten Kriegsverbrechen gehören einer der folgenden drei Kategorien an: erstens Verbrechen in Konzentrationslagern oder auf sogenannten Todesmärschen[175]; zweitens die Misshandlung oder Tötung von alliierten Kriegsgefangenen, insbesondere über deutschem Gebiet abgeschossenen Flieger; und drittens Kriegsverbrechen, die Schiffs- oder U-Boot-Besatzungen begangen hatten. Die Mehrzahl der Prozesse hatte Verbrechen an Kriegsgefangenen zum Gegenstand. Die Opfer waren britische Staatsbürger oder Staatsangehörige eines den Vereinten Nationen zugehörigen Landes, sofern die mutmaßliche Tat in der späteren britischen Besatzungszone begangen worden war. Zuständig nur für Verbrechen gegen alliierte Personen wurden, wie gezeigt, vor britischen Militärgerichtsprozessen Verbrechen von Deutschen an Deutschen nicht verfolgt.

Anklagt werden konnten vor den britischen Militärgerichten unter dem *Royal Warrant* nur Verstöße gegen die international akzeptierten Regeln des Kriegs. Kriegsverbrechen waren dabei sehr weit gefasst als Verletzung der Gesetze und Gebräuche des Kriegs, notwendigerweise begangen während des Kriegs, nicht gerichtet gegen die eigene Bevölkerung und mit direktem Bezug zum Krieg. Diese Definition deckt sich weitgehend mit der im IMT-Statut für die Nürnberger Prozesse festgeschriebenen Kriegsverbrechens-Definition, ist aber insofern enger, als nur Kriegsverbrechen, nicht jedoch Verbrechen gegen die Menschlichkeit oder Verbrechen gegen den Frieden angeklagt werden konnten.[176] Zudem blieben strafbare Handlungen aus der Zeit vor dem 1. September 1939 grundsätzlich ausgeschlossen.

---

fenden Personen nicht (gänzlich) bekannt. Das führte in mehreren Prozessen dazu, dass Angeklagte für Verbrechen belangt und verurteilt wurden, die bei Betrachtung der Tiefe der Verstrickung in nationalsozialistische Menschenrechtsverbrechen zum Teil wahllos oder zumindest sehr selektiv wirkten.

175 Aufgrund der angeklagten, zumeist ähnlichen Verbrechensarten (Misshandlungen, katastrophale Lebensbedingungen, Unterernährung etc.) werden Konzentrationslager-Prozesse und Prozesse wegen Verbrechen auf sogenannten Todesmärschen in einer Kategorie aufgeführt.

176 Zu den rechtlichen Grundlagen und der Definition von Kriegsverbrechen im *Royal Warrant* vgl. Kap. II.4.

1. Die Prozesse im Profil

> „There are obvious difficulties in running such courts and I therefore want at all costs to keep them on the narrowest basis and to use them in the minimum of cases."[177]

Allein, gemeinsam mit britischen Offizierskollegen oder zusammen mit deutschen Anwälten übernahmen britische Verteidiger unmittelbar nach dem Ende des Zweiten Weltkriegs Mandate für mutmaßliche deutsche Kriegsverbrecher. In den britischen Militärgerichtsprozessen in der Besatzungszone in Norddeutschland mit insgesamt 964 Angeklagten[178] traten in 34 Verfahren britische Verteidiger[179] auf. Die größte Anzahl von Offizieren der britischen Streitkräfte, die als Verteidiger eingesetzt wurden, versammelte der Bergen-Belsen-Prozess,[180] der Auftakt der britischen Kriegsverbrecherprozesse vor Militärgerichten unter dem *Royal Warrant* vom 14. Juni 1945. Das letzte dieser Gerichtsverfahren mit einem britischen Militär-Verteidiger war der Prozess gegen Jakob Bürgin wegen der Misshandlung eines unbekannten britischen Fliegers am 29. Oktober 1946; bestätigt wurde dieses Urteil am 11. November 1946, womit dieser Tag gleichsam den endgültigen Abschluss der im Folgenden untersuchten Prozesse markiert.[181] Im allerletzten Prozess vor einem britischen Militärgericht auf deutschem Boden, dem Prozess gegen Generalfeldmarschall Erich von Manstein, ergänzten zwei, im Verlauf des Verfahrens sogar drei zivile, englische Anwälte bzw. ehemalige Militärs, namentlich Reginald T. Paget, Samuel C. Silkin und Bill Croome[182], das Team der Verteidigung. Die Beteiligung von britischen Offizieren an der Verteidigung mutmaßlicher

---

177 NA, WO 32/ 11728, Bl. 33A, Brief von Sir John Grigg an Viscount Simon vom 5. Mai 1945.
178 Hassel, Kriegsverbrechen vor Gericht, S. 8
179 Vgl. die statistische Übersicht zu den Prozessen mit britischen Verteidigern im Anhang (Kap. VIII).
180 Zwölf Verteidiger, davon elf britische und ein polnischer Offizier, vertraten die wegen Verbrechen in den KZs Auschwitz und Bergen-Belsen Angeklagten. Vgl. Kap. III.2.1.1.a).
181 Vgl. Kap. III.2.2.1.j). Das Verfahren gegen Jakob Bürgin ist dokumentiert in: NA, WO 235/ 190.
182 Paget, ein ehemaliger Marineoffizier, war Labour-Abgeordneter und königlicher Rat, der sich als scharfer Gegner von Bombenangriffen auf Deutschland im Unterhaus hervorgetan hatte. Samuel Silkin, ebenfalls Labour-Abgeordneter, Sohn des britischen Landwirtschaftsministers und Jude, erregte als Verteidiger Mansteins große Aufmerksamkeit in Deutschland und Großbritannien. Dritter im Bund der englischen Verteidiger Mansteins war Bill Croome, ein ehemaliger

deutscher Kriegsverbrecher konzentrierte sich somit auf die ersten beiden Jahre der britischen Kriegsverbrecherprozesse in Deutschland, 1945 und 1946. 16 Prozesse mit britischen Verteidigern wurden noch im Winter 1945 durchgeführt, 28 weitere im darauffolgenden Jahr.

Die Gründe für diese Verteilung sind nur schwer auszumachen. Eine Rolle spielte sicherlich die generelle Konzentration der britischen Prozesstätigkeit auf das Jahr 1946 mit mehr als der Hälfte sämtlicher von den Briten in Deutschland durchgeführter Militärgerichtsprozesse. Die Fluktuation unter den britischen Wahl-Pflicht-Verteidigern war groß: Insgesamt übernahmen nur sechs Offiziere mehrere verschiedene Mandate. Hinzu kommt, dass die Entwicklung hin zu ständigen Gerichtshöfen in Hamburg und Braunschweig für deutsche Anwälte begünstigend wirkte, die sich auf die Verteidigertätigkeit in Kriegsverbrecherprozessen spezialisierten. Für die Konzentration auf die Jahre 1945/46 spricht zudem die zunächst mangelnde Vertrautheit deutscher Anwälte mit britischem Militärrecht und britischen Prozessregeln. Von britischen Verteidigern wurde oftmals auf diesen fehlenden Erfahrungshintergrund hingewiesen, zumal dann, wenn sie gemeinsam mit deutschen Anwälten Angeklagte vertraten und aufgrund dessen einen Prozessaufschub beantragten.[183]

Zugleich sollte nicht übersehen werden, dass die Zuteilung eines britischen Offiziers als Verteidiger nicht nur Vorteile hatte. Die Vertretung war für den Beschuldigten zwar kostenlos[184] und die abkommandierten Offiziere waren in aller Regel juristisch hoch qualifiziert, aber auf die Personenauswahl hatten die Beschuldigten, anders als bei einem deutschen Anwalt, keinerlei Einfluss. Auch die schnell nachlassende Zustimmung hin-

---

englischer Abwehrspezialist. Vgl. Wrochem, Erich von Manstein, S. 157–165, insb. S. 158.

183 Wie wenig erfolgreich diese Taktik blieb, zeigte sich zumeist in Verfahren von erheblichem Umfang und mehreren Angeklagten wie beispielsweise dem ersten Bergen-Belsen-Prozess oder dem Peleus-Prozess. Auch im Verfahren gegen die beiden ehemaligen Feldwebel Rolf J. Brinkmann und Werner Assmussen lehnte das Gericht eine von den Verteidigern beantragte Vertagung zur weiteren Vorbereitung ab. Oftmals beließen es britische Verteidiger bei dem Hinweis, erst Tage zuvor von ihrem Mandat erfahren zu haben bzw. abkommandiert worden zu sein. Tendenziell gewährten die Gerichte in allen Fällen zumeist lediglich einen Aufschub von wenigen Stunden.

184 Da die abkommandierten Offiziere ihre Verteidigertätigkeit als Teil ihrer militärischen Dienstpflichten versahen, fielen für die britische Militärverwaltung in der Besatzungszone in Norddeutschland keine zusätzlichen Kosten an. Allerdings waren die Offiziere damit zumindest über einen gewissen Zeitraum gebunden und standen für andere Aufgaben nicht zur Verfügung.

sichtlich der Notwendigkeit der Prozesse gegen mutmaßliche deutsche Kriegsverbrecher in Deutschland und Großbritannien im Verbund mit einer von Anfang an sehr angespannten, um nicht zu sagen unzureichenden Personalversorgung der britischen Streitkräfte in der deutschen Besatzungszone[185] mögen dazu beigetragen haben, dass ab 1947 keine britischen Offiziere mehr als Verteidiger in Militärgerichtsprozessen bestellt wurden.

Die vor britischen Militärgerichten angeklagten Straftaten deckten ein sehr breites Spektrum ab. Neben gleichsam „klassischen" Kriegsverbrechen gegen gefangene Soldaten oder Verbrechen mit unmittelbarem Kriegsbezug, international geschützt durch die Haager Landkriegsordnung (HLKO) von 1907 und die Genfer Konvention von 1929, verhandelten diese Gerichte auch die vollkommen anders gearteten Verbrechen in Konzentrationslagern und auf sogenannten Todesmärschen. Hinzu kamen auf hoher See verübte Kriegsverbrechen. Insbesondere die Frage nach erlaubter und unerlaubter Kriegführung im U-Boot-Krieg sorgte vor Gericht, ebenso wie in der deutschen und britischen Öffentlichkeit, für heftige Auseinandersetzungen zwischen den Lagern von Anklage und Verteidigung.[186]

Die verbindende Klammer all dieser stark differierenden Verbrechen war die in fast allen Anklageschriften verwendete Formulierung „concerned in the killing" oder „concerned in the ill-treatment".[187] *Concerned in* bedeutete so viel wie „beteiligt an" einer bestimmten Handlung bzw. einem Vor-

---

185 Die unzureichende Personalversorgung der britischen Kriegsverbrecherverfolgung in Deutschland wurde zunehmend auch für allgemeine Verzögerungen bei der Prozessdurchführung verantwortlich gemacht. Erschwerend kam die Demobilisierung britischer Soldaten hinzu, was sich besonders auf die Zahl des noch zur Verfügung stehenden juristisch qualifizierten Personals negativ auswirkte. Vgl. Jones, British Policy towards 'minor' Nazi War Criminals, S. 212–215.

186 Der Peleus-Prozess erregte nicht nur die Gemüter der Zeitgenossen. Noch heute gibt es eine rege, oft nicht wissenschaftliche und zum Teil revanchistisch motivierte Diskussion in Foren und auf Websites zur U-Boot-Geschichte bzw. Marinegeschichte. Vgl. exemplarisch die Webauftritte www.ubootarchiv.de, www.uboat.net, www.uboataces.com und www.forum.balsi.de.

187 In fast allen Prozessen kam diese Formulierung in der Anklageschrift zur Anwendung, siehe exemplarisch die „Charge Sheets" im Prozess wegen der Tötung eines alliierten Fliegers gegen Hans Renoth u.a., im Prozess gegen Willi Mackensen wegen der Misshandlung von Kriegsgefangenen auf einem Todesmarsch und im Peleus-Prozess.

gang. Im sogenannten Stalag Luft III-Prozess[188] definierte der Judge Advocate den Ausdruck „concerned in the killing" wie folgt:

> What they had in mind is that the persons concerned must have been
> part of the machine doing some duty, carrying out some performance
> which went on directly to achieve the killing, that it had some real
> bearing on the killing, would not have been so effective or been done
> so expeditiously if that person [the accused] had not contributed his
> willing aid.[189]

Alle drei Typen von Militärgerichtsprozessen finden sich auch in den 34
Prozessen mit britischen Offizieren als Verteidiger wieder. Die bei Weitem
größte Gruppe darunter bilden mit 25 Prozessen auch hier die Verfahren
wegen Tötungen und/oder Misshandlungen von alliierten Personen, zumeist Kriegsgefangenen. Diese Gruppe kann noch weiter differenziert werden: Die meisten Prozesse wegen Tötungen oder Misshandlungen alliierter
Personen betrafen Verbrechen an britischen Flugzeugbesatzungen, in den
meisten Fällen an Piloten, die über deutschem Gebiet abgeschossen worden waren. Zusätzlich wurden vier Prozesse durchgeführt, bei denen die
Opfer alliierte Soldaten in deutscher Kriegsgefangenschaft allerdings keine
Angehörige der Luftwaffe waren. Die zweitgrößte Zahl von Prozessen, in
denen Misshandlungen und Tötungen angeklagt wurden, entfällt auf fünf
Prozesse, die Verbrechen an polnischen Personen, zumeist Zwangsarbeitern, verhandelten. Wegen des Befehls, keine Gefangenen zu machen bzw.
feindliche Soldaten bei Ergreifen sofort zu erschießen, mussten sich in
zwei weiteren Prozessen mutmaßliche deutsche Kriegsverbrecher verantworten. In einem Prozess wurde die Verwundung eines britischen Offiziers
durch die nur vorgetäuschte Aufgabe durch Hochhalten der Hände angeklagt. Zumeist sahen sich die Angeklagten nur einem der aufgeführten Anklagevorwürfe ausgesetzt, in drei Verfahren allerdings wurden mehrere ver-

---

188 Siehe zum Stalag Luft III-Prozess die Einleitung zu Kap. III.2.2.1. („Flieger-Pro-
     zesse").
189 UNWCC Law Reports, Vol. XI, S. 46. Der Originalwortlaut des Prozessproto-
     kolls des Verfahrens gegen Max Wielen und 17 weitere Angeklagte unterscheidet
     sich an einigen Stellen von der Wiedergabe in den *Law Reports*, ist aber sinn-
     gemäß identisch: „What they have in mind is obvious, that the person concerned
     must have been part of the machine doing some duty, carrying out some perfor-
     mance, which went directly to achieve the killing, that it had some real bearing,
     that the killing would not have been so effective or done so expeditiously if that
     person had not contributed his willing aid." Siehe auch: NA, WO 235/ 429, Bl.
     344.

schiedene Anklagen kombiniert.[190] KZ-Prozesse (fünf) bzw. Verfahren wegen Verbrechen im Umfeld von Todesmärschen (drei) wurden in insgesamt acht Fällen unter der Beteiligung britischer Verteidiger abgehalten. Hinzu kommt noch ein Prozess wegen Kriegsverbrechen auf hoher See, der sogenannte Peleus-Prozess. Diese Verteilung entspricht in etwa jener der Gesamtzahl der britischen Militärgerichtsprozesse auf deutschem Boden.[191] Die Beteiligung eines britischen Wahl-Pflicht-Verteidigers erfolgte demnach nicht auffallend oft bei einer bestimmten Verfahrensgruppe.

Das größte Interesse der Briten bestand schon während des Kriegs in der Ahndung von Kriegsverbrechen mit britischen Opfern. Diesen Verfahren wurde Vorrang vor allen anderen eingeräumt. Im Mai 1945 brachte Sir John Grigg, Secretary of State of War, gegenüber Lord Chancellor Viscount Simon seine Einschätzung zu den durchzuführenden Prozessen klar zum Ausdruck: „There are obvious difficulties in running such courts and I therefore want at all costs to keep them on the narrowest basis and to use them in the minimum of cases."[192] Deswegen sollten alle Fälle, an denen aufgrund der Nationalität der Opfer andere alliierte Nationen ein Interesse haben könnten, an diese zur Anklage übergeben werden.[193] Diese Strategie der „British cases frist" wurde im Jahr 1946 verstärkt wieder aufgegriffen, um einerseits die Zahl der laufenden Verfahren zu reduzieren und andererseits das gesamte Programm der Kriegsverbrecherverfolgung vor Gericht zu einem Abschluss zu bringen.

Einzige Ausnahme von dieser Konzentration auf Prozesse wegen Verbrechen an britischen Personen waren Konzentrationslagerprozesse mit Opfern vieler verschiedener Nationalitäten. Ihnen wurde aufgrund des großen öffentlichen Interesses, aber auch weil die Verbrechen als unbedingt zu

---

190 In den Verfahren gegen Kurt Kindervater, Karl Drenckberg und Karl Didszona wurde die Misshandlung sowohl von alliierten Fliegern wie auch von polnischen Personen zur Anklage gebracht. Otto Theisze hatte sich für Verbrechen an alliierten Kriegsgefangenen und an polnischen Personen vor einem britischen Militärgerichtsprozess zu verantworten.

191 Vgl. Hassel, Kriegsverbrechen vor Gericht, S. 213–219. Die große Vorsicht der Briten in Bezug auf Verbrechen von Deutschen an Deutschen (die Zuständigkeit der Militärgerichte erstreckte sich nur auf Kriegsverbrechen, nicht auf Verbrechen gegen die Menschlichkeit, gleichwohl wurden auch Verbrechen in Konzentrationslagern und auf sogenannten Todesmärschen als Kriegsverbrechen angeklagt) erklärt die überproportional starke Verfolgung von Verbrechen an Kriegsgefangenen.

192 NA, WO 32/ 11728, Bl. 33A, Brief von Sir John Grigg an Viscount Simon vom 5. Mai 1945.

193 Ebenda, Bl. 33A, Brief von Sir John Grigg an Viscount Simon vom 5. Mai 1945.

ahndend eingeschätzt wurden, ebenfalls hohe Priorität eingeräumt.[194] Auch die Mehrzahl der Prozesse mit britischen Verteidigern befasste sich mit verschiedenen Fällen von Tötungen und Misshandlungen von Kriegsgefangenen; in 13 Prozessen waren die Opfer alliierte bzw. britische Piloten bzw. Mitglieder von Flugzeugbesatzungen.[195]

In der dritten Gruppe, den Prozessen wegen Verbrechen auf hoher See, findet sich bei den insgesamt 34 Verfahren mit britischen Verteidigern ein bedeutender U-Boot-Prozess: Das Peleus-Verfahren gegen Heinz-Wilhelm Eck und weitere Angeklagte. Es schuf einen wichtigen Präzedenzfall zur Seekriegführung, insbesondere dem U-Boot-Krieg.

Der Ablauf einer Hauptverhandlung war klar geregelt und folgte immer demselben Muster: Vor Eröffnung eines Prozesses erhielt der *Commander-in-Chief* als *Commanding Officer* der Einheit, die den bzw. die Angeklagten in Gewahrsam hatte, vom Hauptquartier der British Army of the Rhine (BAOR) zumeist mehrere Dokumente zur Eröffnung eines Verfahrens. Diese umfassten einen Entwurf der Anklageschrift, eine Beweiszusammenfassung und Kopien schriftlicher Beweisstücke (Exhibits) sowie eine Kopie oder einen Auszug aus der Empfehlung des JAG.[196] Vor Verhandlungsbeginn bekamen auch der Gerichtsvorsitzende, der Judge Advocate bzw. der

---

194 Vgl. Jones, British Policy towards 'minor' Nazi War Criminals, S. 212–213.
195 Essen-West Case (Verfahren gegen Karl Rauer u.a.): NA, WO 235/ 82; Dulag Luft Trial (Verfahren gegen Erich Killinger u.a.): NA, WO 235/ 41A; Dreierwalde Case (Verfahren gegen Karl Amberger): NA, WO 235/ 84; Enschede Case (Verfahren gegen Eberhard Schoengarth u.a.): NA, WO 235/ 102A-B; Verfahren gegen Johannes Oenning, Emil Nix: NA, WO 235/ 38; Verfahren gegen Hans Renoth u.a.: NA, WO 235/ 55; Essen Lynching Case (Verfahren gegen Erich Heyer): NA, WO 235/ 56; Verfahren gegen Wilhelm Menzel: NA, WO 235/ 53; Verfahren gegen Karl Heinz Kniep: NA, WO 235/ 28; Verfahren gegen Heinz Zaun: NA, WO 235/ 26; Verfahren gegen Otto Theisse: NA, WO 235/ 31; Verfahren gegen Helmuth Jung: NA, WO 235/ 33; Verfahren gegen Hans Hagel: NA, WO 235/ 35; Verfahren gegen Gunther Giesenhagen: NA, WO 235/ 44; Verfahren gegen Gustav Klever: NA, WO 235/ 25; Verfahren gegen Hans Wandke: NA, WO 235/ 2; Verfahren gegen Aloys Stöckl, Fritz Möller: NA, WO 235/ 7; Verfahren gegen Hans Assmussen: NA, WO 235/ 60; Verfahren gegen Rolf Brinkmann, Werner Assmussen: NA, WO 235/ 49; Essen-West Case (Verfahren gegen Hans Speck, Claus Voss): NA, WO 235/ 62; Verfahren gegen Otto Nickel: NA, WO 235/ 51; Verfahren gegen Laslo Pato: NA, WO 235/ 4; Verfahren gegen Kurt Kindervater, Karl Drenckberg, Karl Didszona, aufgeteilt in zwei separate Hauptverhandlungen: NA, WO 235/ 197; Wattenscheid Case (Verfahren gegen Paul Zimmermann u.a.): NA, WO 235/ 182; Verfahren gegen Gerhard Schrapp: NA, WO 235/ 68.
196 Administrative Instruction No. 104, Part II, NA, WO 311/ 8, Bl. 1. Es ist kein Fall überliefert, bei dem sich der *Convening Officer* trotz der erforderlichen Do-

Legal Member, der Ankläger und alle Angeklagten Kopien der Anklageschrift und Beweisstücke.[197] Angeklagte konnten in ihrem eigenen Verfahren als Zeuge unter Eid aussagen, um dadurch ihre Version der Ereignisse zu bekräftigen und zu dokumentieren. Die Bestätigung des Urteilsspruchs erfolgte mit dem *Confirming Officer* mitunter durch denselben Offizier, der auch das Verfahren eröffnet hatte.[198]

Der idealtypische Ablauf der Hauptverhandlung vor einem britischen Militärgericht unter dem *Royal Warrant* sah folgende Punkte vor, von denen einige unter bestimmten Voraussetzungen entfallen konnten:

---

kumente und Empfehlungen gegen die Eröffnung eines Prozesses entschieden hätte.

197 Administrative Instruction No. 104, Part II, ebenda, Bl. 2.
198 Vgl. die Statistische Auswertung von: Hassel, Kriegsverbrechen vor Gericht, S. 112, 140. In etwas mehr als der Hälfte der Fälle waren *Convening* und *Confirming Officer* nicht identisch. Bei 90 Verfahren (ca. 27% der Gesamtverfahren) lagen Einberufung und Bestätigung des Prozesses bzw. Urteils allerdings in der Hand ein und desselben Offiziers. Bei 53 Prozessen wurden die Beschuldigten freigesprochen und es bleibt ein Anteil von 15 Prozessen, bei denen *Convening* und/oder *Confirming Officer* nicht mehr genau zu rekonstruieren sind.

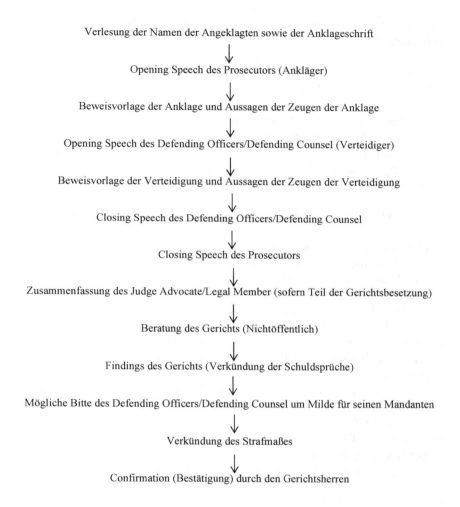

Verlesung der Namen der Angeklagten sowie der Anklageschrift

↓

Opening Speech des Prosecutors (Ankläger)

↓

Beweisvorlage der Anklage und Aussagen der Zeugen der Anklage

↓

Opening Speech des Defending Officers/Defending Counsel (Verteidiger)

↓

Beweisvorlage der Verteidigung und Aussagen der Zeugen der Verteidigung

↓

Closing Speech des Defending Officers/Defending Counsel

↓

Closing Speech des Prosecutors

↓

Zusammenfassung des Judge Advocate/Legal Member (sofern Teil der Gerichtsbesetzung)

↓

Beratung des Gerichts (Nichtöffentlich)

↓

Findings des Gerichts (Verkündung der Schuldsprüche)

↓

Mögliche Bitte des Defending Officers/Defending Counsel um Milde für seinen Mandanten

↓

Verkündung des Strafmaßes

↓

Confirmation (Bestätigung) durch den Gerichtsherren

Der Umfang und damit auch die Dauer eines Verfahrens war hauptsächlich abhängig davon, wie viele Zeugen von der Anklage und der Verteidigung aufgerufen bzw. ins Kreuzverhör genommen wurden. Auch der Umfang der vorgelegten Beweisstücke spielte hier naturgemäß eine große Rolle. Hinzu kamen die notwendigen Übersetzungen sowohl ins Deutsche als auch ins Englische. Die Zeit, welche die Verhandlungen in Anspruch nahm, schwankte daher extrem von wenigen Stunden bis hin zu mehreren Monaten.[199]

1.1. Angeklagte und Tatvorwürfe

Unter den insgesamt 116 Angeklagten – gegen 115 ergingen Urteile – waren in den 34 Prozessen unter Beteiligung von britischen Offizieren als Verteidiger sowohl ehemalige Militärangehörige, Polizisten, Zollbeamte, ein Jurist, Angehörige der SS als auch Zivilisten vertreten.

a.) Angeklagte in Prozessen wegen Verbrechen in Konzentrationslagern

In der Gruppe der acht KZ- und Todesmarsch-Prozesse – darunter von großem öffentlichem Interesse begleitete Verfahren, aber auch gänzlich unbekannte Fälle – machte der erste Bergen-Belsen-Prozess den Auftakt. In insgesamt vier weiteren Prozessen mussten sich die Angeklagten ebenfalls wegen Verbrechen in Konzentrationslagern vor Gericht verantworten.[200] In den drei Verfahren gegen die ehemaldigen Soldaten Oberleutnant Arno Heering, Hauptmann Willy Mackensen und Unteroffizier Wilhelm Menzel wurden den Angeklagten Kriegsverbrechen auf Todesmärschen vorgeworfen.[201]

Von den zu Prozessbeginn im Bergen-Belsen-Prozess angeklagten 45 Personen wurde über 44 ein Urteil gesprochen. Allein die Anklage gegen den ehemaligen Häftling Oscar Schmitz, der irrtümlicherweise für einen Angehörigen des SS-Personals gehalten worden war, erwies sich als haltlos. Bemerkt und aufgeklärt wurde dieser Irrtum indes erst im Verlauf der Verhandlung, was einen Freispruch Schmitz' nach sich zog.[202] Aus gesundheit-

---

199 Der mit Abstand langwierigste Prozess war der erste Bergen-Belsen-Prozess, was in der Öffentlichkeit zu starker Kritik führte. Vgl. Cramer, Belsen Trial 1945, insb. S. 325–326, 342, 349–350, 395.

200 Verfahren gegen Friedrich Vonhoren: NA, WO 235/ 42; Verfahren gegen Lt. Ujvary: NA, WO 235/ 3 und Verfahren gegen Cadet Officer Vajna: NA, WO 235/ 11; Verfahren gegen gegen Laszlo Pato. NA, WO 235.

201 Das Verfahren gegen Arno Heering ist dokumentiert in: NA, WO 235/ 52, das Verfahren gegen Willy Mackensen in: NA, WO 235/ 58.

202 Oskar Schmitz wurde im Januar 1940 in ein Lager im Emsland eingeliefert. Er war in den 30er Jahren mehrfach wegen kleinkrimineller Delikte in Haft gewesen und wurde nach verschiedenen Stationen in den KZs Mauthausen, Linz,

lichen Gründen wurde kein Urteil gegen SS-Sturmmann Ladislaw Gura gesprochen, da er im Prozessverlauf so schwer erkrankte, dass er in ein Krankenhaus eingeliefert werden musste und bis Verhandlungsende prozessunfähig blieb.[203] Die weiteren Angeklagten waren 16 Männer der SS, darunter der letzte Kommandant des Lagers Josef Kramer, der Standortarzt Fritz Klein sowie Peter Weingärtner, Georg Krafft, Franz Hoessler, Josef Klippel, Karl Franzioh, Fritz Mathes, Otto Kulessa, Karl Egersdörfer, Ansgar Pichen, Walter Otto, Franz Stärfl, Heinrich Schreier, Wilhelm Dörr und Erich Barsch. Außerdem angeklagt waren 16 zum sogenannten SS-Gefolge gehörende Frauen als KZ-Aufseherinnen, namentlich: Irma Grese, Ilse Förster, Ida Förster, Johanna Borman, Klara Opitz, Elizabeth Volkenrath, Herta Ehlert, Charlotte Klein, Herta Bothe, Frieda Walter, Irene Haschke, Gertrud Feist, Gertrud Sauer, Hilde Lisiewicz, Anna Hempel und Hildegard Hähnel, sowie die elf Funktionshäftlinge Erich Zoddel, Ignaz Schlomowitz, Wladislav Ostrowski, Antoni Aurdzieg (vermutlich korrekt Andzicz), Medislaw Burgraf, Anton Polanski, Stanislawa Starostka, Hilde Lobauer, Ilse Lothe, Johanne Roth, und Helena Kopper.[204]

Birkenau, Monowitz und Mittelbau-Dora am 10. April 1945 in das Kasernenlager Bergen-Belsen II verlegt. Dort wurde er nach eigener, allerdings zweifelhafter Aussage zum Lagerältesten bestimmt. Als vor der Befreiung des KZs durch die Briten das SS-Personal mit den meisten deutschen Häftlingen Bergen-Belsen verließ, blieb Schmitz zurück – aus Angst, in den letzten Kriegstagen noch „verheizt" zu werden. Der geplanten Lynchjustiz durch seine Mithäftlinge entging er nur, indem er aus dem Fenster einer Baracke flüchtete, allerdings ohne seine Kleidung und nur in Unterwäsche. Schmitz suchte Schutz bei der britischen Kommandantur, wo er vom diensthabenden Offizier zu den inhaftierten SS-Mitgliedern des Lagers gesperrt wurde. Dort kam es zu der folgenschweren Verwechslung. Da in dem Gefängnisraum als einzige Kleidung eine SS-Uniform zu finden war und nach der kurz darauf erfolgten britischen Wachablösung niemand mehr bestätigen konnte, dass Schmitz kein SS-Mann war, galt er fortan als Mitglied des SS-Personals. Erschwert wurde die Aufklärung des Missverständnisses durch Schmitz Unkenntnis des Englischen. Erst im Prozessverlauf konnte Captain D. F. Roberts, R. A., der Verteidiger von Schmitz, Sergeant-Major John Mallon präsentieren, jenen Soldaten, der Schmitz in Schutzhaft genommen hatte. Die Anklage gegen ihn wurde aber nicht zurückgezogen, sondern es erfolgte ein Freispruch in allen Anklagepunkten. Obwohl der Vorfall fraglos das Potenzial zu einem großen Skandal hatte, nahm die Presse kaum Notiz von den Ereignissen. Vgl. Cramer, Belsen Trial 1945, S. 245–246.

203 Ebenda, S. 100.

204 Die Namenschreibungen der Angeklagten im Bergen-Belsen-Prozess folgen der von John Cramer verifizierten Schreibweisen, da die überlieferten Prozessprotokolle hier zahlreiche Abweichungen aufweisen. Vgl. ebenda.

Neben dem ersten Bergen-Belsen-Prozess wurden Verbrechen in Konzentrationslagern in vier weiteren Militärgerichtsprozessen unter der Beteiligung britischer Wahl-Pflicht-Verteidiger verfolgt, darunter drei Verfahren, in denen ebenfalls Verbrechen im Konzentrationslager Bergen-Belsen angeklagt waren. Leutnant[205] Ujvary[206] und Cadet Officer Vajna[207], beide Angehörige der ungarischen Armee, wurden Verbrechen gegen Frauen und unbewaffnete Insassen im Konzentrationslager Bergen-Belsen zur Last gelegt. Für seine Handlungen in ebendiesem KZ wurde auch einem weiteren ungarischen Soldaten, Leutnant Laszlo Pato, als Verantwortlichen für die Gefangenen aus dem *4th Battalion, Wiltshire Regiment* Ende 1945 von den Briten der Prozess gemacht.[208] Ihm wurde vorgeworfen, zwei unbekannte alliierte Personen am 14. April 1945, dem Tag der Befreiung des Konzentrationslagers durch britische Truppen, getötet zu haben. Auffällig ist dabei besonders, dass diese drei Prozesse jeweils gegen nichtdeutsche Angeklagte geführt wurden. Britische Offiziere vertraten Angeklagte, die keine Deutsche waren, ausschließlich in KZ-Prozessen. Die Bestellung eines britischen Wahl-Pflicht-Verteidigers war folglich vornehmlich Deutschen vorbehalten, was angesichts der Tatsache, dass die Prozesse in der britischen Besatzungszone in Norddeutschland stattfanden, nicht verwundert. Ein KZ-Prozess mit einem britischen Offizier als Verteidiger hatte noch die Ahndung von Verbrechen in einem anderen Konzentrationslager zum Gegenstand: Friedrich Vonhören,[209] der keinen militärischen Rang besaß, sondern als Kommunist wegen politischer Aktivitäten inhaftiert wurde, hatte sich im Januar 1946 für seine Zeit als Funktionshäftling im KZ Sachsenhausen vor Gericht zu verantworten.

---

205 Die Wiedergabe der militärischen Ränge in den überlieferten Verfahrensakten ist durchgängig uneinheitlich in Englisch oder Deutsch. Wo es sinnvoll erschien, wird bei deutschen Personen die deutsche Bezeichnung/Schreibweise, bei britischen analog die englische Version verwendet. In den Fällen, in denen diese Rekonstruktion nicht sicher möglich war, wird der in den Verfahrensakten meistgebrauchte Rang wiedergegeben. Da sowohl der Angeklagte Ujvary als auch Laszlo Pato in deutschen Diensten standen, wird hier die deutsche Rangbezeichnung verwendet.

206 Vgl. NA, WO 235/ 3.

207 Vgl. NA, WO 235/ 11.

208 Vgl. NA, WO 235/ 4.

209 Vgl. NA, WO 235/ 42. In den Verfahrensprotokollen oftmals unter dem unwahrscheinlicheren Namen Vonhoren geführt.

b.) Angeklagte in Prozessen wegen Verbrechen auf Gewalt- und
   Todesmärschen

Ähnliche Tatkomplexe auf sogenannten Gewalt- bzw. Todesmärschen wurden in drei Prozessen mit britischen Verteidigern vor Militärgerichte gebracht. Wegen der Misshandlung von britischen Soldaten durch Unterlassung wie das Vorenthalten von Lebensmitteln war der ehemalige Oberleutnant Arno Heering im Januar 1946 eines Kriegsverbrechens angeklagt.[210] Der vormalige Hauptmann Willy Mackensen musste sich wegen der Misshandlung von alliierten Kriegsgefangenen auf einem Todesmarsch im Frühjahr 1945 von Thorn in Polen in die Gegend von Hannover vor einem britischen Militärgericht verantworten. Als Verantwortlicher für die gesamte Kolonne der Kriegsgefangenen wurde Mackensen außerdem der Tod von mindestens 30 Gefangenen vorgeworfen. Die katastrophalen Bedingungen, unter denen der Marsch stattfand – Bedingungen, die unter anderem durch die Zurückhaltung von Hilfspaketen des Roten Kreuzes zusätzlich verschärft wurden –, führten mutmaßlich zum Tod etlicher Gefangener.[211] Wilhelm Menzel, während des Kriegs Unteroffizier, wurde angeklagt wegen Misshandlungen von alliierten Kriegsgefangenen auf einem Gewaltmarsch von Blechhammer in Schlesien ins bayerische Moosburg.[212]

c.) Angeklagte, denen Verbrechen an alliierten Kriegsgefangenen,
   feindlichen Soldaten und ausländischen Zwangsarbeitern zur Last
   gelegt wurden

Die größte Gruppe von SS-Angehörigen wurde im ersten KZ-Prozess, dem ersten Bergen-Belsen-Prozess, angeklagt. Darüber hinaus finden sich im sogenannten *Enschede Case* unter den insgesamt sieben Angeklagten ebenfalls fünf ehemalige SS-Leute, namentlich: SS-Brigadeführer und Generalmajor der Polizei Eberhard Schöngarth,[213] Kriminalkommissar Erwin Knop, Kriminalsekretär (und vermutlich SS-Untersturmführer) Wilhelm Hadler, Kriminalsekretär Herbert Fritz Willi Gernoth, SS-Scharführer

---

210 Vgl. NA, WO 235/ 52.
211 Vgl. NA, WO 235/ 58. Mackensen war zudem einer von nur drei Angeklagten
     vor einem Militärgericht mit britischen Verteidigern in Deutschland, der sich
     im Lauf der Verhandlungen schuldig bekannte.
212 Vgl. NA, WO 235/ 53.
213 Vgl. NA, WO 235/ 102A-B.

Erich Lebing, SS-Oberscharführer Fritz Boehm (Boehm selbst gab an „nur" Unterscharführer der Waffen-SS gewesen zu sein) und SS-Obersturmführer Friedrich Beeck.[214] Die Anklage warf ihnen allen die gemeinschaftliche Beteiligung an der Tötung eines unbekannten alliierten Fliegers am 21. November 1944 bei Enschede in Holland vor.[215]

Neben 29 ehemaligen Soldaten[216] (darunter sechs Marinesoldaten[217] und drei Offiziere bzw. Offiziersanwärter der ungarischen Armee[218]) mussten sich somit 21 Männer der SS, 16 zum sogenannten SS-Gefolge im KZ Bergen-Belsen gehörige Frauen und sieben Polizisten bzw. Zollbeamte vor Gericht für ihre Handlungen während des Kriegs verantworten. Ferner wurden in drei Prozessen Ärzte belangt. Alle weiteren Angeklagten in den hier untersuchten Militärgerichtsprozessen waren Zivilisten.

Die falsche Behandlung verwundeter britischer Kriegsgefangener wurde am 28. Januar 1946 Helmuth Jung vorgeworfen.[219] Jung, zuständig für die Versorgung der im Kloster Haina an der Wohra internierten Kriegsgefangenen, wurde die Misshandlung von britischen Kriegsgefangenen zwischen dem 1. April 1942 und dem 31. Dezember 1943 zur Last gelegt, die ihm als verantwortlichen medizinischen Offizier anvertraut waren. Als Lagerarzt des KZ Bergen-Belsen musste sich im ersten alliierten Militärgerichts-

---

214 Vgl. NA, WO 235/ 102A-B, hier 102A, Charge Sheet, S. 2–3. Erhebliche Schwierigkeiten bei der korrekten Einschätzung der SS-Dienstgrade und deren Äquivalenz zu entsprechenden Rängen der Wehrmacht auf Seiten der britischen Behörden erschweren eine gesicherte Aussage anhand der Prozessakten, inwieweit der Handlungsspielraum und die Befugnisse der Angeklagten – nicht nur in diesem Fall – richtig eingeschätzt wurden.

215 Für eine ausführliche Prozessbeschreibung des *Enschede Case* vgl. Kap. III.2.2.1.c).

216 Eine statistische Aufstellung aller Prozesse und Angeklagten findet sich im Anhang (Kap. VIII).

217 Neben den Angeklagten der Besatzung des U-Boots U-852 im Peleus-Prozess wurde mit Oberleutnant Gustav Klever ein weiterer Marinesoldat vor Gericht gestellt.

218 Lt. Ujvary, Cadet Officer Vajna und Lt. Laszlo Pato, alle Angehörige der ungarischen Armee.

219 Vgl. Kap. III.2.2.2.b).; NA, WO 235/ 33.

prozess Fritz Klein[220] verantworten sowie im Peleus-Prozess[221] der Arzt der Besatzung des U-Boots U-852, Marine-Oberstabsarzt Walter Weispfennig.

In zwei Prozessen waren Polizisten und Zollbeamte angeklagt: Kriminalkommissar Erwin Knop, Kriminalsekretär SS-Untersturmführer Wilhelm Hadler und Kriminalsekretär Herbert Fritz Willi Gernoth wurden gemeinsam mit vier weiteren Angeklagten im bereits erwähnten *Enschede Case* im Februar 1946 wegen der Tötung eines unbekannten alliierten Fliegers vor Gericht gestellt.[222] Mit einer gemeinschaftlichen Anklage wegen der Tötung eines alliierten Fliegers sahen sich auch die beiden Polizisten Hans Renoth und Hans Pelgrim, zusammen mit den beiden Zollbeamten Friedrich Wilhelm Grabowski und Paul Herman Nieke im Januar 1946 in Elten, der Stadt in der das mutmaßliche Verbrechen stattgefunden hatte, konfrontiert. Die Anklage versuchte in diesem Prozess insbesondere zu beweisen, dass die vier Angeklagten einem gemeinsamen Plan zur Begehung des Verbrechens verfolgt hatten (*common design*).[223]

Im sogenannten *Essen-West Case* standen im Februar 1946 sieben ehemalige Offiziere der Luftwaffe – Major Karl Rauer, Hauptmann Wilhelm Scharschmidt, Major Otto Bopf, Hauptmann Bruno Bottcher, Oberfeldwebel Hermann Lommes, Feldwebel Ludwig Lang und Unteroffizier Emil Gunther – wegen der Tötung alliierter Kriegsgefangener auf dem Flugplatz bei Dreierwalde vor Gericht.[224] Ein separater Prozess gegen einen weiteren Angeklagten wurde ebenfalls wegen Verbrechen im Umfeld des Flugplatzes Dreierwalde geführt. Im nach dem mutmaßlichen Tatort benannten *Dreierwalde Case*, dem Verfahren gegen Oberfeldwebel Karl Amberger, ging das Gericht der Frage der Beteiligung des Angeklagten an der Erschießung von unbewaffneten Kriegsgefangenen nach, die angeblich auf der Flucht getötet worden waren.[225]

Unter den Prozessen gegen Zivilisten stechen die Anklagen wegen Misshandlungen und/oder Tötungen von gebürtigen Polen auf der einen Seite

---

220 Fritz Klein (1888–1945), gebürtiger Rumäniendeutscher („Siebenbürger Sachse"), war ab 1943 KZ-Arzt in Auschwitz, ab Dezember 1944 in Neuengamme und ab Januar 1945 bis zur Befreiung des KZs durch britische Truppen Standortarzt in Bergen-Belsen. In Auschwitz beteiligte sich Klein auch an den Selektionen der ankommenden Transporte für die Gaskammern. Vgl. Klee, Das Personenlexikon zum Dritten Reich, S. 314.

221 Vgl. Kap. III.2.3.

222 Vgl. Kap. III.2.2.1.c); NA, WO 235/ 102A-B.

223 Vgl. Kap. III.2.2.1.f); NA, WO 235/ 55.

224 Vgl. Kap. III.2.2.1.a); NA, WO 235/ 82.

225 Vgl. Kap. III.2.2.1.b); NA, WO 235/ 84.

und das Töten oder Misshandeln von Kriegsgefangenen, darunter sehr häufig abgeschossene Flieger, auf der anderen Seite besonders hervor. Beispiele sind hier die jeweils einzeln angeklagten Hans Hagel,[226] Gunther Giesenhagen[227] und Gerhard Schrapp[228] sowie die gemeinsame Anklage gegen Hans Speck und Claus Voss.[229] Allen wurde die Misshandlung polnischer Personen zur Last gelegt. Dem Landwirt Hans Assmussen[230] warf das Gericht die Misshandlung polnischer Arbeiter auf dem eigenen Hof vor. Die Nationalität der mutmaßlichen Opfer konnte aber nicht immer zweifelsfrei geklärt werden. So klagte ein britisches Militärgericht in Hameln im Dezember 1945 Otto Theisze[231] schlicht wegen der Misshandlung einer unbekannten alliierten und einer weiteren polnischen Person mit Todesfolge an.

Prozesse aufgrund der Misshandlung von britischen Flugzeugbesatzungen unter Beteiligung britischer Offiziere als Verteidiger wurden geführt gegen Otto Nickel,[232] Jakob Bürgin[233] sowie Aloys Stöckl und Fritz Möller.[234] Wegen der Misshandlung von zwei unbekannten britischen Fliegern bzw. Kriegsgefangenen mussten sich auch die Angeklagten Paul Zimmermann, Heinrich Dohn, August Kronberg, Paul Dworak, Paul Dierkesman, Wilhelm Beele, alle aus der Umgebung von Wattenscheid, am 1. Oktober 1946 im *Wattenscheid Case* verantworten.[235] Zwei weitere Prozesse im Dezember 1945 und Januar 1946 befassten sich mit dem Vorwurf der Tötung oder Beteiligung an der Tötung britischer Piloten, die den Status von Kriegsgefangenen hatten oder denen dieser Status hätte gewährt werden müssen: zum einen im Verfahren gegen Johannes Oenning und Emil Nix,[236] zum anderen im Prozess gegen Rolf Brinkmann und Werner Assmussen.[237] Mit einem besonders grausamen Fall der Tötung unbewaffneter Kriegsgefangener durch Zivilisten und der Verantwortlichkeit jener Militärs, die diese Gefangenen bewachen sollten, beschäftigte sich ein bri-

---

226 Vgl. Kap. III.2.2.3.b); NA, WO 235/ 35.
227 Vgl. Kap. III.2.2.3.e); NA, WO 235/ 44.
228 Vgl. Kap. III.2.2.3.c); NA, WO 235/ 68.
229 Vgl. Kap. III.2.2.3.d); NA, WO 235/ 62.
230 Vgl. Kap. III.2.2.3.f); NA, WO 235/ 60.
231 Vgl. Kap. III.2.2.3.a); NA, WO 235/ 31.
232 Vgl. Kap. III.2.2.1.i); NA, WO 235/ 182
233 Vgl. Kap. III.2.2.1.j); NA, WO 235/ 190.
234 Vgl. Kap. III.2.2.1.h); NA, WO 235/ 7.
235 Vgl. Kap. III.2.2.1.k); NA, WO 235/ 182.
236 Vgl. Kap. III.2.2.1.d); NA, WO 235/ 38.
237 Vgl. Kap. III.2.2.1.k); NA, WO 235/ 49.

tisches Militärgericht im Dezember 1945. In dem als *Essen Lynching Case*[238] bekannt gewordenen Fall ging das Gericht der Frage nach der gemeinsamen Verantwortlichkeit der Angeklagten – Zivilisten und Soldaten – Erich Heyer, Peter Koenen, Johann Braschoss, Karl Kaufer, Franz Hartung, Hugh Boddenbuerg und Erich Sambol – für den Tod kriegsgefangener britischer Luftwaffenangehöriger in Essen nach.

Die meisten Anklagen konzentrieren sich dabei auf einen bestimmten Verbrechenstyp. Gelegentlich kam es aber vor, dass sich Angeklagte für Verbrechen an unterschiedlichen Opfergruppen rechtfertigen mussten. Zu diesen Prozessen gehören die Verfahren gegen Kurt Kindervater, Karl Drenckberg und Karl Didszona.[239] Ihnen legte die Anklage die Misshandlung zwei unbekannter britischer Flieger und zugleich die Misshandlung einer unbekannten Anzahl polnischer Personen in der Umgebung von Kiel zur Last.

Aber auch Soldaten, die nicht unmittelbar nach einem Flugzeugabschuss absprangen oder auf deutschem Gebiet notlandeten, waren als Kriegsgefangene während ihrer Haft Schikanen und Misshandlungen ausgesetzt. Beispielsweise wurden wegen der Misshandlung von britischen Kriegsgefangenen im hessischen Oberursel im sogenannten *Dulag Luft Trial* im Winter 1945 Oberstleutnant zur See Erich Killinger, Major Heinz Junge, Major Otto Böhringer, Leutnant Heinrich Eberhardt, und Leutnant Gustav Bauer-Schlichtegroll belangt.[240]

Auch die Vernachlässigung von Kriegsgefangenen durch das verantwortliche deutsche Wachpersonal wurde in Gestalt von Unterlassungen als Kriegsverbrechen juristisch verfolgt. So lautete die Anklage im Verfahren gegen den ehemaligen Oberleutnant der deutschen Marine Gustav Klever auf Misshandlung von alliierten Kriegsgefangenen durch Vorenthalten von Paketen des Roten Kreuzes.[241]

Im weiteren Sinne noch mit der Verletzung des geschützten Status eines Kriegsgefangenen verbunden waren zwei Verfahren, die sich mit unmittelbaren Kriegshandlungen befassten. Leutnant Hans Werner Wandke warf die Anklage die Verwundung eines britischen Offiziers durch das Feuern auf ebendiesen Offizier durch vorheriges Vortäuschen einer Aufgabe durch Hochhalten der Hände vor.[242] Wegen des Befehls, keine Gefangenen zu

---

238 Vgl. Kap. III.2.2.1.g); NA, WO 235/ 56.
239 Vgl. Kap. III.2.2.1.l); NA, WO 235/ 197.
240 Vgl. Kap. III.2.2.2.a); NA, WO 235/ 41A.
241 Vgl. Kap. III.2.2.2.c); NA, WO 235/ 25.
242 Vgl. Kap. III.2.2.4.b); NA, WO 235/ 2.

machen bzw. diese bei Ergreifung sofort zu erschießen, musste sich der Offizier Karl Heinz Kniep und der Unteroffizier Heinz Zaun im November 1945 vor einem Militärgericht in Hamburg verantworten.[243]

d.) Angeklagte in Prozessen wegen Verbrechen auf hoher See

In der dritten Gruppe, den Prozessen wegen Verbrechen auf hoher See, findet sich bei den insgesamt 34 Verfahren mit britischen Verteidigern ein bedeutender U-Boot-Prozess: Das Peleus-Verfahren gegen Heinz-Wilhelm Eck und vier weitere Angeklagte. Es schuf einen wichtigen internationalen Präzedenzfall zur Seekriegführung, insbesondere dem U-Boot-Krieg. Angeklagt waren Kapitänleutnant Heinz-Wilhelm Eck, Leutnant zur See August Hoffmann, Marine-Oberstabsarzt Walter Weispfennig, Kapitänleutnant (Ing.) Hans Richard Lenz und der Matrosen-Obergefreite Wolfgang Schwender. Nach der Versenkung des vom britischen Kriegsministerium gecharterten griechischen Frachters *Peleus* mit 35 Mann Besatzung an Bord befahl der Kommandant, auf die überlebenden Schiffbrüchigen zu feuern, wofür er, zwei seiner Offiziere, der Schiffsarzt, der leitende Ingenieur und ein Matrose des U-Boots im Oktober 1945 vor Gericht gestellt wurden.[244]

Zusammenfassend ist damit festzuhalten, dass der Großteil der Anklagen die Misshandlung oder Tötung alliierter Kriegsgefangener zum Gegenstand hatte. Das verwundert kaum, berücksichtigt man das viel stärkere Eigeninteresse der Briten an der Aufklärung von Verbrechen insbesondere an britischen Fliegern wie auch die rechtlichen Einschränkungen der britischen Militärgerichtsprozesse auf deutschem Boden, welche keine Anklagen für Verbrechen von Deutschen an Deutschen zuließen.[245]

---

243 Vgl. Kap. III.2.2.4.a); NA, WO 235/ 28; NA, WO 235/ 26.
244 Zum Peleus-Prozess vgl. Kap. III.2.3.
245 Was den Ausschlag für oder gegen eine Anklage bestimmter Personen gab, zeigte sich besonders spürbar in der ausführlichen Diskussion um die mögliche Anklage hochrangiger Militärs zwischen 1947 und 1949. In britischer Haft befanden sich zu dieser Zeit die Generalfeldmarschälle Walther von Brauchitsch, Gerd von Rundstedt und Erich von Manstein sowie Generaloberst Adolf Strauß. Insbesondere das Außenministerium navigierte in einer politisch hochbrisanten Frage zwischen der (eigenen Interessen dienenden) Bestrafung von Verbrechen gegen britische Staatsbürger und dem Wunsch, möglichst bald ein Ende der Kriegsverbrecherprozesse einzuläuten. Hinzu kam (in Großbritannien wie auch in Deutschland) erheblicher öffentlicher Druck von zwei Seiten. Kritisiert wurde die Anklage hoher Militärs zu einem so späten Zeitpunkt und zugleich drängten die alliierten Partner, allen voran die Sowjetunion, darauf, in Haft be-

Unter den 34 Prozessen mit britischen Offizieren als Wahl-Pflicht-Verteidiger gab es in 21 Fällen einen einzelnen Angeklagten. In vier weiteren Prozessen fanden sich zwei Angeklagte, in acht Verfahren saßen drei oder mehr Beschuldigte auf der Anklagebank. Der erste Bergen-Belsen-Prozess mit zu Beginn 45 Angeklagten ist hier also nicht repräsentativ. Gleichwohl weisen sowohl Anzahl, Rang und Beruf, die Art der angeklagten Verbrechen sowie die Unterteilung von gemeinschaftlichen und Einzelanklagen der 34 Prozesse mit britischen Wahl-Pflicht-Verteidigern die gesamte Bandbreite der durch britische Militärgerichte auf deutschem Boden abgehalten Verfahren auf.[246]

e.) Tatvorwürfe und Anklagen in britischen Militärgerichtsprozessen

Trotz der Verschiedenheit der Verbrechen, die von britischen Militärgerichten verfolgt wurden, bildete sich unter der interpretationsoffenen Formulierung *concerned in* ein bestimmtes Set an strafbaren Anklagevorwürfen heraus. Verfahren, in denen mehrere Personen zusammen für eine Tat oder Taten angeklagt waren, charakterisierte die Anklage oftmals als *concerted action*, am besten zu übersetzen mit „Gemeinsame Handlung".[247] In mehreren britischen Militärgerichtsprozessen wurden Angeklagte für eine Beteiligung an einem Verbrechen verurteilt ohne selbst am Tatort zur Tatzeit zugegen gewesen zu sein. Somit war bei der Formulierung *concerned in* eine Anwesenheit des Betreffenden nicht zwingende Voraussetzung für eine strafbare Handlung.[248] Entscheidend für die Schuldzumessung des Einzelnen war das nachweisbare Maß an Beteiligung, die Mittäterschaft.

Gemeinschaftlich begangene Verbrechen wurden auch als *common design* (Gemeinsames Muster) oder *common plan* (Gemeinsamer Plan) ange-

---

findliche mutmaßliche Kriegsverbrecher auch tatsächlich vor Gericht zu stellen. Vgl. Jones, British Policy towards 'minor' Nazi War Criminals, S. 238–262, insb. S. 242.

246 Siehe zum Gesamtspektrum der britischen Militärgerichtsprozesse auf deutschem Boden die statistischen Auswertungen bei Hassel, Kriegsverbrechen vor Gericht, S. 145–212.

247 Law Reports, Vol. I, Annex I, S. 108–109. Vgl. auch: Hassel, Kriegsverbrechen vor Gericht, S. 223–224.

248 So geschehen im Prozess gegen Hans Renoth u.a., vgl. Kap. III.2.2.1.f). Vgl. zu den Beteiligungsformen *concerned in* bzw. *concerted action* auch: Hassel, Kriegsverbrechen vor Gericht, S. 223–224.

klagt.[249] In diesen Fällen versuchte die Anklage zu beweisen, dass die Angeklagten einen gleichgerichteten Willen zur Verübung eines Verbrechens gehabt hätten. Die Annahme eines übergeordneten gemeinsamen kriminellen Plans war auch eine der wichtigsten Anklagestrategien in den Dachau-Prozessen.[250] Den Angeklagten wurde von dem amerikanischen Militärgericht vorgeworfen, Teil eines Terrorsystems zur Misshandlung und Tötung der Häftlinge gewesen zu sein, an dem sie willentlich und wissentlich beteiligt waren oder dazu „Beihilfe" leisteten.[251]

Die Bedeutung der Strafbarkeit aufgrund der Zugehörigkeit zu einem verbrecherischen System oder der Beteiligung an einem verbrecherischen Plan kann vor allem im Hinblick auf die Verfolgung von Verbrechen in Konzentrationslagern nicht hoch genug eingeschätzt werden. Aufgrund der speziellen Verbrechensumstände war hier ein individueller Schuldnachweis durch exakt zu identifizierende Opfer vor Gericht oftmals nicht möglich. Das gilt sowohl für die alliierten Militärgerichtsprozesse unmittelbar nach Kriegsende wie auch für die letzten noch durchgeführten NSG-Verfahren in der Bundesrepublik.[252] Mit dem *common design* stand damit bereits in den frühen Nachkriegsprozessen eine wirksame Methode

---

249 Compare the case for the prosecution in the trial of Hans Renoth, NA, WO 235/5; Law Reports, Vol. XI, p 76: „The case for the Prosecution was that there was a common design in which all four accused shared to commit a war crime, that all four accused were aware of this common design and that all four accused acted in furtherance of it."

250 Michael S. Bryant nennt als Vorbild für die Entscheidung der Amerikaner, NS-Gewaltverbrechen als sogenannten „gemeinschaftlichen Plan" anzuklagen, die britischen Militärgerichtsprozesse, in denen diese Rechtsfigur bereits zur Anwendung gekommen war. Vgl. Bryant, Dachau Trials – Die rechtlichen und historischen Grundlagen der US-amerikanischen Kriegsverbrecherprozesse, 1942–1947, S. 111–122, hier S. 119–120.

251 Vg. Law Reports, Vol. XI, S. 5–17, hier S. 5: „[They] acted in pursuance of a common design to commit acts hereinafter alleged and as members of the staff of the Dachau Concentration Camp, and camps subsidiary thereto, did at or in the vicinity of Dachau and Landsberg, Germany, [...] wilfully, deliberately and wrongfully aid, abet and participate in the subjection of civilian nations." Eigens angeklagt war zudem die Misshandlung und/oder Tötung von Kriegsgefangenen. Vgl. zur Rechtsfigur des *common design* in den Dachauer Prozessen auch: Barthe, Christoph, Joint Criminal Enterprise (JCE). Ein (originär) völkerstrafrechtliches Haftungsmodell mit Zukunft?, Berlin 2009, S. 75.

252 Im Prozess gegen John Demjanjuk verurteilte das Landgericht München II den Angeklagten nicht aufgrund eines individuellen Schuldnachweises, sondern sah die Tatsache, dass er als Trawniki (Hilfswilliger) im Vernichtungslager Sobibor gearbeitet hatte, als ausreichende Grundlage für eine Verurteilung an. Vgl. Volk, Rainer, Das letzte Urteil. Die Medien und der Demjanjuk-Prozess, München

zur Aburteilung nationalsozialistischer Gewaltverbrechen zur Verfügung, allerdings wurde damit zugleich eine „dem kontinentaleuropäischen Rechtsdenken völlig fremde Mittäterschaftsnorm eingeführt"[253], mit welcher der Vorwurf der „Siegerjustiz" eng verknüpft wurde.

Common design kann deshalb auch als frühe Haftungsform der strafrechtlichen Verantwortlichkeit bei kollektiven Verbrechen gelten, hat aber etwa im Verglich zur *conspiracy* (Verschwörung)[254] deutlich niedrigere tatbestandliche Voraussetzungen. Das Bewusstsein eines gemeinsamen Plans, nicht der Nachweis einer Ausformulierung und/oder Äußerung dieses Plans, wurde als ausreichender Beweis für *common design* interpretiert.[255]

2012. Weitere Literatur zum Prozess gegen Demjanjuk liegt vor mit: Benz, Angelika, Der Henkersknecht. Der Prozess gegen John (Iwan) Demjanuk in München, Berlin 2011; Wefing, Heinrich, Der Fall Demjanjuk. Der letzte große NS-Prozess, München 2011; Busch, Ulrich, Demjanjuk der Sündenbock. Schlussvortrag der Verteidigung im Strafverfahren gegen John Demjanjuk vor dem Landgericht München, Münster 2011.

253 Herde, Robert, Command Responsibility. Die Verfolgung der „Zweiten Garde" deutscher und japanischer Generäle im alliierten Prozeßprogramm nach dem Zweiten Weltkrieg, Baden-Baden 2001, S. 161.

254 In seiner Abhandlung zum Strafrecht von 1947 beschreibt Courtney Kenny *conspiracy* im britischen Strafrecht wie folgt: „CONSPIRACY is the agreement of two or more persons to affect any unlawful purpose, whether as their ultimate aim or only as means to it. This definition presents three points for notice: (1) the act of agreement, (2) the persons agreeing, (3) the purpose agreed upon." Das bedeutet in der Auslegung Kennys konkret: „In *Conspiracy*, the mere agreement of two or more persons to commit a crime is regarded by the law as an act sufficient proximate to the contemplated offence to render these persons guilty at once as a crime. Even a conspiracy to do more than incite some one else to commit a crime would be criminal" (Herv. i. Orig.), in: Kenny, Courtney Stanhope, Outlines of Criminal Law, based on Lectures delivered in the University of Cambridge, Cambridge 1947, S. 92, 335–342, hier S. 335, 92. Vgl. zur Unterscheidung von *conspiracy* und *common design* auch: Sigel, Im Interesse der Gerechtigkeit, S. 76–77; Herde, Command Responsibility; Herde, Command Responsibility, S. 160; Lessing, Der erste Dachauer Prozeß, S. 103, sowie Marston Danner, Allison/Martinez, Jenny S., Guilty Associations. Joint Criminal Enterprise, Command Responsibility, and the Development of International Criminal Law (2005), http://papers.ssrn.com/sol3/papers.cfm?abstract_id=526202, S. 35–38.

255 Herde, Command Responsibility, S. 160–162; Hassel, Kriegsverbrechen vor Gericht, S. 225; Bryant, Dachau Trials – Die rechtlichen und historischen Grundlagen der US-amerikanischen Kriegsverbrecherprozesse, 1942–1947, S. 119–120. Die Anklage von Kriegsverbrechen als *common design* in britischen Prozessen findet sich etwa im Bergen-Belsen-Prozess und im Verfahren gegen Hans Renoth u.a. Auch in den britischen Militärgerichtsprozessen zu den Verbrechen

Trotz der Tatsache, dass die britischen Behörden, allen voran das Außenministerium, nie sehr erpicht darauf gewesen waren, eine spezielle Ad-hoc-Gesetzgebung ins Leben zu rufen, entstanden damit bei der tatsächlichen Durchführung der britischen Kriegsverbrecherprozesse nicht nur neue von der Anklage verwendete Rechtsfiguren, sondern auch ein Vorläufer des heutzutage in der Internationalen Strafrechtsbarkeit vieldiskutierten *joint criminal enterprise.* So nahm das Urteil der Berufungskammer des Tribunals für Ex-Jugoslawien gegen Dusko Tadić direkten Bezug auf zwei Militärgerichtsprozesse mit britischen Offizieren als Verteidiger: die Urteile im ersten Bergen-Belsen-Prozess und im sogenannten *Essen Lynching Case*. Beide Prozesse wurden als historische Beispiele für die gemeinschaftliche Haftung bei (kriegs-)rechtswidrigen Verbrechen zitiert.[256] Obwohl die britische Kriegsverbrecherpolitik darauf abzielte, die traditionellen Standards britischer Gerechtigkeit und des britischen Rechtssystems nicht zu modifizieren, begünstigten die Kriegsverbrecherprozesse nach dem Zweiten Weltkrieg damit de facto die Anklage und die daraus folgende Möglichkeit der juristischen Bestrafung von gemeinschaftlich begangenen Verbrechen.[257]

Militärische Befehlshaber wurden wegen ihrer Verantwortlichkeit als Vorgesetzte für Taten ihrer Untergebenen juristisch belangt. Entwickelt

---

im KZ Neuengamme und seinen Außenlagern war „bereits die Mitwirkung am System des Konzentrationslager strafbar", vgl. Bessmann, Alyn/Buggeln, Marc, Befehlsgeber und Direkttäter vor dem Militärgericht. Die britische Strafverfolgung der Verbrechen im KZ Neuengamme und seinen Außenlagern, in: Zeitschrift für Geschichtswissenschaft, 53 (2005), S. 522–542, hier S. 528.

256 Urteil der Berufungskammer des Tribunals für Ex-Jugoslawien (International Criminal Tribunal for the former Yugoslavia, ICTY) gegen Dusko Tadić vom 15. Juli 1999, Case No.: IT-94-1-Ab, S. 60, 87–88, 90–92,104. Zur Entwicklung der Rechtsfigur des *Joint Criminal Enterprise* nennt Christoph Barthe als historische Vorbilder allgemein die UNWCC-Verfahren, darunter prominent auch der Bergen-Belsen-Prozess und der Essen Lynching Case, siehe: Barthe, Joint Criminal Enterprise (JCE), S. 45–75, insb. S. 56–58, 67–70. Weiterhin führt er als historische Vergleichsfälle verschiedene Kriegsverbrecherprozesse der Alliierten wegen der Tötung von Kriegsgefangenen, KZ-Prozesse, das Almelo-Trial, die Dachauer Prozesse, der Stalag Luft III Case, das Hadamar Trial, den Velpke „Children's Home"-Prozess, den Borkum Island Case (Anklage der Verbrechen einer gewalttätigen Menschenmenge) sowie mehrere italienische Nachkriegsprozesse auf. Kritischer beurteilen Allison Danner und Jenny Martinez die historischen Vorbilder einer JCE-Haftung in britischen Militärgerichtsprozessen, siehe: Danner/Martinez, Guilty Associations, S. 38–40.

257 Vgl. Cassese, Antonio, International criminal law, Oxford u.a. 2003, S.181–189; Danner/Martinez, Guilty Associations, S. 25–27; Hassel, Kriegsverbrechen vor Gericht, S. 224–225.

wurde die sogenannte *command responsibility* von amerikanischen Juristen aus der *Manila Branch* der *Legal Section* des SCAP (*Supreme Commander for the Allied Powers*) in der Vorbereitung auf den Prozess gegen General Tomoyuki Yamashita.[258]

Mit dem Problem konfrontiert, dass bei Yamashita der Nachweis einer *mens rea*, in diesem Fall die vorsätzliche Mitwirkung oder die Anstiftung auf dem Befehlsweg für die Massaker von Manila, das Sook-Ching-Massaker und weitere Kriegsverbrechen, nicht möglich sein würde, entwarfen die SCAP-Juristen eine viel weiterreichende Theorie von der Verantwortlichkeit des befehlshabenden Offiziers für die ihm unterstellten Truppen.

---

258 Tomoyuki Yamashita (1885–1946) schloss 1906 die Militärakademie von Hiroshima im Rang eines Leutnants der Infanterie ab. Zwischen 1919 und 1929 war er als (stellvertretender) Militärattaché in der Schweiz, Deutschland, Ungarn und Österreich eingesetzt. Vor dem Zweiten Weltkrieg war Yamashita bereits als Stabschef der japanischen Nordarmee in China führend an Militäroperationen zur Bekämpfung chinesischer Guerilla in Nordchina beteiligt. Im Zuge der Eroberung und Besetzung der malaiischen Halbinseln und Singapurs kam es zu verschiedenen Kriegsverbrechen, darunter das Sook-Ching-Massaker. Ab September 1944 war Generalleutnant Yamashita der Oberkommandierende der auf den Philippinen stationierten Truppen und wandte die bereits zuvor in Nordchina gemachten Praktiken – Verweigerung des Kriegsgefangenenstatus der Haager Landkriegsordnung gegenüber chinesischen Kombattanten – analog dort an. Takuma Melber kommt in seiner aktuellen Untersuchung zu Kollaboration und Widerstand während der japanischen Besatzung Malayas und Singapurs zu dem Schluss, dass die auch im Militärgerichtsverfahren gegen Yamashita zumindest versuchte „Abwälzung" der Hauptschuld für das Sook-Ching-Massaker auf den Untergebenen Tsuji Mansanobu – dessen radikalisierender Einfluss vor und nach dem Massaker innerhalb der japanischen Besatzungspolitik in der Forschung allgemein bestätigt wird – zu kurz greift. Das generelle Vorgehen einer „Überseechinesensäuberung" bestimmte und billigte die Führung der 25. Armee mit Yamashita als Oberkommandierendem, dessen Generalstab sowie hochrangige Mitglieder innerhalb der militärischen Hierarchie. Vgl.: Melber, Takuma, Zwischen Kollaboration und Widerstand. Die japanische Besatzung in Malaya und Singapur 1942–1945, Frankfurt/M. 2017, S. 360–373. Yamashita unterzeichnete am 2. September 1945 parallel zur offiziellen Kapitulation Japans die Kapitulation für die noch verbliebenen japanischen Truppen auf Luzon (Philippinen). Anschließend geriet er in amerikanische Kriegsgefangenschaft und wurde als erster Japaner wegen Kriegsverbrechen verurteilt und hingerichtet. Vgl. Akashi, Yoji, General Yamashita Tomoyuki. Commander of the 25th Army, in: Brian Farrell/Sandy Hunter (Hrsg.), Sixty Years On. The Fall of Singapore Revisited, Singapur 2002, S. 185–207; Reel, Adolf Frank, The case of General Yamashita, Chicago 1949; Kenworthy, Aubrey Saint, The Tiger of Malaya. The story of General Tomoyuki Yamashita and „Death March" General Masaharu Homma, New York 1953.

Demnach lag es in der Zuständigkeit des Oberkommandierenden, sich über alle Vorgänge in seinem Zuständigkeitsbereich zu vergewissern und gegen Kriegsverbrechen seiner Untergebenen einzuschreiten. Im Umkehrschluss bedeutete damit der Nachweis eines Kriegsverbrechens an sich bereits automatisch eine Verletzung der Pflichten des Oberkommandierenden, für die er haftbar gemacht werden konnte.[259] Am 7. Dezember 1945 wurde Yamashita wegen der Missachtung seiner *command responsibility* von einem amerikanischen Militärgericht zum Tod durch den Strang verurteilt und im Frühjahr 1946 hingerichtet. Die Vorgesetztenverantwortlichkeit ist seitdem auch als Yamashita-Standard bekannt.

Die Briten sahen diese überaus weitreichende Auslegung der Haftung von Offizieren indes viel kritischer. Einerseits aus taktischen Überlegungen – so befürchteten sie vor allem in Asien negative Auswirkungen auf die Kooperation weiterer Kommandeure bei der endgültigen Entwaffnung und Auflösung japanischer Truppen, verteilt über die vormals besetzen Gebiete in ganz Asien –, andererseits räumten sie der Ermittlung und Anklage der Direkttäter einen höheren Stellenwert ein. Nur mithilfe der Aussagen der Offiziere über die eigenhändige Beteiligung ihrer Untergebenen erschien es möglich, die wirklichen Täter von Kriegsverbrechen aufzuspüren und vor Gericht zu stellen.[260]

Bis zu welchem Grad Vorgesetzte für Verbrechen verantwortlich gemacht werden konnten, die ihre Untergebenen begangen hatten, wurde in den britischen Militärgerichtsprozessen in der deutschen Besatzungszone zwischen Anklage und Verteidigung kontrovers diskutiert. Als Generaloberst Kurt Student, ehemaliger Oberbefehlshaber der deutschen Truppen auf Kreta, von einem britischen Militärgericht 1946 für Verbrechen, die Teile seiner Truppe begangen hatten, verurteilt wurde, fasste der Judge Advocate des Verfahrens die von der Anklage vertretene Position wie folgt zusammen:

> [W]hen you look at this list of atrocities deposed to by the ordinary decent type of soldier or airman, you will have to draw the inference that it was calculated; that it was part of the policy and that it would only arise in the well-disciplined German forces if those troops and the officers knew that they had been either ordered to do it by their commander or, alternatively, that they had been led to believe that nothing

---

259 Vgl. Herde, Command Responsibility, S. 151–154, sowie Hassel, Kriegsverbrechen vor Gericht, S. 228–231.
260 Herde, Command Responsibility, S. 158.

would have been heard about it and it would be condoned and appreciated.[261]

In der Petition der Verteidigung gegen das Urteil und das Strafmaß wurde diese weitreichende Auslegung der Vorgesetztenverantwortlichkeit gänzlich bestritten. Der *Confirming Officer* dieses Prozesses folgte nach nochmaliger Einschätzung des Falls sowohl durch den *Deputy Judge Advocate General* der BAOR, Edward Russell of Liverpool, als auch durch den Judge Advocate General dieser Sichtweise.[262] Das Urteil gegen Kurt Student ist das einzige in allen britischen Militärgerichtsverfahren, das von zuständigen Gerichtsherren, in diesem Fall General Galloway, nicht bestätigt wurde und von daher auch nie Rechtskraft erlangte.[263]

Noch mehr Aufmerksamkeit als der Vorgesetztenverantwortlichkeit wurde von den Briten dem Befehlsnotstand als Strafausschließungsgrund[264] gewidmet. Die Diskussionen über die zulässigen und vor allem (politisch) er-

---

261 Law Reports, Vol. IV, S. 124.
262 Hassel, Kriegsverbrechen vor Gericht, S. 229.
263 Vgl. zum Prozess gegen Kurt Student: NA, WO 235/ 115 sowie Law Reports, Vol. IV, S. 118–124. Siehe auch die Beurteilung der Vorgesetztenverantwortlichkeit im Prozess gegen Karl Rauer u.a. in: UNWCC, Law Reports, Vol. IV, S. 115–117; dort heißt es zur Strategie der Verteidigung: „Counsel for Rauer submitted that this accused 'must be proved to have been a party to a crime or to have acted in consort with others in committing that crime or to have been guilty of criminal negligence of the highest order or to have been an accessory after the killings.' He could not be convicted merely because he was the commander of people who were responsible for killings. In his closing address, Counsel claimed that Rauer should not be convicted of being concerned in a crime merely because he was the commander of the responsible parties. He must be proved to have participated in the crime, either by issuing orders in connection with the killing or by allowing the perpetrators to believe that they could kill airmen with impunity. Above all it must be proved that the accused Rauer had the necessary mens rea or guilty mind." Aus der Verurteilung Rauers geht allerdings nicht klar hervor, ob das Gericht eine Verletzung der Vorgesetztenverantwortlichkeit bestrafte oder annahm, Rauer sei doch direkt an den angeklagten Verbrechen beteiligt gewesen.
264 Zur Entwicklung der unterschiedlichen Lehrmeinungen siehe: Korte, Marcus, Das Handeln auf Befehl als Strafausschließungsgrund. Die Wirkung des Befehls im deutschen Recht und im römischen Statut für den Internationalen Strafgerichtshof, Baden-Baden 2004, S. 63–66. Zeitgenössische juristische Einschätzungen zum Befehlsnotstand als Strafausschließungsgrund vor und nach Kriegsende finden sich bspw. in: Würtenberger, Thomas, Der Irrtum über die Völkerrechtsmäßigkeit des höheren Befehls im Strafrecht, in: Monatsschrift für Deutsches Recht, 2 (1948), S. 271–273; Sack, Alexander N., Punishment of War Criminals and the Defence of Superior Order, in: Law Quarterly Review, 60 (1944),

wünschten Verteidigungsstrategien unter Berufung auf Höheren Befehl beschäftigten bereits seit Herbst 1941 die zuständigen juristischen Stellen im Außenministerium und im Kriegsministerium intensiv, bis hinauf zu den höchsten Regierungsvertretern einschließlich Churchill.[265] Nach langanhaltenden und kontroversen Auseinandersetzungen setzten sich letztendlich die Befürworter der Auslegung durch, dass die Verteidigung aufgrund von Höherem Befehl nur sehr eingeschränkt möglich sein sollte, sofern der fragliche Befehl offenkundig rechtswidrig gewesen sei. Dafür war eine Anpassung des bestehenden § 443 des britischen MML „superior orders" betreffend notwendig. Bis 1944 lautete der Abschnitt:

> [M]embers of the armed forces who commit such violations of the recognized rules of warfare as are ordered by their Government, or by their commander, are not war criminals and cannot therefore be punished by the enemy. He may punish the officials or commanders responsible for such orders if they fall into his hands, but otherwise he may only resort to other means of obtaining redress.[266]

Angelehnt war diese Auslegung an dem Lehrbuch „International Law", Vol. II von Lassa Oppenheimer und Hersch Lauterpacht ([5]1935). Insbesondere im Hinblick auf die Ahndung nationalsozialistischer Kriegs- und Gewaltverbrechen erschien diese Rechtsauslegung zum Höheren Befehl aber unzureichend für eine effektive Strafverfolgung und vor allem für die Verurteilung von Kriegsverbrechern. Ein zeitgenössischer Kommentar vom 28. Juli 1945 im *Law Journal* zur Verteidigung aufgrund von *superior orders* fasste die erwarteten Auswirkungen der vor 1944 gültigen MML-Fassung sehr treffend zusammen: „If this were now the law to be applied in war guilt trials, clearly most of the Nazis would slip through our net."[267]

In der nächsten Auflage des „International Law" von 1944 vollzog sich denn auch ein grundlegender Wandel. In Übereinstimmung mit der zeitgenössisch dominierenden juristischen Lehrmeinung im angloamerikanischen Raum schützte das Befolgen eines Befehls den einzelnen Soldaten

---

S. 63–68; Honig, Frederick, Kriegsverbrecher vor englischen Militärgerichten, in: Schweizerische Zeitschrift für Strafrecht, 62 (1947), S. 20–33; Munro, Hector A., Plans for the Trial of War Criminals, in: The Law Journal, 95 (1945), S. 5–7; E., The Plea of „Superior Orders" in War Crimes Cases, in: The Law Journal, 95 (1945), S. 242–243.

265 Hierzu ausführlich: Jones, British Policy towards 'minor' Nazi War Criminals, S. 102.

266 The War Office, Manual of Military Law, Chapter XIV, para. 443, London 1941.

267 E., The Plea of „Superior Orders" in War Crimes Cases, S. 224.

nicht mehr automatisch vor Strafverfolgung. Entsprechend geändert wurde im April 1944 auch die Passage zur Strafbarkeit bzw. Strafausschließung
von Handlungen auf Befehl im britischen MML:

> The fact that a rule of warfare has been violated in pursuance of an or-
> der of the belligerent Government or of an individual belligerent com-
> mander does not deprive the act in question of its character as a war
> crime; neither does it, in principle, confer upon the perpetrator immu-
> nity from punishment by the injured belligerent. Undoubtedly, a court
> confronted with the plea of superior orders adduced in justification of
> a war crime is bound to take into consideration the fact that obedience
> to military orders, not obviously unlawful, is the duty of every member
> of the armed forces and that the latter cannot, in conditions of war dis-
> cipline, be expected to weigh scrupulously the legal merits of the order
> received. The question, however, is governed by the major principle
> that members of the armed forces are bound to obey lawful orders on-
> ly and that they cannot therefore escape liability if, in obedience to a
> command, they commit acts which both violate unchallenged rules of
> warfare and outrage the general sentiment of humanity.[268]

Die Neufassung zum Handeln auf Befehl im MML war zwar so weit gefasst, dass sie „room for interpretation of these words" ließ, allerdings gingen die zeitgenössischen juristischen Kommentare davon aus, dass es „little
difficulty" geben werde „in bringing to justice the Nazi war criminals
against whom the authorities decide to proceed."[269] Dass die Pflicht des
Soldaten zum Befehlsgehorsam auch im deutschen Militärrecht auf legale
Befehle beschränkt war, zeigt ein Blick auf § 47 des Militärstrafgesetzbuchs
(MStGB § 47).[270] Auch wenn das deutsche Militärrecht vor britischen Militärgerichtsprozessen keine bindende Wirkung besaß, wurde es oft als Bei-

---

268 The War Office, Manual of Military Law, Chapter XIV, para. 443, London 1944.
     Eine ähnliche, wenn auch nicht identische Anpassung erhielt das *American Field
     Manual* mit dem „Change No.1 to the Rules of Land Warfare" vom 15. Novem-
     ber 1944. Vgl. Law Reports, Vol. I, S. 18; Munro, Plans for the Trial of War Cri-
     minals, S. 6.
269 E., The Plea of "Superior Orders" in War Crimes Cases, S. 243.
270 „MStGB § 47: Wird durch die Ausführung eines Befehls in Dienstsachen ein
     Strafgesetz verletzt, so ist dafür der befehlende Vorgesetzte allein verantwortlich.
     Es trifft jedoch den gehorchenden Untergebenen die Strafe des Teilnehmers: 1.
     wenn er den ihm erteilten Befehl überschritten hat, oder 2. wenn ihm bekannt
     gewesen, daß der Befehl des Vorgesetzten eine Handlung betraf, welche ein bür-
     gerliches oder militärisches Verbrechen oder Vergehen bezweckte", MStGB i.d.F.
     vom 20. Juni 1872, § 47. Vielfach wurde von den Anklägern in britischen Mili-

spiel zitiert. Die Verteidigung berief sich in vielen Fällen, angelehnt an die deutsche Rechtsauffassung, darauf, dass ein Soldat für eine Tat, die er aufgrund eines Befehls seines Vorgesetzten begangen hatte, nur dann strafrechtlich belangt werden konnte, wenn er wissen musste, dass der Befehl illegal sei.

In der angloamerikanischen Rechtsauffassung war das Wissen des individuellen Soldaten dagegen nicht entscheidend für die Strafbarkeit. Wenn ein Befehl nach „gesundem Menschenverstand" (*common sense*) rechtswidrig war, also „offensichtlich" die allgemein anerkannten Regeln der Gesetze und Gebräuche des Kriegs bzw. des Völkerrechts verletzte, musste dem Einzelnen nicht erst die positive Kenntnis über die Rechtswidrigkeit des erteilten Befehls nachgewiesen werden. Folglich schützte (angebliche) Unkenntnis über die Illegalität eines Befehls bei Verbrechen im Krieg, die Annahme eines Befehlsnotstands, nicht vor der strafrechtlichen Haftung vor britischen Militärgerichten und stellte damit keine wirksame Strategie der Verteidigung vor britischen Militärgerichten dar. Angeführt wurde sie zur Rechtfertigung von Kriegsverbrechen trotzdem, nicht zuletzt, weil es von den Gerichten strafmildernd berücksichtigt werden und auch nach dem Urteilsspruch eine Rolle bei der Reduzierung von Strafen oder bei Gnadenerlassen spielen konnte.[271]

f.) Urteile und Strafmaß

Unter den insgesamt 115 in Militärgerichtsprozessen mit britischen Offizieren als Verteidiger ergangenen Urteilen gab es 29 Todesurteile und 33 Freisprüche. In weiteren 53 Fällen wurden die Angeklagten zu Haftstrafen verurteilt, wobei das Strafmaß extrem variierte: von der symbolischen Inhaftierung von einem Tag bis hin zu lebenslanger Inhaftierung. Viele Gefängnisstrafen wurden allerdings bereits bei der Bestätigung des Urteils

---

tärgerichtsprozessen auf den Fall *Llandovery Castle* vor dem Reichsgericht in Leipzig 1921 hingewiesen. Die beiden Angeklagten wurden dort aufgrund § 47 Nr. 2 MStGB verurteilt, wodurch ausgerechnet ein deutsches Gericht gegenüber deutschen Soldaten für Kriegsverbrechen im Ersten Weltkrieg einen Befehlsnotstand als Strafausschließungsgrund nicht anerkannte. Vgl. zur Versenkung des britischen Lazarettschiffs Llandovery Castle: Grainer, Gerhard, Versenkung des britischen Lazarettschiffs LLandovery Castle am 27.6.1918, in: Franz W. Seidler/ Alfred-Maurice de Zayas (Hrsg.), Kriegsverbrechen in Europa und im Nahen Osten im 20. Jahrhundert, Hamburg 2002, S. 49.

271 Vgl. Jones, British Policy towards 'minor' Nazi War Criminals, S. 101–127.

vom *Convening Officer* im Strafmaß herabgesetzt. Hinzu kam die vorzeitige Entlassung vieler Verurteilter, sodass bereits 1957/58 die letzten Personen, die von Seiten der Briten wegen Kriegsverbrechen inhaftiert worden waren, freikamen.

1.2. Verteidigerwahl und Gerichtsbesetzung

Militärgerichtsprozesse unter dem *Royal Warrant*, in denen britische Offiziere als Verteidiger von mutmaßlichen deutschen Kriegsverbrechern eingesetzt wurden, fanden ausschließlich in den Jahren 1945 und 1946 statt. In 21 Prozessen vertrat ein britischer Offizier den oder die Angeklagten allein. Teams von mehreren, ausschließlich britischen Verteidigern finden sich in lediglich vier Prozessen.[272] Häufiger noch traten deutsche Anwälte mit britischen Offizieren gemeinsam als Verteidiger auf: In insgesamt neun Prozessen findet sich diese Zusammensetzung.[273] Zusätzlich zur Übernahme der Hauptverteidigertätigkeit durch britische Offiziere fungierten sie auch in drei Prozessen als *Assisting Officer* für die deutschen Anwälte der Beschuldigten. Die Übernahme von mehreren Mandaten in verschiedenen Prozessen war nicht häufig, aber auch nicht gänzlich unüblich, zumal wenn sich Verfahren gegen verschiedene Personen in getrennten Verfahren wegen derselben Verbrechen zumeist auch am gleichen Gerichtsort richteten. Vier der britischen Offiziere fungierten in je zwei Prozessen als Verteidiger, zwei weitere, Captain H. C. Ogden des *Light Anti-Aircraft Regiment* der *Royal Arttilery* und Lieutenant C. Ellison von den *5. King's Own Scottish Borderers*, übernahmen sogar in drei verschiedenen Fällen die Verteidigung von mutmaßlichen deutschen Kriegsverbrechern.

Dass sich kein fester Pool an britischen Wahl-Pflicht-Verteidigern herausgebildet hat, war wahrscheinlich der allgemein angespannten Personallage im Hinblick auf juristisch qualifizierte Militärangehörige in der britischen

---

272 Insgesamt vier britische Verteidiger standen den Angeklagten im *Essen-West Case* zur Seite, vgl. Kap. III.2.2.1.a). Im *Dulag Luft Trial* vertraten fünf britische Offiziere die wegen Misshandlung von Kriegsgefangenen angeklagten Personen, vgl. Kap. III.2.2.2.a). Insgesamt drei britische Verteidiger vertraten die Angeklagten im *Enschede Case*, vgl. Kap. III.2.2.1.c). Zwei britische Verteidiger vertraten die Beschuldigten im Verfahren gegen Johannes Oenning und Emil Nix, vgl. Kap. III.2.2.1.d.).

273 Einzige Ausnahme bildete der Prozess gegen Erich von Manstein im Jahr 1949, bei dem neben deutschen Anwälten auch zwei britische Zivilanwälte auftraten. Vgl. Kap. IV.2.

Besatzungszone geschuldet. Es ist gewiss kein Zufall, dass Lockerungen der Verfahrensregeln des *Royal Warrant* in Bezug auf die Beteiligung von Juristen Anfang 1946 mit der Klage der Befehlshaber über personelle Engpässe bei der Durchführung der Militärgerichtsprozesse und dem allmählichen Rückgang der Abkommandierung von britischen Offizieren als Verteidiger zeitlich eng zusammenfallen.[274]

Von den vorgeschriebenen Regelungen zur Besetzung eines britischen Militärgerichts zur Aburteilung mutmaßlicher Kriegsverbrecher wurde nur in Ausnahmefällen abgewichen, etwa wenn eine alliierte Nation besonderes Interesse an einen Prozess bekundete, was zumeist auf die Nationalität der Opfer zurückzuführen war. In solchen Fällen war die Berufung eines Mitglieds der Streitkräfte eines alliierten Landes als Gerichtsmitglied nicht unüblich.[275]

In den meisten hier interessierenden Prozessen waren ein das Gericht in rechtlichen Fragen beratender *Judge Advocate* oder *Legal Member* beteiligt.[276] Auch die Ankläger und Verteidiger besaßen alle eine juristische Ausbildung. Deutsche Verteidiger waren in aller Regel Anwälte, die britischen Ankläger waren Militäranwälte mit juristischer Ausbildung, ebenso wie die britischen Offiziere, die als Verteidiger abkommandiert wurden, im Zivilberuf entweder *Solicitor* (Anwalt) oder *Barrister-at-Law* (Kronanwalt) waren. Einen absoluten Ausnahmefall bildet hier der Militärgerichtsprozess gegen Otto Nickel, der wegen der Misshandlung eines abgeschossenen britischen Fliegers in der Nähe von Gelsenkirchen im November 1944 angeklagt wurde.[277] Sowohl der Ankläger Captain F. A. Towner vom *JAG's Office, 1ˢᵗ Corps* wie auch der als Verteidiger für Nickel fungierende Captain P. J. D. Langrishe vom *7ᵗʰ Medium Regiment* der *Royal Artillery* hatten keine juristische Ausbildung.[278] Die Regelungen des *Royal Warrant* für Militärgerichtsprozesse ließen es zu, dass ein britischer Offizier ohne juris-

---

274 Vgl. Jones, British Policy towards 'minor' Nazi War Criminals, S. 213–214.
275 Zwei griechische Marineoffiziere (Captain E. Maatpheos und Commander N. I. Sarris) wurden etwa im Peleus-Prozess als Gerichtsmitglieder bestellt. In mehreren Verfahren mit polnischen Opfern waren Offiziere der polnischen Streitkräfte unter den Gerichtsmitgliedern, so z.B. im Prozess gegen Hans Hagel, NA, WO 235/ 35, im *Essen-West Case*, NA, WO 235/ 62, und dem Prozess gegen Gerhard Schrapp, NA, WO 235/ 68, alle angeklagt wegen der Misshandlung polnischer Personen.
276 Eine Auflistung der juristischen Qualifikation aller Gerichtsmitglieder sowie der Veränderungen der Verfahrensregen durch Amendments des *Royal Warrant* findet sich in Hassel, Kriegsverbrechen vor Gericht, S. 159–169.
277 Vgl. Kap. III.2.2.1.i).
278 NA, WO 235/ 51, Proceeding of the Trials, S. 1.

tische Vorkenntnisse als Verteidiger bestellt wurde, allerdings nur unter der Bedingung, dass der Ankläger ebenfalls kein Jurist war. Diese Voraussetzung war im Verfahren gegen Otto Nickel mit Captain Towner auf Seiten der Anklage und Captain Langrishe als Verteidiger erfüllt.

1.3. Gerichtsorte und Dauer der Verfahren

Die Orte, an denen die vor britischen Militärgerichtsprozessen angeklagten Verbrechen begangen worden waren, lagen weit über Europa verstreut – von Frankreich über die Niederlande, Deutschland und Polen bis hin zu Taten auf hoher See.[279] Nach den Plänen der Briten sollte die Aburteilung von deutschen Kriegsverbrechern möglichst an jenen Orten erfolgen, an denen die entsprechenden Verbrechen begangen worden waren. Mit der *Moskauer Erklärung* (1943) wurde diese Absichtserklärung international publik gemacht.[280] Die praktische Umsetzung erwies sich aber, wie so oft, als deutlich komplizierter: Zwar kristallisierte sich im Verlauf des Kriegs bald heraus, dass eine Aburteilung mutmaßlicher deutscher Kriegsverbrecher in größerem Maßstab, also auch die als „minor war criminals" bezeichnete Gruppe von Anzuklagenden, aus politischen wie logistischen Gesichtspunkten nur in den Ländern möglich sein würde, in denen die Verbrechen begangen worden waren. Die rechtlichen Rahmenbedingungen mussten mit diesen Gegebenheiten aber zugleich schritthalten.[281]

---

279 Die meisten Tatorte lagen in Deutschland in oder in der Nähe der Orte Oberursel, Essen II, Velen, Elten, Wattenscheid, Huchenfeld, Weinberg, Allersheim, Cuxhaven, Rhede, Neisgrau, Bösel, Beringstedt, Gelsenkirchen, Liebenau, Stelle, Kiel II, auf dem Flugplatz von Dreierwalde, im KZ Bergen-Belsen III, im KZ Sachsenhausen in Oranienburg, im Kloster Haina und auf Gut Emkendorf. Zwei Prozesse beschäftigten sich mit Verbrechen, die mutmaßlich in den Niederlanden in Enschede und Elst stattgefunden hatten. Weitere zwei Verfahren befassten sich mit Kriegsverbrechen im französischen Bray-et-Lû. Geografisch sehr ungenau definierte Tatorte finden sich außerdem in zwei Prozessen wegen Verbrechen auf Todesmärschen von Polen nach Westen und im Peleus-Prozess auf hoher See im Südatlantik vor der Küste von Südafrika.
280 Vgl. Kap. II.1.
281 Zu den Debatten in Großbritannien innerhalb der Regierung und zwischen Außenministerium und Kriegsministerium zur Durchführung und den rechtlichen Hindernissen von Militärgerichtsprozessen zur Aburteilung deutscher Kriegsverbrecher vor Kriegsende vgl. Jones, British Policy towards 'minor' Nazi War Criminals, S. 143–162.

Erst mit dem Inkrafttreten des *Royal Warrant* am 14. Juni 1945 war es möglich, Ausländer, die Verbrechen gegen britische Staatsangehörige begangen hatten, auch außerhalb Großbritanniens anzuklagen.[282] Dieser Vorgabe entsprechend lagen die Gerichtsorte der 34 unter Beteiligung von britischen Offizieren als Wahl-Pflicht-Verteidiger auf deutschem Boden abgehaltenen Militärgerichtsprozesse ebenfalls sehr verstreut,[283] auch wenn sich mit zunehmender Dauer die Gerichtsorte mehr und mehr nach Braunschweig und Hamburg verlagerten. Dort waren 1946 ständige Gerichtshöfe eingerichtet worden, um die einzelnen Verfahren sowie die gesamte Kriegsverbrecherverfolgung zu beschleunigen und zu vereinfachen.[284]

Die Vorgaben von Seiten der Politik, wie lang und welchen Umfang die juristische Verfolgung mutmaßlicher deutscher Kriegsverbrecher einnehmen solle, waren von Anfang an spürbar. Außenminister Anthony Eden vertrat 1942 die Meinung, dass Kriegsverbrecher sofort nach dem Ende des Kriegs verurteilt und bestraft werden müssten, um eine „rapid justice" zu gewährleisten und Selbstjustiz von Seiten der Ofer zu vermeiden. Auf diese Weise hoffte er „to prevent trials from dragging on for years and so delaying the return to a peaceful atmosphere in Europe."[285] Von Anfang an wurde der große Vorteil von Militärgerichtsprozessen, im Gegensatz zum höheren Ansehen ziviler britischer Strafgerichte, in der Schnelligkeit gesehen, mit der Verfahren dort durchgeführt werden konnten. In einer Rede vom 18. Februar 1943 im St. Stephens's Club plädierte der Lord Chancellor Viscount John Simon für Militärgerichte hauptsächlich wegen „the great ad-

---

282 Jones, British Policy towards 'minor' Nazi War Criminals, S. 141–143.

283 Die Gerichtsorte der 35 unter Mitwirkung von britischen Offizieren als Verteidiger durchgeführten Prozesse lagen in Burgsteinfurt, Elten, Lüneburg, Cuxhaven, Gifhorn, Osnabrück, Gelsenkirchen, Recklinghausen, Leibnitz, Holzminden, Hameln und Göttingen. Vier Prozesse fanden in Wuppertal statt, jeweils zwei in Borken, Hannover und Essen. Drei weitere in Celle und die allermeisten mit zehn Prozessen in Hamburg. Ein statistische Übersicht über alle Prozessorte britischer Militärgerichtsprozesse in der britischen Besatzungszone findet sich in Hassel, Kriegsverbrechen vor Gericht, S. 157–159.

284 Diese ständigen Gerichtshöfe, drei in Hamburg, ein weiterer in Braunschweig (in den britischen Prozessakten „Brunswick") bewältigten bald einen Großteil der anfallenden Prozesse. Insgesamt bestanden in der britischen Besatzungszone von 1945 bis 1948 zeitgleich zwischen zwei und acht Gerichtshöfe gleichzeitig. Vgl. UNWCC History, S. 515, Hassel, Kriegsverbrechen vor Gericht, S. 98, und Jones, British Policy towards 'minor' Nazi War Criminals, S. 165.

285 NA, WO 32/ 10790, Anthony Eden, Notiz vom 22. Juni 1942 (W.P.(42)264): „to ensure rapid justice,… to prevent so far as possible wronged individuals taking the law into their own hands, and … to prevent trials from dragging on for years and so delaying the return to a peaceful atmosphere in Europe."

vantage of speedy action."[286] Auch im Frühjahr 1945 war Simon noch immer der Überzeugung, es sei von größerer Wichtigkeit, mit der Strafverfolgung mutmaßlicher deutscher Kriegsverbrecher so zügig wie nur irgend möglich zu beginnen und keine Verzögerungen in Kauf zu nehmen, um eventuell deutlich höhere Ansprüche an die gerichtliche Bestrafung nationalsozialistischer Kriegsverbrechen gewährleisten zu können.[287]

Ziel war trotz allem aber die Wiederherstellung der „rule of law to Germany".[288] Die Überlegungen der mit der Durchführung der Kriegsverbrecherverfolgung befassten britischen Behörden oszillierten deshalb immer zwischen dem Wunsch, möglichst schnell und effektiv nur diejenigen Fälle vor Gericht zu bringen, welche britische Interessen direkt betrafen, und der Überzeugung, dass Straffreiheit für viele mutmaßliche Kriegsverbrecher nicht allein aufgrund administrativer Überlegungen erfolgen dürfte. Auf Seiten der unbedingt zu ahndenden Taten waren vorrangig Verbrechen an britischen Kriegsgefangenen, insbesondere abgeschossenen Fliegern. Dem standen, neben den bereits erwähnten Bemühungen um eine zeitlich enge Begrenzung der britischen Kriegsverbrecherprozesse, die Wirkung auf die deutsche Öffentlichkeit bzw. die Entwicklung Deutschlands nach dem Krieg gegenüber.

Zunehmend kontraproduktiv eingeschätzt wurden die sich über Jahre hinziehenden Prozesse, in deren Verlauf bei jedem Verfahren immer wieder neue gleichartige Verbrechen zutage traten. Exemplarisch hierfür steht die Einschätzung von Brigadier Henry Shapcott vom *Military Department* des *JAG's Office* in einem Memorandum zur Frage eines Abschlusses der britischen Kriegsverbrecherprozesse an den Secretary of State for War, den Lord Chancellor und das Außenministerium vom September 1947. Die gerechte individuelle Bestrafung von deutschen Kriegsverbrechen musste nach Shapcott zurückstehen hinter dem „good of Germany as a whole so that the country may look towards recovery".[289] Die Gründe für Verzöge-

---

286 FO 371/ 30921 C10830/61/18, Rede Simons am 18. November 1943. Vgl. auch: Jones, British Policy towards 'minor' Nazi War Criminals, S. 132.

287 Vgl. Jones, British Policy towards 'minor' Nazi War Criminals, S. 151–152.

288 FO 371/ 46795 C398/63/18. So die Einschätzung von Andrew Clark, Legal Division, Control Commission for Germany, in einem Brief an General Kirby vom 29. Januar 1945. Siehe auch: Jones, British Policy towards 'minor' Nazi War Criminals, S. 185–186.

289 FO 371/ 64718 C13471/7675/180, Memorandum Brigadier Henry Shapcott vom 15. Oktober 1947. Vgl. zur Wirkung der britischen Kriegsverbrecherprozesse auf die deutsche Öffentlichkeit Jones, British Policy towards 'minor' Nazi War Criminals, S. 189, 221, 237.

rungen bei der Abwicklung der Militärgerichtsprozesse waren aber nicht nur die Vielzahl der in vielen Verfahren neu auftauchenden mutmaßlichen Verbrechen, die die Zahl der zu erwartenden Anklagen hoch hielt, sondern auch administrativer Art. Die Schwierigkeiten waren vor allem: „[A]n elaborate and understaffed machinery for handling cases, difficulties in collecting evidence and in tracing and apprehending war criminals and the scope of Nazi criminality."[290]

1.4. Öffentlicher Druck und Berufsethos: Zur Situation der britischen Verteidiger und ihrer Stellung im Militärapparat

Mit nur einer Ausnahme (Captain P. J. D. Langrishe) waren alle britischen Offiziere, die als Verteidiger in Militärgerichtsprozessen in Deutschland auftraten, juristisch ausgebildet. Hierauf legten die britischen Militärbehörden sehr viel Wert.[291] Der Großteil der Offiziere war im Zivilberuf *Solicitor*, also Allgemeinanwalt mit der Zulassung für untere Gerichtsinstanzen. Immerhin acht der britischen Verteidiger waren *Barrister-at-Law*, das heißt Prozessanwälte, die auch vor höheren britischen Gerichten erscheinen durften.[292] Die Unterscheidung zwischen *Solicitor* und *Barrister* wurde zwar meist in den Prozessprotokollen vermerkt, da es Voraussetzung für

---

290 So in der Studie von Priscilla Dale Jones zu den britischen Kriegsverbrecherpolitik treffend zusammengefasst: Jones, British Policy towards 'minor' Nazi War Criminals, S. 194–237, hier S. 203.

291 So wies etwa der für Deutschland zuständige *Legal Adviser* des JAG Scott-Barett im Dezember 1945 eigens darauf hin, dass alle bestellten Verteidiger „British officers with legal qualifications" (NA, WO 235/ 22, Brigadier Scott-Barrett, DJAG (War Crimes Section) HQ BAOR an Field Marshall Montgomery, C-in-C, 4. Dezember 1945) waren. Entsprechend galten sie als „fully conversant with the law and fully qualified members of the profession." (NA, WO 309/ 427)

292 Die Anwaltschaft in Großbritannien besteht aus einem zweiteiligen Berufssystem für Anwälte, aufgeteilt in *Solicitors* und *Barristers*. Den Großteil (ca. 90%) machen die Allgemeinanwälte (*Solicitors*) aus, gegenüber den als Prozessanwälte tätigen *Barristers*. **Barrister** (Barrister-at-Law) ist ein Rechtsanwalt, oft als Prozessanwalt bezeichnet, der vor Gericht plädiert, insbesondere auch vor höheren Gerichten. Er entwirft Prozessschriften sowie andere gerichtsrelevante Schriftstücke. Er ist damit gewissermaßen der Fachanwalt für die Prozessführung. Je nach Rechtssystem und Land ist die Trennung der Funktionen zwischen Barrister und Solicitor unterschiedlich streng. Der *Barrister* wird durch den Solicitor über den Fall instruiert und vertritt diesen dann vor Gericht. Demgegenüber steht der **Solicitor**. Er ist die erste Anlaufstelle für alle Arten von Rechtsproblemen. Sein Aufgabenspektrum umfasst die Mandantenberatung in rechtlichen

die Verteidigertätigkeit war, dass die abkommandierten Offiziere eine juristische Qualifikation besaßen. Ansonsten spielte diese Unterscheidung vor britischen Militärgerichtsprozessen unter dem *Royal Warrant* aber keine Rolle.[293]

Im Rang eines Lieutenants befanden sich zum Zeitpunkt der Prozesse acht Offiziere (17%). Die Mehrheit (25) war Captain (53%) und 14 Verteidiger bekleideten den Rang eines Majors (30%). Die Einheiten, denen die Offiziere angehörten, waren dabei denkbar vielfältig. Den bei Weitem größten Anteil bei den Verteidigern stellten mit 48% Offiziere der *Royal Artillery*. Auffällig ist, dass keine Marineoffiziere unter den Verteidigern zu finden sind. Im Folgenden sind Rang und Name der hier untersuchten Verteidiger, ihre militärische Einheit, ihre juristische Ausbildung (soweit rekonstruierbar) sowie die Prozesse, in denen sie aktiv waren, statistisch zusammengefasst:

Rang und Name	Militärische Einheit	Juristische Ausbildung/ Funktion	Prozess
Capt. A. M. Armit	Northumberland Hussars	Solicitor	Verfahren gegen Gunther Giesenhagen
Lt. M. H. Armstrong	3rd Battalion Irish Guards	k.A.	Verfahren gegen Aloys Stöckl, Fritz Möller

---

Fragen, die Gestaltung von Verträgen oder Testamenten, zusätzlich nehmen *Solicitors* notarielle Funktionen wahr, vertreten ihre Mandanten außergerichtlich, bereiten Prozesse vor und können diese vor niederen Gerichten auch führen. Vor höheren Gerichten konnten *Solicitors* bis vor kurzem aber nicht auftreten. Vgl. Kastendiek, Hans, Großbritannien. Geschichte, Politik, Wirtschaft, Gesellschaft, Frankfurt/M. 1999, S. 189–191. Bei neun Verteidigern ließ sich die genaue juristische Ausbildung nicht rekonstruieren. Dass alle juristisch vorgebildet waren, ergibt sich aber aus den Verfahrensregeln unter dem *Royal Warrant*. Sofern ein Verteidiger ohne juristische Vorqualifikation bestellt werden sollte, durfte auch der Ankläger kein Jurist sein, was immer einen Vermerk im Prozessprotokoll zur Folge hatte.

293 Nur in einem einzigen Zeitungskommentar zu dem Verteidiger im ersten Bergen-Belsen-Prozess Major Thomas Claude M. Winwood fand diese Zweiteilung der britischen Anwaltschaft Erwähnung. In einer sehr kritischen Bewertung der Arbeit Winwoods wurde im *Daily News Bulletin* der *Jewish Telegraphic Agency* explizit darauf verwiesen, dass Winwood „nur" Solicitor war. Vgl. Board of Deputies protest against anti-jewish slur by British Officer defending Nazis, in: Jewish Telegraphic Agency (11.10.1945), S. 4.

Rang und Name	Militärische Einheit	Juristische Ausbildung/ Funktion	Prozess
Lt. R. Beard	5 Royal Tanks	Assisting officer	Verfahren gegen Jakob Bürgin
Maj. R. E. T. Birch	18/56th Heavy Regiment, Royal Artillery	Solicitor	Verfahren gegen Johannes Oenning, Emil Nix
Capt. J. M. Boyd	31st Anti-Aircraft Brigade, Royal Artillery	Solicitor	*Bergen-Belsen-Prozess* Verfahren gegen Josef Kramer u. 44 weitere
Capt. J. Boys	Prince Albert's Somerset Light Infantry	Solicitor	Verfahren gegen Laszlo Pato
Maj. D. J. Brabbin	143 Field Regiment, Royal Artillery	Barrister	Verfahren gegen Hans Wandke
Capt. A. H. Bray	13 Air Formation Signals/ R. Signals	Barrister-at-Law	Verfahren gegen Lt. Ujvary
			Verfahren gegen Cadet Officer Vajna
Maj. G. G. Briggs	3/4 County of London Yeomanry (Sharpshooters)	Barrister-at-Law	Verfahren gegen Karl Heinz Kniep
			Verfahren gegen Heinz Zaun
Maj. C. Brown	150 Light Anti-Aircraft Regiment (30 Corps), Royal Artillery	Solicitor	*Bergen-Belsen-Prozess* Verfahren gegen Josef Kramer u. 44 weitere
Capt. L. H. Cartwright	Pioneer Corps	Solicitor	Verfahren gegen Friedrich Vonhoren
			Verfahren gegen Wilhelm Menzel
Capt. P. H. Cook	2nd Batallion, Grenadier Guards	k.A.	*Dulag Luft Trial* Verfahren gegen Erich Killinger u.a.
Capt. B. W. Corbally	2 Cameronians (5. Division)	Barrister-at-Law	*Bergen-Belsen-Prozess* Verfahren gegen Josef Kramer u. 44 weitere
Capt. D. C. Courtney	Royal Artillery, (Distinguished Flying Cross)	k.A.	Verfahren gegen Hans Speck, Claus Voss
Maj. L. S. W. Cranfield	1 King's Own Yorkshire Light Infantry (5. Division), [Honourable Artillery Company]	Solicitor	*Bergen-Belsen-Prozess* Verfahren gegen Josef Kramer u. 44 weitere

Rang und Name	Militärische Einheit	Juristische Ausbildung/ Funktion	Prozess
Capt. A. L. Davies	Royal Artillery	k.A.	Verfahren gegen Kurt Kindervater, Karl Drenckberg (Karl Didszona)
Capt. C. N. Dixon	East Lancashire Regiment, Royal Army	Solicitor	*Enschede Case* Verfahren gegen Eberhard Schöngarth u.a.
Lt. C. Ellison	5 King's Own Scottish Borderers	Solicitor	*Essen-West Case* Verfahren gegen Karl Rauer u.a.
			Dreierwalde Case Verfahren gegen Karl Amberger
			Enschede Case Verfahren gegen Eberhard Schöngarth u.a.
Capt. N. G. A. Evans	Royal Artillery	Solicitor	Verfahren gegen Hans Assmussen
Capt. E. A. Everett	Royal Army Ordnance Corps	Solicitor	Verfahren gegen Arno Heering
			Verfahren gegen Willy Mackensen
Capt. J. H. Fielden	91st Field Regiment, Royal Artillery	Solicitor	*Bergen-Belsen-Prozess* Verfahren gegen Josef Kramer u. 44 weitere
Capt. F. H. G. H. Goodhart	[General List] k. weitere Angabe	Solicitor	Verfahren gegen Rolf Brinkmann, Werner Assmussen
Lt. J. S. Grant	Royal Artillery	Solicitor	*Essen-West Case* Verfahren gegen Karl Rauer u.a.
Capt. P. J. D. Langrishe	7th Medium Regiment, Royal Artillery	not legally qualified	Verfahren gegen Otto Nickel
Maj. N. Lermon	Headquarter 8 Corps District	Barrister-at-Law	*Peleus-Prozess* Verfahren gegen Hans Eck u.a.
Capt. B. Marmorstein	Pioneer Corps	Solicitor	Verfahren gegen Gustav Klever
Lt. R. E. Millman	1/5 Welch Regt.	Solicitor	Verfahren gegen Hans Renoth u.a.
Maj. A. S. Munro	Royal Army Service Corps (5. Division)	Solicitor	*Bergen-Belsen-Prozess* Verfahren gegen Josef Kramer u. 44 weitere

Rang und Name	Militärische Einheit	Juristische Ausbildung/ Funktion	Prozess
Capt. D. E. Munro	Gordon Highlanders (51. Division)	Solicitor	*Bergen-Belsen-Prozess* Verfahren gegen Josef Kramer u. 44 weitere
Capt. A. H. S. Neave	1. Black Watch (51. Division)	Solicitor	*Bergen-Belsen-Prozess* Verfahren gegen Josef Kramer u. 44 weitere
Capt. H. C Ogden	417/125 Light Anti-aircraft Regiment, Royal Artillery	Solicitor	*Essen-West Case* Verfahren gegen Karl Rauer u.a.
			Dulag Luft Trial Verfahren gegen Erich Killinger u.a.
			Verfahren gegen Gerhard Schrapp
Maj. D. Orme	Royal Artillery	Solicitor (Assisting)	Verfahren gegen Rolf Brinkmann, Werner Assmussen
Lieut. D. J. Ovens	5th Royal Inniskilling Dragoon Guards	Assisting Officer	*Wattenscheid Case* Verfahren gegen Paul Zimmermann, Heinrich Dohn, August Kronberg, Paul Dworak, Paul Dierkesman, Wilholm Beele
Maj. J. R. Phillips	51 HMA Regiment, Royal Artillery	Barrister-at-Law	Verfahren gegen Helmuth Jung
Capt. J. R. Phillips	4. Army Groups Royal Artillery	Barrister-at-Law	*Bergen-Belsen-Prozess* Verfahren gegen Josef Kramer u. 44 weitere
Lt. E. B. Richards	Royal Artillery	Barrister-at-Law	Verfahren gegen Hans Hagel
Maj. C. J. Rickard	107 Medium Regiment Royal Artillery	k.A.	*Dulag Luft Trial* Verfahren gegen Erich Killinger u.a.
Capt. D. F. Roberts	32 Field Regiment (5. Division), Royal Artillery	Solicitor	*Bergen-Belsen-Prozess* Verfahren gegen Josef Kramer u. 44 weitere
Capt. G. Soulsby	76 Anti-Aircraft Brigade, Royal Artillery	Solicitor	Verfahren gegen Johannes Oenning, Emil Nix
Lt. F. J. Stone	Royal Army Service Corps (RASC)	Solicitor	*Essen-West Case* Verfahren gegen Karl Rauer u.a.

Rang und Name	Militärische Einheit	Juristische Ausbildung/ Funktion	Prozess
Maj. J. W. Stone	49th Reconnaissance Regiment	Solicitor	*Essen Lynching Case* Verfahren gegen Erich Heyer u.a.
Capt. W. Ure	11th Battalion Royal Scots Fusiliers	k.A.	*Dulag Luft Trial* Verfahren gegen Erich Killinger u.a.
Maj. L. P. Wallen	133 Field Regiment Royal Artillery	k.A.	*Dulag Luft Trial* Verfahren gegen Erich Killinger u.a.
Maj. P. D. Warren	Royal Artillery	Solicitor	Verfahren gegen Otto Theisze
Capt. T. H. G. Wood	Royal Artillery	Solicitor	*Enschede Case* Verfahren gegen Eberhard Schöngarth u.a.
Maj. Thomas Claude M. Winwood	92nd Light Anti-Aircraft Regiment (30 Corps), Royal Artillery	Solicitor	*Bergen-Belsen-Prozess* Verfahren gegen Josef Kramer u. 44 weitere

Über die Aufgaben und Pflichten der Ankläger und Verteidiger machten sich während des Kriegs nicht nur zivile Regierungsstellen in Vorbereitung der Kriegsverbrecherprozesse Gedanken, sondern auch die mit Fragen der Militärjustiz betrauten Abteilungen innerhalb der Streitkräfte. Eine Einschätzung zum besseren Funktionieren der Militärgerichte schickten 1942 Vertreter des *Deputy Judge Advocate General* an das *War Office*. Darin enthalten war eine Auflistung der „Duties of Prosecutor and Defending Officer". Die generelle Bewertung der Pflichten des Anklägers lautete auf strenge Unparteilichkeit; es sei seine Aufgabe, alle Beweise vorzulegen, sowohl belastende wie auch entlastende für den Angeklagten. Auch wenn einige Ankläger, wie in der Empfehlung explizit herausgestellt wurde, selbst der irrigen Meinung waren, ihre Pflicht wäre nur dann erfüllt, wenn sie eine Verurteilung erreichten, sei das nicht ihr eigentlicher Auftrag. Für die Verteidiger vor Militärgerichten hielt der Bericht fest: „[L]egally qualified officers should be appointed as Defending Officers". Zudem sollte dem oder den Angeklagten eine Auswahl ihrer Verteidiger aus den verfügbaren, qualifizierten Offizieren ermöglicht werden, sofern das aufgrund der Personallage überhaupt eine Option war.[294]

---

294 WO 32/ 19113, Einschätzung des DJAG an das War Office vom 17. Dezember 1942.

Die Regeln unter dem *Royal Warrant* definierten diese Pflichten von Anklägern und Verteidigern dann nochmals genauer.[295] Wichtig wurde gleich zu Beginn der britischen Militärgerichtsprozesse die Tatsache, dass die britischen Offiziere, die als Verteidiger fungierten, abkommandiert wurden und nicht etwa aus eigenem Antrieb um die Vertretung deutscher Kriegsverbrecher nachgesucht hatten. Unmissverständlich hob dies Ende 1945 der Leiter des *Judge Advocate General* in Deutschland, Brigadier H. Scott-Barrett hervor:

> NONE of these defending officers volunteered to defend any of the accused. All of them are regimentally employed and were detailed to defend in view of their legal qualifications in civil life. This detail was a definite order and no option was given to any of these officers as to whether they would undertake the defence or not. None of them belong to the JAG staffs.[296]

Zwar lässt sich zumindest eine Ausnahme von dieser Regel nachweisen[297], im Ganzen aber erfüllten die Offiziere ihre Verteidigertätigkeit unfreiwillig als Teil ihrer Dienstpflichten. Ihre persönliche Befindlichkeit angesichts dieser anspruchsvollen Aufgabe spielte dabei keine Rolle und sollte auch keine Berücksichtigung finden. Genauso wenig aber konnten sich Offiziere aufgrund einer etwaigen Affinität zu den Beschuldigten freiwillig melden, um die Verteidigung eines bestimmten Angeklagten zu übernehmen. Die betroffenen Offiziere, so hob Scott-Barrett ausdrücklich hervor, erhielten vielmehr eine „definite order" und von da an war es ihre Pflicht als Ver-

---

295 Vgl. hierzu ausführlich Kap. II.4.
296 NA, WO 309/ 484, Chief of Staff an HQ 30 Corps District vom 14. November 1945.
297 So berichtete Major Thomas Winwood, Verteidiger im ersten Bergen-Belsen-Prozess, dass er sich im Sommer 1945 entgegen der „first rule of army life" „never to volunteer" freiwillig auf einen Aufruf des Hauptquartiers der BAOR „requesting the names of serving officers qualified as barristers or solicitors" gemeldet habe: „I had qualified as a solicitor in 1938 and [...] sent in my name. Some two month later, I was ordered to report the following day at RAF Headquarters at Celle" (IWM, Private Papers of Major T C M Winwood, Box P420-21, „Over their shoulder: Recollections of a British War Crimes Trial in Europe by Maj. T.C.M. Winwood", undatiert). In Einzelfällen war die Abkommandierung als Verteidiger demnach kein unabwendbares, von den militärischen Hierarchien diktiertes Schicksal.

teidiger, die Mandanten bestmöglich zu vertreten.[298] Auf diese Grundvoraussetzungen der Verteidigertätigkeit wiesen verschiedene Stellen der Militäradministration wiederholt und nachdrücklich hin.

Insbesondere in den für die deutschen Kriegsverbrecherprozesse zuständigen Abteilungen des *JAG's Office* wurde auf eine korrekte Verfahrensdurchführung im Hinblick auf die Arbeit der britischen Verteidiger geachtet: In seinen Empfehlungsschreiben zur Urteilsbestätigung an die zuständigen Kommandeure findet sich vielfach ein Hinweis darauf, dass die Verteidigung durch britische Offiziere in keiner Weise zu beanstanden war. In keinem Fall sah das *JAG's Office* in der Art der Verteidigung einen Grund, das vor Gericht ausgesprochene Urteil zu mildern. Vielmehr findet sich auffallend häufig eine besondere Erwähnung der hohen Qualität der Verteidigerleistung. Eine offensive, bisweilen gar aggressive Verteidigung ausgerechnet durch britische Offiziere war gegenüber der Öffentlichkeit jedoch nicht leicht verständlich zu machen. Der Verweis auf die Notwendigkeit, dass jedem Angeklagten die bestmögliche Verteidigung nicht nur zustand, sondern für ein rechtsstaatliches und faires Verfahren geradezu unabdingbar war, stieß besonders dann an Grenzen, wenn schwerste Verbrechen in Konzentrationslagern, Lynchmorde an alliierten Fliegern oder Misshandlungen oder Tötungen von Kriegsgefangenen oder Zwangsarbeitern angeklagt waren.

Für britische Offiziere, die als Verteidiger vor Militärgerichten abkommandiert wurden, standen somit Soldatenberuf und Anwaltsethos durchaus in einem Spannungsverhältnis. Unabhängig von ihren persönlichen Erfahrungen im Krieg hatten sie die ihnen übertragene Verteidigertätigkeit in professioneller Weise ernst zu nehmen und mit Leben zu füllen. Dem anwaltlichen Berufsethos entsprechend trugen sie als Verteidiger Verantwortung dafür, alle rechtlich erlaubten Möglichkeiten auszuschöpfen. Etwaige persönliche Vorbehalte gegenüber der Vertretung ehemaliger Wehrmachtsoldaten und mutmaßlicher Kriegsverbrecher galt es folglich auszublenden – keine leichte Aufgabe, hatte man sich doch nur wenige Monate zuvor in dem verheerendsten Krieg der Menschheitsgeschichte feindlich gegenübergestanden.

---

298 NA, WO 309/ 484, Chief of Staff an HQ 30 Corps District vom 14. November 1945. Hier auch der sorgenvolle Hinweis Scott-Barretts im Hinblick auf die öffentliche Wahrnehmung der Verteidiger: „[M]isguided persons in the UK and elsewhere […] imagine that these twelve defending officers came forward of their own accord to champion the cause of the BELSEN camp staff." (Ebenda.)

Angesichts dieser schwierigen Lage warb Anthony Marlowe, der in Militärgerichtsprozessen mehrfach als *Judge Advocate* fungierte, im Juni 1946 in der *Times* sowohl für öffentliche Unterstützung beim Versuch der Implementierung von „British justice in a foreign country", als auch für mehr Anerkennung des militärischen Personals bei ihrem Dienst vor Gericht: „The members of military courts are serving soldiers who cannot defend themselves."[299] In einem internen Memorandum vom Februar 1948 betonte auch *Judge Advocate of the Fleet* Ewen Montagu die essenzielle Bedeutung davon, die Verteidiger ohne äußere Beeinflussung und ohne öffentlichen wie internen Druck ihre Arbeit erledigen zu lassen. Seine hellsichtigen Ausführungen verdienen es, ausführlich zitiert zu werden:

> It is of paramount importance to the administration of justice that advocates, and particularly advocates for the defence, should not only be free to conduct their cases as their consciences and duty dictate, but that they should also feel themselves absolutely free to conduct their cases (as long as they keep within the rules) with complete freedom from any form of pressure. [...] It would be fatal to any sort of justice [...] if the feeling gets abroad that a defending officer who puts forward the case of the accused with courage and independent will, or even may, incur the displeasure of his Commander in Chief – it is difficult enough that he may well feel that he risks the consequences of annoying his superiors but if he is also to risk rebuke and censure the position becomes impossible.[300]

Die vielfach nachweisbare interne und öffentliche Unterstützung militärischer Stellen für die Verteidigertätigkeit in Militärgerichtsprozessen bedeutete indes nicht automatisch, dass die betreffenden Offiziere ihre Aufgaben mit Stolz oder gar Freude erledigt hätten. Vielmehr lässt sich den überlieferten Akten entnehmen, dass die Arbeit für viele eine unangenehme Pflicht, ja manchmal geradezu verhasst war. Die eingangs der Studie bereits zitierte Einschätzung des zur Verteidigung eines schweren Kriegsverbrechers abkommandierten Offiziers Lieutenant Ellison – „I should like to

---

299 Marlowe, Anthony, The Wuppertal Trials. Crimes and sentence. A reply to recent comment, in: Times, 13. Juni 1946.

300 NA, ADM 156/ 296, Einschätzung des Judge Advocate of the Fleet Ewen Montagu, „Censure of Defending Officer after Court-Martial" vom 5. Februar 1948. Montagu bezog sich hier zwar auf die Anklage eines britischen Marine-Offiziers namens L. G. Revil, der seinen Vorgesetzten geschlagen haben soll, doch darf die Aussage auch als allgemeine Einschätzung der Tätigkeit aller Verteidiger in Militärgerichtsprozessen gelten.

say that I, as a British officer, was asked to defend [Eberhard] Schoengarth knowing that he was a German accused of a war crime, and I was by no means keen or enthusiastic about it"[301] – darf man in diesem Kontext als Euphemismus deuten. Kaum erbaulicher war die Verteidigungsarbeit im Peleus-Prozess, der sich um die Ermordung wehrloser Schiffbrüchiger drehte.[302] Der zuständige *Deputy Judge Advocate General* beschrieb die Arbeit des britischen Verteidigers mit den vielsagenden Worten: „Major Lermon […] carried out a no doubt distasteful duty with competence and was of assistance to the court".[303]

Diese Gleichzeitigkeit von persönlicher Abscheu vor den angeklagten Verbrechen und exzellenter Verteidigungsarbeit vor Gericht prägte auch den sogenannten *Essen Lynching Case*. Bei diesem besonders abstoßenden Prozess erreichte Major J. W. Stone durch eine äußerst zurückhaltende Argumentation, die in keiner Weise als Rechtfertigungsversuch der angeklagten Verbrechen interpretiert werden konnte, ein mit zwei Freisprüchen außerordentlich positives Ergebnis für die Verteidigung.[304]

Insgesamt lässt sich sagen, dass die als Verteidiger fungierenden britischen Offiziere ihre Aufgabe zwar oftmals als überaus unangenehm empfanden, dieser subjektiv nachvollziehbare Sachverhalt jedoch entscheidend von ihrem juristischen Pflichtbewusstsein, die Verteidigung bestmöglich zu versehen, überlagert wurde. Der (anfängliche) Widerwillen gegen die Arbeit scheint zumindest in der Tendenz bald hinter der Überzeugung zurückgestanden zu sein, dass jedermann ein faires Verfahren und eine engagierte Verteidigung vor Gericht zustehe.

Auch wenn die öffentliche Wahrnehmung zuweilen erheblich von dieser Einschätzung abwich, teilten die zuständigen Militärbehörden diese Sichtweise weitgehend. Der Unterstützung „in den eigenen Reihen", also innerhalb des britischen Militärapparats, durften sich die als Verteidiger abkommandierten Offiziere im Großen und Ganzen sicher sein. Somit kam den Verteidigern eine Schlüsselposition bei der rechtmäßigen Prozessdurchführung zu. Sie waren ein systemnotwendiger Part im kontradiktorischen Parteienstreit vor Gericht. Nicht weniger bedeutsam war die Arbeit der Verteidiger für die Wahrnehmung der Fairness der britischen Militärgerichtsprozesse in der deutschen Bevölkerung der britischen Besatzungszone. Das er-

---

301 NA, WO 235/ 102A-B, Proceedings of the trial, Vierter Tag, Schlussplädoyer von Lt. Ellison, S. 53.
302 Vgl. Kap. III.2.3.
303 NA, WO 235/ 604, DJAG, Urteilsbestätigung, 8. November 1945.
304 Vgl. hierzu ausführlich: Kap. III.2.2.1.g).

kennbare Engagement der Verteidiger, die Rechte ihrer Mandanten vor Gericht zu schützen, war ein besonders vielversprechender Schutz gegen den pauschalen Vorwurf einer alliierten „Siegerjustiz".

Hinweise zu finden auf den biografischen und mentalitätsgeschichtlichen Hintergrund der hier untersuchten 46 britischen Offiziere ist ausgesprochen schwierig. Dasselbe gilt für die persönlichen Prägungen der Offiziere, die über den engen militärischen Bereich hinausweisen.[305] Einschlägige persönliche Zeugnisse sind kaum überliefert und geben nur schlaglichtartige Hinweise auf die Wahrnehmungen der Offiziere und ihre Lebenswege bis 1944/45. Immerhin erlauben die vor Gericht entstandenen Verhandlungsprotokolle mitunter Rückschlüsse auf sozialisierte Denkmuster der einzelnen Verteidiger, beispielsweise in Bezug auf „Ehrbarkeit" und Standeszugehörigkeit der Angeklagten und Zeugen. Einige – wenn auch nur wenige – persönliche Dokumente helfen, diesen Eindruck von den britischen Offizieren zu ergänzen und zu präzisieren.[306]

Der Verweis auf das Grundprinzip britischer Gerechtigkeit, wonach auch die Angeklagten schwerster Verbrechen bis zum Beweis des Gegenteils als unschuldig gelten und entsprechend behandelt werden müssten, war ein durchgängiges Motiv in der Argumentation der britischen Verteidiger. Vielfach forderten sie für ihre Mandanten das gleiche Recht auf Unvoreingenommenheit, das jedem britischen Angeklagten, ob vor einem Zivil- oder Militärgericht, zustünde. So formulierte beispielsweise Captain C. N. Dixon, Verteidiger im *Enschede Case*: „It is a long-standing rule of British law that a man is innocent until he is proved to be guilty."[307] Der Rekurs auf die allgemein gültigen Standards britischen Rechtsempfindens, insbesondere die Unschuldsvermutung für jeden Angeklagten, hatte für die britischen Offiziere, die als Verteidiger agierten, mehrere Vorteile. Zum einen erinnerten sie dadurch das Gericht, ohne ihm offen Voreingenom-

---

305 Die einzelnen Prozessakten geben zwar in aller Regel Aufschluss über Rang, Namen und Einheit des jeweiligen britischen Wahl-Pflicht-Verteidigers, bieten jedoch keine Hinweise auf die Identität und Herkunft der Offiziere.

306 Einziger überlieferter Nachlass eines britischen Verteidigers sind die im *Imperial War Museum*, London aufbewahrten Unterlagen von Major Thomas Winwood. Als Verteidiger im ersten Bergen-Belsen-Prozess hinterließ Winwood umfangreiche Betrachtungen zu seiner Tätigkeit, vor allem zur scharfen öffentlichen Kritik, die sich an der Art der Verteidigung in diesem Prozess entzündete. Vgl. Imperial War Museum, London Private Papers of Major T C M Winwood. Documents.11522 (künftig: IWM, Private Papers of Major T C M Winwood).

307 NA, WO 235/ 102A-B, Proceedings of the trial, Dritter Tag, Schlussplädoyer von Capt. Dixon, S. 49. Zum *Enschede Case* vgl. Kap. III.2.2.1.c).

menheit oder Beeinflussbarkeit vorzuwerfen, an den Umstand, dass die Beweislast auch bei schwerwiegendsten Verbrechen bei der Staatsanwaltschaft und nicht etwa beim Angeklagten und dessen juristischen Beistand liege. Zum anderen ließ sich auch die eigene, durchaus zwiespältige Position einerseits als Mitglied der britischen Streitkräfte, andererseits als Verteidiger von Angehörigen des ehemaligen Feinds wegen Taten gegen die eigenen Kameraden als ehrenvolle und notwendige Pflicht begreifen und nach außen hin entsprechend darstellen.

Die Interpretation dieser Pflicht als Verteidiger fiel in der Praxis – von Ausnahmen abgesehen – deswegen auch eher forsch und durchaus offensiv aus. Die britischen Offiziere zeigten oft keinerlei Scheu, Beweismittel der Anklage kategorisch infrage zu stellen, auch wenn das die „eigenen Leute" betraf. Ein sprechendes Beispiel ist hierfür die Verteidigungsstrategie von Major G. G. Briggs im Prozess gegen Heinz Zaun. Briggs gelang es als einzigem britischen Verteidiger, die Verwendung eines bestimmten Beweisstücks vor Gericht zu verhindern und damit zugleich den gesamten Fall gegen seinen Mandanten zu beenden. Pikant daran war, dass das von Briggs beanstandete Statement seines Mandanten in britischer Kriegsgefangenschaft entstanden war und ein ausgesprochen unvorteilhaftes Licht auf die dortigen Verhörmethoden warf.[308]

Im Hinblick auf die persönlichen Wahrnehmungen der britischen Offiziere in ihrer Funktion als Verteidiger fällt zudem eine große Skepsis gegenüber den Beweisvorlageregeln des *Royal Warrant* ins Auge. Beachtung verdient hier eine Äußerung des Verteidigers im ersten Bergen-Belsen-Prozess Major Winwood:

> There were immense problems facing the defence. The charges were heinous, time was short, and pressure came from the British Government to get the trial over before the Americans got going at Nuremberg. Although the trial was under English Law, the Royal Warrant, under which War Crimes Trials were set up in the British Zone, ruled out the defence of acting under superior order and rendered admissible hearsay evidence, both written and oral, subject to the weight to be given to it. This meant that the many statements of the inmates of the Camp would not be tested for the truth as most of those who had

---

308 Zum Verfahren gegen Heinz Zaun vgl. Kap. III.2.2.4.a).

made such statements had disappeared into the chaos that was Germany.[309]

Die Anpassungen des *Royal Warrant* gegenüber den allgemein gültigen Beweisregeln vor anderen britischen Gerichten, insbesondere die Zulassung von Hörensagen oder Dokumenten zweifelhafter oder nicht nachgewiesener Herkunft, allen voran aber die Praxis von Affidavits anstelle von Zeugenaussagen vor Gericht, kollidierten eindeutig mit der beruflichen Sozialisation der Offiziere in englischen Zivilgerichten. Zwar zweifelte kein britischer Verteidiger die kurz vor dem Beginn der Kriegsverbrecherprozesse geänderten Regeln zur Zulässigkeit von Beweismitteln direkt an, doch divergierten diese Änderungen derart stark von der gewohnten Praxis, dass die britischen Offiziere wiederholt und ausgesprochen kritisch auf diesen Umstand hinwiesen.

Trotz dieses Unbehagens betrachteten sie sich dennoch als „die" Experten vor britischen Militärgerichten, vor allem im Vergleich zu ihren deutschen Anwaltskollegen. Entsprechend häufig gaben sie vor Gericht die Unerfahrenheit und mangelnde Vertrautheit der deutschen Anwälte mit britischen Verfahrensgepflogenheiten und der Militärgerichtsbarkeit an sich zu bedenken. Verbunden wurde diese Einschätzung zumeist mit einer (in aller Regel erfolglosen) Bitte um einen zeitlichen Aufschub, der gewährleisten sollte, dass sich die Verteidigung adäquat vorbereiten konnte.

Der Anspruch der britischen Offiziere, ihre Mandanten bestmöglich zu verteidigen, fand in der Außenwahrnehmung freilich nicht immer eine Entsprechung. So äußerte sich 1947 etwa Anna Hempel, die im Bergen-Belsen-Prozess zu zehn Jahren Haft verurteilt worden war, äußerst kritisch über ihren Verteidiger Captain D. E. Munro. Laut einem Schreiben ihres Hamburger Anwalts Gustav Uhde behauptete sie gar, nicht einmal den Namen ihres Verteidigers erfahren zu haben und auch nicht zu wissen, ob Munro jemals ein Gnadengesuch für sie eingereicht habe: „My client does neither know the name of her counsel, nor has she ever received a charge-sheet, she says. She does not know, either, whether or not her counsel filed a petition for review after the trial."[310] Gegen diese Unterstellung einer vollkommen unzureichenden Verteidigerarbeit legten die britischen Militärbehörden allerdings scharfen Protest ein. Die Behauptung, Hempel ha-

---

309 IWM, Private Papers of Major T C M Winwood, Box P420-21, „Over their shoulder: Recollections of a British War Crimes Trial in Europe by Maj. T.C.M. Winwood", undatiert.

310 NA, WO 309/ 427, Bl. 153, Dr. Gustav Uhde an die War Crimes Groupe HQ, BAOR, Bad Oeyenhausen vom 15. Oktober 1947.

be nicht einmal den Namen ihres Verteidigers gekannt, ist in der Tat unglaubwürdig; sie hätte sich dafür während des mehrmonatigen Prozesses sprichwörtlich die Ohren zuhalten müssen. Das Antwortschreiben macht zudem deutlich, dass eine Geringschätzung der britischen Offiziere, die als Verteidiger fungiert hatten, nicht geduldet werden würde: „The suggestion that the accused never got a charge-sheet should be treated with the utmost reverse. It should be born in mind that at the time defending counsels were British Officers, fully conversant with the law and fully qualified members of the profession."[311]

Andere Beschwerden, die allesamt jeweils erst in Gnadengesuchen oder in Bitten um einen Haftreduzierung, nicht jedoch unmittelbar nach Prozessende formuliert wurden, beinhalten hingegen keine so grundsätzliche Kritik. Spätere Petition und Gnadengesuche reichten ausschließlich deutsche Rechtsanwälte für die Verurteilten ein, nicht aber mehr die ursprünglichen britischen Verteidiger. Die meisten deutschen Anwälte argumentierten, ihren britischen Kollegen seien Beweise zur Entlastung schlicht (noch) nicht zur Verfügung gestanden oder sie wären nicht auf die Idee gekommen, bestimmte Argumente vorzutragen. Darauf, die Leistung der britischen Offiziere als Verteidiger prinzipiell in Abrede zu stellen, wurde indes verzichtet.[312]

Persönliches Interesse von Seiten der britischen Offiziere am weiteren Schicksal ihrer Mandanten, das über eine couragierte Verteidigung vor Gericht hinausging, findet sich indessen kaum. Vorherrschend war eine beruflich-professionelles Pflichtgefühl als „Defending Officer"[313], das die Offiziere in ihrer Arbeit als Verteidiger auszeichnete, nicht aber eine persönliche Anteilnahme.[314] Vor Gericht führten sie unterschiedlichste Entlastungsargumente für ihre Mandanten auf, auch mit Einfühlungsvermögen

---

311 Ebenda, Bl. 155, Schreiben der War Crimes Groupe HQ, BAOR, Bad Oeyenhausen an Gustav Uhde vom 28. Oktober 1947.

312 Beispielsweise argumentierte der ehemalige Feldwebel Rolf J. Brinkmann, verurteilt zu lebenslanger Haft, über Jahre hinweg, sein Verteidiger Capt. F. H. G. H. Goodhart hätte entscheidende Informationen zu seiner Verteidigung zum Zeitpunkt des Prozesses nicht zur Verfügung gehabt. Zum Prozess gegen Brinkmann vgl. Kap. III.2.2.1.e).

313 NA, WO 235/ 102A-B, Proceedings of the trial, Vierter Tag, Schlussplädoyer von Lt. Ellison, S. 53.

314 Unglaubwürdig ist etwa die von der Schwester der im ersten Bergen-Belsen-Prozess angeklagten Irma Grese überlieferte Geschichte, wonach der Verteidiger Major Cranfield von dem Todesurteil gegen Grese derart erschüttert gewesen sei, dass er vor deren Zellentür in Tränen ausbrach. Vgl. Cramer, Belsen Trial 1945, S. 153.

für die spezifische Lage, unter denen diese gehandelt hatten und unter denen die angeklagten Taten geschehen waren. Doch dieses Engagement endete in aller Regel mit Verkündigung des Urteils. Eine rare, nicht repräsentative Ausnahme stellt hier der weit über das Prozessende hinausreichende Versuch von Major R. E. T. Birch dar, eine Strafreduzierung für seinen ehemaligen Mandanten Johannes Oenning zu erwirken. Aus eigenem Antrieb verfasste Birch eine erneute Eingabe an die Militärbehörden, in der er vor allem aufgrund des jugendlichen Alters des Verurteilten (zum Prozesszeitpunkt war Oenning gerade einmal 15 Jahre alt) um größtmögliche Nachsicht bat.[315] Auch wenn diese Bemühungen erfolglos blieben, zeigt das Beispiel Birchs, dass die Verteidigertätigkeit für manchen britischen Offizier mehr war als nur eine schnell vergessene Erfüllung leidiger Pflichtaufgaben.

Für manche der Offiziere hatte, zumindest in der Selbstwahrnehmung, die Arbeit als Wahl-Pflicht-Verteidiger negative Konsequenzen. Aufschlussreich sind hier erneut die Aufzeichnungen von Major Winwood:

> Some of us had our Demobilization postponed. One of the solicitors had to give up his partnership in a Golders Green practice after complaints from some of their Jewish clients. I, myself, was strongly criticized on three occasions by (i) a Question in Parliament, (ii) a leading article in *Pravda* and (iii) the British Board of Jewish Deputies. This latter occasion was upsetting because I had been working in London, Frankfurt and Vienna for Jewish refugees in 1938/39. I answered all of these by pointing out that I was not in any way expressing my own views but those of my clients.[316]

Neben der kritischen Einflussnahme jüdischer Opfer- und Interessengruppen, die das Gefühl der Zerrissenheit zwischen anwaltlicher Pflicht und persönlichem Wertempfinden gesteigert haben dürfte, waren demnach berufliche wie private Nachteile als Folge der Verteidigung mutmaßlicher deutscher Kriegsverbrecher nicht auszuschließen. Auch wenn die von Winwood aufgezählten Beeinträchtigungen Einzelfälle gewesen sein mögen, betraf eine verzögerte Demobilisierung mit großer Wahrscheinlichkeit auch weitere Offiziere.

Die Gründe, warum sich deutsche Angeklagte für einen britischen Wahl-Pflicht-Verteidiger entschieden, können letztlich nur vermutet wer-

---

315 Zum Prozess gegen Johannes Oenning vgl. Kap. III.2.2.1.d).
316 Ebenda, Box P420-21, „Over their shoulder: Recollections of a British War Crimes Trial in Europe by Maj. T.C.M. Winwood", undatiert (Herv. i. Orig.).

den. Die fundamentale Diskreditierung der deutschen Justiz im national-sozialistischen Unrechtsstaat auch in den Augen vieler Zeitgenossen kann dazu ebenso beigetragen haben wie jenes pragmatisch-opportunistische Denken, das Major Winwood in die Worte fasste: „If you can't beat 'em, join 'em".[317] Mit zunehmendem Abstand zum Krieg schwächten sich diese Impulse jedoch ab. Dabei ist auch der schleichende, wiewohl unverkennbare Wandel hin zu einer immer kritischeren Perzeption der Kriegsverbrecherprozesse seitens der deutschen Bevölkerung der britischen Besatzungszone zu berücksichtigen. Dieser Wandel hatte auch Auswirkungen auf das Verhalten von deutschen Verteidigern vor Gericht, wie eine Beobachtung des mehrmals als Ankläger eingesetzten Majors Dromgoole vom 6. Februar 1947 nahelegt:

> I noticed a considerable change in the attitude of the German counsel; those I have come up against so far have been somewhat shy before British courts but the counsel at Brunswick were in no way shy and I heard all the usual stories that the German people did not know what was going on in their country and the plea that in the last years of the war in any case the treatment meted out to Allied nationals was un-avoidable.[318]

Diese Beobachtung eines zunehmend selbstbewussten Auftretens von deutschen Rechtsanwälten vor britischen Militärgerichten mit fortschreitender Dauer der justiziellen Kriegsverbrecherverfolgung blieb nicht ohne Wirkung auf die Stellung der britischen Verteidiger. Es trägt auch zur Erklärung bei, warum britische Offiziere ausschließlich in frühen Prozessen als Verteidiger auftauchen. Offenbar kamen deutsche Angeklagte mutmaßlicher Kriegsverbrechen mehr und mehr zur Überzeugung, mit deutschen Rechtsanwälten, die sich die britischen Verfahrensregeln inzwischen angeeignet hatten und von denen sie keine Sprachbarriere trennte, bessere Chancen auf einen für sie positiven Prozessausgang zu haben. Kaum zufällig findet sich nach 1946 kein einziger britischer Offizier mehr als Verteidiger von deutschen Angeklagten in den Militärgerichtsprozessen in der britischen Besatzungszone.

---

317 IWM, Private Papers of Major T. C. M. Winwood, Box P420-21 „Over their shoulder: Recollections of a British War Crimes Trial in Europe by Maj. T. C. M. Winwood", undatiert.

318 Zitiert nach: Bessmann/Buggeln, Befehlsgeber und Direkttäter vor dem Militärgericht, S. 541.

2. *Verfahrensdurchführung und Prozessverlauf*

„This is a political, not a legal, issue, and should be dealt with as such."[319]

Trotz aller andauernden Probleme bei der administrativen Durchführung der Militärgerichtsprozesse und der offensichtlichen Personalknappheit auf dem Festland, setzte sich letztendlich immer wieder die Überzeugung durch, dass die Ahndung von nationalsozialistischen Verbrechen prinzipiell moralisch geboten und somit politisch notwendig sei. Ein rascher Abschluss der Kriegsverbrecherprozesse spielte, wie gezeigt, in den Planungen der britischen Regierung zwar seit jeher eine prominente Rolle, gleichzeitig galt jedoch die Maxime: Strafe muss sein![320] Die prozentuale Verteilung der Prozesse unter Beteiligung britischer Offiziere als Verteidiger in drei Gruppen – erstens 25 Prozesse wegen Verbrechen an Kriegsgefangenen und Zivilisten[321]; zweitens acht KZ-Prozesse und Verfahren wegen Straftaten im Zusammenhang mit sogenannten Gewaltmärschen; drittens ein Prozess wegen Kriegsverbrechen auf hoher See – erklärt sich vorrangig aus der implizit immer mitgedachten und spätestens ab Mitte 1946 an den Militärapparat in Deutschland auch explizit ausgegebenen Order, „[to] concentrate on cases involving British victims".[322]

Die politische Dimension der britischen Kriegsverbrecherprozesse sollte aus diesem Grund keinesfalls unterschätzt werden. Britischen Regierungsbeamten, die sich mit der Vorbereitung solcher Prozesse befassten, stand dies schon während des Kriegs klar vor Augen. So beschrieb Roger Allen vom *Dominions and Intelligence Department* bereits 1942 das Problem der Strafverfolgung nationalsozialistischer Verbrechen als eine vorrangig politische Frage: „This is a political, not a legal, issue, and should be dealt with as such."[323] Seine Einschätzung bezog sich dabei auf eine Anfrage von Le-

---

319 NA, FO 371/ 30920 C10560, Schreiben Roger Allen vom 9. November 1942.

320 Vgl. zur Abwägung zwischen gewünschter Schnelle der Verfahren und der notwendigen Ahndung schwerster Kapitalverbrechen auch: Jones, British Policy towards 'minor' Nazi War Criminals, S. 218–219.

321 Eine eindeutige Grenze zwischen Kriegsgefangenen und Zivilisten – zumeist Zwangsarbeitern – unter den Opfern in den untersuchten britischen Militärgerichtsprozessen zu ziehen, ist oftmals schwierig, da es zahlreiche Fälle gab, in denen POW, oftmals aus Osteuropa stammend, auch für Zwangsarbeiten herangezogen wurden. Die in den Prozessmitschriften überlieferten Angaben reichen für eine eindeutige Zuordnung oftmals nicht aus.

322 NA, FO 371/ 57529 U968, Schreiben Außenminister Ernest Bevin an Premierminister Clement Attlee vom 5. Februar 1946.

323 NA, FO 371/ 30920 C10560, Schreiben Roger Allen vom 9. November 1942.

on Rosengarten, Sekretär des *Jewish Aid Committee for Emigration* in Zürich, an Churchill wegen der Ankündigung des Lord Chancellors Simon vom 7. Oktober 1942, dass alle Verbrechen an alliierten Personen vor Gericht verfolgt werden würden. Rosengarten wollte wissen, ob diese Deklaration auch Verbrechen an den staatenlos gewordenen Juden, vormals Deutsche, Österreicher oder Rumänen, miteinschloss. Der Kommentar Allens zeigt exemplarisch, dass die Briten die mit dem Zweck der juristischen Aufarbeitung deutscher Kriegsverbrechen verbundene Intention nicht als „interne Angelegenheit" der Justizbehörden betrachteten, sondern als politische Weichenstellung für die Gestaltung der Zeit nach dem Krieg.[324]

Wie beschrieben, zeigten die verschiedenen von britischen Militärgerichten angeklagten Straftaten eine große Bandbreite. Neuartige Verbrechensstraftatbestände – insbesondere bei gemeinschaftlich begangenen Verbrechen – prallten in der Auseinandersetzung zwischen Anklage und Verteidigung ebenso aufeinander wie bei der Bewertung von gleichsam „klassischen" Kriegsverbrechen an feindlichen Soldaten. Gegenstand, Ablauf, Gemeinsamkeiten und Unterschiede der Prozesse mit britischen Verteidigern werden im Folgenden näher betrachtet.

2.1. Militärgerichtsprozesse wegen Verbrechen in Konzentrationslagern und auf Gewaltmärschen

Zusammengenommen finden sich acht KZ- bzw. Gewaltmarsch-Prozesse, bei denen britische Offiziere Angeklagte vertraten und somit das öffentliche Bild dieser Angeklagten – jedenfalls vor Gericht – maßgeblich beeinflussten. Die hervorstechendsten Prozesse waren fraglos die Verfahren wegen Verbrechen in Konzentrationslagern. Nicht nur das Ausmaß und die menschenverachtende Brutalität der in diesen Prozessen angeklagten Verbrechen stellte alle mit der juristischen Aufarbeitung befassten Personen und Institutionen vor ganz neue Herausforderungen. Hinzu kam, dass diese Art von Untaten eine Anpassung der Beweisvorlageregelungen erforderte. Dies sollte sich in den Verfahren immer wieder zeigen. Augenzeugen individueller Taten waren entweder nicht mehr am Leben, aufgrund der durchlittenen Strapazen schwerst traumatisiert und hatten Erinnerungslücken oder aber vielfach schlichtweg nicht mehr ausfindig zu ma-

---

324 Zur Kategorisierung der britischen Militärgerichtsprozesse als „Politische Prozesse", siehe auch Kap. V.

chen. Dies hatte seinen Grund darin, dass sie Deutschland entweder verlassen hatten, ihre Identität nicht genau bekannt war oder es aufgrund der schwierigen logistischen Zustände einfach nicht möglich war, sie als Zeugen vor Gericht zu präsentieren.

Unter Beteiligung britischer Offiziere als Verteidiger wurden neben dem gut erforschten ersten Bergen-Belsen-Prozess noch drei weitere Militärgerichtsprozesse mit Bezug auf Straftaten im KZ Bergen-Belsen durchgeführt. Alle Angeklagten in diesen Verfahren waren ehemalige ungarische Soldaten. Mit Vorgängen im KZ Sachsenhausen befasste sich ein weiterer britischer Militärgerichtsprozess. Angeklagt war dort ein ehemaliger Funktionshäftling aus dem sogenannten Strafkommando und KZ-Außenlager Klinkerwerk.

In drei Prozessen mit britischen Verteidigern hatten sich ehemalige deutsche Soldaten für ihre Handlungen auf Gewaltmärschen zu verantworten. Die überstürzten Evakuierungen aus dem Osten, erzwungen durch die stetig näher rückende Rote Armee, mündeten vielfach in faktische Todesmärsche. So auch im Fall der vormaligen Soldaten Arno Heering, Willi Mackensen und Wilhelm Menzel, die alle in leitenden Positionen für die auf den jeweiligen Marschkolonnen mitgeführten Kriegsgefangenen verantwortlich waren. Obwohl in diesen drei Verfahren sehr ähnliche Kriegsverbrechen angeklagt waren, weisen sowohl der Verfahrensgang wie auch die Urteile und verhängten Strafen die größte Streuung unter allen nachfolgend genannten Prozessgruppierungen auf.

Vor dem Hintergrund der gelockerten Beweisvorlageregeln des *Royal Warrant*[325] verfuhren die Militärgerichte im Hinblick auf die Zulässigkeit von Beweismittel zwar ausgesprochen großzügig, allerdings schwankte der Wert, den die Gerichte vor allem Affidavits zumaßen, erheblich. Das Argument, die gegen ihre Mandanten vorgelegten Affidavits seien zweifelhaft, unglaubwürdig oder schlicht nichtssagend, brachten britische Verteidiger in vielen Prozess vor, wobei der Erfolg dieses Einwands stark von der Art der angeklagten Verbrechen abhing. Bemerkenswerterweise zeigte das Argument in den KZ-Prozessen besonders große Wirkung. Hier positionierten sich, wie im Folgenden gezeigt wird, die Gerichte oftmals ausgesprochen skeptisch zur Bedeutung, die Affidavits beigemessen wurde.[326]

---

325 Vgl. Kap. II.4.
326 Nicht zufällig wurden, abgesehen vom ersten Bergen-Belsen-Prozess, die Angeklagten in allen KZ-Verfahren mit britischen Offizieren als Wahl-Pflicht-Verteidiger freigesprochen. Konträr dazu führte ein und dieselbe Verteidigungstaktik in den Prozessen wegen Verbrechen an polnischen Zwangsarbeitern (Vgl. Kap.

2.1.1. KZ-Prozesse

a.) „They are all lying. These people exaggerated and made an elephant out of a small fly."[327] – Der Bergen-Belsen-Prozess gegen Josef Kramer und 44 weitere Personen

Mit dem ersten britischen „Militärtribunal"[328], dem ersten Bergen-Belsen-Prozess, hatten sich unter den Augen einer entsetzen Weltöffentlichkeit insgesamt 44 Angehörige des ehemaligen Lagerpersonals der Konzentrationslager Auschwitz und Bergen-Belsen vor Gericht zu verantworten. John Cramer hat das Verfahren treffend als „öffentlichen Großprozess"[329] bezeichnet. Neben dem Kommandanten Josef Kramer waren Personen der verschiedensten Hierarchiestufen innerhalb der Lager, darunter auch elf ehemalige Funktionshäftlinge, angeklagt. Auffällig ist mit insgesamt 16 Frauen, sowohl SS-Aufseherinnen wie auch Funktionshäftlinge, die hohe Anzahl weiblicher Angeklagter. Das erregte sowohl zeitgenössisch erhebliche Aufmerksamkeit[330] wie auch besondere Beachtung durch die gender-

---

III.2.2.3.) in keinem einzigen Fall zu einem Freispruch, auch dann nicht, wenn die Anklage sich ausschließlich auf Affidavits stütze. Dies zeigt besonders drastisch, dass die Wirkung einer bestimmten Verteidigungsstrategie ganz maßgeblich vom Typ der angeklagten Verbrechen abhängen konnte.

327 Kreuzverhör von Irma Grese durch Col. Backhouse, in: Phillips, The Belsen trial, S. 259.

328 Cramer, Belsen Trial 1945, S. 9. Für weitere Forschungliteratur zum ersten Bergen-Belsen-Prozess vgl. Phillips, The Belsen trial; Schekahn, Hans-Jürgen, Briten und Belsen. Die ersten Monate nach der Befreiung, in: Kriegsende und Befreiung (1995); Orth, Karin, Die Konzentrationslager-SS. Sozialstrukturelle Analysen und biographische Studien, München 2004. Zur Geschichte des KZs Bergen-Belsen liegen zwei Monografien vor: Kolb, Eberhard, Bergen-Belsen. Geschichte des „Aufenthaltslager" 1943–1945, Hannover 1962, und Wenck, Alexandra-Eileen, Zwischen Menschenhandel und „Endlösung" das Konzentrationslager Bergen-Belsen, Paderborn, München 2000. Die Prozessprotokolle sind online zugänglich unter URL: http://www.legal-tools.org/en/go-to-database/ltfolder/0_27328/#results (letzter Aufruf: 10.03.2019).

329 Cramer, Belsen Trial 1945, S. 391.

330 Besonders die jüngste Angeklagte Irma Grese stand im Fokus der Öffentlichkeit und wurde zunehmend zum symbolhaften Schreckensbild der sadistischen KZ-Aufseherin, die im übertragenen Sinn und wortwörtlich über Leichen gegangen sei. Ihr Aussehen trug hierzu in erheblichem Maße bei, entsprach sie doch – im Gegensatz zu ihren Mitangeklagten – dem Klischeebild einer „großen, blonden, blauäugigen Deutschen". Vgl. Cramer, Belsen Trial 1945, S. 284–298; Cramer, John, „Tapfer, unbescholten, mit reinem Gewissen". KZ-Aufseherinnen im ersten Belsen-Prozess eines britischen Militärgerichts, in: Simone Erpel (Hrsg.), Im Ge-

geschichtliche Forschung.[331] Die Auswahl der Angeklagten erfolgte dabei weniger nach systematischen Gesichtspunkten, etwa Funktion und Tätigkeit im KZ, sondern vielmehr pragmatisch: Entscheidend war, wer sich überhaupt in britischem Gewahrsam befand und gegen wen ehemalige KZ-Häftlinge konkrete Vorwürfe erhoben.

In der genau zwei Monate andauernden Verhandlung kamen „die in nationalsozialistischen Konzentrations- und Vernichtungslagern begangenen Verbrechen erstmalig und ausführlich zur Sprache"[332], wobei sich sowohl die Anklage als auch die Verteidigung nicht nur mit einem bis dahin völlig unbekannten Ausmaß menschenverachtender Verbrechen konfrontiert sahen. Beide Seiten waren zudem vor die überaus diffizile Aufgabe gestellt, diese Verbrechen erstmalig in justiziell handhabbare Begriffe und Kategorien zu bringen.

Die Anklageschrift kombinierte die im Konzentrationslager Bergen-Belsen und dem Vernichtungslager Auschwitz verübten Verbrechen zu einer

---

folge der SS. Aufseherinnen des Frauen-KZ Ravensbrück. Begleitband zur Ausstellung, Berlin 2007, S. 103–113; Jaiser, Constanze, Irma Grese. Zur Rezeption einer KZ-Aufseherin, in: Simone Erpel (Hrsg.), Im Gefolge der SS, S. 338–346, sowie die weiteren Beiträge in: Simone Erpel (Hrsg.), Im Gefolge der SS. Aufseherinnen des Frauen-KZ Ravensbrück. Begleitband zur Ausstellung, Berlin 2007.

331 Vgl. Weckel, Ulrike/ Wolfrum, Edgar (Hrsg.), Bestien und Befehlsempfänger. Frauen und Männer in NS-Prozessen nach 1945, Göttingen 2003; Distel, Barbara, Frauen in nationalsozialistischen Konzentrationslagern. Opfer und Täterinnen, in: Benz, Wolfgang/Distel, Barbara (Hrsg.), Der Ort des Terrors. Geschichte der nationalsozialistischen Konzentrationslager, Bd. 5: Hinzert, Auschwitz, Neuengamme, München 2007, S. 195–209, hier S. 203–207; Taake, Angeklagt; Füllberg-Stolberg, Claus (Hrsg.), Frauen in Konzentrationslagern. Bergen-Belsen, Ravensbrück, Bremen 1994; Schwarz, Gudrun, „… möchte ich nochmals um meine Einberufung als SS-Aufseherin bitten." Wächterinnen in den nationalsozialistischen Konzentrationslagern, in: Barbara Distel/Wolfgang Benz (Hrsg.), Frauen im Holocaust, Gerlingen 2001, S. 331–353. Die Genderforschung in Bezug auf KZ-Aufseherinnen hat sich zudem besonders mit dem Ravensbrück-Prozess beschäftigt, vgl. Taake, Claudia, Angeklagt. SS-Frauen vor Gericht, Oldenburg 1998; Kretzer, Anette, NS-Täterschaft und Geschlecht. Der erste britische Ravensbrück-Prozess 1946/47 in Hamburg, Berlin 2009; Heise, Ljiljana, KZ-Aufseherinnen vor Gericht. Greta Bösel – „another of those brutal types of women"?, Frankfurt/M. 2009; Schäfer, Silke, Zum Selbstverständnis von Frauen im Konzentrationslager. Das Lager Ravensbrück, Berlin 2002, URL: http://webdoc.sub.gwdg.de/ebook/diss/2003/tu-berlin/diss/2002/schaefer_silke.pdf (letzter Aufruf: 10.03.2019).

332 Cramer, Belsen Trial 1945, S. 391.

gemeinsamen Anklage,[333] da die meisten Angeklagten zumindest zeitweise an beiden Orten eingesetzt gewesen waren.[334] Wichtigste Voraussetzung, um die Verbrechen in Konzentrationslagern überhaupt strafrechtlich verfolgen zu können, war für die britischen Anklagebehörden die Annahme einer Kollektivstrafbarkeit, die in den britischen Militärgerichtsprozessen erstmals in der justiziellen Praxis eingesetzt wurde.[335] Explizit genannt wurden als Teil dieser Strategie in der Anklageschrift die Verbrechen in den beiden Konzentrationslagern als Teil einer *concerted action*.[336] Subsumiert unter der sehr zurückhaltend formulierten Formel: „responsible for the well being of the persons interned there"[337], wurde den Angeklagten alle begangenen Verbrechen als Verletzung dieser Fürsorgepflicht vorgeworfen.

Diese vor allem aus Sicht der überlebenden, ehemaligen KZ-Insassen äußerst euphemistisch wirkende Formel barg ob ihrer sehr allgemeinen Gestalt aber erhebliche Schwierigkeiten für die Anklage in sich. Es war schlichtweg nicht klar, inwieweit das Gericht eine Strafbarkeit bejahen würde, wenn die Verbrechen in den Konzentrationslagern Auschwitz und Bergen-Belsen ausschließlich bewiesen wurden, indem den Angeklagten die gemeinschaftliche Beteiligung an einem System zur Unterdrückung, Terrorisierung und Ermordung der Häftlinge nachgewiesen wurde. Die Anklage präsentierte ihre Beweisführung als *prima facie*-Fall.[338] Das hieß,

---

333 Phillips, The Belsen trial, S. 4–5; Cramer, Belsen Trial 1945, S. 119.

334 Bis auf einen weiblichen Kapo, Stanislawa Starostka, wurden alle Beschuldigten wegen gemeinschaftlich begangener Misshandlungen mit Todesfolge im KZ Bergen-Belsen angeklagt. Zusätzlich warf die Staatsanwaltschaft Kramer, Klein, Weingärtner, Hoessler, Bormann, Volkenrath, Grese, Ehlert, Lothe, Lobauer und Starostka auch Kriegsverbrechen in Auschwitz vor.

335 Cramer, Belsen Trial 1945, S. 117–119.

336 Die Formulierung lautete: „[W]ere together concerned as parties to the ill-treatment", Phillips, The Belsen trial, S. 4.

337 Ebenda.

338 Als Methode der mittelbaren Beweisführung konnten mithilfe des Prima-Facie- oder Anscheinsbeweises Schlüsse von bereits bewiesenen Tatsachen auf erst noch zu beweisende gezogen werden. Damit wurde dem Gericht ermöglicht, von einem Geschehen voll und ganz überzeugt zu sein, auch wenn es nicht (mehr) möglich war, alle Einzelheiten eines Geschehens genau zu rekonstruieren. Ausführlich dazu: Hole, Gerhard, Der prima facie-Beweis und seine Übertragbarkeit in das Strafverfahrensrecht, Tübingen 1963; Wassermeyer, Heinz, Der prima facie Beweis und die benachbarten Erscheinungen. Eine Studie über die rechtliche Bedeutung der Erfahrungssätze, Münster 1954; Buciek, Klaus D., Beweislast und Anscheinsbeweis im internationalen Recht. Eine Untersuchung zum Grundsatz des „Verfahrens nach eigenem Recht", Bonn 1984.

Beweise für die in Auschwitz und Bergen-Belsen begangenen Verbrechen wurden als gegeben vorausgesetzt. Folglich wurde alle 44 Angeklagte als Mitglieder des KZ-Personals beschuldigt, als Teil einer *concerted action* in ein und derselben Weise an diesen Verbrechen beteiligt gewesen zu sein.[339]

Der Ankläger Colonel Thomas M. Backhouse argumentierte gar, dass durch die Teilnahme an eben diesem verbrecherischen System den Angehörigen des KZ-Personals gar nicht mehr erst ein individuelles Verbrechen nachgewiesen werden müsse; vielmehr, so Backhouse, müsse die Verteidigung erst die Unschuld eines jeden einzelnen Angeklagten beweisen.[340] Dies hätte im Sinne einer Umkehr der Beweislast die im englischen Recht verankerte Unschuldsvermutung praktisch abgeschafft, ja geradezu in ihr Gegenteil verkehrt.[341]

Obwohl in der Anklageschrift genau dieser Standpunkt der kollektiven Strafbarkeit vertreten wurde, verfolgte der Ankläger Colonel Backhouse im Verhandlungsverlauf trotzdem eine „Doppelstrategie"[342]: Dem Nachweis eines verbrecherischen Gesamtkomplexes sollte der Beweis der Einzelschuld eines jeden Angeklagten zur Seite gestellt werden. In den Urteilen des ersten Bergen-Belsen-Prozesses zeigte sich schließlich, dass vom Gericht ein positiver Nachweis einer strafbaren Handlung individuell für den einzelnen Angeklagten gefordert wurde.[343]

Die Verteidigung der Angeklagten wurde von elf britischen und einem polnischen Verteidiger, die jeweils zwischen zwei und sechs Angeklagte vertraten, übernommen.[344] Im Verlauf des Verfahrens kam auf Seiten der Verteidigung zusätzlich ein Sachverständiger für internationales Recht, der Londoner Professor für Völkerrecht H. A. Smith, hinzu.[345] Das gute Einvernehmen der zahlreichen Verteidiger im ersten Bergen-Belsen-Prozess

---

339 Zur Strategie der Staatsanwaltschaft: Cramer, Belsen Trial 1945, S. 131–135.
340 Ebenda, S. 132.
341 Honig, Kriegsverbrecher vor englischen Militärgerichten, S. 24.
342 Cramer, Belsen Trial 1945, S. 133.
343 Vgl. ebenda, S. 132
344 Als Verteidiger traten auf Major T. C. M. Winwood, Major A. S. Munro, Major L. S. W. Cranfield, Captain D. F. Roberts, Major C. Brown, Captain J. H. Fielden, Captain B. W. Corbally, Captain A. H. S. Neave, Captain J. R. Phillips, Captain J. M. Boyd, Captain D. E. Munro und Lieutenant A. Jedrzejowicz.
345 Die Hauptaufgabe von Smith bestand in der Beratung der Verteidiger in Verfahrensfragen. Außerdem lieferte er längere theoretische Ausführungen, die die Zulässigkeit mehrerer Anklagepunkte in Zweifel zogen. Bereits zu Beginn des Prozesses hatte Major Cranfield in Abstimmung mit den übrigen Verteidigern eine Eingabe an das Gericht gemacht, in der er um die Dienste von Experten für Internationales Recht ersuchte. Namentlich wollte die Verteidigung Prof.

verweist dabei auf ein allgemeines Charakteristikum der britischen Militärgerichtsprozesse: In aller Regel arbeiteten die verschiedenen Verteidiger der einzelnen Angeklagten gut zusammen und sprachen sich über ein gemeinsames Vorgehen ab. In seinen Erinnerungen lobte Major Winwood einen seiner Verteidigerkollegen geradezu überschwänglich: „We had little time to formulate a coherent defence policy beyond agreeing that we would put forward a joint objection to the jurisdiction and other legal matters at the opening of the trial and, indeed, from time to time during the trial, Captain J. R. Phillips, [...] brilliantly undertook the task."[346]

Der erste Einspruch aller Verteidiger für die Gesamtheit ihrer Mandanten galt der kombinierten Anklage von Verbrechen sowohl in Auschwitz wie auch in Bergen-Belsen und der Behauptung, die verübten Verbrechen seien im Zuge einer *concerted action* begangen worden. Argumentiert wurde, dass eine Verknüpfung der Anklagen für das massenhafte Sterbenlassen von Häftlingen im KZ Bergen-Belsen und die systematische Ermordung in Auschwitz unzulässig sei, da die Verbrechensumstände beider Lager zu unterschiedlich gewesen seien, um als vergleichbar gelten zu können. Zudem befürchtete die Verteidigung Nachteile für diejenigen Angeklagten, die „nur" für Vergehen in Bergen-Belsen belangt wurden – schienen die im KZ Auschwitz begangenen Untaten jene in Bergen-Belsen doch gleichsam in den Schatten zu stellen.[347] Der Antrag auf Trennung der Verfahren wurde vom Gericht jedoch ohne Begründung abgelehnt. Es folgte damit wahrscheinlich dem Hinweis des Anklägers, dass die beiden Anklagepunkte im Wortlaut nahezu identisch waren.[348] Wie schon die Ermittlungsbehörden im Vorfeld des Prozesses und die Anklage erkannte auch das Gericht offenbar keine ersichtlichen Unterscheidungen zwischen Konzentrationslagern und Vernichtungslagern.[349]

Bei den internationalen Beobachtern des Prozesses entstand durch unmittelbar zu Prozessbeginn eingebrachte Vorbehalte von Seiten der Vertei-

---

Lauterpacht (Universität Cambridge) und Prof. Brierly (Universität Oxford) zur Unterstützung, da die Verteidiger mit Internationalem Recht, das ihrer Einschätzung nach vor diesem Gericht zur Anwendung kommen würde, nicht ausreichend vertraut waren. Das Gericht lehnte dies allerdings ab. Vgl. Phillips, The Belsen trial, S. 4–7.

346 IWM, Private Papers of Major T C M Winwood, Box P420-21, „Over their shoulder: Recollections of a British War Crimes Trail in Europe by Maj. T.C.M. Winwood", undatiert.
347 Phillips, The Belsen trial, S. 7–12.
348 Ebenda, S. 12, 14. Siehe auch Law Reports, Vol. II, S. 5–7.
349 Cramer, Belsen Trial 1945, S. 137.

digung allerdings der verheerende Eindruck einer grundsätzlichen Verzögerungstaktik zur Verschleppung des Verfahrens.[350] Auf der anderen Seite steuerte das Gericht dem potenziellen Vorwurf der „Siegerjustiz" durch den großen Spielraum, den es den Eingaben der Verteidigung einräumte, wirksam entgegen. Die Verteidigung ließ sich allerdings durch die zunächst erfolglosen Einsprüche nicht darin beirren, die „rechtliche Grundlage des Verfahrens in Zweifel zu ziehen".[351] Die Strategie der Verteidigung arbeitete damit gewissermaßen vom Großen zum Kleinen: Neben der grundsätzlichen Infragestellung der Legitimität zumindest einzelner Anklagepunkte und der von der Anklage daraus gezogenen Schlussfolgerungen wurde bezweifelt, dass überhaupt strafrechtlich relevante Handlungen geschehen seien. Sofern dies, was wahrscheinlich erschien, vom Gericht nicht zurückgewiesen wurde, führte die Verteidigung spezielle Rechtfertigungen für die Handlungen der Angeklagten an, die zeigen sollten, dass keine Rechtswidrigkeit vorlag. Zudem wurde angezweifelt, dass gerade einzelne Angeklagte strafbare Verbrechen begangen hatten, und zuletzt noch die Frage, ob die Täter für ihre Handlungen verantwortlich gemacht werden konnten oder ob ihnen ein Vorsatz nachzuweisen war.[352]

Das Mittel der Wahl für die Entlastung der Angeklagten war für die Verteidigung die durchgängige Diskreditierung der Glaubwürdigkeit der Lagerüberlebenden, die sich als Zeugen auch dem Kreuzverhör zu stellen hatten.[353] Zur Rechtfertigung des Verhaltens der Beschuldigten arbeitete die Verteidigung mit Befehlsnotstandsargumenten oder dem angeblich geringen Wissens- und Bildungsniveau der Angeklagten,[354] um entweder die Verantwortung für oder gar das Wissen um die Verbrechen auf andere abzuwälzen.

Die „Frage der Befehlsverbindlichkeit"[355] wurde zwischen Verteidigung und Anklage vor allem im Hinblick auf die Anpassung des § 443 des MML zur strafrechtlichen Verantwortung für verbrecherische Befehle von Befehlsgebenden und Befehlsausführenden hitzig diskutiert. Die Behandlung der Überlebenden des Lagerterrors, die während des Prozesses als Zeugen

---

350 Vgl. ebenda, S. 137–138.
351 Ebenda, S. 139.
352 Zur Aufstellung der verschiedenen Verteidigungsstrategien vor Gericht vgl. ebenda, S. 136.
353 Ebenda, S. 202.
354 Ebenda, S. 399. Vom Gericht und dem *Judge Advocate* Sterling wurden diese Verteidigungsargumente wiederholt abgelehnt und nicht als Entlastungsgründe anerkannt.
355 Ebenda, S. 142.

vor Gericht auftraten und damit auch von den Verteidigern ins Kreuzverhör genommen wurden, fand bei den meisten Prozessbeobachtern ein sehr kritisches Echo. Nicht wenige empörten sich offen über die Methoden der Verteidigung.[356]

Die Selbsteinschätzung der Verteidiger, dass es nicht ihre Aufgabe sei, die Zeugen, vielfach von ihren erlittenen Qualen schwer gezeichnet, zu schonen, zeigt exemplarisch eine für alle seine Verteidigerkollegen abgegebene Äußerung von Major Cranfield vom 16. Oktober 1945. Er erklärte zu den Methoden der Verteidigung beim Kreuzverhör von ehemaligen KZ-Häftlingen lapidar: „We all realize that they had been imprisoned for a long time, in a way which we consider unjust, and under deplorable conditions, but this is a Court of justice, not a Court of sentiment."[357] Widersprüche in den Affidavits[358] zu den Aussagen der Opferzeugen vor Gericht legten die Verteidiger darüber hinaus schlicht als Lügen aus; ein Bewusstsein oder gar eine Sensibilität für das durch Unterernährung, Krankheit und Traumatisierung geschwächte Erinnerungsvermögen der KZ-Überlebenden ist in den Akten nicht zu greifen.[359]

Obwohl die Notwendigkeit von Verteidigern für ein rechtsstaatliches, faires Verfahren von den meisten Prozessbeobachtern nicht in Abrede gestellt wurde, galt vielen das Verhalten mehrerer Verteidiger vor Gericht doch als übertrieben bzw. der Schwere und Grausamkeit der angeklagten Verbrechen unangemessen und wurde entsprechend kritisiert.[360]

Die Urteile des ersten Bergen-Belsen-Prozesses erfolgten am 17. November 1945 und hielten für die Öffentlichkeit einige Überraschungen bereit:

---

356 Vgl. ausführlicher Kap. IV.1.
357 Phillips, The Belsen trial, S. 244.
358 Die Rolle, die Affidavits als zulässige Beweismittel in den britischen Militärgerichtsprozessen spielte, war erheblich und führte zwischen Anklage und Verteidigung häufig zu heftigen Auseinandersetzungen. Affidavits sind Schriftstücke, die gleichwertig zu einer Aussage vor Gericht als Beweismittel eingebracht werden konnten, sofern die Zeugen nicht persönlich aussagen konnten, etwa wenn ihr Aufenthaltsort zum Zeitpunkt der Verhandlung nicht mehr zu ermitteln war. Der *Royal Warrant* legte dazu fest: „If any witness is dead or is unable to attend or to give evidence or is, in the opinion of the court, unable or so to attend without undo delay, he Court may receive secondary evidence or statements made by or attributable to such witness." (Royal Warrant, Regulation 8, NA, WO 311/ 8, S. 4.)
359 Die Aussage Abraham Glinowieskis steht hier exemplarisch für die Schwierigkeiten von Überlebenden, die eigenen Erlebnisse in Konzentrationslagern in eine rechtlich verwertbare Sprache zu fassen: „I remember everything, but not the details." Zitiert nach: Phillips, The Belsen trial, S. 107.
360 Vgl. Cramer, Belsen Trial 1945, S. 147.

14 Freisprüche, 19 Freiheitsstrafen und elf Todesurteile[361] sprach das Gericht aus. Alle Strafen wurden bestätigt und die Hinrichtungen nach vier Wochen im Zuchthaus Hameln vollstreckt. Die unerwartet zahlreichen Freisprüche hinterließen unmittelbar nach dem Prozess in der britischen Öffentlichkeit Verwunderung und führten vor allem in Frankreich und Polen zu vehementen Protesten. In Deutschland wurden die Freisprüche hingegen, sofern der Prozessausgang überhaupt wahrgenommen wurde bzw. die Möglichkeit zur Kenntnisnahme bestand, eher mit Genugtuung registriert.[362] Die von der Verteidigung vorgebrachten Entlastungsargumente aufgrund des Handelns auf Befehl bzw. die Einbindung des Einzelnen in eine Befehlskette scheinen vom Gericht angesichts der Urteilsprüche zumindest zur Kenntnis genommen worden zu sein.[363]

b.) „I was told the camp contained criminals who had to be guarded."[364] – Der Prozess gegen Leutnant Ujvary

Unter den weiteren KZ-Prozessen mit britischen Verteidigern sticht eine Gruppe von drei Prozessen gegen Angehörige der ungarischen Truppen im KZ Bergen-Belsen hervor. Allen Angeklagten wurde die Tötung von Häftlingen vorgeworfen, was sich im Verlauf der Verfahren allerdings als äußerst schwierig zu beweisende Anklage herausstellte. Leutnant Ujvary, vormalig Hilfslehrer, der seit acht Jahren in der ungarischen Armee Dienst tat und zum Zeitpunkt der Gerichtsverhandlung 32 Jahre alt war, war mit seiner Einheit nach eigener Aussage im Dezember 1944 nach Bergen-Belsen gekommen. Ungarische Einheiten waren als Teil der Wachmannschaften des Konzentrationslagers[365] dort stationiert. Gesichert ist, dass ungarische Soldaten im Dienst der Wehrmacht kurz vor und nach der Befreiung des

---

361 Zum Tod durch den Strang verurteilt wurden Kramer, Klein, Hoessler, Pichen, Franzioh, Weingärtner, Sträfl, Dörr, Volkenrath, Grese und Bormann. Damit wurden acht von 28 Männern zum Tod verurteilt, darunter ausschließlich ehemalige SS-Angehörige. Von den 16 angeklagten Frauen erhielten drei die Todesstrafe.
362 Cramer, Belsen Trial 1945, S. 397.
363 Ebenda, S. 152.
364 NA, WO 235/ 3, Proceedings of the trial, Zeugenaussage Leutnant Ujvary, S. 14.
365 Vgl. Kolb, Bergen Belsen, S. 162. Benz, Wolfgang/Distel, Barbara (Hrsg)., Der Ort des Terrors. Geschichte der nationalsozialistischen Konzentrationslager, Bd. 7: Wewelsburg, Majdanek, Arbeitsdorf, Herzogenbusch (Vught), Bergen-Belsen, Mittelbau-Dora, München 2008.

KZs Aufsehertätigkeiten von den abziehenden SS-Mannschaften des Lagers übernahmen.

In der gemeinsamen Prozessempfehlung regte der JAG Brigadier Henry Shapcott für Ujvary und einen weiteren ungarischen Soldaten, Leutnant Pato, dezidiert britische Offiziere als Verteidiger an: „In my opinion these accused should be offered the service of an officer with legal qualifications to defend them at their trial."[366] Im Prozess am 3. Dezember 1945 in Celle gegen Ujvary übernahm die Vertretung des Angeklagten denn auch Captain A. H. Bray, ausgebildet als Barrister-at-Law von den 13 Air Formation Signals.

Die Anklage lautete auf Tötung der im KZ Bergen-Belsen inhaftierten alliierten Staatsbürgerin Bella Freundlich am 14. April 1945, dem Tag der Befreiung des Konzentrationslagers durch britische Truppen. Die ersten beiden Zeugen der Anklage standen nicht selbst zur Verfügung, da ihr Aufenthaltsort zu Verhandlungsbeginn unbekannt war. Stattdessen präsentierte der Ankläger dem Gericht zwei Affidavits mit den Aussagen ebendieser Zeugen. Ihre Abwesenheit erwies sich im Verlauf der Verhandlung indes als große Schwierigkeit für die Anklage, da Verteidiger Captain Bray die Aussagekraft von Beschuldigungen, die dem Gericht nur als Schriftstücke vorgelegt werden konnten, generell in Zweifel zog. Auch die geänderten Beweisvorlageregeln im *Royal Warrant* führten offenbar nicht dazu, dass schriftliche Zeugenaussagen in der Form von Affidavits und die tatsächlichen Befragungen von Personen vor Gericht gleichstark berücksichtigt wurden.

Der dritte Zeuge der Anklage, ein Mitglied des No. 1 War Crimes Investigation Teams, der persönlich vor Gericht erschien, berichtete, wie die Cousine des Opfers den Angeklagten in seiner Gegenwart erkannt und als Mörder identifiziert habe. Auch hier bestand jedoch das Problem, dass die Anklage nicht die Hauptbelastungszeugin Vilma Freundlich aufbieten konnte, sondern nur einen gewissermaßen indirekten Bericht über das, was diese vor Gericht hätte aussagen können.

Hatten die ersten beiden Zeugenaussagen bereits erhebliche Schwierigkeiten für den Ankläger mit sich gebracht, seinen Fall plausibel zu belegen, so wurde der vierte Zeuge geradezu zum Desaster: Captain Georg Wiskidensky, ab 13. April 1945 Vorgesetzter von Ujvary, der selbst Kompaniechef gewesen war, berichtete zunächst von den fürchterlichen Zuständen im Lager, um dann konkret auf die Vorwürfe gegen Leutnant Ujvary

---

366 NA, WO 235/ 3, JAG Empfehlung zur Verfahrenseröffnung, 4. August 1945, S. 2.

einzugehen. Er sagte aus, dass trotz seines Befehls, innerhalb des Lagers nicht zu schießen, Gerüchte im Camp umgingen, Ujvary habe den gegenteiligen deutschen Befehl zum Schießen auf Flüchtende innerhalb des Lagers ausgeführt. Soweit stützte Wiskidenskys Aussage die Anklage, allerdings führten die Schlüsse, die er zog, letztendlich zu einer sehr günstigen Aussage für den Angeklagten. Zu den Gerüchten in Bezug auf die Schüsse von Ujvary gab Wiskidensky an: „I could not prove who were the men who had spread the rumours"[367]. Folglich konnte er nicht sagen, ob an ihnen irgendetwas Wahres sei. Wiskidensky stellte dem Angeklagten zudem ein gutes Charakterzeugnis aus: „I was in good relations with the accused and honored him as a good and tough soldier." Dass Ujvary die ihm vorgeworfene Tat begangen haben könnte, hielt er auch für unwahrscheinlich: „I do not think the accused was capable of shooting internees."[368] Mit diesem aus Sicht der Anklage verheerenden Eindruck endete deren Beweisvorlage.

Die Verteidigung durch Captain Bray konzentrierte sich infolgedessen auf die von ihm als höchst unzureichend bemängelten Zeugenaussagen zur Identifizierung des Angeklagten, die Widersprüche in den Zeugenaussagen zum Tathergang und stellte grundsätzlich die Zuständigkeit des Gerichts infrage. Bray vertrat die These, dass die Nationalität des Opfers nicht zweifelsfrei geklärt wäre, aller Wahrscheinlichkeit nach sei sie Ungarin gewesen und damit keine alliierte Bürgerin.[369] Das Gericht lehnte diese Eingabe zur Nationalität des Opfers allerdings ab.[370]

Der Angeklagte Ujvary erläuterte selbst als Zeuge seine Sicht auf das ihm vorgeworfene Verbrechen. Der Schießbefehl auf flüchtende Gefangene auch innerhalb des Lagers kam seiner Aussage nach von den Deutschen und erschien ihm als sehr drastisch: „Captain Georg Baumgarten of the German Wehrmacht gave these orders. I thought these orders rather drastic. I was told the camp contained criminals who had to be guarded." Die sofort nachgeschobene Rechtfertigung, die Insassen seien Kriminelle gewesen, zeigt, wie wenig Ujvary die unmenschlichen und entwürdigenden Bedingungen im Lager als etwas betrachtete, das ihn persönlich anging. Die Befehlsänderung durch Wiskidensky, im Lager nicht zu schießen, bezeich-

---

367 Ebenda, Proceedings of the trial, Zeugenaussage Captain Georg Wiskidensky, S. 9.

368 Ebenda, Proceedings of the trial, Zeugenaussage Captain Georg Wiskidensky, S. 10–11.

369 Ebenda, Proceedings of the trial, Captain Bray, S. 13.

370 Ebenda, Proceedings of the trial, S. 13: „The Court overrule[d] the submission of the defence."

nete Ujvary in seiner Aussage als Erleichterung: „I was pleased he changed the orders."[371]

Bella Freundlich oder irgendeinen anderen Lagerhäftling erschossen zu haben, bestritt Ujvary freilich kategorisch. Er gab zwar zu, zwei Tage, bevor die Briten das Lager erreichten, Schüsse gehört zu haben und dass auch noch tags und nachts aus dem Lagerteil, in dem er Dienst tat, Schüsse gefallen seien; nie aber habe er die Schützen tatsächlich gesehen. Von Gerüchten über ihn hätte er zwar gewusst, allerdings nur von dem Gerücht, dass er einen Schießbefehl ausgegeben hätte, nicht aber von jenem, wonach er selbst geschossen hätte. Seiner bevorstehenden Verhaftung wäre er bewusst nicht durch Desertion und Flucht nach Ungarn entgangen, da er sich seiner Unschuld bewusst gewesen und nach wie vor gewiss sei.[372] Die ihn direkt belastende Identifizierung als Mörder von Bella Freundlich durch deren Cousine deutete Ujvary als Folge eines Streits mit einer jüdischer Familie wegen der Einquartierung von Truppen in deren Haus in Ungarn. Vilma Freundlich, ein Mitglied dieser Familie, sei er im Konzentrationslager wieder begegnet, dort hätte auch sie ihn erkannt. Nach Ujvary Behauptung war Vilma Freundlichs Aussagen deswegen frei erfunden – als Rache für die Streitigkeiten in Ungarn, von denen er sich laut Eigenaussage nicht erklären konnte, wie sie überhaupt zustande gekommen seien.[373]

Neben Ujvary sagten fünf weitere ungarische Soldaten als Zeugen der Verteidigung aus. Die furchtbaren Bedingungen, unter denen die Lagerinsassen zusammengepfercht gewesen waren, wurden von Ujvary, den fünf Verteidigungszeugen wie auch dem als Zeuge der Anklage aussagenden Vorgesetzten Ujvarys offen zugegeben, aber durchgängig als ihnen von außen aufgezwungene, außerhalb ihrer Verantwortung liegende Umstände beiseitegeschoben.

Übereinstimmend beschrieben die Zeugen der Verteidigung Ujvary als guten Soldaten,[374] der nicht zum Mord an unbewaffneten Häftlingen fähig

---

371 Ebenda, Proceedings of the trial, Zeugenaussage Leutnant Ujvary, S. 14.
372 Vgl. ebenda, Proceedings of the trial, Zeugenaussage Leutnant Ujvary, S. 17.
373 Vgl. ebenda, Proceedings of the trial, Zeugenaussage Leutnant Ujvary, S. 19–20. Warum er trotz seines Wissens um seine baldige Verhaftung aufgrund der Beschuldigungen von Vilma Freundlich nicht geflohen sei, erklärte Ujvary mit seinem Glauben an die britische Gerechtigkeit, vor deren Gerichten angeblich frei erfundene Zeugenaussagen nicht Bestand haben würden: „I told them [seinen Kameraden, die ihn vor der angeblichen Falschaussage warnten, M.V.] that would be impossible because it would be before a British Court." (S. 20)
374 Ebenda, Proceedings of the trial, S. 23: „He was a good officer."

gewesen wäre, „I think of him as being very severe, but very kind. I do not think he is the kind of man who would kill an unarmed internee."[375]

In seiner Schussrede stellte Ujvarys Verteidiger Captain Bray die wackelige Beweislage gegen seinen Mandanten nochmals besonders heraus. Der gesamte Fall der Anklage beruhe auf nur einem einzigen Affidavit. Hinzu komme, dass sonst niemand den Angeklagten auch nur in der Nähe des Tatorts gesehen hätte. Um die Glaubwürdigkeit der Aussage der ehemaligen KZ-Inhaftierten Vilma Freundlich zusätzlich zu diskreditieren, machte sich Bray die von allen Zeugen beschriebenen furchtbaren Bedingungen im Konzentrationslager zunutze. Der Zustand, in dem sich die Häftlinge im April 1945 befunden hatten, würde eine zuverlässige Aussage generell unwahrscheinlich machen: „[A]fter such experience [they] may be embittered, full of revenge – even deranged mentally."[376] Das Gericht folgte letztlich der Verteidigung und sprach Ujvary aufgrund fehlender, ausreichender Beweise frei.

c.) „The burden of proof rests on the prosecution."[377] – Der Prozess gegen Cadet Officer Vajna

Cadet Officer Vajna wurde am 22. Dezember 1945 vor einem britischen Militärgericht das Schießen auf unbewaffnete Häftlinge im Konzentrationslager Bergen-Belsen zur Last gelegt.[378] Er war wie Ujvary ebenfalls ein Angehöriger der ungarischen Armee, die Wachmannschaften im Konzentrationslager Bergen-Belsen gestellt hatte. Der Empfehlung des JAG folgend, verteidigte der britische Offizier, der bereits Anfang Dezember Leutnant Ujvary vertreten hatte, Captain A. H. Bray, auch den Angeklagten Vajna.

Der Ankläger hatte es in diesem Prozess noch schwerer als bei dem ähnlich gelagerten Fall von Leutnant Ujvary, das Schießen des Angeklagten auf unbewaffnete Gefangene zu beweisen. So schränkte der Ankläger Captain A. Volmar gleich zu Beginn ein, dass alle von ihm präsentieren Beweise

---

375 Ebenda, Proceedings of the trial, S. 27.
376 Ebenda, Proceedings of the trial, Schlussplädoyer von Capt. Bray, S. 29.
377 NA, WO 235/ 11, Proceedings of the trial, Eingabe von Capt. Bray, S. 3.
378 Vgl. ebenda. Aus dem Verfahren gegen Cadet Officer Vajna ist in der zugehörigen Prozessakte nur wenig überliefert. Das handschriftliche Protokoll der Verhandlungen ist offensichtlich keine wörtliche Mitschrift wie sonst üblich, sondern eine sehr knappe Zusammenfassung einzelner Prozessabschnitte.

nur als „indirect evidence"[379] gelten könnten, da keiner der Zeugen vor Gericht erschienen sei und sich der Fall gegen Vajna deshalb ausschließlich auf zwei Affidavits und eine Liste mit Todesfällen im KZ Bergen-Belsen stütze.

Der Verteidiger Captain Bray hatte damit leichtes Spiel. Sein Hinweis, dass die vorgelegten Beweise in normalen englischen Gerichten unzulässig wären, zeigt auch in diesem Prozess, dass die gelockerten Beweisvorlageregeln des *Royal Warrant* bei der Anklage mutmaßlicher deutscher Kriegsverbrecher in der Gerichtspraxis kritisch beurteilt oder gar geflissentlich ignoriert wurden. Aber auch in einem Militärgerichtsprozess, in dem die Regeln anders waren, so Bray weiter, wären die von Volmer vorgebrachten Beweise völlig unzureichend. Von der Anklage war nicht begründet worden, warum die Zeugen, allesamt Angehörige der ungarischen Armee, nicht vor Gericht erschienen. Sie waren keine ehemaligen Inhaftierten des Konzentrationslagers und somit bestand kein ersichtlicher Grund, sie in die Heimat zu entlassen. Der Angeklagte sei darüber hinaus durch die Affidavits weder identifiziert worden, noch seien die Aussagen darin stimmig, zudem sogar zum Teil unleserlich. Programmatisch fasste Bray das Dilemma der Anklage in diesem Prozess zusammen: „The burden of proof rests on the prosecution"[380]. Das Gericht folgte der Eingabe des Verteidigers, dass ihm keine ausreichenden Beweise vorgelegt wurden, um den Fall wirklich zu beurteilen, und sprach den Angeklagten infolgedessen von den Anklagevorwürfen frei.[381]

d.) „I had no knowledge of conditions in the camp"[382] – Der Prozess gegen Laszlo Pato

Ähnlich gelagert war auch der Prozess gegen Laszlo Pato, ein erst 20-jähriger Leutnant mit nur einem Jahr Dienstzeit in der Armee. Wie Vajna und Ujvary war er Teil der ungarischen Truppen im KZ Bergen-Belsen. Pato wurde vorgeworfen, zwei unbekannte alliierte Personen ebenfalls an dem Tag der Befreiung des Konzentrationslagers ab 14. April 1945, getötet zu

---

379 Ebenda, Proceedings of the trial, Opening Speech Prosecutor, S. 1.
380 Ebenda, Proceedings of the trial, Submission by Capt. Bray, S. 3.
381 Eine Verteidigung durch Eingabe an das Gericht aufgrund eines „no case to answer"-Falls nach der Beweisvorlage durch die Anklage wurde in Militärgerichtsprozessen mit britischen Verteidigern immer wieder versucht, hatte allerdings nur selten Erfolg.
382 NA, WO 235/ 4, Proceedings of the trial, Kreuzverhör Lt. Pato, S. 46.

haben. Der Verteidiger war auch hier ein britischer Offizier: Captain J. Boys von der *Prince Albert's Somerset Light Infantry*, im Zivilberuf *Solicitor*, vertrat den Angeklagten.

Anders als in den beiden zuvor betrachteten Prozessen standen der Anklage in diesem Fall mehrere Zeugen zur Verfügung, die vor Gericht die mutmaßlichen Verbrechen von Leutnant Laszlo Pato bezeugen konnten und auch bezeugten. Zwei ehemalige Untergebene des Angeklagten sagten übereinstimmend aus, Pato dabei beobachtet zu haben, wie er mit einer Waffe in einen Keller gegangen sei, in dem sich Gefangene verbargen. Unmittelbar darauf hätten sie mehrere Schüsse gehört. Auf die Frage, warum er gegen seinen ehemaligen Vorgesetzten aussagte, antwortete der erste Zeuge mit dem in zahlreichen Prozessen immer wieder auftauchenden Verweis auf Soldatenpflicht und -ehre: „It was my duty to state who shot prisoners." Nach dem von ihm geschilderten Vorfall habe er zwar drei Monate geschwiegen, doch sei ihm das Geschehen gut im Gedächtnis geblieben. Er hätte den Angeklagten sogar gemocht und hielt ihn auch jetzt noch für einen passablen Offizier: „In my opinion the accused is quite alright as an officer." Überrascht hätte ihn lediglich, dass Pato nicht wie viele andere ungarische Offiziere, die Gerichtsverfahren zu fürchten hatten, bei Kriegsende geflohen sei.[383]

Um die Motive und Einschätzungen der Anklagezeugen gegen Leutnant Pato drehte sich auch die anschließende Verteidigung durch Captain Boys. In seiner Eröffnungsrede legte er die Strategie seiner Verteidigung dar: Da es seiner Einschätzung nach unmöglich war, zu diesem Zeitpunkt zweifelsfrei nachzuweisen, dass das angeklagte Verbrechen nicht stattgefunden hätte, würde er stattdessen die Zeugen der Anklage und deren „sense of duty" in Zweifel ziehen. Außerdem müsse das Gericht die trotz nachweislicher Aufforderung nicht genutzte Möglichkeit des Angeklagten, zu desertieren und zu fliehen, positiv berücksichtigen. Zudem kündigte Boys an, Argumente vorzulegen, die es unwahrscheinlich erscheinen ließen, dass sein Mandat das ihm zur Last gelegte Verbrechen begangen hatte.[384]

Anschließend gab Pato selbst als Zeuge unter Eid Bericht über die allgemeinen Zustände im Lager und die angeblichen Geschehnisse im KZ Bergen-Belsen am Tag der Befreiung durch die Briten. Der Angeklagte hob dabei die sehr schlechte Moral und mutmaßlich geringe Bildung der ihm unterstellten Truppe hervor. Um Gehorsam und Disziplin herzustellen, musste er nach eigener Aussage hart gegen seine eigenen Soldaten durchgreifen,

---

383 Ebenda, Proceedings of the trial, Kreuzverhör Zeuge Joszef Szanto, S. 11–12.
384 Ebenda, Proceedings of the trial, S. 37.

bis hin zur eindeutigen Überschreitung seiner Befugnisse: So habe er einen seiner Untergebenen sogar geschlagen. Pato rechtfertige dies allerdings damit, dass der Betreffende bei einer offiziellen Meldung seines Fehlverhaltens noch weit härter bestraft worden wäre.[385]

Pato leugnete die katastrophalen Bedingungen, unter denen die KZ-Häftlinge leben mussten, nicht völlig, bemühte sich aber zu betonen, dass die Lebensumstände nicht so unmenschlich, entwürdigend und brutal gewesen seien, wie von der Staatsanwaltschaft behauptet.[386] Zugleich behauptete Pato, das „Lager Kramers" vor Ankunft der Briten nie betreten zu haben, im Gegensatz zu dem Lagerteil, in dem er Dienst tat. Damit habe er auch keinen persönlichen Eindruck von den dort herrschenden Zuständen gewinnen können.[387] Erst nach der Befreiung des Lagers hätte er die Bedingungen, unter denen die Gefangenen zusammengepfercht waren, gesehen und realisiert, wie ungeheuer verwahrlost sie waren: „I had no knowledge of conditions in the camp between December 1944 and April 1945. When I did see the conditions after the British arrived I was surprised."[388]

Patos verzerrte Sicht auf Opfer und Täter belegt auch eine seiner Antworten im Kreuzverhör, in dem er die Gräuel des Konzentrationslagers als Belastung für seine eigene Person wertete: „I have seen more horrible things then a man of my age normally can see."[389] Irgendeine persönliche Schuld erkannte er nicht, obwohl er gleichzeitig offen zugab, eine Order zum Schießen ausgegeben zu haben, wenn Gefangene versuchten, durch den Stacheldrahtzaun zu entkommen. Zur Begründung führte er an, dies habe im Einklang mit ungarischem Militärrecht gestanden („according to the Hungarian Military Regulations"). Die Aussagen seiner ehemaligen Untergebenen gegen ihn erklärte Pato zu glatten Lügen: „They might be

---

385 Vgl. ebenda, Proceedings of the trial, Zeugenaussage Leutnant Laszlo Pato, S. 38.
386 Vgl. ebenda, Proceedings of the trial, Kreuzverhör Lt. Pato, S. 45–46: „The internees were not half starved. One part of them was in good condition. The other part was not. [...] Lack of food made them weak. This condition did not concern me. I felt sorry for them. I did not know why the majority of them were there. I did not wonder why they were there. Those behind the wire were not in a very bad condition, but it was worse the average. Some of those behind the wire were weak on account of lack of food. Some of them were half starved. I saw no corpses lying about the camp. No one told me about corpses lying about the camp. Before 15 April I [...] heard shooting in the camp by German Guards. I was not there then. I did not think lives of internees were cheap."
387 Ebenda, Proceedings of the trial, Zeugenaussage Leutnant Laszlo Pato, S. 38.
388 Ebenda, Proceedings of the trial, Kreuzverhör Lt. Pato, S. 46.
389 Ebenda, Proceedings of the trial, Kreuzverhör Lt. Pato, S. 46.

lying because they are members of this anti-fascist association and want to exterminate Hungarian officers. I now think they disliked me."[390]

Im Anschluss an diese Aussage wurde die Zugehörigkeit Patos zu einer faschistischen Partei zum Gegenstand der Verhandlungen. Pato gab an, der tief in die Deportation und Ermordung der ungarischen Juden verstrickten Pfeilkreuzler-Bewegung[391] („arrow cross party"), die zum Zeitpunkt der Verhandlung bereits aufgelöst war, überzeugungsmäßig nahezustehen: „I think it is a good party. It is a 'National Socialist' party. It is similar politically to Nazi party."[392] Mitglied der Partei sei er aber nicht gewesen, da dies in der ungarischen Armee nicht erlaubt gewesen sei.

Die von Patos Verteidiger bereits in seiner Eröffnungsrede angekündigten Argumente, warum es unwahrscheinlich sei, dass sein Mandant das ihm zur Last gelegte Verbrechen begangen habe, lieferte der Angeklagte selbst, indem er behauptete, es wäre für ihn und seine Truppe zu gefährlich gewesen, den mutmaßlichen Tatort – einen Keller, in dem sich KZ-Häftlinge verbargen – zu betreten. Als erstes führte er eine grassierende Typhusepidemie unter den Gefangenen an, die das Schießen auf diese aus nächster Nähe für die Schützen lebensgefährlich gemacht hätte. Sein Befehl habe deswegen gelautet, nur zur Selbstverteidigung auf Häftlinge des Konzentrationslagers zu feuern. Zweitens gab er an, dass sich zwischen dem 13. und 20. April Gefangene nach der Evakuierung der Deutschen zurückgelassener Waffen bemächtigt, ungarische Soldaten verwundet und mit Maschinengewehren Mithäftlinge erschossen hätten.[393]

Trotz der vielen befragten Zeugen der Anklage und der Verteidigung sowie der Zeugenaussage des Angeklagten selbst blieb das Geschehen am 15. April 1945 im Konzentrationslager Bergen-Belsen in Bezug auf Leutnant Pato äußerst widersprüchlich und verworren. Das Gericht hielt die beiden Zeugen der Anklage, ehemalige Untergebene des Angeklagten, offenbar nicht für überzeugend bzw. folgte der von der Verteidigung vorgebrachten Argumentation, dass sie aus Groll gegen ihre harte Behandlung starke Antipathien gegen ihren ehemaligen kommandierenden Offizier hegten. Auch scheint die Strategie von Boys nicht ohne Wirkung geblieben zu sein, Pato als gewissenhaften und sehr fähigen Soldaten zu portrai-

---

390 Ebenda, Proceedings of the trial, Kreuzverhör Lt. Pato, S. 47–48.
391 Vgl. Friedländer, Saul, Das Dritte Reich und die Juden. Verfolgung und Vernichtung 1933–1945, München 2007, S. 1024–1025.
392 NA, WO 235/ 4, Proceedings of the trial, Kreuzverhör Lt. Pato, S. 49.
393 Vgl. ebenda, Proceedings of the trial, Zeugenaussage Leutnant Laszlo Pato, S. 42.

tieren („The accused was an excellent officer"[394]), der unter widrigen Umständen eine schwierige Aufgabe nach dem Besten seiner Möglichkeiten zu erfüllen versucht habe. In der Abwägung der Aussagen über Pato als Offizier einerseits und jener über die wegen Disziplinverstößen wiederholt gerügten Untergebenen andererseits scheint das Gericht letztlich das Bild des Angeklagten als ehrenhaften Soldaten für glaubwürdig befunden und entsprechend gewichtet zu haben. Laszlo Pato wurde vom Gericht freigesprochen.

e.) „The defence is one of complete denial"[395] – Der Prozess gegen Friedrich Vonhören

Der Kommunist Friedrich (genannt Fritz) Vonhören[396] hatte sich im Januar 1946 für drei mutmaßlich von ihm begangene Morde im Konzentrationslager Sachsenhausen vor Gericht zu verantworten. Der Angeklagte, zur Prozesszeit 45 Jahre alt, wurde beschuldigt, während seiner Zeit als KZ-Vorarbeiter im Strafkommando und KZ-Außenlager Klinkerwerk des KZs Sachsenhausen[397] drei Mitgefangene, die seiner Arbeitseinheit unterstanden, getötet zu haben.

Der Ankläger, Captain L. W. E. Shelley vom JAG Departement, begann seine Eröffnungsrede mit dem Hinweis auf die Schwere der Vorwürfe, um unmittelbar dazu überzuleiten, dass es ihm nicht möglich sei, die von ihm benannten Zeugen der Anklage vor Gericht zu präsentieren. Stattdessen verlas er zwei sehr knappe Affidavits ehemaliger polnischer Häftlinge im KZ Sachsenhausen, die Vonhören wiederholte und grausame Misshandlungen von ihm als Vorarbeiter unterstellten Mithäftlingen vorwarfen. Ins-

---

394 Ebenda, Proceedings of the trial, Schlussplädoyer von Capt. Boys, S. 63.

395 NA, WO 235/ 42, Proceedings of the trial, S. 2.

396 Vgl. ebenda. Obwohl in den Prozessprotokollen durchgängig in der englischen Schreibweise als Vonhoren geführt, ist die aus den deutschen Zeugenaussagen überlieferte Schreibweise Vonhören wesentlich wahrscheinlicher und wird im Folgenden verwendet.

397 Auch „Klinkerwerk Oranienburg" genannt, wurden im Außenlager des KZs Sachsenhausen auch politische Häftlinge zu schwersten körperlichen Arbeiten bei Bauarbeiten, in der Ziegelproduktion und später für die Rüstungsindustrie gezwungen. Vgl. Koser, David/Schmidt, Roman, Hauptstadt des Holocaust. Orte nationalsozialistischer Rassenpolitik in Berlin, Berlin 2009, S. 218;, Wolfgang Benz/Barbara Distel (Hrsg.), Der Ort des Terrors. Geschichte der nationalsozialistischen Konzentrationslager. Bd. 3: Sachsenhausen, Buchenwald, München 2006.

besondere berichteten alle drei Zeugen, dass sie selbst gesehen hätten, wie Vonhören mehrere Mithäftlinge zu Tode geprügelt hätte.[398] Weitere Beweise für die Schuld des Angeklagten konnte Captain Ahelley dem Gericht allerdings nicht präsentieren.

Das Gericht informierte den verteidigenden Offizier Captain L. H. Cartwright vom *Pioneer Corps* anschließend explizit darüber, dass es die vorgelegten Affidavits nach den Verfahrensregeln für Kriegsverbrecherprozesse unter dem *Royal Warrant* zulassen müsse und ihnen so viel Gewicht einräumen werde, wie angebracht sei. Dessen ungeachtet betonte Cartwright gleich zu Beginn seiner Eröffnungsrede die aus seiner Sicht sehr schwache Position der Anklage („The defence is one of complete denial") und rief Vonhören sogleich selbst in den Zeugenstand.[399] Dieser erklärte zuerst, wie er zu dem Posten als Vorarbeiter im KZ gekommen war: Wegen kommunistischer „political activities"[400] am 12. November 1936 verhaftet, wurde er demnach im August 1939 aus dem Gefängnis ins Konzentrationslager Sachsenhausen überstellt und im dazugehörigen Klinkerwerk nicht angestellt, wie vom Ankläger irrtümlich behauptet, sondern zur Arbeit gezwungen. Geführt wurde das Lager von der SS, die auch die Vorarbeiter einsetzte. Laut Vonhören waren die Gefangenen dort nicht zur Bestrafung, sondern als Vorsichtsmaßnahme („precautionary measures") inhaftiert, was vor dem Hintergrund seiner eigenen Vorgeschichte plausibel wird, aber sicherlich nicht die allgemeinen Zustände und den Zweck des KZs Sachsenhausen korrekt erfasst. Zum Posten des Vorarbeiters kam Vonhören nach eigener Aussage, weil er Deutscher und zudem der Älteste in seiner Arbeitseinheit gewesen sei. Infolge seiner Deportation ins KZ Mauthausen im Dezember 1944, so behauptete Vonhören, habe er im April 1945 vergast werden sollen. Gerettet hätte ihn die lediglich rasch näher rückende US-Armee, aufgrund derer die Gaskammern, für ihn gerade noch rechtzeitig, demontiert worden seien.[401]

Vonhören bekannte offen, dass er die ihm unterstellten Arbeiter im Klinkerwerk geschlagen hatte, um sie zur Arbeit anzuhalten. Wenn seine Einheit das von der SS vorgegebene Arbeitspensum nicht erfüllte, sei das Essen für alle gestrichen worden. Zudem gab er an, selbst in seiner Funktion als Vorarbeiter von der SS geschlagen worden zu sein, wenn die Arbeits-

---

398 NA, WO 235/ 42, Affidavits Andreas Pleszczynski, Stanislaus Hempel und Czeslaus Kwiatkowski und Proceedings of the trial, S. 2.
399 Ebenda, Proceedings of the trial, S. 2.
400 Ebenda, Proceedings of the trial, S. 5.
401 Vgl. ebenda, Proceedings of the trial, S. 5.

disziplin seiner Unterstellten als nicht ausreichend bewertet wurde.[402] Auch im Kreuzverhör blieb Vonhören bei seiner Aussage. Als weiterer Zeuge der Verteidigung erschien zudem ein ehemaliger Mitgefangener Vonhörens in Sachsenhausen vor Gericht, der ebenfalls Vonhörens Aussage im Wesentlichen bestätigte.

In seiner Abschlussrede fasste Cartwright die schwache Position der Anklage nochmals zusammen: Es lägen keine zwingenden bzw. annähernd ausreichenden Beweise für die Schuld seines Mandanten an den drei Morden vor, weshalb die Vorwürfe komplett zurückzuweisen seien. Weder der Anklage noch der Verteidigung sei es möglich gewesen, die Umstände der mutmaßlichen Morde zu erhellen. Zweifel sowohl an der Zeit, dem Ort wie überhaupt dem ganzen Geschehen würden es ihm als Verteidiger praktisch unmöglich machen, auf die Vorwürfe konkret einzugehen. Cartwright betonte, auf welch wackliger Basis die Anklage stünde: Da die Zeugen der Anklage vor Gericht nicht verfügbar waren, konnte der Angeklagte nicht identifiziert werden. Verwechslungen wären bei so vielen Insassen des KZs Sachsenhausen sehr wahrscheinlich, in keinem Fall aber auszuschließen – zumal nach monate- oder gar jahrelangem Abstand vom Geschehen.[403] Auch das Kreuzverhör habe seinen Mandanten entlastet.[404]

Wie schon zu Beginn der Verhandlungen wies Cartwright in seinem Schlussplädoyer nochmals dezidiert auf die unterschiedliche Gewichtung zwischen Zeugenaussagen hin, die „nur" in Form schriftlicher Affidavits vorlagen, und auf die persönlichen Aussage von real anwesenden Zeugen vor Gericht, die ihre Glaubwürdigkeit auch im Kreuzverhör unter Beweis stellen mussten. Für wie wichtig er diese Unterscheidung auch unter den erweiterten Beweisvorlagerregeln des *Royal Warrant* hielt, macht das letzte Statement seiner Schlussrede deutlich: „This man should be judged as though he were in an English court. The English rules of evidence should be applicable."[405] Das Gericht folgte dem offenkundigen Zweifel an der Beweislage der Mordvorwürfe und sprach den Angeklagten Friedrich Vonhören frei.

Der Prozess gegen Vonhören verweist damit im Hinblick auf die Verteidigungsstrategien der in dieser Studie untersuchten britischen Offiziere

---

402 Vgl. ebenda, Proceedings of the trial, S. 6–7.
403 Ebenda, Proceedings of the trial, Schlussplädoyer von Capt. L. H. Cartwright, S. 8.
404 Ebenda, Proceedings of the trial, Schlussplädoyer von Capt. L. H. Cartwright, S. 11.
405 Ebenda.

auf etwas Grundlegendes: Besonders in Prozessen, die Verbrechen an Zwangsarbeitern und in Konzentrationslagern zum Gegenstand hatten, basierte die Argumentation der Verteidigung verstärkt auf der Leugnung einzelner Begebenheiten, der von der Anklage gezogenen Schlüsse oder der angeklagten Taten als Ganzes. Die britischen Verteidiger konzentrierten sich hier meist darauf, den Tathergang, wie er von der Staatsanwaltschaft dargestellt wurde, in Abrede zu stellen, Zeugenaussagen als übertrieben zu charakterisieren oder aber die Zeugen selbst als undankbare oder verlogene Personen darzustellen. Auch wurden ungünstige Zeugenaussagen für ihre Mandanten, zumal wenn sie lediglich als Affidavits vorlagen, als interessengeleitete, keinesfalls objektive Racheakte von Geschädigten wegen erlittener Härte unter den Deutschen ausgelegt.

Zwischenfazit

Klammert man den ersten Bergen-Belsen-Prozess aus, der in der Gesamtheit der britischen Militärgerichtsprozesse nach Umfang, Wirkung und Wahrnehmung einen Sonderfall darstellt, wurden damit alle Angeklagten in Konzentrationslager-Prozessen mit britischen Verteidigern freigesprochen. Die Gerichte entschieden sowohl im Fall von drei ungarischen Offizieren, die als Wachpersonal im KZ Bergen-Belsen eingesetzt waren, als auch bei dem ursprünglich wegen politischer Aktivitäten inhaftierten deutschen Funktionshäftling im KZ Sachsenhausen auf Freispruch. Aber nicht nur die Urteile in diesen Prozessen und die Vertretung der Angeklagten jeweils durch einen britischen Offizier sind gemeinsame Merkmale dieser KZ-Prozesse vor britischen Militärgerichten.

Besonders sticht in den beschriebenen KZ-Prozessen hervor, dass alle Anklagen extrem schlecht vorbereitet erscheinen bzw. es vermutlich schlicht nicht möglich war, die Anklagevorwürfe mit einer soliden Beweisbasis vor Gericht zu präsentieren. Oftmals waren Zeugen der Anklage nicht persönlich anwesend. Besonders beim Fehlen von Hauptbelastungszeugen, wie in den Verfahren gegen Leutnant Ujvary, Cadet Officer Vajna und Friedrich Vonhören, sah sich die Anklage eindeutig im Nachteil, ihren Fall vor Gericht stichhaltig und überzeugend zu präsentieren. Den anstelle von Aussagen vor Gericht eingereichten Affidavits wurde in diesen vier Prozessen ganz offenkundig nicht das gleiche Gewicht beigemessen wie Zeugenaussagen, die vor Gericht auch dem Kreuzverhör standhalten mussten. Im Prozess gegen Vajna führte die alleinige Vorlage von Affidavits als Beweise der Anklage sogar dazu, dass das Gericht eine Verhandlung auf dieser Grundlage als unmöglich einstufte und den Angeklagten infolgedessen freisprach.

Die Verteidigung griff in allen Prozessen die schwache Beweislage der Anklagen direkt an – oftmals ergänzt um den Hinweis, dass die vorgelegten Beweise in normalen englischen Gerichten sowieso unzulässig gewesen wären. Aber auch unter den normativ gelockerten Beweisvorlegeregelungen des *Royal Warrant* bildeten sie in der gerichtlichen Praxis keine ausreichende Grundlage einer Verurteilung. Dieser Sachverhalt verweist auch auf die berufliche Sozialisierung der als Verteidiger abkommandierten Offiziere in der zivilen britischen Gerichtsbarkeit. Im Gegensatz zu den meisten britischen Anklägern, *Judge Advocates* und *Legal Member*, rekrutierten sich die verteidigenden Offiziere nicht aus dem Personal des *JAG's Office* der Streitkräfte.

Selbst im ersten Bergen-Belsen-Prozess fällt die hohe Zahl der Freisprüche auf. Bereits zeitgenössisch wurde das von der Öffentlichkeit zumindest mit großer Verwunderung aufgenommen. In Großbritannien, mehr aber noch in Frankreich und Polen, blieben die zahlreichen Freisprüche im ersten großen KZ-Prozess den meisten Prozessbeobachtern unverständlich und führten zu teils wütenden Protesten. Die Verteidigung durch einen britischen Offizier scheint damit in Konzentrationslager-Prozessen keinesfalls von Nachteil für die Angeklagten gewesen zu sein. Eher drängt sich der gegenteilige Eindruck auf.

2.1.2. Gewalt- und Todesmarsch-Prozesse

Anders als die vier Konzentrationslager-Prozesse, die trotz der evidenten Sonderstellung des ersten Bergen-Belsen-Prozesses große Ähnlichkeiten sowohl im Prozessverlauf als auch in den Urteilen aufweisen, zeigen die drei Prozesse, in denen ehemalige deutsche Soldaten wegen Verbrechen auf Gewalt- und Todesmärschen angeklagt und die jeweils von einem britischen Offizier verteidigt wurden, erhebliche Differenzen:

a.) „You may feel bitter about all this, but you must give the Court the facts"[406] – Der Prozess gegen Arno Heering

Arno Heering, geboren am 5. Mai 1897 im thüringischen Waltershausen-Ibenhain, ehemals Besitzer einer Wäscherei, wurde im August 1939 zur Wehrmacht eingezogen und stieg bis Kriegsende vom Feldwebel bis zum Oberleutnant und Führer der 4. Kompanie des Landesschützen-Bataillons 610 auf. Ihm wurde als Verantwortlichen für die Kriegsgefangenen auf einem Marsch vom ostpreußischen Marienburg (heute pol. Malbork) nach Braunschweig zwischen dem 24. Januar und 24. März 1945[407] die mangelhafte Versorgung der Gefangenen mit Verpflegung und Heizmaterial sowie das Fehlen jeglicher medizinischer Betreuung vorgeworfen.[408] Beachtenswert ist diese Anklage besonders insofern, als damit bereits eine Unterlassungshandlung als Kriegsverbrechen gewertet und angeklagt wurde. Hinzu kam laut Anklage indes noch die Misshandlung einer Vielzahl britischer Kriegsgefangener, anderer britischer Staatsbürger und alliierter Personen aus dem Lager Stalag 20B bei Marienburg während des Marschs. Heering wurden sowohl das extreme Marschpensum in sehr kalter Witterung als auch eigenhändige Misshandeln von Gefangenen zur Last gelegt.[409]

Genau ein Jahr nachdem der Marsch der Kriegsgefangenen unter dem Befehl Heerings gestartet war, hatte dieser vom 24. bis 26. Januar 1946 einem britischen Militärgericht Rede und Antwort zu stehen. Der erste Zeuge der Anklage, der ehemalige *Lance Corporal* Denzil Francis Caple vom *1st Bucks Battalion*, berichtete seine Erlebnisse als Kriegsgefangener auf dem Marsch unter Heerings Kommando. Er hob besonders hervor, dass die vielen Gefangenen viel schlechter behandelt worden seien, als die Kolonne deutsches Territorium erreichte. Außerdem sagte Caple aus, er hätte persönlich beobachtet, wie Heering gefangene Soldaten auf dem Marsch geschlagen und auch den ihm unterstellten Wachen Befehl zum Schlagen bis hin zum Schusswaffengebrauch gegeben habe.[410] Caple war kein einfacher Zeuge für den Ankläger Captain Dromgoole, wurde doch im Prozess gegen Heering rasch offensichtlich, dass Caple seine starken Antipathien gegenüber dem Angeklagten, den er persönlich für die erlittenen Härten

---

406 NA, WO 235/ 52, Proceedings of the trial, S. 9.
407 Der Gesamtmarsch dauerte wesentlich länger. Angeklagt war Heering nur für den Zeitraum, in dem er mutmaßlich für die Kolonne verantwortlich gewesen war.
408 NA, WO 235/ 52, Charge Sheet, S. 2. Vgl. auch: Law Reports, Vol. XI, S. 79–80.
409 NA, WO 235/ 52, Proceedings of the trial, S. 3.
410 Ebenda, Proceedings of the trial, S. 6.

während seiner Zeit als Kriegsgefangener verantwortlich machte, nicht verhehlen konnte. Im Zeugenstand fiel es Caple deswegen sehr schwer, auf Fragen nur mit „Ja" oder „Nein" zu antworten oder stark emotional gefärbte Beschreibungen zugunsten einer nüchternen und sachlichen Schilderung aufzugeben. Der *Legal Member* Major H. W. G. Westlake (*Royal Artillery*), der in diesem Prozess sehr aktiv die Verhandlung leitete, rügte den Zeugen der Anklage wiederholt für seine zu emotionalen Anschuldigungen gegen Heering:

> You may feel bitter about all this, but you must give the Court the facts, what you saw. Your ideas what you intended to do when you got home cannot be taken against Oberleutnant Heering no matter how much you dislike him.[411]

Diese und weitere Äußerungen erlauben es, im vorliegenden Verfahren von einer dezidiert verteidigungsfreundlichen Haltung des *Legal Member* zu sprechen. Auch der Verteidiger Heerings, Captain E. A. Everett vom *Royal Army Ordnance Corps*, arbeitete im Kreuzverhör unnachgiebig Unstimmigkeiten in den Aussagen der Anklagezeugen heraus. Dadurch entstand für das Gericht die Möglichkeit, ein differenziertes Bild der Geschehnisse während des Gewaltmarschs unter Heerings Kommando und besonders der kriegsbedingten Hintergründe zu gewinnen.

Dies wirkte sich unverkennbar zugunsten des Angeklagten aus: So gaben die verschiedenen Zeugen im Kreuzverhör an, dass sich viele ähnliche Marschkolonnen von Kriegsgefangenen, Wehrmachtssoldaten sowie Zivilisten in dem Gebiet befunden hatten und die Situation der Marschkolonne unter Heerings Befehl vergleichbar mit anderen gewesen sei, also keine singuläre Ausnahme darstellte. Auch die allgemein chaotischen Versorgungszustände bei den zurückweichenden deutschen Truppen wurden durch die aktive Kreuzverhörstrategie von Everett im Verbund mit der Aussage Heerings unter Eid für das Gericht greifbar. Der *Legal Member* agierte im Verfahren gegen Heering auch dadurch wohlwollend für die Verteidigung, indem er die erlaubten Regelungen betreffend Hörensagen während der Verhandlung sehr eng auslegte. Anklage, Verteidigung und *Legal Member* diskutierten im Prozessverlauf durchgängig über das anzuwendende Recht, was anschaulich illustriert, in welch hohem Maß die juristische Bewertung der vor britischen Militärgerichten nach 1945 angeklagten Verbrechen während der NS-Herrschaft erst ausgehandelt werden mussten.

---

411 Ebenda, Proceedings of the trial, S. 9.

In seiner Schlussrede vertrat der Ankläger Major Dromgoole dann eine sehr weit gefasste Auslegung des Schutzes von Kriegsgefangenen durch die Genfer Konvention. Er argumentierte, dass eine unzureichende Versorgung der Kriegsgefangenen gegen die Rechte der Gefangenen verstieß. Die Unterlassung, für die Arno Heering als kommandierender Offizier verantwortlich war, wertete Dromgoole folglich als Kriegsverbrechen. Everett bestritt als Verteidiger hingegen diese weite Auslegung zur Unterlassung als Kriegsverbrechen; die schlechten Bedingungen auf dem Marsch seien den widrigen äußeren Umständen geschuldet gewesen, die entscheidend zu verbessern nicht in Heerings Macht gelegen hätte.

Ebenso wie die kontroversen Verhandlungen wartete dann auch das Urteil mit einigen Überraschungen auf. Das Gericht sprach den Angeklagten Arno Heering zwar schuldig, verhängte jedoch – nach der Bitte von Heerings Verteidiger um Strafmilderung wegen der von ihm seit Kriegsende in Einzelhaft verbrachten Zeit – eine Haftstrafe von nur einem einzigen Tag. Dieses Urteil sorgte beim Angeklagten Heering zunächst für Verwirrung. Der *Legal Member* erläuterte das Urteil und das Strafmaß deswegen noch einmal im Detail:

> Heering, the President directs me to inform you that, having regard to the length of time you have already spent in confinement, the Court sentences you to undergo imprisonment for one day, which means that you are to all intents and purpose a free man. [...] The court having found you guilty of something, have to impose some sentence, and they have imposed the least possible, one day.[412]

Das Gericht stellte somit zwar eine strafbarere Schuld des Angeklagten fest, berücksichtigte gleichzeitig jedoch extrem strafmildernde Faktoren: die lange Einzelhaft Heerings sowie sehr wahrscheinlich auch die von der Verteidigung immer wieder herausgestellte allgemein schwierige Lage des einzelnen Soldaten in der Endphase des Kriegs.

Besonders auffällig an dem Prozess gegen Heering war die dezidiert verteidigungsfreundliche Haltung des *Legal Member* Westlake hinsichtlich der Verfahrensgepflogenheiten. In einem Disput zwischen Westlake und Ankläger Dromgoole, ob der Verteidigung Suggestivfragen erlaubt seien, wurde dies besonders deutlich. Auf eine entsprechende Beschwerde Dromgooles zur Vorgehensweise des Verteidigers Everett („All these are

---

412 Ebenda, Proceedings of the trial, Erklärung des *Legal Member* zum Strafmaß, S. 79.

leading questions"[413]), erwiderte Westlake: „That may be so, but is entirely within the discretion of the Defence. If the Prosecution leads, any objection would be promptly sustained, but if the Defence leads it is not quite so."[414] Auch ein erneuter Protest des Anklägers („With the greatest respect, I submit that the rules are the same for Prosecution and Defence"[415]) hatte keine Beschränkung der Verteidigungslinie von Seiten des Gerichts zur Folge.

b.) „This particular march was mentioned in the British indictment in Nuremberg and was known to the prisoners of war forming part of it as the 'Death Column.'"[416] – Der Prozess gegen Willi Mackensen

Das Verfahren gegen den vormaligen Hauptmann Willi Mackensen ist schon wegen des sehr seltenen Falls eines Schuldbekenntnisses des Angeklagten außergewöhnlich. Im Prozess wurde deswegen das gültige und anzuwendende Verfahrensrecht ausführlich vom Gericht, von der Anklage und von der Verteidigung erörtert. Angeklagt wurde Mackensen wegen Kriegsverbrechen, die sich auf einem Marsch von Kriegsgefangenen (wahrscheinlich aus dem Kriegsgefangenenlager Stalag 20A) von Thorn (heute pol. Toruń) in die Umgebung von Hannover ereignet haben sollten.[417] Auf diesem Gewaltmarsch war Mackensen mutmaßlich für die Kolonne verantwortlich und damit für die dort geschehenen Misshandlungen, an deren Folgen mindestens 30 Gefangene gestorben sein sollen. Die Anklage legte Mackensen zur Last, die schlechten Bedingungen, unter denen die Gefangenen litten, persönlich verantwortet zu haben. So hatten die Kriegsgefangenen unter seiner Aufsicht sehr wenig zu essen, keinerlei Kochmöglichkeiten, kein Heizmaterial und keine medizinische Versorgung. Ein Gefangener soll zudem verwundet, ein anderer erschossen worden sein.[418]

Wie im Prozess gegen Arno Heering übernahm Captain E. A. Everett vom RAOC die Verteidigung des Angeklagten. Zu Beginn der Verhandlung plädierte Mackensen zunächst auf „nicht schuldig", nachdem der An-

---

413 Ebenda, Proceedings of the trial, Capt. Dromgoole, S. 50.
414 Ebenda, Proceedings of the trial, Maj. Westlake, S. 50.
415 Ebenda, Proceedings of the trial, Capt. Dromgoole, S. 50.
416 NA, WO 235/ 58, Proceedings of the trial, Eröffnungsplädoyer von Capt. Dromgoole, S. 5.
417 Vgl. ebenda, Charge Sheet, S. 2.
418 Vgl. ebenda, und Law Reports, Vol. XI, S. 81–82; Hassel, Kriegsverbrechen vor Gericht, S. 78.

kläger seine eröffnende Beweisvorlage beendet hatte, änderte er sein Bekenntnis aber auf „schuldig".[419] Daraus ergab sich die Frage, ob dem Angeklagten eine solche Änderung seines Schuldbekenntnisses überhaupt erlaubt war, da der *Royal Warrant* keine explizite Regelung enthielt, die dies gestattete (ausgenommen war jedoch das Verbot, das Schuldbekenntnis zu ändern, wenn der Angeklagte damit die Todesstrafe erhalten würde).

Das Gericht verwendete große Sorgfalt darauf, sicherzustellen, dass Mackensen die Konsequenzen seines Wunsches, sich schuldig zu bekennen, mehrmals detailliert mit seinem Verteidiger besprach.[420] Nach eingehenden Beratungen über das anzuwendende Verfahrensrecht erlaubte das Gericht dem Angeklagten schließlich, sein Bekenntnis in „schuldig" zu ändern. Die Möglichkeiten der Verteidigung waren ab diesem Zeitpunkt freilich sehr stark beschränkt. Captain Everett bat mehrmals um Unterbrechungen der Verhandlung, um sich mit seinem Mandanten zu besprechen und sicherzustellen, dass dieser die schwerwiegenden Konsequenzen eines Schuldbekenntnisses tatsächlich in vollem Umfang begriff. Sein abschließendes Plädoyer auf Strafmilderung blieb ohne Erfolg: Mackensen wurde schuldig gesprochen und zum Tod durch den Strang verurteilt. Nach der Urteilbestätigung wurde die Exekution am 8. März 1946 durchgeführt.[421]

c.) „I have no heart for you, you are worse than the Jews."[422] – Der Prozess gegen Wilhelm Menzel

Ein dritter Prozess wegen Verbrechen auf Gewalt- und Todesmärschen wurde gegen den ehemaligen Unteroffizier Wilhelm Menzel aus Oberschlesien geführt. Menzel wurde wegen der Misshandlung alliierter Kriegsgefangener, namentlich von Private Reginald James Sudds[423] vom *Royal Army Service Corps* sowie weiteren nicht mehr namentlich zu identifizierenden Kriegsgefangenen der Prozess gemacht. Gegenstand der Anklage war Menzels Behandlung alliierter Soldaten auf einem Gewaltmarsch von

---

419 NA, WO 235/ 58, Proceedings of the trial, S. 20.
420 NA, WO 235/ 58, Proceedings of the trial, S. 21–22; Law Reports, Vol. XI, S. 81–82.
421 NA, WO 235/ 58, Proceedings of the trial, S. 25.
422 NA, WO 235/ 53, Proceedings of the trial, S. 7.
423 Die Aussage Sudds lag dem Gericht in Form einer schriftlichen Erklärung (Affidavit) vor und dürfte maßgeblich für den Schuldspruch gewesen sein.

Blechhammer (heute pol. Blachownia Śląska) in Oberschlesien ins bayerische Moosburg zwischen dem 21. Januar und 2. Mai 1945.[424]

Hintergrund war die Räumung des zum Lagerkomplex Blechhammer gehörenden britischen Kriegsgefangenenlagers Kanallager E3 (Blechhammer Nord) mit rund 2000 Gefangenen. Die Zwangsarbeiter, die für die Oberschlesischen Hydrierwerke AG, ein Chemiewerk zur Gewinnung synthetischen Benzins, arbeiten mussten, rekrutierten sich aus diesem Lagerkomplex. Das Lagersystem umfasste neben Kriegsgefangenenlagern für Briten, Russen und Polen, mehreren Zwangsarbeiterlagern und einem Arbeitserziehungslager auch das KZ Blechhammer (Blachownia) – auch bekannt unter dem Namen Bahnhofslager. Bestehend ab 1942 als Zwangsarbeitslager der „Organisation Schmelt", wurde das Lager am 1. April 1944 in ein Außenlager von Auschwitz umgewandelt.[425] Die SS räumte das Konzentrationslager am gleichen Tag, an dem die Kriegsgefangenen den Marsch Richtung Westen antreten mussten. Die meisten Insassen des KZs und der Zwangsarbeiterlager wurden auf einen Todesmarsch mit dem Ziel des im heutigen Polen gelegenen KZs Groß-Rosen getrieben.[426] Laut Zeugenaussagen im Prozess gegen Menzel wurden zwei Lager mit etwa 2000

---

424 Vgl. ebenda.

425 Seine Erinnerungen an das Kriegsgefangenenlager Blechhammer schilderte der dort inhaftierte Arzt John Borrie in: Borrie, John, Despite captivity. A doctor's life as prisoner of war, London 1975, S. 84–98.
Das KZ Blechhammer war ca. fünf Kilometer vom Werk der Oberschlesischen Hydrierwerke entfernt, nahe dem Bahnhof Ehrenforst (Sławięcice). Das Außenlager vom KZ Auschwitz hatte aufgrund der weiten Entfernung zum Stammlager eine separate politische Abteilung. Lagerleiter waren vom 1. April 1944 bis 9. November 1944 SS-Hauptsturmführer Otto Brossmann und anschließend, bis zur Auflösung des Lagers im Januar 1945, SS-Untersturmführer Kurt Klipp. Ein Kontakt zwischen den verschiedenen Häftlingen – KZ-Insassen, Zivil- und Zwangsarbeitern aber auch Kriegsgefangenen – war während der Arbeit in der Fabrik trotz Verbot möglich. Ab August 1944 führten verstärkte alliierte Luftangriffe zu starken Beschädigungen des Werks. Am 21. Januar 1945 wurde mit der Evakuierung des Lagers begonnen. Ein Treck von ca. 4000 Häftlingen wurde in Richtung des KZs Groß-Rosen getrieben, wobei auf dem Marsch bereits mindestens 800 Gefangene von Angehörigen der SS und Wehrmacht erschossen wurden. Die überlebenden Gefangenen kamen am 2. Februar in Groß-Rosen an, um gleich nach Buchenwald weitertransportiert zu werden. Rund 50 zurückbleibende, kranke Häftlinge wurden getötet, nachdem SS-Männer die Barackengebäude in Brand steckten. Vgl. Rudorff, Andrea, Blechhamer (Blachownia), in: Wolfgang Benz/Barbara Distel (Hrsg.), Der Ort des Terrors. Geschichte der nationalsozialistischen Konzentrationslager, Bd. 5: Hinzert, Auschwitz, Neuengamme, München 2007, S. 186–191.

426 Ebenda, S. 189–190.

Kriegsgefangenen Ende Januar 1945 evakuiert. Der Marsch dauerte rund 13 Wochen, wobei die extrem schwierigen Bedingungen durch sehr kaltes Wetter, Nahrungsmittelknappheit und das sehr hohe tägliche Marschpensum[427] erschwerend hinzukamen.

Menzel, der am 2. Mai 1945 von britischen Truppen gefangen genommen wurde, hatte sich am 18. Februar 1946 mit anderen Personen, die sich nicht in Gewahrsam befanden, für sein Verhalten auf dem genannten Gewaltmarsch zu verantworten. Die Hauptanklagepunkte waren das Schlagen und Treten von Kriegsgefangenen mit Fäusten und Gewehr, die Beschimpfung von Soldaten und der Entzug von Nahrungsmitteln sowie das Verbot von Feuerstellen zum Kochen. Dass Menzel auf Befehl gehandelt hatte, wurde weder von der Verteidigung noch von der Anklage bestritten, allerdings kam in Menzels Fall erschwerend hinzu, dass er viele der ihm vorgeworfenen Grausamkeiten aus Eigeninitiative und mit offensichtlicher Genugtuung begangen haben soll. Die alleinige Verantwortung für die Gefangenen lag zwar nicht beim Angeklagten, der Ankläger betonte jedoch mit Blick auf Menzel: „[H]e did obey orders and helped to carry out the acts of ill-treatment which the march entailed. Further he voluntarily added to the ill-treatment and carried out his orders with pleasure."[428]

Dem Gericht wurde kein *Judge Advocate* zugeteilt, allerdings besaßen sowohl der Ankläger Major Hunt wie auch der Verteidiger Menzels, Captain L. H. Cartwright vom *Pioneer Corps*, eine juristische Ausbildung (beide *Solicitor*). Die Auswahl des Verteidigers scheint in diesem Fall nicht allein auf den Wunsch des Angeklagten nach der Vertretung durch einen britischen Offizier zurückgegangen zu sein, sondern auf die ausdrückliche Empfehlung des *JAG* an den *Commander-in-Chief*, der das Verfahren eröffnete, dem Angeklagten einen britischen Pflichtverteidiger zur Seite zu stellen: „You will doubtless arrange for the accused to have the service of a British officer at his trial."[429]

Der erste Zeuge der Anklage, Private D. Scott, berichtete ausführlich von den katastrophalen Bedingungen auf dem Marsch, an dem er selbst als Kriegsgefangener teilgenommen hatte. Im Schneesturm marschierend lit-

---

427 D. Scott sprach von 20 bis 25 Kilometern am Tag, andere Zeugen gaben 20 bis 30 Kilometer an. Einig waren sich alle darin, dass das Marschpensum, vor allem unter den Wetterbedingungen, nur als Schikane betrachtet werden konnte.

428 NA, WO 235/53, Proceedings of the trial, S. 3.

429 Ebenda, Empfehlung zur Eröffnung eines Verfahrens an den C-in-C gegen Wilhelm Menzel von Brigadier Henry Shapcott, Military Deputy, JAG, vom 21. Dezember 1945, S. 2.

ten die Männer Hunger, es gab kaum medizinische Versorgung, da nur zwei Ärzte vorhanden und diese folglich völlig überlastet waren. Wer nicht mit der Kolonne schritthalten konnte, wurde laut Scott von den Wachen, darunter auch Menzel, geschlagen. Bei zahlreichen Gelegenheiten hatte der Zeuge nach eigener Aussage Menzel dabei beobachtet, wie er mit Fäusten und Gewehrkolben kriegsgefangene Soldaten schlug, insbesondere bei Essensgaben durch die tschechoslowakische Bevölkerung, die sich den Kriegsgefangenen gegenüber insgesamt sehr freundlich zeigte. Laut Scott nahm Menzel den gefangenen Soldaten diese Essensgaben unter wüsten Beschimpfungen wieder weg.

Gleiches gab der zweite Zeuge der Anklage, Private J. G. Bramley vom RAOC, zu Protokoll. Gefragt nach dem Grund für sein Verhalten den Kriegsgefangenen gegenüber und danach, ob er kein Herz habe, soll Menzel geantwortet haben: „I have no heart for you, you are worse than the Jews." Laut Bramley kommentierte Menzel darüber hinaus die Frage, weswegen er das Feuermachen zum Kochen untersagt hatte, mit den Worten: „If you want a fire go to Dresden. The English and the Americans have made a big one there."[430] Die exakte Zuständigkeit von Menzel für das Wachpersonal auf dem Marsch konnte im Verlauf des Prozesses indes nicht geklärt werden.

Menzel stellte vor Gericht seine Sicht der Geschehnisse und die Beweggründe seines Handelns unter Eid dar. Die Misshandlung von Gefangenen gab er dabei offen zu: „I have struck prisoners with the butt of my rifle."[431] Menzel bestritt jedoch, dass während des Marsches keine alliierten Luftangriffe stattgefunden hätten. Nur wegen dieser Angriffe hätte er das Kochen an offenen Feuern unterbunden. Auch wollte Menzel nichts vom Tod von Gefangenen auf dem Marsch wissen. Die Kriegsgefangenen waren nach seiner Einschätzung zwar hungrig gewesen, seien aber nicht vor dem Hungertod gestanden. Sein Verhalten schien ihm dadurch gerechtfertigt, dass er ausschließlich Befehle befolgt habe: „I would have been punished if I had not carried out my orders".[432] Wo er die Vorwürfe nicht bestritt, spielte er sie mit Verweis auf die Befehlskette herunter: „[W]e had been given orders to that effect." Die Gefangenen geschlagen zu haben, rechtfertigte Menzel mit dem Befehl, „to intervene to prevent any escape", wenn Gefangene den Zug verließen.[433] Die Wachen hätten Befehl gehabt, einzuschrei-

---

430 Ebenda, Proceedings of the trial, S. 7.
431 Ebenda, Proceedings of the trial, S. 12.
432 Ebenda, Proceedings of the trial, S. 13.
433 Ebenda, Proceedings of the trial, S. 11.

ten, zuerst verbal, dann mit Schlägen des Gewehrkolbens. Menzel folgte dieser Order, da es seine Pflicht gewesen sei, keine Gefangenen zu verlieren. Wegen der vielen Fluchtversuche seien die Befehle „more and more strict" ausgefallen.[434]

Die ihm vorgeworfen Taten gab Menzel somit größtenteils zu, berief sich jedoch ausnahmslos auf Handeln auf Befehl. Sein Verteidiger Cartwright führte nach dem Schuldspruch in einer Bitte um Strafmilderung zwei weitere Gründe an: die Schwierigkeiten der deutschen Armee auf dem Rückzug sowie die Heimat des Angeklagten in Oberschlesien, welche zur gleichen Zeit von den Russen überrannt wurde, was Menzel überaus aggressiv („venemous"[435]) gemacht hätte. Menzel wurde zu zehn Jahre Gefängnis verurteilt, der *Confirming Officer* reduzierte das Strafmaß allerdings sofort auf die Hälfte mit Hinweis auf die Bedingungen, unter denen der Marsch stattgefunden hatte, und auf den niedrigen Rang des Angeklagten.[436]

Zwischenfazit

Obwohl das Gericht bei den drei hier beschriebenen Gewaltmarsch-Prozessen mit britischen Offizieren als Verteidigern jeweils eine Schuld der Angeklagten feststellte, unterschied sich das Strafmaß erheblich. Auch die Verteidigung fiel, trotz der sehr ähnlichen Anklagen, äußerst unterschiedlich aus bzw. war in unterschiedlichem Maß überhaupt möglich. Insbesondere in den Prozessen gegen Mackensen und Heering, die mit Captain Everett vom gleichen Verteidiger vertreten wurden, wird deutlich, dass eine ähnliche Ausgangslage vor Gericht zu völlig verschiedenen Urteilen führen konnte.

Im Verfahren gegen Mackensen machte das Schuldbekenntnis des Angeklagten eine effektive Verteidigung freilich praktisch unmöglich. Doch auch die weitgehend vergleichbaren Beweislagen in den Verfahren gegen Menzel und Heering führten letztlich zu sehr unterschiedlichen Urteilen:

---

434 Ebenda, Proceedings of the trial, S. 12–13.
435 Ebenda, Proceedings of the trial, S. 18.
436 Ebenda, Charge Sheet, S. 2. In seinem späteren Gnadengesuch gab sich Menzel dann betont reuevoll, vgl. NA, WO 235/ 53, Erneutes Gnadengesuch von Wilhelm Menzel, vermutlich Frühjahr 1948: „The crime put to my charge is seriously repented by me and I ask you to consider that I only performed the orders issued to me as a soldier. On my own I should never have committed a punishable action."

Während Menzel mit zehn Jahren Haft ein vergleichsweise hohes Strafmaß erhielt, das allerdings bei der Bestätigung bereits auf die Hälfte reduziert wurde, kam die Verurteilung Heerings mit der symbolisch zu sehenden Inhaftierung von einem Tag faktisch einem Freispruch gleich. Heering konnte den Prozess als freier Mann verlassen. Die von der Verteidigung vorgebrachten Argumente zur Entlastung der Angeklagten – die Zwänge der für den einzelnen Soldaten sehr schwierigen Kriegssituation, aus denen sich nur geringe Handlungsspielräume ergaben, im Verbund mit dem Zwang zum Befehlsgehorsam und persönlich erlittenen Härten, etwa dem Verlust der Heimat – wurden offensichtlich berücksichtigt. Es erscheint wahrscheinlich, dass dies ohne sein Schuldeingeständnis vor Gericht auch für den Angeklagten Mackensen gegolten hätte. Definitiv klären sich diese Frage jedoch nicht mehr.

2.2. Militärgerichtsprozesse wegen Kriegsverbrechen an Soldaten, Kriegsgefangenen, Fliegern und Zivilisten

Wie groß die Bandbreite der Taten war, die vor britischen Militärgerichten als Kriegsverbrechen angeklagt wurden, zeigt die Gruppe der Prozesse wegen Misshandlungen oder Tötungen von Kriegsgefangenen, Fliegern[437] und Zwangsarbeitern verschiedenster alliierter Nationen besonders eindrücklich. Hinzu kamen Prozesse wegen illegaler Befehle, wie beispielsweise der Order, keine Gefangenen zu machen. Gemeinsam war all diesen Verfahren, dass die mutmaßlichen Opfer alliierte Kriegsgefangene oder, wie im Falle der Zwangsarbeiter, alliierte Staatsbürger waren. Oftmals war deren Identität nicht mehr oder nur bruchstückhaft bekannt. Der Bezug zum Krieg – als gegnerische Soldaten, als Zwangsarbeiter oder als Teilnehmer an unmittelbaren Kampfhandlungen – war dabei zwar unterschiedlich deutlich, bildete aber immer den Hintergrund aller Anklagen. Auch bei der Verteidigung fanden sich große Unterschiede: Die Vertretung durch einen britischen Offizier war in Prozessen mit nur einem oder zwei Angeklagten häufig, aber auch die gemeinsame Vertretung von britischen Offizieren mit deutschen Anwälten kam vor. Ebenso standen abgeordnete britische Offiziere deutschen Anwälten als *Assisting Officer* vor Gericht beratend zur Seite.

---

437 Die zeitgenössische Verwendung des Begriffs „Flieger" umfasste sowohl Piloten wie auch alle anderen Angehörigen der Luftstreitkräfte und wird im Folgenden übernommen.

Besonders bedeutsam für das vorliegende Kapitel sind Verfahren, in denen Verbrechen an alliierten, meist britischen Fliegern zur Anklage gebracht wurden. Das Interesse der Briten, möglichst viele dieser Fälle aufzuklären bzw. möglichst viele Täter zur Rechenschaft zu ziehen, war hier besonders stark. Auch unter der sich immer mehr zugunsten eines schnellen Abschlusses der Kriegsverbrecherprozesse verschiebenden politischen Großwetterlage wurde den sogenannten Flieger-Prozessen zweifellos Priorität eingeräumt. Insgesamt 13 dieser „Flieger-Prozesse" mit Beteiligung britischer Offiziere als Verteidiger wurden in den Jahren 1945 und 1946 durchgeführt. Drei weitere Verfahren widmeten sich Verbrechen an Kriegsgefangenen, die nicht Angehörige der Luftstreitkräfte gewesen waren.

Hinzu kamen insgesamt sechs Prozesse wegen der Misshandlung oder Tötung polnischer Zwangsarbeiter. Drei weitere Prozesse verhandelten den Befehl oder die Weitergabe des Befehls, keine Gefangenen zu machen, sowie in einem Fall die Recht- oder Unrechtmäßigkeit der Verwundung eines britischen Soldaten durch einen Deutschen, nachdem dieser vermeintlich die Waffen gestreckt und aufgegeben hatte.

2.2.1. „Flieger-Prozesse"

Um die zahlenmäßig stärkste Gruppe von Prozessen mit britischen Offizieren als Verteidiger richtig einordnen zu können, ist es notwendig, die Hintergründe und Voraussetzungen der sogenannten Fliegerlynchjustiz genauer zu betrachten. Den Hintergrund für diesen speziellen Typ nationalsozialistischer Gewaltverbrechen im Zweiten Weltkrieg bilden gut nachweisbare „amtliche Bestrebungen[,] die Bevölkerung zu Straftaten gegen abgesprungenen oder notgelandete Flieger zu bewegen."[438] Den Auftakt machte hier am 10. August 1943 eine Anweisung von Heinrich Himmler an die Höheren SS- und Polizeiführer zur mündlichen Weitergabe an ihre nachgeordneten Dienststellen und NSDAP-Gauleiter, wie mit abgeschossenen oder notgelandeten alliierten Fliegern umzugehen sei. Zufolge dieser Order war es „nicht Aufgabe der Polizei", so die den kriminellen Charakter leidlich verschleiernde Formulierung, „sich in Auseinandersetzungen zwischen deutschen Volksgenossen und abgesprungenen englischen und ame-

---

438 Schnatz, Helmut, Lynchmorde an Fliegern, in: Franz W. Seidler/Alfred-Maurice de Zayas (Hrsg.), Kriegsverbrechen in Europa und im Nahen Osten im 20. Jahrhundert, Hamburg 2002, S. 118–121, hier S. 118.

rikanischen Terrorfliegern einzumischen."[439] In der Praxis bedeutete diese Weisung nichts anderes als den Entzug des Schutzes der Genfer Konvention für Kriegsgefangene, bzw. für alle alliierten Soldaten, die über deutschem Gebiet abspringen oder notlanden mussten. Die nur mündliche Weitergabe der Anweisung deutet darauf hin, dass Himmler der „Unrechtscharakter seiner Anweisung"[440] durchaus bewusst war.

Zunächst scheint es allerdings kaum Übergriffe der deutschen Bevölkerung auf alliierte Flieger gegeben zu haben, sei es aus Unkenntnis über die geheime Order, sei es, weil ein solches Vorgehen im Allgemeinen als falsch beurteilt wurde. Mit der wachsenden Zahl an Fliegerangriffen, etwa auf Hamburg im Juli und August 1943, der Intensivierung der britischen Nachtangriffe mit Bombern und dem Auftauchen amerikanischer Bomber über dem Reich im Sommer 1943 erhöhte sich aus Sicht des NS-Regimes indes der Handlungsdruck in Sachen abgeschossener Flieger.[441] In einem abermals geheimen Rundschreiben an die Reichs- und Gauleiter sowie an die Verbändeführer und Kreisleiter vom 30. Mai 1944 schilderte Martin Bormann, Leiter der Partei-Kanzlei der NSDAP, angebliche Vorfälle von Lynchjustiz durch aufgebrachte Bevölkerungsgruppen und wies dabei auf Folgendes hin: „Von einer polizeilichen und strafrechtlichen Verfolgung

---

439 Vgl. IfZ-Achiv Nürnberger Dokumente, R110, Geheimes Rundschreiben an alle Höheren SS- und Polizeiführer vom 10. August 1943.

440 Schnatz, Lynchmorde an Fliegern, S. 118.

441 Auf die zunehmenden Tieffliegerangriffe über dem Reichsgebiet reagierte die NS-Führung mit verschärften Anordnungen zum Umgang mit alliierten Fliegern. Ab Mai/Juni 1944 sollten auf Anordnung Hitlers abgeschossene Flieger ohne Standgericht sofort bei Ergreifen erschossen werden, sofern sie zuvor mit Bordwaffen auf Zivilpersonen oder deutsche Flugzeugbesatzungen (am Fallschirm oder am Boden) geschossen hatten. Konkretisiert wurde diese Maßgabe in Verhandlungen des OWK, des OKL, der Leitung der SS und dem Auswärtigen Amt im Juni 1944 auf Schloß Kleßheim nahe Salzburg. Gemildert wurde in der anschließend herausgegebenen Order, dass nur Bordwaffenangriffe auf explizit und gut sichtbar gekennzeichnete Einrichtungen oder Transportmittel des Roten Kreuzes zu einer sofortigen Erschießung von alliierten Fliegern berechtigen sollten. Neben einer (zu fördernden) Lynchjustiz durch die Bevölkerung gab es auch Überlegungen, gefangen genommene Flieger zur „Sonderbehandlung" ins *Dulag Luft* in Oberursel zu überstellen, vgl. Kap. III.2.2.2.a). Letztlich setzte sich keine klare Anordnung durch. Der Völkerrechtsproblematik waren sich die beteiligten Stellen offenbar durchaus bewusst und verblieben in den herausgegebenen Befehlen eher vage. Die Kleßheimer Verhandlungen waren auch Teil der Anklage im Nürnberger Hauptkriegsverbrecherprozess. Allerdings kam es zu keiner Verurteilung in diesem Punkt, da die Beschuldigten offenbar erfolgreich drauf hinwiesen, dass nur Entwürfe gemacht worden seien und keine endgültigen Befehle an die Truppen gingen. Vgl. ebenda, S. 119.

der beteiligten Volksgenossen wurde abgesehen."[442] Auch der Inhalt dieses Schreibens sollte nur mündlich weitergeben werden.

Nach weiteren internen Anweisungen bzw. Überlegungen verschiedener NS-Dienststellen bekamen die impliziten Aufforderungen des NS-Staats zur Gewalt gegen alliierte Flieger Ende Mai 1944 mit einem Artikel von Joseph Goebbels im *Völkischen Beobachter* schließlich einen offiziellen Charakter. Goebbels bezeichnete Lynchjustiz als verständlich und nachvollziehbar und deutete Strafffreiheit bei der Tötung alliierter Flieger zumindest an. Gleiches verbreitete Goebbels in einer Rundfunkansprache am 4. Juni 1944.[443]

Die Behandlung abgesprungener oder notgelandeter Flieger seitens der deutschen Bevölkerung blieb aber auch nach diesem Aufruf uneinheitlich und variierte je nach Wehrmacht-, Polizei-, SS-Personal und Zivilisten; am häufigsten finden sich dabei Fälle inszenierter „Erschießungen auf der Flucht". Die meisten Übergriffe geschahen im letzten Kriegshalbjahr, in die auch die höchste Intensität der Luftangriffe der Alliierten fällt.[444]

Die beachtliche Zahl von Übergriffen bis hin zu Tötungen alliierter Flieger folgte ganz wesentlich aus der „großen Zahl alliierter Einsätze über dem Reichsgebiet"; für alle Tätergruppen, Soldaten, Polizeiangehörige, aber auch Zivilisten, lassen sich Übergriffe auf Flieger als „psychisch bedingte Entlastungshandlung angesichts der Ohnmachtsgefühle der vom alliierten Luftkrieg Betroffenen gegenüber den alliierten Luftwaffen" begreifen.[445] Verstärkt durch den staatlich zumindest gedeckten Gewaltaufruf

---

442 IfZ-Archiv, Nürnberger Dokumente, PS 057, Geheimes Rundschreiben Partei-Kanzlei 12/44g vom 30. Mai 1944.

443 Goebbels, Joseph, Ein Wort zum feindlichen Luftterror, in: Völkischer Beobachter, Süddeutsche Ausgabe (28./29.05.1944), S. 1.

444 Helmut Schnatz bewertet die öffentliche Resonanz auf die Aufstachelung zur Gewalt durch offizielle Stellen zwar als insgesamt gering („Insgesamt war der Aufruf zum Lynchmord kein Erfolg der NS-Propaganda", Schnatz, Lynchmorde an Fliegern, S. 120), dennoch kann keine Rede davon sein, dass die Zivilbevölkerung sich gegenüber dieser spezifischen NS-Propaganda als immun erwiesen hätte. Vgl. etwa Neliba, Günter, Lynchjustiz an amerikanischen Kriegsgefangenen in der Opelstadt Rüsselsheim (1944). Rekonstruktion einer der ersten Kriegsverbrecher-Prozesse in Deutschland nach Prozeßakten (1945–1947), Frankfurt/M. 2000.

445 Zitate aus: Schnatz, Lynchmorde an Fliegern, S. 118. Zum übergreifenden Komplex des Bombenkriegs vgl. insb. Süß, Dietmar, Tod aus der Luft. Kriegsgesellschaft und Luftkrieg in Deutschland und England, Bonn 2011.

wurden dadurch „zunehmend auch westalliierte Soldaten Opfer des deutschen Vernichtungskrieges".[446]

Für die folgende Betrachtung der britischen Militärgerichtsprozesse, die Misshandlungen oder Tötungen alliierter Flieger zum Gegenstand hatten, ist es wichtig im Blick zu behalten, dass die Fliegerlynchjustiz im Reichsgebiet sowohl von Stellen des staatlich verfassten Gewaltmonopols wie auch von einfachen Bürgern verantwortet wurde. Im Prinzip galt ab Sommer 1944 „jeder westalliierte Soldat [...] als vogelfrei".[447] Die Bestimmungen des Kriegsvölkerrechts, garantiert durch die Genfer Konvention und die Haager Landkriegsordnungen, wurden analog zum Krieg im Osten nun auch an der Westfront zunehmend außer Kraft gesetzt. Das bedeutete einen „weiteren Schritt hin zur Totalisierung des Konflikts, der auch das Gegnerverständnis totalisierte."[448] Parallel zum Ostkrieg kam es mit der Fliegerlynchjustiz zu einem Bruch geltenden Kriegsrechts, ja zu einem Zivilisationsbruch in Gestalt eines generellen Entzugs jeglicher Rechte der auch westalliierten Kriegsgefangenen.[449]

Dabei erfolgten die Verbrechen an alliierten Fliegern zumeist nicht auf klare Anordnung von oben; häufig genügte vielmehr schon das „Feindbild und die Einladung zur mörderischen Aktivität".[450] Der Umstand, dass diese Verbrechen gerade nicht in einem direkten Zusammenhang von Befehl und Gehorsam begangen wurden, spiegelte sich auch in den britischen Militärgerichtsprozessen wider, die eine Strafausschließung aufgrund von Befehlsnotstand ohnehin nicht anerkannten. Drakonische Strafen waren keine Seltenheit – bei einer Verurteilung wegen der Ermordung eines alliier-

---

446 Mallmann, Klaus-Michael, „Volksjustiz gegen anglo-amerikanische Mörder". Die Massaker an westalliierten Fliegern und Fallschirmspringern 1944/45, in: Alfred Gottwaldt/Norbert Kampe/Peter Klein (Hrsg.), NS-Gewaltherrschaft. Beiträge zur historischen Forschung und juristischen Aufarbeitung, Berlin 2005, S. 202–213, hier S. 212. Auch Barbara Grimm spricht im Hinblick auf die Misshandlungen und Tötungen westalliierter Flieger von „verzweifelte[n] Kompensationshandlungen" aufgrund der verschwimmenden Täter-Opfer-Zuschreibung in dem sich auf die Zivilbevölkerung ausweitenden Luftkrieg (Grimm, Barbara, Lynchmorde an alliierten Fliegern im Zweiten Weltkrieg, in: Dietmar Süß (Hrsg.), Deutschland im Luftkrieg. Geschichte und Erinnerung, München 2007, S. 71–84, hier S. 83). Die oft tödliche Gewalt gegen abgeschossene oder notgelandete alliierte Flieger ist dabei zumeist dem Komplex der Endphaseverbrechen zuzuordnen. Vgl. Keller, Sven, Volksgemeinschaft am Ende. Gesellschaft und Gewalt 1944/45, München 2013.
447 Mallmann, „Volksjustiz gegen anglo-amerikanische Mörder", S. 212.
448 Ebenda.
449 Vgl. ebenda, S. 203–204.
450 Ebenda, S. 213.

ten Fliegers drohte vielmehr meist ein Todesurteil. Die Schwierigkeit, trennscharf „zwischen Entscheidungsträgern und Handlangern zu unterscheiden"[451], führte dabei sowohl auf Seiten der Ankläger wie auch seitens der Verteidiger bisweilen zu erheblichen Problemen, ihren jeweiligen Fall überzeugend zu präsentieren. Ein besonders sprechender Prozess für die nur schwer zu entwirrende (und nachzuweisende) Vermischung von Verantwortlichkeiten bei Fliegermorden ist der sogenannte *Enschede Case*, bei dem sowohl mutmaßliche Befehlsgeber wie auch Direkttäter angeklagt wurden.

Die „Flieger-Prozesse" waren von Beginn an von besonderem Interesse für die Briten. Bereits im Krieg führte das Bekanntwerden mehrerer Vorfälle, bei denen eine erhebliche Zahl britischer Soldaten in deutscher Gefangenschaft unter sehr verdächtigen Umständen zu Tode kamen, dazu, dass der Verfolgung von Verbrechen an Kriegsgefangenen sehr große Aufmerksamkeit zuteilwurde. Im Juni 1944 gab der britische Außenminister Anthony Eden eine Erklärung ab, die sich explizit auf die Strafverfolgung von mutmaßlichen Verbrechen an britischen Kriegsgefangenen bezog. Anlass war ein Vorfall in einem der sechs speziell für Angehörige der Luftwaffe errichteten Kriegsgefangenenlager, dem Stalag Luft III bei Sagan (heute pol. Żagań). Im März 1944 war eine Gruppe von rund 50 RAF- und Dominion Air-Offizieren vorübergehend die Flucht aus dem Lager gelungen, die Flüchtigen wurden allerdings wieder gefangen genommen und anschließend alle vorgeblich auf der Flucht erschossen.[452] Als Reaktion darauf erklärte Eden, die britische Regierung werde „never cease in their efforts to collect the evidence to identify all those responsible. They are firmly resolved that these criminals shall be tracked down to the last man wherever they may take refuge."[453] Für diese Geschehnisse klagte Ende 1947 ein britisches Militärgericht im nach dem Tatort benannten Stalag Luft III-Prozess 18 mutmaßlich an den Erschießungen beteiligte Personen an. Kurz drauf folgte ein zweiter Prozess mit drei weiteren Angeklagten.

---

451 Ebenda.
452 Vgl. als eines von mehreren Beispielen erinnerungsgeschichtlicher Darstellungen zur großen Flucht aus dem Stalag Luft III: Meserole, Mike, The great escape. The longest tunnel, New York 2008; Barris, Ted, The Great Escape. A Canadian Story, Toronto 2013; Walters, Guy, The real great escape, London u.a. 2013.
453 Statement im House of Commons von Anthony Eden vom 23. Juni 1944 zitiert nach: Jones, British Policy towards 'minor' Nazi War Criminals, S. 223–224.

Es waren Kriegsverbrechen wie dieses – weitere Beispiele waren etwa das Massaker von Wormhout am 28. Mai 1940[454] und die Tötung von nahezu 100 britischen Kriegsgefangenen im französischen Le Paradis am 27. Mai 1940[455] –, die bei den Briten dafür sorgten, dass den Verbrechen gegen Kriegsgefangene am meisten Aufmerksamkeit geschenkt wurde. Gegenüber der eigenen Bevölkerung musste die strafrechtliche Verfolgung dieser Verbrechen nie erst erklärt oder gar legitimiert werden, da sie unmittelbar britische Soldaten und damit die eigenen Bürger betraf. Demgegenüber

---

454 Beim Massaker von Wormhout am 28. Mai 1940 wurden 80 (nach anderen Quellen sogar 97) britische und französische Kriegsgefangene von einem von SS-Hauptsturmführer Wilhelm Mohnke geführten Bataillon der Leibstandarte SS Adolf Hitler erschossen. Die Soldaten, die den Rückzug nach Dünkirchen sichern sollten, waren zuvor gefangen genommen und zunächst in eine Scheune in der Nähe von Wormhout gesperrt worden. Die Eingesperrten wurden dann durch SS-Leute mit Handgranaten beworfen, wodurch viele der Soldaten getötet oder verletzt wurden. Gruppen von Überlebenden wurden anschließend herausgeführt und erschossen. Etwa 15 Gefangene überlebten das Massaker. Sie wurden von Soldaten der Wehrmacht aufgefunden, medizinisch versorgt und in ein Kriegsgefangenenlager gebracht. Vgl. Aitkin, Leslie, Massacre On The Road To Dunkirk. Wormhout 1940, Mayflower 1976, S. 86–96.

455 Das Massaker von Le Paradis wurde von Angehörigen der späteren SS-Division „Totenkopf" unter dem Befehl des SS-Obersturmführers Fritz Knöchlein an 99 britischen Kriegsgefangenen verübt. Während des Vormarschs auf Dünkirchen erlitt das Totenkopf-Infanterieregiment 2 in Gefechten nördlich von Béthune schwere Verluste. Das 2. Bataillon des *Royal Norfolk Regiments* wurde schließlich nahe der Ortschaft Le Paradis eingekesselt und ergab sich am 27. Mai 1940. Die Gefangenen wurden durchsucht und zur Scheune eines nahegelegenen Bauernhofs geführt. Auf Befehl von Knöchlein, Kompaniechef der 4. Kompanie des 1. Bataillons des Totenkopfregiments 2, wurden die Gefangenen dort mit Maschinengewehren erschossen. Überlebende des Massakers wurden durch Pistolenschüsse oder mit Bajonettstichen getötet. Zwei britische Soldaten, William O'Callaghan und Albert Pooley, überlebten als einzige schwer verwundet. Sie wurden von der Familie, denen die Scheune gehörte, versorgt und schließlich von Soldaten einer Wehrmachtseinheit gefangen genommen und in ein Kriegsgefangenenlager gebracht. O'Callaghan und Pooley überlebten den Krieg und standen der *War Crimes Investigation Unit* unter Lieutenant Colonel A. P. Scotland bei den Ermittlungen zu Kriegsverbrechen als Zeugen zur Verfügung. Köchlein konnte im Winter 1946 verhaftet werden und wurde im Oktober 1948 in Hamburg vor ein britisches Militärgericht gestellt, das ihn zum Tode verurteilte. Das Urteil wurde 1949 vollstreckt. Vgl. Etschmann, Wolfgang, Erschießung englischer Kriegsgefangener bei Le Paradis am 27.5.1940, in: Franz W. Seidler/Alfred-Maurice de Zayas (Hrsg.), Kriegsverbrechen in Europa und im Nahen Osten im 20. Jahrhundert, Hamburg 2002, S. 155–156. Siehe auch: Hürter, Hitlers Heerführer, S. 189; Sydnor, Charles W., Soldaten des Todes. Die 3. SS-Division „Totenkopf" 1933–1945, Paderborn u.a. 2002, S. 91–93.

konnten etwa Prozesse gegen Zwangsarbeiter, KZ-Prozesse, aber auch Prozesse gegen hochrangige deutsche Militärs, bei denen die Anklage nicht direkt mit britischen Opfern verbunden war, mit zunehmendem zeitlichen Abstand zum Krieg immer weniger als Ausdruck britischer Eigeninteressen dargestellt und der eigenen Bevölkerung entsprechend vermittelt werden.

Für die „Flieger-Prozesse" gelten diese Konjunkturen in der britischen Politik der Kriegsverbrecherverfolgung dagegen nur sehr bedingt. Noch Ende 1947 wertete Brigadier Henry Shapcott, beim *JAG's Office* mit der administrativen Durchführung von Prozessen und der generellen Einschätzung des Kriegsverbrecherprogramms befasst, die im Stalag Luft III-Prozess angeklagten Taten als „in many ways the worst war crime which the Germans committed against our people"[456]. In seinem Memorandum an alle mit dem Fortgang der Militärgerichtsprozesse befassten Behörden berichtete er, dass ähnliche Vorfälle, bei denen britische oder andere alliierte Soldaten misshandelt oder getötet worden waren, weiterhin in großer Zahl ans Licht kamen. Shapcott schlussfolgerte daraus: „[A]ll of them ought to be tried for this crime whenever they come into our hands."[457] Shapcott argumentierte im Fall der „Flieger-Prozesse" demnach gegen eine vorzeitige Beendigung aus politischen Gründen. Auch wenn Shapcott einem generellen Enddatum für Kriegsverbrecherprozesse durchaus zustimmte, so nahm er Verbrechen an britischen Kriegsgefangenen doch explizit von dieser Maßgabe aus. Im Hinblick auf die künftige Entwicklung Deutschlands schlussfolgerte er: „[W]ar criminals of the type under consideration should have no part in the Germany of tomorrow".[458]

Die große Aufmerksamkeit, die den „Flieger-Prozessen" auf britischer Seite entgegengebracht wurde, zeigt sich auch in den Militärgerichtsprozessen unter Beteiligung britischer Offiziere als Wahl-Pflicht-Verteidiger. Mit 13 Verfahren – hinzukommen drei Prozesse, in denen die Opfer Kriegsgefangene, aber nicht Angehörige der Luftstreitkräfte gewesen waren – bilden sie die zahlenmäßig größte Gruppe. Ähnlich waren in diesen Prozessen jeweils die angeklagten Vorwürfe. Unterschiedlich hingegen waren der Umfang der Verfahren, die Schwere der angeklagten Kriegsverbre-

---

456 NA, FO 371/ 64718 C13471/7675/180, Brigadier Henry Shapcott (JAG's Office), Memorandum an den Secretary of State of War, den Lord Chancellor und das Foreign Office vom 15. Oktober 1947.
457 Ebenda.
458 Ebenda.

chen sowie, damit unmittelbar einhergehend, die Möglichkeiten der Offiziere für eine effiziente Verteidigung.

Auch von der deutschen Öffentlichkeit wurden diese „Flieger-Prozesse" besonders stark, allerdings meist sehr kritisch wahrgenommen. Die Petition einer Essener Bürgerin namens Hilde Juch vom Dezember 1945 zeigt dabei anschaulich, dass es in der deutschen Öffentlichkeit auch nach Ende des Zweiten Weltkriegs noch Stimmen gab, die die Ermordung alliierter Flieger als gerechte Volksjustiz begriffen. Mit dem Hinweis: „Human sind die Luftangriffe der Alliierten im Westen nicht gewesen", wies Juch jede ethisch-moralische Argumentation alliierter Militärgerichte zurück und leitete daraus ab, dass die Alliierten kein Recht besäßen, Deutsche anzuklagen, die gegnerische Flieger misshandelt oder getötet hatten. In diesem Kontext behauptete Juch gar: „[D]ie 3 abgesprungenen Flieger hatten ihren Tod hundertfach verdient."[459] Diese aufgeheizte öffentliche Stimmung gilt es ebenfalls im Blick zu behalten, wenn im Folgenden die im Rahmen dieser Arbeit besonders wichtigen „Flieger-Prozesse" dargestellt werden.

a.) „You must make a report that they were shot whilst trying to escape, so that I can pass it on."[460] – Der *Essen-West Case* gegen Karl Rauer und sechs weitere Angeklagte

In einem der umfangreicheren Militärgerichtsprozesse in Deutschland wegen der Tötung von Kriegsgefangenen wurde einer Gruppe deutscher Offiziere und Unteroffiziere, die auf einem Flugplatz bei Dreierwalde im nordrhein-westfälischen Tecklenburger Land nahe Hopsten stationiert gewesen waren, im Februar und März 1946 der Prozess gemacht. Zu verantworten hatten sich im ersten Verfahren für drei verschiedene Vorfälle, bei denen alliierte Kriegsgefangene zu Tode gekommen waren, der ehemalige Major und Lagerkommandant Karl Rauer[461], dessen Adjutant, der vormalige Hauptmann Wilhelm Scharschmidt, sowie fünf weitere, unter deren Kom-

---

459 NA, WO 235/ 56, Gnadengesuch von Hilde Juch an den Vorsitzenden Richter Lt. Colonel B. G. Melson vom 29. Dezember 1945, S. 1. Juch bezog sich hier auf die Opfer im sogenannten *Essen Lynching Case*, der weiter unten ausführlich beschrieben wird (Kap. III.2.2.1.g).

460 Beschuldigung Scharschmidts durch Lommes, zitiert nach: Law Reports, Vol. IV, S. 114.

461 Major Karl Rauer ist vermutlich als Gruppenkommandeur der Gruppe I Kampfgeschwader 53 Legion Condor (KG 53) zu identifizieren und wurde für diesen Einsatz auch ausgezeichnet.

mando stationierte Soldaten: Major Otto Bopf, Hauptmann Bruno Bottcher, Oberfeldwebel Hermann Lommes, Feldwebel Ludwig Lang und Unteroffizier Emil Gunther (möglicherweise auch Guenther oder Günther geschrieben). Der Prozess wurde auch unter dem Namen *Essen-West Case* bekannt.[462] Gegen ein weiteres Mitglied der Truppe des Flugplatzes, den ehemaligen Oberfeldwebel Karl Amberger, wurde in einem separaten Prozess kurze Zeit später verhandelt, obwohl Amberger in die gleichen Vorgänge verstrickt gewesen war, die schon im *Essen-West Case* verhandelt wurden.

Die Anklage, vor Gericht vertreten durch Major G. I. D. Draper[463] von den *Irish Guards*, erhob drei verschiedene Anklagevorwürfe. Der erste Anklagepunkt betraf die Erschießung von vier Kriegsgefangenen am 22. März 1945. An diesem Tag wurde der Flugplatz heftig von den alliierten Luftstreitkräften bombardiert und fünf alliierte Flieger wurden im Zuge dieser Kämpfe von deutschen Einheiten gefangen genommen. Auf dem Weg zum nächstgelegenen Kriegsgefangenenlager bei Oberursel wurden vier dieser fünf Kriegsgefangenen erschossen. Karl Rauer gab vor Gericht an, als Kommandant keine speziellen Befehle für den Fall der Gefangennahme feindlicher Soldaten während und nach Luftangriffen ausgegeben zu haben; er habe angenommen, sie würden wie üblich in ein Kriegsgefangenenlager gebracht werden.[464] Der zweite Angeklagte, Scharschmidt, gab an, als Adjutant Rauers die Gefangenen verhört und danach Oberfeldwebel Karl Amberger damit beauftragt zu haben, die fünf Männer zum Gefangenenlager zu eskortieren. Diese Order erfolge, obwohl Scharschmidt nachweislich zugetragen worden war, dass Amberger überaus starke Antipathien gegenüber alliierten Kriegsgefangenen hegte und demnach besonders „unsuitable for the task" war.[465] Zwar hatte Scharschmidt versucht, einen Ersatz für Amberger zu finden, jedoch ohne Erfolg, sodass er die alliierten Flieger schließlich doch an Amberger übergab. Die Beweislage für diesen Vorfall stützte sich in erster Linie auf den überlebenden fünften Kriegsgefangenen Flight-Lieutenant Keith William Berick, dem es gelungen war, verwundet zu entkommen. Ein Affidavit mit Bericks Aussage wurde so-

---

462 Vgl. NA, WO 235/ 82, Charge Sheet, S. 2
463 Der Ankläger Major Draper ist wahrscheinlich identisch mit dem Ankläger im *Dulag Luft Trial*. Der Unterschied bei einem Namenskürzel ist vermutlich ein Tippfehler, da Name, Rang, Einheit und Verwendung sonst identisch sind.
464 Vgl. Law Reports, Vol. IV, S. 113.
465 Ebenda, Vol. IV, S. 113.

wohl im *Essen-West Case* als auch im Prozess gegen Amberger als Beweismittel vorgelegt.

Der zweite Anklagepunkt hatte eine ganz ähnliche Tat zum Gegenstand. Am 24. März 1945, nach einem weiteren schweren alliierten Bombenangriff, wurde eine Gruppe von sieben oder acht, ebenfalls kurz zuvor gefangen genommenen alliierten Fliegern nachts zum Auffüllen von Löchern in der Piste des Flugplatzes abgestellt. Der Befehl dazu kam wahrscheinlich von Rauer, weitergegeben wurde er von Scharschmidt, es fanden sich aber auch Indizien im Verlauf der Verhandlung, dass der unmittelbare Befehl von Otto Bopf gekommen war. Erschossen wurden die Gefangenen, weil sie angeblich während ihrer Arbeiten an der Landebahn zu entkommen versuchten; die eigentlichen Schützen scheinen Emil Gunther, Ludwig Lang und Hermann Lommes gewesen zu sein. Bottcher, der für die Reparaturarbeiten die Oberaufsicht hatte, behauptete vor Gericht, Meldung über die Erschießungen an Scharschmidt gemacht zu haben, was dieser jedoch von sich wies. Auch bestritt Scharschmidt, die Unteroffiziere wie folgt angewiesen zu haben: „You must make a report that they were shot whilst trying to escape, so that I can pass it on."[466] Rauer dagegen führte die dramatische, alle Ressourcen bindende Kriegssituation als Grund an, warum er dem Vorfall nicht näher nachgegangen war.

Der dritte Anklagepunkt betraf ein Ereignis vom 25. März 1945. Ein verwundeter Kriegsgefangener wurde von Lang und Lommes vom Flugplatz mit einem Motorrad weggebracht, angeblich um ihn in ein Krankenhaus zu bringen. Stattdessen wurde er jedoch außerhalb des Lagers erschossen, vermutlich von Lang.[467] Rauer und Scharschmidt behaupteten vor Gericht, von diesem Verbrechen lange Zeit überhaupt nichts gewusst zu haben. Bottcher gab hingegen zu, dass er sein Motorrad an Lommes geliehen hatte. Schwer belastet wurden Bottcher und Bopf zudem von Lommes' Aussage, die beiden hätten ihm gesagt, auch die übrigen Kriegsgefangenen „must disappear like the others"[468] – eine Aussage, die von Bottcher und Bopf freilich bestritten wurde.

Die Verteidigungsstrategie teilte sich folglich in zwei Teile.

Erstens: der Kommandant Rauer und sein Stellvertreter Scharschmidt, denen zwar keine eigenhändigen Erschießungen vorgeworfen wurden, die allerdings aufgrund ihrer Verantwortung als Vorgesetzte „concerned in the killing" gewesen seien und sich dadurch strafbar gemacht hätten. Rauer

---

466 Zitiert nach: ebenda, Vol. IV, S. 114.
467 Ebenda.
468 Ebenda.

und Scharschmidt verlegten sich darauf, entweder die Kenntnis der Vorfälle an sich zu leugnen oder aber zu behaupten, mit anderen Aufgaben ausgelastet gewesen zu sein. Besonders Rauer betonte vor Gericht, er habe die Geschehnisse nicht selbst untersuchen können, da ihn seine eigentlichen Pflichten voll und ganz in Beschlag genommen hätten. Er habe auf den heranrückenden Feind und heftige Bombenangriffe reagieren und zudem die laufenden Reparaturen koordinieren und beaufsichtigen müssen, die von Kriegsgefangenen, Zwangsarbeitern und Zivilisten ausgeführt wurden. Scharschmidt erklärte lapidar, persönlich Nachforschungen über die Vorfälle anzustellen sei schlicht nicht Teil seiner Aufgaben und Befugnisse gewesen. Tatsächlich behauptete keiner der Angeklagten vor Gericht, dass es einen direkten Befehl zu Gefangenenerschießungen von Kommandant Rauer oder Scharschmidt gegeben hatte.

Zweitens: die restlichen Angeklagten, deren Verteidigung weitgehend auf der Behauptung beruhte, dass die von ihnen bewachten und schließlich erschossenen Gefangenen zu fliehen versucht hätten und es die mehr oder weniger explizite Order gegeben habe, nicht zimperlich mit den Kriegsgefangenen zu verfahren. Auch auf das Motiv der Vergeltung für deutsche Bombenopfer wurde während der Verhandlungen wiederholt verwiesen.

Verteidigt wurden alle sieben Angeklagten von britischen Offizieren. Captain H. C. Ogden von der *Royal Artillery* vertrat Scharschmidt und Gunther, Lieutenant J. S. Grant (ebenfalls *Royal Artillery*) verteidigte Rauer, während Bottcher, Bopf und Lang Lieutenant C. Ellison von den *5. King's Own Scottish Borderers* zum Verteidiger hatten. Lommes wurde von Lieutenant F. J. Stone (*Royal Army Service Corps*) vertreten.[469]

Anklage und Verteidigung, im Besonderen Ogden und Grant, waren mit dem Gericht in stetiger Diskussion über die richtige Interpretation der Anklageformulierung *concerned in*. Die jeweiligen Schlussplädoyers geben am besten Auskunft über die unterschiedlichen Interpretationen und deren Konsequenzen in Bezug auf die Anklage. Grant gab dem Gericht zu bedenken, für eine Verurteilung Rauers müsse die Anklage nachweisen, dass der Kommandant Teil einer Gruppe zur Begehung eines Verbrechens gewesen sei, diese unterstützt habe oder seine Pflichten in grob fahrlässiger Weise vernachlässigt habe. Wörtlich formulierte er, Rauer „must be proved to have been a party to a crime or to have acted in consort with others in committing that crime or to have been guilty of criminal negligence of the

---

469 NA, WO 235/ 82, Proceedings of the trial, S. 2.

highest order or to have been an accessory after the killings."[470] Für eine Verurteilung würde die bloße Tatsache, dass Rauer der Kommandant der Soldaten und eigentlichen Täter gewesen war, daher nicht ausreichen. Notwendig für eine Verurteilung unter der Formel „concerned in the killing" sei vielmehr der Nachweis einer „mens rea" oder eines „guilty mind", das heißt einer kriminellen Gesinnung des Beschuldigten.[471]

Zugunsten Scharschmidts führte Ogden in seinem Schlussplädoyer an, dass eine feindselige Einstellung gegenüber britischen Piloten, zumal nach schweren und verlustreichen Bombardements, kein ausreichender Nachweis für den subjektiven Tatbestand eines kriminellen Vorsatzes sei. Die Anklage hätte zudem keinen Nachweis geliefert, dass Scharschmidt die Erschießungen angezettelt oder auch nur stillschweigend geduldet hätte.[472]

Dem hielt der Ankläger Major Draper entgegen, ein Mann müsse mit den natürlichen Konsequenzen seines Handelns rechnen. Rauer und Scharschmidt hätten gegenüber ihren Untergebenen kein Geheimnis aus ihrer feindseligen Einstellung gegenüber Kriegsgefangenen gemacht, woraus diese, gleichsam notwendigerweise, die Legitimation zu ihren Taten abgeleitet hätten. Dies rechtfertige eine Verurteilung unter der Anklageformulierung „concerned in the killing".[473]

Auch der *Judge Advocate* des Verfahrens, der *Deputy Judge Advocate General to the Forces* C. L. Sterling,[474] äußerste sich zu dieser Frage. Für den ersten Anklagepunkt sah er zwar keine direkten Beweise gegen Rauer und Scharschmidt vorliegen, allerdings hätten die zahlreichen Erschießungen von Kriegsgefangenen kaum ohne die Billigung und Komplizenschaft der Vorgesetzten geschehen können. Sterling behauptete gar, von der deutschen Armee dürfe angenommen werden, dass Soldaten solche Ermordungen nicht ohne einen direkten Befehl von Vorgesetzten begangen hätten. Vor dem Hintergrund dieses sehr statischen, ja klischeehaften Bildes „des" deutschen Wehrmachtsoldaten lautete für den *Judge Advocate* damit die eigentliche Frage des Prozesses lediglich, wer den Befehl oder die Befehle, die Kriegsgefangenen zu töten, gegeben hatte. Neben Rauer und Scharschmidt waren auch Bottcher und Bopf Offiziere gewesen.[475]

---

470 Law Reports, Vol. IV, S. 115.
471 Vgl. auch: NA, WO 235/ 82, Proceedings of the trial, Siebter Tag, S. 27.
472 Vgl. zu den Schlussplädoyers der Verteidiger auch: Law Reports, Vol. IV, S. 115.
473 Vgl. ebenda, Vol. IV, S. 115–116.
474 Sterling fungierte auch im ersten Bergen-Belsen-Prozess und dem Verfahren gegen Karl Amberger als *Judge Advocate*.
475 Vgl. Law Reports, Vol. IV, S. 116.

Die Urteile des Gerichts führten letztendlich zu Todesurteilen für alle Angeklagten. Lediglich die Frage, welchem der drei Anklagepunkte stattgegeben wurde, variierte. Rauer und Scharschmidt wurden zwar vom ersten Anklagepunkt freigesprochen, für die übrigen jedoch verurteilt. Außer Emil Gunther, der nur für den Vorfall am 24. März 1945 angeklagt war, wurden alle übrigen Angeklagten für die beiden Erschießungen am 24. und 25. März für schuldig befunden. Die Entscheidung des Gerichts, den Kommandanten und seinen Stellvertreter vom ersten Anklagepunkt freizusprechen, aber für die weiteren zu verurteilen, mag mit einem im Prozessverlauf formulierten Argument zusammenhängen: Demnach galt es nach dem ersten Vorfall als sehr unwahrscheinlich, dass Rauer und Scharschmidt geglaubt hätten, die Gefangenen seien auf der Flucht erschossen worden. Kein Verständnis erhielten die beiden Angeklagten dafür, dass sie keine Maßnahmen getroffen hatten, diese Vorfälle zu unterbinden. Das Strafmaß für alle Angeklagten lautete auf Tod durch Erhängen, nur im Fall von Karl Rauer wurde es nachträglich in lebenslange Haft gemildert. Die übrigen Todesurteile wurden vollstreckt.

b.) „Gentlemen, war is a cruel thing, and there are certain rules which
apply to war." [476] – Der *Dreierwalde Case* gegen Karl Amberger

Der erste Anklagepunkt des *Essen-West Case* wurde in einem separaten Prozess auch gegen den ehemaligen Oberfeldwebel Karl Amberger verhandelt. Er musste sich vom 11. bis 14. März 1946 für die Erschießung von vier Kriegsgefangenen am 22. März 1945 verantworten. Als Verteidiger fungierte auch hier Lieutenant C. Ellison. Amberger und zwei weiteren deutschen Soldaten, deren Aufenthalt nicht ermittelt und die folglich nicht vor Gericht gestellt werden konnten, obwohl beide namentlich bekannt waren, warf die Anklage vor, auf einem Marsch in das nächstgelegene Kriegsgefangenenlager bei Oberursel vier gefangene alliierte Flieger der britischen und australischen Luftwaffe vorsätzlich erschossen und einen weiteren Kriegsgefangenen verwundet zu haben.[477] Die Anklage vertrat dabei die Auffas-

---

476 NA, WO 235/ 84, Proceedings of the trial, Fourth day, Summing Up des Judge
Advocate C. L. Sterling, S. 19.
477 Vgl. ebenda, Charge sheet, S. 2.

sung, dass die Tat schlicht und einfach als „cold and calculated murder"[478] anzusehen und entsprechend zu bestrafen sei.

Hauptbelastungszeuge gegen Amberger war der australische Flight-Lieutenant Keith William Berick, der bei dem Vorfall am 22. März verwundet entkommen konnte. Da es nicht möglich war, den Zeugen, der inzwischen wieder in seiner Heimat war, zum Prozess nach Wuppertal zu bringen, stützte sich die Staatsanwaltschaft auf zwei beeidete Affidavits. In diesen schilderte Berick die Geschehnisse plastisch und anschaulich und betonte ganz eindeutig, dass es – anders als von Amberger behauptet – von der Gruppe der fünf Kriegsgefangenen keinerlei Fluchtversuch gegeben habe. Amberger rechtfertigte sein Verhalten ausschließlich mit eben dieser Behauptung. Die Tötung der Gefangenen gab er zu; auch bestätigte er den Sachverhalt, dass er der ranghöchste anwesende deutsche Soldat und damit verantwortlich für die Begleitung der Gefangenen gewesen war. Doch erst nach dem Fluchtversuch sei auf die Kriegsgefangenen geschossen worden.

Belastet wurde Amberger neben der Aussage Bericks zudem vom Büroleiter der Kommandantur in Dreierwalde Werner Lauter. Dieser hatte in einer schriftlichen Aussage angegeben, Amberger hätte sich für die Eskortierung der alliierten Flieger freiwillig gemeldet. Da Lauter Zweifel hatte, ob ausgerechnet Amberger für diese Aufgabe geeignet war, sei doch dessen heftige Feindseligkeit gegenüber Kriegsgefangenen und insbesondere alliierten Fliegern allgemein bekannt gewesen, meldet er seine Bedenken an Wilhelm Scharschmidt, dem Adjutanten des Lagerkommandanten. Ein Ersatz konnte jedoch offenbar nicht gefunden werden, sodass letztlich doch Amberger mit zwei weiteren Unteroffizieren mit dem Transport der Kriegsgefangenen beauftragt wurde. Lauter selbst konnte von der Anklage nicht persönlich vor Gericht als Zeuge präsentiert werden, weshalb ebenfalls ein Affidavit mit dessen Aussage verlesen wurde. Darüber hinaus sagte die Zeugin Elfriede Nicklas aus – sie war während des Vorfalls mit Lauter in der Nähe des Geschehens unterwegs gewesen war und schilderte sowohl ihre eigenen Beobachtungen (sie war den Soldaten begegnet und hatte die Schüsse gehört) als auch das, was Lauter ihr berichtet hätte.

Als weiteres Beweismittel gegen Amberger legte die Anklage den Bericht eines Pathologen vor, der die Leichen der vier getöteten Soldaten exhumiert und untersucht hatte. Der Bericht kam zu dem bezeichnenden Ergebnis, dass alle vier Gefangenen durch Kopfschüsse getötet worden waren. Außerdem belegte laut dem Gutachten des Pathologen der Eintritts-

---

478 Ebenda, Proceedings of the trial, First day, Eröffnungsplädoyer von Maj. Draper, S. 5. Vgl. auch: Law Reports, Vol. I, S. 82.

winkel einiger Einschusswunden, dass die getöteten Soldaten in einer nicht aufrechten, vermutlich knienden Körperhaltung den Tod gefunden hatten. Die entscheidende Frage des gesamten Prozesses war demnach, ob es einen Fluchtversuch der fünf Kriegsgefangenen gegeben hatte oder nicht. Während die Anklage dies verneinte, bestritt die Verteidigung den Vorwurf der ungerechtfertigten Erschießung vehement.[479]

Als einziger Zeuge der Verteidigung sagte Amberger selbst unter Eid vor Gericht aus. Es waren zwar weitere Zeugen gewünscht worden, aber diese konnten von der Verteidigung nicht vor Gericht präsentiert werden. Amberger konzentrierte sich in seinen Rechtfertigungen im Wesentlichen auf zwei Dinge: Er bestritt erstens, sich freiwillig gemeldet zu haben, und blieb zweitens fest bei seiner Behauptung, die Gefangenen hätten einen Fluchtversuch unternommen. Sofern Tötungen angeklagt wurden und die Beschuldigten in ein militärisches Umfeld eingebunden waren, findet sich diese Rechtfertigungsstrategie, also die Behauptung, die Kriegsgefangenen seien „auf der Flucht erschossen" worden, mit großer Regelmäßigkeit. Das Verfahren gegen Amberger steht hier beispielhaft für viele weitere Prozesse.[480] Bei einer Verurteilung drohten den Angeklagten in „Flieger-Prozessen" drakonische Strafen, meist sogar ein Todesurteil. Insofern erscheint der Versuch, Tötungen von Kriegsgefangenen mit dieser Strategie zu verteidigen, durchaus nachvollziehbar, selbst wenn sie bei überaus belastenden Verbrechensumständen kaum Erfolgsaussichten hatte.

Lieutenant Ellison stellte als Verteidiger die Erschießungen nicht infrage, versuchte dem Gericht jedoch plausibel zu machen, weswegen es Ambergers Aussage Glauben schenken könne und solle. Amberger sei wirklich überzeugt davon gewesen, rechtmäßig gehandelt zu haben. In seinem Schlussplädoyer versuchte Ellison die Aussage der Hauptbelastungszeugen Berick und Lauter zu entkräften. Er gab zu bedenken, dass die Kriegsgefangenen, die zuvor Misshandlungen erfahren hatten, sehr wahrscheinlich der Meinung waren, fliehen zu müssen, auch wenn das in Wirklichkeit nicht notwendig gewesen sei. Bezug nehmend auf das Urteil gegen den Lagerkommandanten Karl Rauer und dessen Adjutanten Scharschmidt verwies Ellison auch darauf, dass die Vorgesetzten Amber-

---

479 Vgl. NA, WO 235/84, Proceedings of the trial, First day, Eröffnungsplädoyer von Maj. Draper, S. 5, und Proceedings of the trial, Zweiter Tag, Eröffnungsplädoyer von Lt. Ellison, S. 2–3.

480 Ein besonders gewagt anmutender Fall einer Verteidigung eines Tötungsdelikts mit dem Argument des (angeblichen) Fluchtversuchs eines gefangen genommenen, alliierten Fliegers ist der Prozess gegen Rolf Brinkmann. Vgl. Kap. III.2.2.1.e).

gers für diesen speziellen Anklagepunkt nicht verurteilt worden waren. Daher hoffte er auch für seinen Mandanten auf einen Freispruch.[481]

Ellison argumentiert durchaus geschickt, dass die Aussagen Ambergers und Bericks beide wahr sein könnten, obwohl sie sich auf den ersten Blick kategorisch gegenseitig ausschlossen. Rhetorisch versiert versuchte Ellison die Tatsache zu nutzen, dass die wichtigsten Zeugen der Anklage nicht persönlich anwesend waren und somit auch nicht ins Kreuzverhör genommen werden konnten, um einen alternative Sichtweise zu ermöglichen: „The same facts looked upon at different angles can appear to be very different indeed."[482] Berick, so Ellison, sei vor dem angeklagten Vorfall bereits in deutscher Kriegsgefangenschaft mehrfach misshandelt worden und kannte demnach die Geschichten, was vielen alliierten Kriegsgefangenen, insbesondere Angehörigen der feindlichen Luftstreitkräfte, in Deutschland widerfuhr: „[I]t was nothing unusual for airmen unfortunately taken prisoners to be found dead."[483] Es sei daher sehr wahrscheinlich, dass die Gefangenen ihre einzige Überlebenschance in der Flucht gesehen hätten. Damit seien aber auch die Handlungen von Amberger und seinen Kameraden, die Flucht durch Schüsse zu verhindern, gerechtfertigt gewesen. Ellison fasste das Eröffnen des Feuers durch seinen Mandanten auf unbewaffnete, fliehende Gefangene als zulässige Maßnahme im Krieg zusammen: „He opened up with a machine pistol and had every right to do so. If men under your care and guidance decide to make a bolt for it than you as the responsible NCO, in the contention of the defence, are entitled to stop him."[484] Ein Hass auf englische Bomberpiloten („grievance against bomber pilots"), wie er Amberger von mehreren Zeugen der Anklage nachgesagt wurde, wäre zudem nicht ungewöhnlich gewesen; nicht wenige Briten („a lot of people in England") hätten ähnlich empfunden.[485]

Besonders attackierte Ellison vor Gericht die Beweise der Anklage, die auf Hörensagen beruhten, insbesondere die Aussagen im Affidavit von Werner Lauter und von Elfriede Nicklas. Zwar räumte er deren Legalität vor britischen Kriegsverbrecherprozessen ein, machte aber auch seine

---

481 Ebenda, Proceedings of the trial, Fourth day, Schlussplädoyer von Lt. Ellison, S. 12.
482 Ebenda, Proceedings of the trial, Fourth day, Schlussplädoyer von Lt. Ellison, S. 13.
483 Ebenda.
484 Ebenda, Proceedings of the trial, Fourth day, Schlussplädoyer von Lt. Ellison, S. 14–15.
485 Ebenda, Proceedings of the trial, Fourth day, Schlussplädoyer von Lt. Ellison, S. 15.

Zweifel an dem Aussagewert dieser Informationen für das Gericht deutlich: „I realise that under Royal Warrant it is possible and admissible to have hearsay evidence, but I only point out the danger of accepting it on its face value."[486] Der *Judge Advocate* C. L. Stirling verwies ebenfalls explizit auf die Zulässigkeit der Indizienbeweisführung der Anklage: Auch wenn die Hauptbelastungszeugen nicht anwesend waren und einige der eingebrachten Beweise sich auf Hörensagen bezogen, wäre es allein den Gerichtsmitgliedern überlassen, deren Glaubwürdigkeit einzuschätzen und zu beurteilen. Zudem äußerte sich Stirling ausführlich zu der zentralen Frage nach der Rechtmäßigkeit, auf fliehende Kriegsgefangene mit Waffengewalt zu reagieren.[487]

Ellison beschloss sein Plädoyer als Verteidiger mit der Bitte an das Gericht, Amberger die gleichen Rechte einzuräumen, wie sie auch ein britischer Soldat vor einem Militärgericht bekommen würde:

> Finally, before I close, I would say this to you, that you should try Amberger on this case according to the evidence, without prejudice, and that you should treat Amberger not as a German but as if he was an English soldier on a Court-Martial charge. Law is not a question of nationality, and nationality should not interfere with the course of justice. I ask you to deal with him only on what you have heard in this court and what you have seen on the aerodrome round about Dreierwalde.[488]

---

486 Ebenda, Proceedings of the trial, Fourth day, Schlussplädoyer von Lt. Ellison, S. 16.

487 „Gentlemen, war is a cruel thing, and there are certain rules which apply to war. One is that it is the duty of an officer or a man if he is captured to try and escape. The corollary to that is that the Power which holds him is entitled to prevent him from escaping, and in doing so no great niceties are called for by the Power that has him in his control: by that I mean it is quite right, if it is reasonable in the circumstances, for a guard to open fire on an escaping prisoner, though he should pay great heed merely to wound him, but if he should be killed though that is very unfortunate it does not make a War Crime. [...] If the accused, Karl Amberger, did see that his prisoners were trying to escape or had reasonable grounds for thinking that they were attempting to escape then that would not be a breach of the rules and customs of war, and therefore you would not be able to say a war crime had been committed", ebenda, Proceedings of the trial, Fourth day, Summing Up des Judge Advocate C. L. Sterling, S. 19–20.

488 Ebenda, Proceedings of the trial, Fourth day, Schlussplädoyer von Lt. Ellison, S. 18.

Obwohl mit dem Affidavit Bericks und dem Gutachten des Pathologen eine denkbar ungünstige Beweislage gegeben war, blieb Ellison also bei seiner Behauptung, die Opfer seien bei einem Fluchtversuch erschossen worden. Diese gleichsam zum Scheitern verurteilte Strategie eines nachweislich fähigen Verteidigers zeigt, dass das „Auf der Flucht erschossen"-Argument die letzte mögliche Verteidigungsoption in Militärgerichtsprozessen zu Endphaseverbrechen an westalliierten Kriegsgefangenen bei klarer Beweislage gegen den Angeklagten war. Das Gericht folgte letztlich in allen Belangen vollständig der Anklage und verurteilte den Angeklagten zum Tod durch den Strang. Das Urteil und Strafmaß wurden bestätigt und vollstreckt. Die ungeachtet dieses Prozessausgangs sehr engagierte Verteidigung durch Ellison registrierte auch die britische Militärverwaltung im Verlauf der Bestätigung des Urteils. In der Einschätzung des Verfahrens an den *Confirming Officer* findet sich ein dezidierter Hinweis, dass auf Seiten der Verteidigung keinerlei Beanstandung des Prozesses zu erkennen gewesen sei: „Amberger had no cause for complaint in the conduct of his defence by Lt. Ellison."[489]

c.) „[T]hey have all been trying to cut each other's throats."[490] – Der *Enschede Case* gegen Eberhard Schöngarth und sechs weitere Angeklagte

Finden sich im Gros der britischen Militärgerichtsprozesse in Deutschland eher Angeklagte niederer Dienstränge, so wurde im sogenannten *Enschede Case* mit Eberhard Schöngarth ein sehr hochrangiger SS-Funktionär angeklagt.[491] Schöngarth, SS-Brigadeführer und Generalmajor der Polizei, zu-

---

489 WO 235/ 640, DJAG, Brigadier H. Scott-Barrett, 6. April 1946.
490 NA, WO 235/ 102A-B, Proceedings of the trial, Vierter Tag, Schlussplädoyer von Capt. Dixon, S. 48.
491 Eberhard Schöngarth (1903–1946), der 1920 schon am Kapp-Putsch teilgenommen hatte, wurde bereits 1922 Mitglied der NSDAP-Ortsgruppe in Erfurt. Als wichtigste Stationen seines Werdegangs im „Dritten Reich" sind zu nennen: ab 1935 Gestapo in Dortmund, Bielefeld und Münster, ab Herbst 1939 Inspekteur der Sicherheitspolizei und des SD in Dresden, ab 30.1.1941 Befehlshaber der Sicherheitspolizei (BdS) im Generalgouvernement mit Sitz in Krakau, dort ab Juli oder August 1941 Führer des Sonderkommandos zur besonderen Verwendung Lemberg. Auf das Konto dieses Sonderkommandos gehen die Ermordungen von Zehntausenden Menschen. Schöngarth nahm außerdem an der Wannseekonferenz teil, 1943 wechselte er zur Waffen-SS, bevor seine Reaktivierung als BdS Niederlande ihn schließlich auf seinen letzten Posten führte. Vgl. zur Rolle

letzt Befehlshaber der Sicherheitspolizei und des SD in den Niederlanden,[492] wurde zusammen mit sechs weiteren Angehörigen der SS bzw. der Polizei vorgeworfen, für die illegale Erschießung eines alliierten Fliegers am 21. November 1944 bei Enschede in Holland gesorgt zu haben bzw. an der Tat direkt beteiligt gewesen zu sein.[493] Die weiteren Angeklagten waren Kriminalkommissar Erwin Knop, Kriminalsekretär (und vermutlich SS-Untersturmführer) Wilhelm Hadler, Kriminalsekretär Herbert Fritz Willi Gernoth, SS-Scharführer Erich Lebing, SS-Oberscharführer Fritz Boehm (Boehm behauptete „nur" Unterscharführer gewesen zu sein) und SS-Obersturmführer Friedrich Beeck.

Der Prozess in Burgsteinfurt vom 7. bis 11. Februar 1946 bezog sich auf einen Vorfall im Jahr 1944 in unmittelbarer Umgebung der Villa Hooge Boekel bei Enschede in Holland. Am 21. November 1944 war die Besatzung eines alliierten Flugzeugs nahe Enschede abgeschossen worden, wobei einige Insassen der Maschine mit dem Fallschirm abspringen konnten. Zufällig landete einer der Soldaten in der Nähe der Villa, in der sich zu der Zeit das örtliche Gestapo-Hauptquartier befand. Der Flieger wurde von der Gestapo gefangen genommen und kurz darauf in einem nahegelegenen Waldstück durch Genickschuss getötet. Schöngarth, der während dieser Vorfälle anwesend war, wurde vorgeworfen, den Befehl gegeben zu ha-

---

Schöngarths im Zweiten Weltkrieg und seiner Beteiligung am Holocaust: Klee, Das Personenlexikon zum Dritten Reich, S. 555–556; Pohl, Dieter, Von der „Judenpolitik" zum Judenmord. Der Distrikt Lublin des Generalgouvernements 1939-1944, Frankfurt/M., Berlin 1993, S. 35, 94,102; Hirschfeld, Gerhard, Fremdherrschaft und Kollaboration. Die Niederlande unter deutscher Besatzung 1940–1945, Stuttgart 1984, S. 38, 203, 220; Schenk, Dieter, Der Lemberger Professorenmord und der Holocaust in Ostgalizien, Bonn 2007, insb. S. 113–141.

492 Die Verantwortung für seine maßgebliche Beteiligung am Holocaust in Ostgalizien, als Stichwort sei hier nur der unter Schöngarths Kommando erfolgte „Lemberger Professorenmord" genannt, konnte ihm anscheinend nicht nachgewiesen werden. Stattdessen wurde er für einen Einzelfall angeklagt. Verglichen mit dem Ausmaß der verbrecherischen Verstrickungen von Schöngarth im Osten, vor allem seine Beteiligung an der systematischen Vernichtung der europäischen Juden, erscheint es geradezu grotesk, dass Schöngarth „nur" für diesen einen Vorfall in Holland belangt wurde. Vor dem britischen Militärgericht, vor dem sich Schöngarth zu verantworten hatte, spielte seine Beteiligung am Holocaust keine Rolle und wurde auch mit keinem Wort erwähnt. Dass die Briten zumindest eine gewisse Kenntnis über die tatsächliche Rolle Schöngarths hatten, kann zwar vermutet werden, ist aber in den Prozessunterlagen nicht belegt.

493 Vgl. NA, WO 235/ 102A-B, hier 102A, Charge Sheet, S. 2–3.

ben, den alliierten Flieger als Spion oder Saboteur zu betrachten und hinzurichten.

Der Ankläger Major Reade warf folglich allen Angeklagten die gemeinschaftliche Beteiligung an der Tötung dieses unbekannten alliierten Fliegers vor. Gernoth hätte den tödlichen Schuss abgegeben, alle anderen waren wegen ihres Beitrags zur Tat oder wegen der Anordnung dazu angeklagt, da sie aktiv zum Tod des alliierten Fliegers beigetragen hatten.[494] Im Verlauf des Verfahrens spielte das anzuwendende Verfahrensrecht vor britischen Militärgerichten wegen mutmaßlicher deutscher Kriegsverbrechen eine große Rolle.

Die Verteidiger der sieben Angeklagten waren drei britische Offiziere: Abermals war es Lieutenant C. Ellison, der als Verteidiger Schöngarths in Erscheinung trat.[495] Captain T. H. G. Wood, ein *Solicitor* der *Royal Artillery*, übernahm die Vertretung von Knop, Halder, Lebig und Boehm, während Captain C. N. Dixon vom *East Lancashire Regiment*, ebenfalls *Solicitor* im Zivilberuf, für Gernoth und Beeck als Verteidiger vor Gericht erschien.[496] Schöngarth stritt jegliche Beteiligung an dem Vorfall komplett ab, die übrigen Angeklagten, alle Teil der in der Villa stationierten Polizei- und Gestapoeinheiten, gestanden hingegen die Tötung des alliierten Fliegers ein. Gernoth gab sogar an, dass er der Todesschütze gewesen war.

Die Verteidiger versuchten als erstes, die Zuständigkeit des Gerichts für diesen Vorfall zu verneinen. Die Anklage hätte lediglich Annahmen gemacht, aber keinerlei Beweise zur Identität des Fliegers vorgelegt. Es wäre deswegen nicht klar, ob das mutmaßliche Opfer überhaupt ein alliierter Staatsbürger gewesen sei und damit auch, ob ein britisches Militärgericht unter dem *Royal Warrant* für den Fall zuständig war. Das Gericht lehnte diese Eingabe jedoch ab und folgte der Argumentation des Anklägers: Major Reade argumentierte schlüssig, dass es nahezu ausgeschlossen war, dass der erschossene Flieger kein Angehöriger einer alliierten Nation gewesen

---

494 Ebenda, Proceedings of the trial, Eröffnungsplädoyer von Maj. Raede, S. 6.

495 Lt. Ellison ist einer der wenigen britischen Offiziere, die in mehr als einem Prozess mutmaßliche deutsche Kriegsverbrecher vertraten. Auffällig ist in allen Prozessen seine große rhetorische Gewandtheit, seine Fähigkeit, Ereignisse und Schilderungen, die teils geradezu katastrophal belastend für seine Mandanten waren, geschickt als zumindest verständlich und nachvollziehbar erscheinen zu lassen. Auch wenn die Urteile, allesamt Todesurteile, keinen Erfolg seiner Verteidigung anzeigen, so bleibt bei den jeweiligen Beweislagen und insbesondere der Schwere der angeklagten Verbrechen dennoch der Eindruck einer äußerst engagierten Verteidigung.

496 Ebenda, Proceedings of the trial, Erster Tag, S. 2.

sei. Angesichts des Tatorts in den Niederlanden im Jahr 1944 erscheint es tatsächlich abwegig, dass dort zu diesem Zeitpunkt ein Flugzeug eines neutralen Staates abgeschossen worden sei.[497]

Weitere Verfahrensfragen, die im Zuge dieses Prozesses verhandelt und entschieden wurden, betrafen die Befragungen von Zeugen im Kreuzverhör, zu Geschehnissen, die nicht direkt mit der Anklage zu tun hatten, und die Zulässigkeit von unfreiwilligen Aussagen. Unter strengen Vorgaben erlaubte das Gericht dem Ankläger, einen der Angeklagten zu einem Vorfall zu befragen, der mit der angeklagten Tat nicht in direkter Verbindung stand, aber zeigen sollte, dass der Beschuldigte bei ganz ähnlichen Verbrechen – der Erschießung von Geiseln und Zivilisten – anwesend oder gar beteiligt gewesen war.[498] Reade begründete diese Verhörmethode mit seinem Vorgehen gegen die Verteidigungsstrategie der meisten Angeklagten. Sie gestanden die Erschießung des Fliegers zwar ein, behaupteten allerdings von den Vorgängen schockiert gewesen zu sein, nur unbedeutende Teilaufgaben ausgeführt oder sogar Protest gegen die Behandlung des Kriegsgefangenen erhoben zu haben. Dem hielt Raede entgegen:

> If you then find that these same men were constantly taking part in executions of hostages and civilians, whoever it may be, does not that throw some light on the question of their guilt or innocence on the occasion in question, even though one man's job was only to dig a hole or report that a hole had been dug?[499]

Zur Frage, ob fehlende Freiwilligkeit die Zulässigkeit von Aussagen als Beweismittel beeinträchtigte oder nicht, urteilte das Gericht im *Enschede Case* so wie in vielen anderen britischen Militärgerichtsprozessen[500]: Der Nachweis, dass eine Aussage nicht freiwillig oder unter Annahme falscher Vor-

---

497 Vgl. auch: Law Reports, Vol. XI, S. 84. Der Versuch der Verteidigung, die weiteren Verhandlungen nach der Präsentation der Beweise für die Anklage gegen einen oder mehrere Angeklagten durch das Argument zu verhindern, dass kein begründeter Fall gegen den oder die Beklagten vorläge, war nur selten erfolgreich. Vgl. hierzu mit unterschiedlichem Ausgang die Eingaben der Verteidigung im Prozess gegen Cadet Officer Vajna, vgl. Kap. III.2.1.1.c), und im *Wattenscheid Case*, vgl. Kap. III.2.2.1.k). Auch die Argumentation der Nichtzuständigkeit des Gerichts aufgrund von zweifelhaften bis hin zu mehr oder weniger ungeklärten Identitäten von Opfern war für die Verteidigung so gut wie nie erfolgreich.

498 Vgl. ebenda, Vol. XI, S. 84–85.

499 Zitiert nach: ebenda, S. 85.

500 Für die Verteidigung war es somit fast unmöglich, ein Beweisstück ausschließen zu lassen, weil es auf nicht freiwilligen Aussagen beruhte. So geschehen auch im

aussetzungen oder ohne Kenntnis der Rechte des Aussagenden gemacht wurde, konnte nicht verhindern, dass diese Beweismittel vor Gericht eingebracht werden konnten.[501]

Die Verteidigung griff deswegen bevorzugt die Glaubwürdigkeit der vorgelegten Beweise an: Dixon, Verteidiger für Beeck und Gernoth, stellte in seinem Schlussplädoyer besonders den Wert heraus, der den vorgelegten Beweismitteln vom Gericht zugemessen werden sollte. Zwar hielt er es für erwiesen, dass die Tötung des alliierten Fliegers durch eine gemeinschaftliche Aktion erfolgt sei: „I think it has been proved that all these men were accomplices"[502], aber gerade deswegen seien die Aussagen der Angeklagten gegeneinander mit Vorsicht zu genießen. Alle hätten versucht, sich selbst so gut wie möglich darzustellen und ihre Mitangeklagten zu belasten. Dixon veranlasste diese Beobachtung zu der pauschalisierenden Behauptung, alle Deutschen würden qua Natur zu Lug und Trug neigen: „I think we all know that one German likes to tell stories about another, and I think that the fact that they do this has been very much brought before this Court and they have all been trying to cut each other's throats."[503] Darüber hinaus verwies Dixon auf den erheblichen zeitlichen Abstand zwischen dem angeklagten Vorfall und der Sicherung der gegen seine Mandanten ins Feld geführten Beweise und Statements.

Ellison argumentierte im Gegensatz dazu, dass sein Mandant Schöngarth aufgrund seiner herausragenden Stellung („He is a man of an entirely different stamp and type to the rest of the Accused, very much

---

ersten Bergen-Belsen-Prozess, im Prozess gegen Erich Killinger u.a. und im Prozess gegen Hans Renoth u.a. Vgl. hierzu auch die Einschätzung der UNWCC in den *Law Reports* zu diesem Prozess, ebenda, Vol. XI, S. 83.

501 In den Prozessbeschreibungen der UNWCC zu diesem Fall finden sich einige aufschlussreiche erläuternde Hinweise zu dieser Praxis der britischen Militärgerichte: „This position affords an illustration of the tendency, noticeable not only in British war crime trials, and due to the exceptional conditions under which war crime trials are held, to go some way towards ridding courts of the more technical rules of evidence and leaving them free to admit a wide range of evidence and then to decide what weight they will place on each item. The Prosecutor in the Belsen Trial claimed that the Regulations made under the Royal Warrant were drawn up with the intention of avoiding legal arguments in court as to whether evidence was admissible or not. They were drawn widely so as to admit any evidence whatsoever and to leave the court to attach what weight they thought fit to it when they had heard it." (Ebenda, Vol. XI, S. 83.)

502 NA, WO 235/ 102A-B, Proceedings of the trial, Vierter Tag, Schlussplädoyer von Capt. Dixon, S. 48.

503 Ebenda, Proceedings of the trial, Vierter Tag, Schlussplädoyer von Capt. Dixon, S. 48.

above them both in the rank he held and the character which he has"[504])
gleichsam zum Sündenbock der übrigen Angeklagten geworden sei. Zudem bescheinigte Ellison Schöngarth, unerschütterlich bei seiner Version
der Wahrheit geblieben zu sein, auch unter der „grueling cross-examinati-
on by the other two Defending Officers"[505]. Die einzige Verteidigung, ja
einzige Chance auf einen Freispruch oder ein milderes Urteil für die restlichen Angeklagten sei es gewesen, alle Schuld auf Schöngarth als dem rang-
höchsten Offizier abzuschieben. Während in den anderen britischen Militärgerichtsprozessen die Verteidiger verschiedener Angeklagter vor Gericht
in aller Regel gut kooperierten, stellt sich dies beim *Enschede Case* also völlig anders dar. Hier belasteten und beschuldigten sich nicht nur die Angeklagten permanent gegenseitig, auch die Strategien der britischen Verteidiger widersprachen sich kategorisch. Dabei bildeten sich gewissermaßen
zwei Lager heraus, mit Schöngarth (als Befehlsgeber) auf der einen und
den restlichen Angeklagten (als vermeintlich bloßen Befehlsempfängern)
auf der anderen Seite:

> The fact that he was there has given the other Accused the wonderful
> opportunity, which they would otherwise not would have had, of shift-
> ing all the responsibility on to his very broad shoulders. The rest of the
> Accused well knew that he had no part in the killing of this airman, he
> had never given them any orders whatsoever, and the first time they ev-
> er thought so was when, getting together, they discovered that if they
> did not put the responsibility on to somebody else, they themselves
> were in danger of being sentence by a Court.[506]

Die übrigen Angeklagten beriefen sich allesamt auf das Handeln auf Befehl und behaupteten, eine Befehlsverweigerung sei gegenüber Schöngarth
nicht nur lebensgefährlich gewesen, sondern geradezu einem Selbstmord
(„to forfeit his own life"[507]) gleichgekommen. Man selbst sei nur ein kleines Rädchen in einem großen Getriebe gewesen. Mit blinder, unbedingter
Ergebenheit, so betonte etwa Captain Dixon als Verteidiger Fritz Willi
Gernoths, habe sein Mandant Schöngarth gedient. Dem Intellekt Ger-

---

504 Ebenda, Proceedings of the trial, Vierter Tag, Schlussplädoyer von Lt. Ellison,
S. 53.
505 Ebenda, Proceedings of the trial, Vierter Tag, Schlussplädoyer von Lt. Ellison,
S. 54.
506 Ebenda, Proceedings of the trial, Zweiter Tag, Eröffnungsplädoyer von Lt. Ellison, S. 49.
507 Ebenda, Proceedings of the trial, Zweiter Tag, Eröffnungsplädoyer von Capt.
Wood, S. 48.

noths stellte er dabei ein nicht gerade schmeichelhaftes Zeugnis aus: „[T]he accused Gernoth [...] is a very correct German, extremely correct, the type of man who says: 'Yes, Sir' and 'No, Sir' and never would think of disobeying an order."[508] Doch umsonst: Das Gericht verwarf die Argumentation aller Verteidiger und sprach sämtliche Angeklagten schuldig. Schöngarth, Beeck, Hadler, Knop und Gernoth wurden zum Tode verurteilt und am 16. Mai 1946 im Zuchthaus Hameln gehängt. Lebing wurde zu 15 Jahren Gefängnis, Boehm zu zehn Jahren Haft verurteilt.[509]

d.) „[H]e seemed a decent little chap"[510] – Das Verfahren gegen Johannes Oenning und Emil Nix

Für die Tötung respektive die Beteiligung an der Tötung eines Kriegsgefangenen am 29. März 1945 bei Velen im Münsterland hatten sich der erst 15-jährige Johannes Oenning, ehemals Mitglied der HJ, der kurz vor Kriegsende zum „Volkssturm" eingezogen worden war, sowie der ehemalige Polizist Emil Nix vor einem britischen Militärgericht in Borken zu verantworten. Das Gericht verhandelte am 21./22. Dezember 1945 vor allem die Frage nach der Mittäterschaft bzw. Gehilfenschaft der beiden Angeklagten bei der Erschießung des Gefangenen, kurz bevor britische Truppen Velen erreichten. Die Verteidigter beider Angeklagten waren britische Offiziere: Captain G. Soulsby, von der *76. Anti-Aircraft Brigade, Royal Artillery*, verteidigte Emil Nix, während Major R. E. T. Birch, *18/56th Heavy Regiment, Royal Artillery*, Oenning vor Gericht vertrat.[511] Dem Verfahren wurde kein *Judge Advocate*, sondern ein *Legal Member* zugeteilt, das im Verlauf der Verhandlungen wiederholt auf rechtliche Fragen einging. Besonders die Regelungen der Genfer Konvention, den Fluchtversuch von Kriegsgefangenen betreffend und die legalen bzw. illegalen Reaktionen darauf, waren Gegenstand der Auseinandersetzungen zwischen Anklage und Verteidigung.[512]

---

508 Ebenda, Proceedings of the trial, Zweiter Tag, Eröffnungsplädoyer von Capt. Dixon, S. 48.
509 Vgl. Death Warrants und ebenda, Charge Sheet, S. 2.
510 WO 235/ 613, Petition von Maj. Birch für Johannes Oenning vom 3. Juni 1946.
511 Vgl. NA, WO 235/ 38, Proceedings of the trial, S. 2.
512 Im Prozess gegen Oeninng und Nix beriefen sich die Verteidiger nicht nur auf die Genfer Konvention, die zuließ, auf flüchtende Kriegsgefangene zu schießen, sondern zusätzlich auf den entsprechenden Passus des MML. Paragraph 108a, Chapter XIV (The Laws and Usages of War on Land): „Prisoners of war may be fired upon if they offer violence to their guard or to any of the captor's forces or

Erstmalig in diesem Prozess wurde auch die offene Frage diskutiert, inwieweit ein 15-Jähriger als Täter vor einem britischen Militärgericht überhaupt strafmündig war.

Die Geschehnisse und involvierten Personen bei der Erschießung des Kriegsgefangenen blieben indes verworren und trotz zahlreicher Zeugenaussagen widersprüchlich. Unstrittig war hingegen, dass ein alliierter Kriegsgefangener, sehr wahrscheinlich ein britischer Flieger, in der Nacht vom 28. zum 29. März 1945 nahe Velen gefangen genommen und von Oenning sowie einem Militärpolizisten, der nicht näher ermittelt werden konnte, zum Haus des Polizisten Nix gebracht worden war. Anschließend wurde der Gefangene nach Durchsuchung und erfolgloser Befragung in einem nahegelegenen Waldstück erschossen.

Die Anklage ging davon aus, Nix habe dem Militärpolizisten und Oenning befohlen, den Gefangen wegzubringen und mit ihm zu machen, was sie wollten.[513] Wer den Gefangenen letztlich erschossen habe, sei nicht mehr genau zu rekonstruieren. Oenning wurde jedoch die schwerere Schuld angelastet: „[He] at least fired a shot and, if that was not the shot which caused the death, then at least he was present when the shot which caused the death was fired and he was in fact a party to the crime."[514] Oenning habe außerdem die Leiche heimlich nachts vergraben oder zumindest dabei geholfen. Demzufolge galt Oenning als direkt verantwortlich, während Nix, der Kenntnis von der Erschießung hatte und bei der Beseitigung des Opfers und dessen Habseligkeiten half, mindestens der Gehilfenschaft zu bezichtigen war.[515]

Als Zeugen der Anklage traten vier ehemalige Kameraden Oennings aus der HJ vor Gericht auf, die unter anderem aussagten, dass Oenning ihnen gegenüber damit geprotzt hatte, einen alliierten Soldaten erschossen zu haben. Einige andere Aussagen belasteten jedoch auch Nix. So wurde berichtet, Nix sei mit Oenning und dem nicht identifizierten Militärpolizisten zusammen in der fraglichen Nacht auf Patrouille gewesen und alle hätten

---

officials, or if they attempt to give active assistance to their own forces, or if they attempt to escape; but a previous summons to desist and to surrender should be given if possible." (Ebenda, Vol. XI, S. 74.)

513 NA, WO 235/ 38, Proceedings of the trial, Eröffnungsplädoyer von Capt. Diamond, S. 3 („do what they wanted with him").

514 Ebenda, Proceedings of the trial, Eröffnungsplädoyer von Capt. Diamond, S. 3.

515 Vgl. Law Reports, Vol. XI, S. 74–75: „The Prosecution claimed that the accused Oenning was responsible as a principal for the· crime of shooting a prisoner of war; and that the accused Nix was responsible at the very least as an accessory both before and after the fact."

auf den Kriegsgefangenen geschossen. Charakteristisch für die Aussagen der Anklagezeugen war ihre Widersprüchlichkeit. Sie ergaben insgesamt ein sehr unübersichtliches Bild der Geschehnisse; verschiedene Versionen schlossen sich in weiten Teilen gegenseitig aus.

Die Verteidigung verfolgte die Strategie, die Beteiligung bzw. Kenntnis ihrer Mandanten an der verbrecherischen Tat geradewegs zu leugnen: Der eigentliche Schütze sei der unbekannte Militärpolizist gewesen, der den Flieger gefangen genommen habe und in ein Gefangenenlager hätte eskortieren sollen. Eine gemeinsame Verteidigungsstrategie der beiden Verteidiger lässt sich dabei allerdings nicht erkennen. Zwar belasteten sich die Angeklagten nicht direkt gegenseitig, aber ihre jeweiligen Berichte des Geschehens deckten sich nicht annähernd miteinander. Darüber hinaus traten in den Kreuzverhören durch den jeweils anderen Verteidiger auch belastende Indizien zutage.[516]

Oennings Version des Geschehens beschränkte sich darauf, dass er nachts von dem ihm unbekannten Militärpolizisten aufgeweckt worden sei und sie daraufhin den gefangen genommenen Flieger zu Nix gebracht hätten. Dort angekommen gab es eine Unterredung im Haus des Polizisten, an der er jedoch nicht teilgenommen habe. Stattdessen sei ihm von dem Militärpolizisten aufgetragen worden, eine Schubkarre zu besorgen. Während er dieser Anweisung Folge leistete, habe er zwei Schüsse gehört, aber nichts sehen können. Der Militärpolizist habe daraufhin mitgeteilt, den Gefangenen erschossen zu haben, weil dieser zu fliehen versucht habe. Die Leiche sei dann auf die von Oenning besorgte Schubkarre geladen und heimlich nachts auf dem Friedhof des Orts begraben worden.[517] Oenning gab außerdem an, der Militärpolizist habe mit der Tat geprahlt: „The policeman said it would be an honour for him that he shot a British officer. "[518] Im Kreuzverhör durch Soulsby, den Verteidiger von Emil Nix, taten sich aber erhebliche Diskrepanzen zu der schriftlichen Aussage auf, die Oenning vor der Verhandlung gemacht hatte.

Der Angeklagte Nix präsentierte dem Gericht eine andere Version der Geschehnisse. Nach Eigenaussage war er persönlich an den ganzen Vorgängen praktisch unbeteiligt gewesen. Als Täter nannte Nix den unbekannten Militärpolizisten. Dessen Behauptung, dass der Gefangene vor seinem Tod

---

516 Ebenda, Proceedings of the trial, Kreuzverhör von Johannes Oenning durch Capt. Soulsby, S. 44–45, und Kreuzverhör von Emil Nix durch Maj. Birch, S. 59.

517 Vgl. NA, WO 235/ 38, Proceedings of the trial, Zeugenaussage von Johannes, S. 39–42.

518 Ebenda, Proceedings of the trial, Zeugenaussage von Johannes Oenning, S. 41.

einen Fluchtversuch unternommen hatte, habe er geglaubt und deswegen auch nichts weiter unternommen.[519]

Major Birch plädierte in seiner Schlussrede drauf, aufgrund der widersprüchlichen Beweislage der Version seines Mandanten Oenning Glauben zu schenken, zumal er es für äußerst unwahrscheinlich hielt, dass ein Minderjähriger erfahrenen Respektspersonen Anweisungen erteilt und das Heft des Handelns innegehabt hätte.[520] Auch Nix' Verteidiger Soulsby führte in seiner Schlussrede die völlig unübersichtliche Beweislage an. Gegen seinen Mandanten lägen für einen Verurteilung nicht annähend genug Beweise vor, es sei zudem angesichts der 20-jährigen Berufserfahrung wenig plausibel, dass Nix sich an einem solch offensichtlichen Verbrechen beteiligt habe, zumal er wissen musste, dass sich die britischen Truppen bereits in unmittelbarer Nähe des Tatorts befanden.[521]

Oenning wurde vom Gericht für schuldig befunden, Nix hingegen freigesprochen. Brich bat nach dem Schuldspruch nochmals um Milde für seinen jungen Mandanten, da Oenning „under Nazi regime" aufgewachsen sei und als „victim of its influence"[522] gelten müsse. Er käme zudem aus einer extrem armen Familie und hätte nur wenige Chancen gehabt in seinem Leben. Hinzu komme sein geringes Alter, weswegen Birch das Gericht um die größtmögliche Milde bei der Strafzumessung bat. Das Gericht folgte diesem Plädoyer jedoch nicht – die britischen Militärgerichtsprozesse sahen kein gesondertes Jugendstrafrecht vor – und verurteilte Oenning zu acht Jahren Haft.[523]

Birch scheint am weiteren Schicksal seines jugendlichen Mandanten auch nach dem Prozess persönlich Anteil genommen zu haben. Mindestens war er der Überzeugung, dass die Strafe unangemessen hoch ausfiel. Aus eigenem Antrieb erkundigte er sich dementsprechend noch im Juni 1946 bei den zuständigen Militärbehörden, ob sie seine erste Petition erhalten hätten und bat abermals um Nachsicht mit Oenning:

---

519 Ebenda, Proceedings of the trial, Zeugenaussage von Emil Nix, S. 54–59. Nix gab an, der Militärpolizist habe ihm den Gefangenen zuerst als Spion präsentiert, was er allerdings nicht geglaubt habe. Nix beließ den Kriegsgefangenen laut Eigenaussage in der Obhut des Militärpolizisten und gab an, dass Oenning den Tod des Kriegsgefangenen nicht verantwortete, sondern sich erst am Fortschaffen der Leiche beteiligt habe.

520 Ebenda, Proceedings of the trial, Schlussplädoyer von Maj. Birch, S. 71–72.

521 Ebenda, Proceedings of the trial, Schlussplädoyer von Capt. Soulsby, S. 73–77.

522 Law Reports, Vol. XI, S. 74.

523 NA, WO 235/ 38, Proceedings of the trial, S. 81.

I felt I could not leave Germany for demobilization this week with a clear conscience unless I made one more attempt to have this boy's punishment mitigated. From the short time I knew him he seemed a decent little chap. He was, at the most, only present when a German Oberwachtmeister shot the Flying Officer.[524]

Eine solche Anteilnahme lange nach einem Prozess am weiteren Leben eines ehemaligen Mandanten durch einen britischen Offizier, der als Verteidiger abkommandiert worden war, ist bemerkenswert, stellt aber – das muss betont werden – eindeutig eine Ausnahme dar.

e.) „I was terribly excited when I realised that he was dead."[525] – Das Verfahren gegen Rolf J. Brinkmann und Werner Assmussen

Im Prozess gegen die beiden ehemaligen Feldwebel Rolf J. Brinkmann und Werner Assmussen wurde ebenfalls der Vorwurf der Tötung eines alliierten Fliegers verhandelt. Das Gericht klagte die beiden Männer an, Flying Officer Harry Alfred Horsay 1945 bei Bösel nahe Cloppenburg auf dem Weg zu einem Kriegsgefangenenlager, zu dem sie Horsay eskortieren sollten, erschossen zu haben.

Die Staatsanwaltschaft nannte Brinkmann als den Täter, wohingegen Assmussen vorgeworfen wurde, von der geplanten Erschießung gewusst und dadurch zum Tod Horsays beigetragen zu haben. Für den Prozess in Osnabrück, der vom 21. bis 23. Januar 1946 dauerte, wurden beiden Angeklagten die Dienste eines britischen Offiziers als Verteidiger vorgeschlagen. Dieser Empfehlung durch den DJAG vom 1. Dezember 1945 folgte allerdings nur Rolf Brinkmann. Das Mandat übernahm Captain F. H. G. H. Goodhart, im Zivilberuf *Solicitor*. Assmussen hingegen wählte mit Dr. Stemmer einen deutschen Anwalt, dem allerdings ein britischer *Assisting Officer*, Major D. Orme von der *Royal Artillery*, beratend zur Seite stand.[526] Beide Hauptverteidiger kennzeichnete im Verfahren eine sehr aktive Verteidigungsstrategie mithilfe zahlreicher Kreuzverhöre, Eingaben an das Gericht und Nachfragen. Orme dagegen trat vor Gericht nicht besonders in Erscheinung.

---

524 WO 235/ 613, Petition von Maj. Birch für Johannes Oenning vom 3. Juni 1946.

525 NA, WO 235/ 49, Proceedings of the trial, Zeugenaussage von Rolf Brinkmann, S. 36.

526 Ebenda, Empfehlung zur Eröffnung eines Verfahrens an den C-in-C von Brigadier Henry Shapcott vom 1. Dezember 1945, S. 2.

Brinkmann, gebürtig in Wuppertal, war zum Zeitpunkt des Prozesses 25 Jahre alt. Im Zweiten Weltkrieg waren er und Assmussen wiederholt als Feldwebel der Wehrmacht mit der Eskortierung abgeschossener oder notgelandeter Piloten und Flugzeugbesatzungen betraut worden. Der angeklagte Vorfall, der im Tod Harry Horsays mündete, ereignete sich am 3. April 1945 nahe der Ortschaft Bösel. Brinkmann und Assmussen erhielten die Order, einen abgestürzten britischen Soldaten, der die vorherige Nacht im Haus des Bürgermeisters von Bösel verbracht hatte, ins nahe gelegene Kriegsgefangenenlager beim Flugplatz Varrelbusch zu bringen. Mit der Begleitung abgeschossener oder abgestürzter Flieger waren beide nach Aussage Brinkmanns zuvor bereits etwa 40 Mal befasst gewesen.

An dem besagten Tag, so die übereinstimmende Schilderung aller aufgerufenen Zeugen von Anklage und Verteidigung, erreichten Brinkmann und Assmussen mit dem Fahrrad das Haus, in dem Horsay untergebracht gewesen war, und übernahmen ihn dort in ihren Gewahrsam. Assmussen blieb auf dem Marsch zum Kriegsgefangenenlager bald zurück, da er zwei Fahrräder gleichzeitig schieben und zusätzlich eine Panzerfaust befördern musste, die ihnen ebenfalls zum Transport übergeben worden war. Außerhalb der Sichtweite Assmussens erschoss Brinkmann, der mit einer Maschinenpistole bewaffnet war, schließlich Harry Horsey, nachdem dieser angeblich zu fliehen versucht hatte.[527]

Brinkmanns Verteidiger Goodhart konzentrierte sich darauf, die Erschießung Horseys als Notwehr oder zumindest sehr unglücklichen Unfall darzustellen. Nach seiner detaillierten Schilderung habe Horsey eine plötzliche Bewegung gemacht, die Brinkmann sehr erschreckt habe und annehmen ließ, der Gefangenen würde zu entkommen versuchen. Brinkmann selbst deutete die angebliche Bewegung Horsays hingegen als einen Versuch, ihm seine Waffe aus der Hand zu schlagen oder sie ihm zu entwinden. Offenbar hatten sich Anwalt und Mandat vor dem Prozess nicht hinreichend ausgetauscht. So gab Brinkmann an, nur aus einem einzigen Grund auf den Gefangenen geschossen zu haben, nämlich „to free myself".[528] Die Bewegung des Gefangenen sei so plötzlich gekommen, dass er rein instinktiv gehandelt habe. Brinkmann räumte die Tötung Horseys demnach vollständig ein, führte zu seiner Entlassung jedoch mehrere Gründe an, so seinen allgemeinen Erregungszustand, seine Überraschung und den Fluchtversuch des Fliegers. Den Sachverhalt, dass Assmussen zum

---

527 Ebenda, Proceedings of the trial, Zeugenaussage und Kreuzverhör von Rolf Brinkmann, S. 31–42.
528 Ebenda, Gnadengesuch von Rolf Brinkmann vom 14.08.1948, S. 1.

Zeitpunkt der Schüsse nicht in Sichtweite und also am Tatort nicht anwesend war, bestätigte Brinkmann, wie auch alle übrigen geladenen Zeugen beider Seiten.

Der deutsche Verteidiger Stemmer beantragte daher die Abweisung der Anklagevorwürfe gegen seinen Mandanten, da keine Beweise gegen Assmussen vorlagen. Der Ankläger argumentierte dagegen, dass mit der eingestandenen Tötung durch Brinkmann eine Verschwörung zur Ermordung des Gefangenen plausibel belegt wäre. Er beabsichtige Assmussens Schuld durch eine Anscheinsbeweisführung dem Gericht darzulegen.[529] Das Gericht wies Stemmers Eingabe zwar ab, erkannte allerdings auch keine strafbare Schuld und sprach Assmussen noch vor Ende des Gesamtverfahrens frei. Im Prozessprotokoll wurde explizit vermerkt, dass dies mit Billigung des Anklägers geschah, der bald von seiner anfänglichen Verschwörungstheorie Abstand nahm und offensichtlich keine Grundlage mehr für eine Verurteilung erkennen konnte.[530]

Als Zeugen der Anklage bot die Staatsanwaltschaft mehrere Personen aus dem unmittelbaren Umfeld des Tatgeschehens auf[531] sowie mehrere britische Soldaten, die mit der Untersuchung des Vorfalls im Vorfeld des Prozesses befasst waren, darunter einen Pathologen, der die Leiche Horsays obduziert hatte.[532] Direkte Augenzeugen gab es außer dem Angeklagten Brinkmann keine. Die Umstände des Vorfalls wurden von allen Beteiligten weitgehend übereinstimmend geschildert. Als Zeugen der Verteidigung

---

529 Vgl. ebenda, Proceedings of the trial, S. 29–30. Das Gericht folgte der Argumentation der Anklage in Bezug auf einen *prima facie*-Fall nur insoweit, als es die Eingabe von Assmussens Verteidiger zur Einstellung des Verfahrens ablehnte. Aus dem Urteil ist allerdings zu schließen, dass es die schuldhafte Verstrickung von Assmussen in die Tötung von Harry Horsay nicht für ausreichend bewiesen einschätzte.

530 Ebenda, Proceedings of the trial, S. 48.

531 Als erste Zeugin sagte die Tochter des Bürgermeisters von Bösel aus, in dessen Haus Horsay die Nacht verbracht hatte, ehe Brinkmann und Assmussen ihn abholten. Einer der beiden, die Zeugin konnte sich nicht erinnern wer, habe ihr am Telefon auch die Erschießung des Gefangenen berichtet. Eine Flucht aus dem Haus ihres Vaters wäre in der Nacht ihrer Einschätzung nach problemlos möglich gewesen, da Horsay nicht bewacht worden war. Vgl. ebenda, Proceedings of the trial, S. 3–6. Die zweite Zeugin der Anklage, eine Hausfrau aus Bösel, die den gleichen Weg nahm wie Brinkmann mit dem gefangenen Soldaten, gab an, dass sie Brinkmann nach dem Grund für die Erschießung gefragt hätte. Dieser habe darauf entgegnet, der Gefangene „wanted to attack me". Die Zeugin wies explizit auf diesen Wortlaut hin, er hätte nicht etwa gesagt „he attacked me". Siehe: ebenda, Proceedings of the trial, S. 7–27.

532 Siehe: ebenda, Proceedings of the trial, S. 18–27.

traten mehrere Kameraden von Brinkmann auf, die allerdings nur allgemeine Charaktereinschätzungen des Angeklagten abgeben konnten. Das Schlussplädoyer Goodharts konzentrierte sich dann auch auf die guten Leumundszeugnisse für seinen Mandanten, die Einmaligkeit des Vorfalls und die Unabsichtlichkeit, mit der es zur Tötung von Horsay gekommen sei.[533] Letzten Endes wurde Rolf Brinkmann dennoch schuldig gesprochen und zu lebenslanger Haft verurteilt. Darin wird man gleichwohl einen gewissen Erfolg der Verteidigung sehen dürfen, endeten andere Verfahren bei ähnlicher Beweislage doch sehr häufig mit Todesurteilen.

Brinkmann brachte in umfangreichen Petitionen zahlreiche persönliche und objektive Gründe gegen die in seinen Augen dennoch ungebührliche Höhe des Strafmaßes vor: Mit seinem britischen Verteidiger sei er zwar zufrieden gewesen, nicht zuletzt aufgrund von dessen „very good personally made closing address",[534] doch habe Goodhart nicht alle Fakten und Hintergründe gekannt bzw. kennen können, da ein notwendiger zeitlicher Aufschub zur Prozessvorbereitung vom Gericht abgelehnt worden sei.

Die Empfehlung an den *Confirming Officer*, welche die Gerichtsverhandlung und die eingereichten Petitionen berücksichtigte, fiel dagegen eindeutig negativ für den Verurteilten aus. Der Pathologe habe bestätigt, dass das Opfer zwei Schüsse aufwies, einen im Nacken, abgefeuert aus kurzer Distanz, der sofort tödlich gewesen sei, und einen weiteren im Rücken, der wahrscheinlich erfolgte, als Horsay bereits am Boden lag. Außer Brinkmann, so die Empfehlung an den *Confirming Officer*, gäbe es keine Zeugen, der Angeklagte aber hatte die Tötung zugegeben und auch sofort gemeldet, ohne dass es allerdings zu einer offiziellen Untersuchung durch deutsche Stellen gekommen wäre. Brinkmann hätte zwar „in excitement" gehandelt und „he had suffered from severe concussion, was nervous, excitable and even unstable", das befreie ihn aber nicht von seiner Schuld. Die Aussagen Brinkmanns seien zudem nicht stimmig gewesen und widersprächen den Befunden der Obduktion. Der Bericht weist besonders auf Folgendes hin: „It may be said that the fatal wound, as described by the pathologist, is typical of this kind of war crime". Die zusammenfassende Bewertung lautete:

> BINKMANN admits that he shot and killed the victim in this case, but states that he did so when the victim made a movement which he considered menacing. He was at great pains to stress the apprehension he

---

533 Ebenda, Proceedings of the trial, Schlussplädoyer von Capt. Goodhart, S. 53.
534 Ebenda, Petition von Rolf Brinkmann vom 14.08.1948, S. 2.

felt from this movement and maintained that he was justified in firing his machine pistol to protect himself. But both shots were in Horsays back. The evidence leaves little doubt that BRINKMANN lost his head but this cannot be taken as reasonable excuse for shooting an unarmed prisoner.[535]

Die Empfehlung an den *Commanding Officer* schließt mit einer Vermutung, weshalb das Gericht zwar eine sehr hohe Gefängnisstrafe, aber eben kein Todesurteil verhängte. Das Urteil deutet demnach darauf hin, dass das Gericht nicht ausschloss, dass die Tat ohne Vorsatz begangen worden war: „It is true that the sentence of the court indicates at least a doubt in their mind whether the killing was premeditated."[536] Das Urteil und Strafmaß wurden bestätigt, nach mehrmaligen Gnadengesuchen erreichte Brinkmann jedoch letzten Endes, dass ihm seine restliche Haftstrafe bereits am 14. Februar 1952 erlassen wurde.

f.) „[T]herefore they are guilty in the eyes of the law of committing this war crime resulting in the brutal maltreatment and murder of this pilot."[537] – Das Verfahren gegen Hans Renoth und drei weitere Angeklagte

Die an der niederländischen Grenze gelegene Stadt Elten war vom 8. bis 10. Januar 1946 Schauplatz eines Prozesses gegen zwei Polizisten (Hans Renoth und Hans Pelgrim) und zwei Zollbeamte namens Friedrich Grabowski und Paul Nieke.[538] Zu verantworten hatten sich die vier Angeklagten wegen ihrer Beteiligung an der Ermordung eines nicht näher identifizierten britischen Piloten. Dieser war über Elten abgestürzt, konnte aber unverletzt sein Flugzeug verlassen, ehe er von Hans Renoth in Haft genommen wurde. Die Anklage warf den Angeklagten vor, den Piloten gemeinsam mit Fäusten und Gewehren geschlagen zu haben, ehe Renoth das Opfer schließlich erschoss. Walter Gobbels, ein deutscher Anwalt aus El-

---

535 Ebenda, Einschätzung des HQ BAOR an den C-in-C zur Urteilsbestätigung vom 2. Februar 1946.

536 Ebenda, Empfehlung des DJAG an den C-in-C zur Urteilsbestätigung vom 8. Februar 1946, S. 1.

537 NA, WO 235/ 55, Proceedings of the trial, Eröffnungsplädoyer Capt. Diamond, Erster Tag, S. 3.

538 Vgl. NA, WO 235/55 and Law Reports, Vol. XI, S. 76–78; Hassel, Kriegsverbrechen vor Gericht, S. 78.

ten, vertrat Renoth als Verteidiger vor Gericht. Lieutenant R. E. Millman vom *1/5 Welch Regiment*, im Zivilberuf *Solicitor*, übernahm die Verteidigung der anderen drei Beschuldigten. Alle Angeklagten plädierten auf nicht schuldig.

Die Anklage, vertreten von Captain H. Diamond (JAG Branch, HQ BAOR) argumentierte, die Angeklagten seien einem gemeinsamen Plan (*common design*) zur Begehung eines Verbrechens gefolgt. Alle Angeklagten hätten diesen Plan gebilligt und unterstützt. Diese Interpretation wurde freilich von beiden Verteidigern bestritten.[539] Millman räumte zwar ein, dass seine Mandanten am Tatort anwesend waren und Zeugen der Schläge wurden, sich aber nicht aktiv an der Misshandlung des Piloten beteiligten. Allerdings hätten sie auch nichts unternommen, um die Misshandlungen zu verhindern oder zu stoppen. Millman argumentierte, dass diese Passivität sich zwar als Unterlassung, jedoch nicht als ein Kriegsverbrechen klassifizieren lasse. Die Anklage müsse für eine Verurteilung zwingend nachweisen, dass Pelgrim, Grabowski und Nieke aktiv an strafbaren Handlungen, die letztlich zur Erschießung des Piloten durch Renoth führten, beteiligt gewesen waren.

Millman betonte, dass die bloße Anwesenheit seiner Mandanten Pelgrim, Grabowski und Nieke nicht ausreichend für eine Verurteilung sei.[540] Ihnen müsse stattdessen nachgewiesen werden, dass sie in Übereinkunft mit denjenigen gehandelt hatten, die die Misshandlungen und die Tötung eigenhändig begingen: „[T]hat the accused acted in concert with persons who committed the offence and aided and abetted them to commit that offence."[541] Die Anklage hielt dieser Verteidigungsstrategie entgegen, dass gerade die Anwesenheit der Angeklagten bereits eine Unterstützung der Tat, sowohl der körperlichen Misshandlungen wie auch des Todesschusses durch Renoth, darstelle und deswegen alle vier für ein gemeinschaftliches Verbrechen zur Rechenschaft gezogen werden müssten. Zudem zitierte der Ankläger die einschlägige Passage des MML zum Handeln auf Befehl, wonach Soldaten nur dann zum Befehlsgehorsam verpflichtet waren, wenn der gegebene Befehl rechtmäßig war. Den Mandanten Millmans habe die Strafbarkeit ihrer Taten jedoch nicht entgehen können, die sowohl gegen „unchallenged rules of warfare" als auch gegen das „general sentiment of humanity" verstoßen hätten.[542]

---

539 Law Reports, Vol. XI, S. 76.
540 NA, WO 235/ 55, Proceedings of the Trial, S. 81–82.
541 Law Reports, Vol. XI, S. 77.
542 Ebenda.

Renoth wurde zum Tod durch Erhängen verurteilt, Pelgrim zu 15 Jahren Haft, Grabowski und Nieke zu jeweils zehn Jahren Gefängnis. Renoth hatte sich zuvor ausschließlich mit dem dürren Argument verteidigt, von einem nicht näher genannten Vorgesetzten den Befehl zur Erschießung des Piloten erhalten zu haben. Die Urteile wurden bestätigt und vollstreckt. In diesem Prozess, wie in vielen weiteren Verfahren, wurden Angeklagte, die zum Tod eines Kriegsgefangenen beigetragen hatten, allesamt schuldig gesprochen, allerdings mit unterschiedlichen Strafen belegt. Es ist quellenmäßig nicht möglich zu belegen, wie das Gericht zu seinem Urteil kam. Denkbar wäre sowohl die Annahme, dass Pelgrim, Grabowski und Nieke selbst den Piloten geschlagen hatten, als auch, dass sie nach der Argumentation der Anklage unter einem *common design* Beihilfe zur Tötung des Piloten geleistet hatten.[543]

g.) „[B]lind obedience to any order is natural in a German"[544] – Der *Essen Lynching Case* gegen Erich Heyer und sechs weitere Angeklagte

Vom 18. bis 22. Dezember 1945 hatten sich in Essen der ehemalige Hauptmann Erich Heyer, der ehemalige Soldat Peter Koenen sowie die Essener Bürger Johann Braschoss, Karl Kaufer, Franz Hartung, Hugo Boddenberg und Erich Sambol zu verantworten. Das Gericht ging der Frage nach der gemeinsamen Verantwortung der Angeklagten für die Ermordung von drei britischen Piloten und Kriegsgefangenen am 1. Dezember 1944 in Essen nach.[545]

Der Ankläger Major W. St. J. C Taylor warf allen Beschuldigten die gemeinschaftliche Begehung eines Kriegsverbrechens vor und bezeichnete die Tat als „mass lynching".[546] Die Aufwiegelung oder Untätigkeit der Soldaten, die die Kriegsgefangenen bewachen sollten, machte die Anklage dabei genauso verantwortlich wie die Männer der Menschenmenge, die die Kriegsgefangenen mit eigenen Händen getötet hatten (*collective responsibility*). Die Angeklagten wurden „jointly charged with committing a war crime".[547] Entsprechend der Regelungen des *Royal Warrant* bei gemein-

---

543 Ebenda.
544 NA, WO 235/ 56, Proceedings of the trial, Fünfter Tag, Schlussplädoyer von Maj. Stone, S. 59.
545 Vgl. ebenda.
546 Ebenda, Proceedings of the trial, Eröffnungsplädoyer von Maj. Taylor, S. 6.
547 Law Reports, Vol. I, S. 88.

schaftlichen Anklagen wurden alle Angeklagten gemeinsam von einem britischen Offizier Major J. W. Stone vom *49ᵗʰ Reconnaissance Regiment* verteidigt. Auch Stone war im Zivlleben *Solicitor*. Obwohl die Verfahrensregeln die gemeinschaftliche Vertretung mehrerer Angeklagter, sofern sie für ein gemeinsames Verbrechen angeklagt waren, zuließ und im Sinne der Beschränkung der Verteidigerzahl auch explizit forderte, war die Vertretung von allen in einem Prozess angeklagten Personen durch nur einen einzigen britischen Offizier eine klare Ausnahme.

Laut Taylor vollzog sich das angeklagte Verbrechen in drei Schritten: Am Anfang stand demnach die Aufstachelung der am Barackeneingang des Lagers anwesenden Menschenmenge. Hauptmann Erich Heyer erteilte den Befehl, die drei Kriegsgefangenen durch die Stadt zu einer Luftwaffeneinheit zu bringen, wo sie befragt werden sollten, was dem normalen Prozedere entsprach. Diese Anweisung habe er für die Menschenmenge gut vernehmbar mit lauter Stimme gegeben, sodass diese wussten, welchen Weg die Gefangenen nehmen würden. Außerdem erteilte Heyer der Eskorte, darunter dem Angeklagten Koenen, den Befehl, „[n]ot to interfere in any way with the crowd should they molest the prisoners."[548] Die Soldaten erhielten aber nicht nur diese Order. Heyer wiegelte die versammelten Bürger zusätzlich durch seine Kommentare auf. Laut Taylor machte Heyer gar „remarks to the effect that these three airmen ought to be killed."[549]

In einem zweiten Schritt folgte die anwesende Menschenmenge den Gefangenen mit ihren Bewachern durch die Straßen von Essen, wobei es bereits auf dem Marschweg zu einzelnen Übergriffen kam. Die Zivilisten attackierten die Gefangenen mit Steinen und Stöcken, es fielen sogar schon Schüsse, die einen der Kriegsgefangenen am Kopf verwundeten. An einer Brücke angekommen, wurden die drei gefangenen Soldaten schließlich nacheinander von dem Mob über das Brückengeländer gehievt und hinuntergeworfen. Ein Soldat war nach dem Sturz in die Tiefe sofort tot, die anderen beiden überlebten knapp, wurden aber entweder von der Brücke aus erschossen oder, nachdem einige zum Flussbett hinuntergeklettert waren, totgeprügelt.

Obschon es schwierig erschien, die einzelnen Verbrechen Einzelpersonen zuzuordnen, forderte Major Taylor in seinem Eröffnungsplädoyer unmissverständlich: „I shall invite the Court to take the view that this is a charge of murder and nothing else than murder."[550] Dass dieses Verfahren

---

548 NA, WO 235/ 56, Proceedings of the trial, Eröffnungsplädoyer Maj. Taylor, S. 5.
549 Ebenda, Proceedings of the trial, Eröffnungsplädoyer Maj. Taylor, S. 5.
550 Ebenda, Proceedings of the trial, Eröffnungsplädoyer Maj. Taylor, S. 4.

auch innerhalb der britischen Militärgerichtsprozesse wegen Kriegsverbrechen ein keineswegs alltägliches Delikt zur Anklage brachte, zeigte sich für Taylor zudem darin, dass sich die Gruppe der Angeklagten nicht aus NS-Funktionseliten, sondern gleichsam aus ganz gewöhnlichen Deutschen zusammensetzte:

> This case is somewhat unlike any previous War Crime trial that has taken place yet for this very significant reason. In the other cases of which no doubt you have heard trough the publicity, the case at Belsen and so on, the accused have all been members of some organisation, the S.S., the Gestapo or something like that. In this particular case the Accused are a cross-section of the ordinary inhabitants of this town: an Army officer, an Army Private soldier, a carpenter, a factory worker, a miner – ordinary German people.[551]

Major Stones Verteidigungsstrategie konzentrierte sich trotz der gemeinschaftlichen Anklage auf einzelne Entlastungsargumente für die jeweiligen Angeklagten. Erich Sambol und Franz Hartung, so Stone, hätten selbst keinerlei Misshandlungen begangen, sie wären „nur" anwesend gewesen. Hugo Boddenberg gab zu, einige Schläge ausgeführt zu haben, betonte aber, es sich bald anders überlegt und den Ort des Geschehens verlassen zu haben und somit von einer noch schwereren Untat zurückgetreten zu sein. Karl Kaufer wiederum leugnete, jegliche Misshandlungen an den drei Kriegsgefangenen selbst begangen zu haben; die Waffe, die er von einem der Wehrmachtssoldaten haben wollte, sei, so seine fadenscheinig wirkende Aussage, lediglich zum Selbstschutz gewesen.[552] Johann Barschoss gab zwar an, aktiver Teil der Menschenmenge gewesen zu sein (wobei „aktiv" von Stone nicht näher definiert wurde), behauptete aber, weder an den Schlägen noch dem Wurf der Gefangenen über die Brücke beteiligt gewesen zu sein. Peter Koenen schließlich hätte als Soldat nur Befehle befolgt und sei in einem erheblichen Gewissenskonflikt gestanden: Koenen „obeyed his orders – you

---

551 Ebenda, Proceedings of the trial, Eröffnungsplädoyer Maj. Taylor, S. 6.
552 Gegen Prozessende verwies Kaufer in seiner Bitte um Milde bei seiner Schuldzumessung zudem auf eine angebliche, länderübergreifende soldatische Verbundenheit zwischen den Angeklagten und Opfern: „Three of my relatives were soldiers on the Allied side. Therefore, it is impossible that I could ever hit a British airman. That is all." (Ebenda, Proceedings of the trial, Fünfter Tag, Bitte um Milde nach dem Schuldspruch von Karl Kaufer, S. 71.)

may regard that as an excuse or not". Heyer schließlich, so Stone weiter, hatte „no active physical part in the killing of these men."[553]

Die Order, nicht einzuschreiten, räumte Heyer vor Gericht zwar ein, berief sich aber darauf, selbst einen gleichlautenden Befehl von oben erhalten zu haben. Dafür, dass sein Mandant einen solchen Befehl erhalten hatte, konnte Stone dem Gericht allerdings keinen physischen Beweis präsentieren, wie er selbst in seinem Eröffnungsplädoyer einräumte.[554] Insgesamt unternahm Stone in seiner Verteidigung große Anstrengungen, die angeklagte Tat in keiner Weise zu rechtfertigen oder vermeintlich rationale Gründe dafür zu liefern, die als Affront gegenüber den Opfern und ihren Angehörigen hätten aufgefasst werden können. Seine Formulierungen waren vielmehr auffällig vorsichtig; Schlüsse zu ziehen, überließ er, soweit möglich, dem Gericht. Stattdessen versuchte Stone wiederholt, Verständnis für die schwierige Lage der deutschen Bevölkerung zu wecken, in der es während des anhaltenden Luftkriegs zu subjektiv durchaus nachvollziehbaren Hassgefühlen gegen alliierte Luftwaffenangehörige gekommen sei.[555]

Während die Rollen von Heyer und Koenen vergleichsweise klar erschienen bzw. beide die entscheidenden Teile der Vorwürfe gegen sie selbst bestätigten, musste das Gericht die individuelle Beteiligung der angeklagten Zivilisten erst durch die Gegenüberstellung zahlreicher Zeugenaussagen gewichten. Auf die unklare Wertigkeit der vorgelegten Beweise gegen die Angeklagten wies auch Stone als Verteidiger hin: Viele Beweismittel und Aussagen seien erst Monate später gesammelt worden, die meisten Zeugen belasteten die Angeklagten nur indirekt oder machten lediglich Annahmen oder Berichte über Dinge und Geschehnisse, von denen sie lediglich gehört hatten.[556] Zwar hatten mehrere der angeklagten Zivilisten zugegeben, durch Schläge oder ähnliches an der Misshandlung der Opfer beteiligt gewesen zu sein, niemandem konnte aber zweifelsfrei nachgewiesen werden, die tödlichen Schüsse oder Schläge abgegeben bzw. ausgeteilt oder den Willen gezeigt zu haben, die Gefangenen tatsächlich zu töten.

---

553 Ebenda, Proceedings of the trial, Dritter Tag, Eröffnungsplädoyer von Maj. Stone, S. 4.

554 Vgl. ebenda.

555 Vgl. ebenda, Proceedings of the trial, Fünfter Tag, Schlussplädoyer von Maj. Stone, S. 57–70.

556 Ebenda, Proceedings of the trial, Fünfter Tag, Schlussplädoyer von Maj. Stone, S. 57–59.

Die gesamte Anklage sei von der Staatsanwaltschaft als „an offence against international morality"[557] konzipiert gewesen.

Umso bedeutender, so Stone, sei es für das ausschließlich aus britischen Offizieren bestehende Gericht zu bedenken, dass die gesellschaftlichen und rechtsstaatlichen Standards in Deutschland und Großbritannien nicht deckungsgleich gewesen seien.[558] Er erinnerte an die Brandmarkung alliierter Piloten in Deutschland als „Terrorflieger" und die, wenn auch schwer zu beweisende, offizielle Order zum rücksichtslosen Umgang mit gefangen genommen alliierten Piloten und Flugzeugbesatzungen. Aber auch wenn Stone dezidiert auf den unterschiedlichen politisch-kulturellen Hintergrund von Deutschen und Briten bezüglich des Umgangs mit Befehlen, auch illegalen Befehlen, als Entlastungsargument hinwies, lässt sich eine Verteidigung aufgrund von *superior orders* nicht erkennen.[559]

Als weiterer Bestandteil seiner Verteidigungsstrategie verwies Stone auf den zeitlich-gesellschaftlichen Hintergrund der Taten und das daraus folgende persönliche Schicksal der Beschuldigten. Auch hierdurch sollte der Fall in einem anderen Licht erscheinen. Diese Argumentationsfigur war für Stone umso wichtiger, als er zugleich vor Gericht eingestehen musste, für die Behauptung der Verteidigung, alle Angeklagten hätten letztlich „nur" auf Befehl von „ganz oben" reagiert, keine empirischen Beweise vorlegen konnte: „It is an order, I must confess, of which I cannot produce any documentary proof."[560] Die Quintessenz seiner Entlastungsmomente für alle von ihm vertretenen Mandanten fasste Stone in seinem Schlussplädoyer anschaulich zusammen, in dem er dem Gerichtspräsidenten und den Gerichtsmitgliedern zu bedenken gab:

> I would like to say this, that you Sir, and the other Members of the Court have been living now in Essen for almost a week. In our travels to and from the Court, to and from the bridge and in other parts of the town you have seen the state in which this city which once held some seven hundred and fifty thousand inhabitants is. I am not forgetting why it is in that state, I am not forgetting that there has only happened to this town what has happened to some of our towns and other

---

557 Ebenda, Proceedings of the trial, Fünfter Tag, Schlussplädoyer von Maj. Stone, S. 58.

558 Vgl. ebenda: „[W]e who are judging are English and those whom you are judging are German."

559 Vgl. auch: Law Reports, Vol. I, S. 91.

560 NA, WO 235/ 56, Proceedings of the trial, Dritter Tag, Eröffnungsplädoyer von Maj. Stone, S. 4.

towns in Europe and that it was not we who started this war. But I do suggest to you that even if the state of this town, the ruins of all these buildings, the misery which was undoubtedly caused to its inhabitants, is not an excuse or justification for what these men have done, I suggest that at least it may perhaps make us understand the background of their acts and what it was that drove them to it. That is all I have to say.[561]

Bemerkenswerterweise fand diese Instrumentalisierung des alliierten Bombenkriegs für die Sache der Verteidigung auf Seite der Anklage Anerkennung. Ankläger Major Taylor lobte Stone in seiner Schlussrede ausdrücklich für seine Leistung vor Gericht. Stone, so Taylor, habe alle nur erdenklichen Argumente zugunsten seiner Mandanten angeführt: „You just heard a most eloquent and excellent speech for the defence which, if I may be permitted to say so, has put forward everything that could possibly have been put forward for these men."[562] Eine eindrucksvollere Anerkennung der Leistung Stones lässt sich kaum denken.

Die Urteile des Gerichts fielen letztlich sehr unterschiedlich aus. Zwei der Zivilisten, Hartung und Sambol, wurden freigesprochen, wohingegen Heyer, dessen Rolle nach übereinstimmenden Berichten ausschließlich verbal gewesen war, zum Tod durch den Strang verurteilt wurde. Dasselbe Schicksal traf auch Braschoss. Lebenslange Gefängnisstrafen erhielten Kaufer und Boddenberg, während der ehemalige Soldat Koenen, der zur Eskorte der Gefangenen gehört hätte, fünf Jahren Gefängnis erhielt. Koenen und Käufer wurden indes bereits 1949 aus der Haft entlassen.

Dennoch zeigen diese Urteile erneut, dass britische Militärgerichte Verbrechen an alliierten Kriegsgefangenen in der Regel und – sofern keine völlig unzureichende Beweislage gegen einen Angeklagten vorlag – tendenziell mit sehr hohen Haftstrafen oder Todesurteilen bestraften. Dies galt einerseits in Fällen, in denen einem Angeklagten die eigenhändige körperliche Misshandlung eines Kriegsgefangenen nachgewiesen worden war. Andererseits erhielten aber auch Vorgesetzte bzw. Personen, die sich in einer verantwortlichen oder weisungsgebenden Position befunden hatten, die höchsten Strafen, auch – und das ist dabei besonders hervorzuheben – wenn ihnen keine eigenhändigen Misshandlungen oder Tötungen von Kriegsgefangenen vorgeworfen bzw. nachgewiesen wurden.

---

561 Ebenda, Proceedings of the trial, Fünfter Tag, Schlussplädoyer von Maj. Stone, S. 71.

562 Ebenda, Proceedings of the trial, Fünfter Tag, Schlussplädoyer von Maj. Taylor, S. 65.

h.) „Your plane is wrecked and for you the war is over. You have been lucky."[563] – Das Verfahren gegen Aloys Stöckl und Fritz Möller

Die beiden Bergbauarbeiter Aloys Stöckl und Fritz Möller wurden im Dezember 1945 im nordrhein-westfälischen Borken angeklagt, einen abermals namentlich unbekannten britischen Piloten nach dessen Absturz durch Schläge misshandelt zu haben. Stöckl, geboren am 29. Juni 1898, arbeitete als Fahrhauer in einer Mine nahe der Stadt Rhede; Möller, geboren am 7. Januar 1895, war als Fahrsteiger tätig. Stöckl wurde vor Gericht von Lieutenant M. H. Armstrong (*3rd Battalion Irish Guards*) vertreten, für Möller übernahm der deutsche Anwalt Otto Neuhaus die Verteidigung. Beide Angeklagten waren während des Zweiten Weltkriegs in ihrer Bergarbeitertätigkeit als Vorsteher bzw. Aufseher auch für ausländische Zwangsarbeiter verantwortlich gewesen, deren Behandlung allerdings nicht Teil der Anklage gegen sie war.

Unstrittig war, dass kurz vor Weihnachten 1944 in der Nähe von Rhede ein britisches Flugzeug eine Bruchlandung hatte, die von den Angeklagten beobachtet wurde. Stöckl und Möller waren die Ersten, die an der Unglücksstelle sahen, dass der Pilot den Absturz mit nur leichten Verletzungen überlebt hatte. Die Verhandlung drehte sich um die Frage, ob Stöckl und Möller den alliierten Flieger vor dessen Übergabe an Soldaten der deutschen Luftwaffe zur Überstellung in ein Kriegsgefangenlager durch Schläge so schwer misshandelt hatten, dass von einem Kriegsverbrechen gesprochen werden konnte. Der Ankläger formulierte gegen Stöckl und Möller separate Anklagepunkte: Stöckl hätte den Piloten mehrmals mit einem Stock geschlagen, während Möller Personen, die dem britischen Soldaten zu Hilfe kommen wollten, daran gehindert habe, zu Stöckl vorzudringen und diesem Einhalt zu gebieten.[564]

Als Zeugen der Anklage traten sechs Personen aus der unmittelbaren Umgebung Rhedes auf, die allesamt den Absturz und die anschließende Gefangennahme des Piloten gesehen oder registriert hatten, darunter auch ehemalige Zwangsarbeiter. Eine Zeugenaussage lag nur in Form eines Affidavits vor, dasselbe galt für die zusätzliche Aussage des britischen Offiziers, der Stöckls schriftliche Aussage aufgenommen hatte. Die übrigen Zeugen erschienen hingegen persönlich vor Gericht und wurden sowohl von Stöckls Verteidiger Armstrong als auch von Neuhaus, der Möller verteidig-

---

563 NA, WO 235/ 7, Proceedings of the trial, Zeugenaussage von Aloys Stöckl, S. 14.
564 Ebenda, Proceedings of the trial, Eröffnungsplädoyer von Capt. Diamond, S. 1.

te, ins Kreuzverhör genommen.[565] In der einen oder anderen Form, wiewohl nicht übereinstimmend, berichteten alle Zeugen der Anklage davon, dass Stöckel den abgestürzten Piloten mit seinem Gehstock geschlagen habe, während Möller nicht eingeschritten sei. Allerdings sagte nur ein einziger Zeuge aus, die Schläge tatsächlich selbst beobachtet zu haben; die übrigen gaben an, von dem Vorfall nur gehört zu haben.[566]

Sowohl Stöckl als auch Möller sagten selbst als Zeugen unter Eid aus und berichteten – kaum überraschend – übereinstimmend eine andere Version der Geschehnisse: Sie hätten den Absturz der Maschine beobachtet und seien zur Unfallstelle geeilt. Stöckl, der Englisch sprach, habe daraufhin mit dem überlebenden Piloten gesprochen und diesen nach Waffen durchsucht. Stöckl gab an, dass der Verunglückte von ihm wissen wollte, ob er in Deutschland oder Holland sei. Stöckl habe wahrheitsgetreu geantwortet und angefügt: „Your plane is wrecked and for you the war is over. You have been lucky."[567] Auf die Information, in Deutschland abgestürzt zu sein, habe der Pilot versucht zu fliehen, wäre allerdings nicht weit gekommen, da er im Draht eines Weidezauns hängenblieb. Möller hätte den Piloten daher rasch eingeholt, worauf es zu einem Handgemenge („a bit of a struggle"[568]) kam. Dabei, so Stöckls Eingeständnis, habe er den Piloten einmal mit seinem Gehstock geschlagen, um Möller zu Hilfe zu kommen. Daraufhin hätte sich der Pilot ergeben, wäre von ihnen in das nächstgelegene Bauernhaus gebracht worden, wo er versorgt wurde und bald danach von deutschen Soldaten abgeholt wurde.[569]

Zugunsten der Angeklagten boten die Verteidiger vier weitere Zeugen aus der nahen Umgebung der Absturzstelle auf, die übereinstimmend zugunsten der Angeklagten aussagten: Sie hätten weder Schläge von Stöckl und Möller gesehen noch von irgendeiner Art von Misshandlung des britischen Piloten gehört. Die Anklage stützte sich somit fast ausschließlich auf die Aussage eines einzelnen Augenzeugen, die im Vergleich zu den ande-

---

565 Obwohl Stöckl und Möller für zwei unterschiedlich schwere Taten (eigenhändige Misshandlung sowie Unterlassung) angeklagt wurden, belasteten sie sich in ihren Aussagen zu keiner Zeit gegenseitig. Das zeigen auch die Kreuzverhöre der jeweiligen Verteidiger, was die Vermutung nahelegt, dass es zwischen Armstrong und Neuhaus eine gewisse gemeinsame Verteidigungslinie gegeben hat.
566 Ebenda, Proceedings of the trial, Aussagen der Zeugen der Anklage, S. 2–12.
567 Ebenda, Proceedings of the trial, Zeugenaussage von Aloys Stöckl, S. 14.
568 Ebenda, Proceedings of the trial, Zeugenaussage von Fritz Möller, S. 24.
569 Ebenda, Proceedings of the trial, Zeugenaussagen von Aloys Stöckl und Fritz Möller, S. 13–17, 23–27.

ren, in sich konzisen Zeugenaussagen, die einen stimmigen Eindruck des Geschehens ergaben und der Darstellung der Angeklagten weitestgehend entsprach, wenig glaubwürdig erschien.

Der Ankläger Captain Diamond gestand in seinem Schlussplädoyer denn auch ein, dass das Gericht sein Urteil auf Grundlage einer widersprüchlichen Beweislage fällen musste.[570] Neuhaus betonte dagegen, dass gegen seinen Mandanten Möller schlicht keine Beweise für ein Verbrechen vorlägen und der Angeklagte folglich freizusprechen sei.[571] Für Stöckl wies Armstrong in seinem Schlussplädoyer darauf hin, dass ein einzelner Schlag in einem Handgemenge kein Kriegsverbrechen darstelle und die Beweise, die auf ein schwereres Vergehen hindeuteten, allesamt unglaubwürdig seien und von einer Fülle von Gegenbeweisen kontrastiert würden. Auf dieser Grundlage sei keine Verurteilung Stöckls möglich oder zu verantworten.[572] Das Gericht folgte den Argumenten der Verteidiger und sprach beide Angeklagte frei.

i.) „I very much regret the whole thing and would like to make up for what I have done.“[573] – Das Verfahren gegen Otto Nickel

Der Prozess gegen den 47-jährigen Bergbauarbeiter Otto Nickel aus Gelsenkirchen hatte ebenfalls die Misshandlung eines abgeschossenen britischen Fliegers zum Gegenstand. Die Verhandlung fand am 18. Februar 1946 am Military Court Gelsenkirchen statt. Nickel musste sich für die Misshandlung eines britischen Piloten verantworten, der mit dem Fallschirm abgesprungen war und in einem Garten in der Weindorfer Straße in Gelsenkirchen landete. Nach eigener Aussage beobachtete Nickel diesen Vorgang aus Neugier an dem Piloten. Als dieser den Garten verlassen wollte, war Nickel laut seiner eidesstattlichen Versicherung derart „excited" und „[his] nerves were strained through overwork", dass er den unverletzten Piloten trat („kicked"[574]), ehe er von dem Eigentümer des Gartens weggezogen wurde. Mitglieder der NSDAP und Soldaten in Uniform nahmen den britischen Flieger kurz darauf gefangen und überführten ihn in das nächstgelegene Kriegsgefangenenlager.

---

570 Ebenda, Proceedings of the trial, Schlussplädoyer von Capt. Diamond, S. 31–32.
571 Ebenda, Proceedings of the trial, Schlussplädoyer von Dr. Neuhaus, S. 30.
572 Ebenda, Proceedings of the trial, Schlussplädoyer von Lt. Armstrong, S. 29.
573 NA, WO 235/ 51, Exhibit „E", Schriftliche Aussage von Otto Nickel.
574 Ebenda, Exhibit „E".

Überaus ungewöhnlich an diesem Fall war aber das Schuldbekenntnis des Angeklagten, der als einer der wenigen mutmaßlichen Kriegsverbrecher vor Gericht seine Taten glaubwürdig bereute und sich für sie entschuldigte. Nicht weniger ungewöhnlich an dem Prozess gegen Nickel war die Abkommandierung von britischen Offizieren ohne juristische Ausbildung: Sowohl Captain F. A. Towner vom *JAG's Office*, der das Amt des Anklägers übernahm, wie auch der als Verteidiger Nickels fungierende Captain P. J. D. Langrishe vom 7th *Medium Regiment* der *Royal Artillery* waren keine Juristen. Das war unter den Verfahrensregeln des *Royal Warrant* zwar zulässig, bescherte dem ansonsten nicht weiter auffälligen Verfahren aber eine erhöhte Aufmerksamkeit von Seiten der britischen Militärverwaltung. Insbesondere die Einhaltung der allgemeinen Verfahrens- und Beweisvorlageregeln wurde in Berichten dem JAG gemeldet. Die Eingaben von Nickels Verteidiger Langrishe wurden beispielsweise einer kritischen, wenn auch im Ergebnis letztlich wohlwollenden Prüfung unterzogen:

> The accused made no statement in mitigation but the defending officer produced a statement as to character and another statement made by the accused's wife in mitigation. The later statement, though possible not strictly admissible, was admitted by the Court in pursuance of the general policy of giving every faculty to an accused to present its case.[575]

Die Gewährleistung der Rechte des Angeklagten und damit auch der Rechte der Verteidigung vor Gericht wurden, wie sich an dieser Einschätzung besonders gut zeigen lassen, äußerst ernst genommen und in Zweifelsfällen zugunsten der Angeklagten ausgelegt. Hinzu kam die von den Briten beabsichtigte erzieherische Wirkung: Die Militärgerichtsprozesse sollten der deutschen Bevölkerung – im scharfen Kontrast zur (Un-)Rechtsprechung des NS-Staats – die Möglichkeit und tatsächliche Umsetzung von fairen und rechtsstaatlichen Gerichtsprozessen plastisch vor Augen führen. Sehr positiv fiel diese beabsichtigte Wirkung im Prozess gegen Nickel aus. So gelangte etwa das *JAG's Office* zu folgender Einschätzung: „The arrangements for the court were excellent, and a large number of German public was present."[576], womit der Prozess als gelungenes Musterbeispiel gelten kann. Nicht nur das öffentliche Interesse und die positive Wirkung der gut funktionierenden britischen Militärjustiz machte dieses Ver-

---

575 NA, WO 235/ 627, Capt. R. Marshall, RA, Attached JAG Branch, 19. Februar 1946.

576 Ebenda, R. Marshall Capt. RA, Attached JAG Branch, 18. Februar 1946.

fahren deutlich. Darüber hinaus zeigte der Angeklagte reuige Einsicht in die auf sich geladene Schuld und verstärkte damit die beabsichtigte Wirkung nochmals deutlich.

j.) „I felt sorry for the Englishman and asked the German to behave like a human being."[577] – Das Verfahren gegen Jakob Bürgin

Am 29. Oktober 1946 musste sich in Recklinghausen Jakob Bürgin, vor seiner Verhaftung Hausmeister in Pforzheim, vor einem britischen Militärgericht verantworten. Vorgeworfen wurde Bürgin die Misshandlung eines unbekannten britischen Fliegers, der in Huchenfeld (Pforzheim) von mehreren Deutschen attackiert worden war.[578] Schon vor Prozessbeginn hatte Bürgin in Untersuchungshaft in einer freiwilligen schriftlichen Aussage den Vorfall zugegeben, bei dem er nach eigener Aussage den Piloten auf offener Straße geschlagen hatte. Auch vor Gericht wich er von dieser Darstellung nicht ab und bekannte sich entsprechend schuldig.[579] In seiner schriftlichen Aussage gab Bürgin darüber hinaus bereitwillig seine diversen Mitgliedschaften in NS-Organisationen preis.[580] Die Verteidigung Bürgins übernahm H. G. W. von Bruch, ein deutscher Anwalt (im Protokoll mit dem englischen Äquivalent Barrister-at-Law angegeben) aus Solingen, dem mit Lieutenant R. Beard von den *5. Royal Tanks* ein *Assisting Officer* zur Seite stand.[581] Im Verlauf des Prozesses trat Beard jedoch nicht näher in Erscheinung.

Das Verhandlungsprozedere wurde durch das Schuldbekenntnis des Angeklagten wesentlich verkürzt, sodass die Verhandlung gleich mit der Bitte von Bruchs um Milde für seinen Mandanten begann. Als Hauptargument führte von Bruch die Umstände an, unter denen sein Mandant gehandelt hatte. So hatte Bürgin kurz vor dem Vorfall mit dem britischen Flieger während der schweren Luftangriffe auf Pforzheim am 23. Februar 1945 nicht nur sein Heim verloren, sondern auch seine Frau und seinen 12-jäh-

---

577 NA, WO 235/ 190, Affidavit Emilie Bohnenberger vom 10. April 1946.
578 Ebenda, Charge sheet, S. 2.
579 Ebenda, Proceedings of the trial, S. 2.
580 Ebenda, Schriftliche Aussage von Jakob Bürgin vom 10. September 1946. Bürgin, unter anderem NSDAP-, SA-, DAF- und NSV-Mitglied, war überdies kurz in der Wehrmacht und hatte weitere (Ehren-)Ämter in NS-Verbänden inne. Seine berufliche Laufbahn reichte vom Schlosser und Schweißer über Kraftfahrer bis zu seiner letzten Anstellung als Hausmeister.
581 Ebenda, Proceedings of the trial, S. 1.

rigen Sohn. Bürgin führte diese persönliche Katastrophe in seiner Aussage unter Eid als zu berücksichtigenden Umstand an.[582] Zu seinem schlechten psychischen Zustand wären außerdem noch jahrelange Magenprobleme und eine kurz zuvor erfolgte schwerwiegende Operation hinzugekommen. Nachdem seine Wohnung durch die Luftangriffe zerstört und seine Familie getötet worden war, wurde Bürgin nach Huchenfeld evakuiert, wo er auf den britischen Flieger traf. Nach eigener Aussage verlor er in diesem Moment die Fassung und schlug mehrmals auf den Flieger ein. Erst mit mehr Abstand zum Geschehen sah er wieder klarer und bereute deshalb seine Tat. Er gab an: „[A]fter matters had become more clear to me, I was very sorry I had hit this man".[583]

Bürgins Verteidiger führte in seiner Eingabe an das Gericht gleichfalls das persönliche Schicksal seines Mandanten an. So beschrieb von Bruch Bürgins Zustand zur Tatzeit mit den Worten: „[H]e was in a condition of complete nervous breakdown".[584] Nur vor diesem Hintergrund und aufgrund der allgemein schlechten körperlichen und seelischen Verfassung Bürgins seien dessen Handlungen erst möglich geworden: „I am convinced that this poor physical condition added to the lack of that control, which he would have displayed as a healthy person, against lowering himself to hit the captured airman".[585] Zur weiteren Entlastung seines Mandanten führte Bürgins Verteidiger die Zeugenaussage der Krankenschwester Hertha Reinhardt an. Diese hatte bereits in einem anderen Prozess gegen den zweiten Mann, der ebenfalls wegen der Misshandlung desselben britischen Fliegers angeklagt und verurteilt worden war, als Zeugin der Verteidigung ausgesagt. Auch diesen Angeklagten hatte von Bruch vertreten. Da Reinhardt nicht vor Gericht erscheinen konnte, weil sie gerade ein Kind geboren hatte, gab Bürgins Verteidiger vor Gericht deren Aussage sinngemäß wieder. Grundsätzlich berichtete Reinhardt von nicht gravierenden Wunden, die der Flieger durch die Schläge der Deutschen davongetragen hatte, die auch nicht die Aufmerksamkeit eines Arztes bedurft hätten, sondern von ihr selbst verbunden werden konnten. Danach sei der Soldat sicher ins Kriegsgefangenenlager bei Oberursel überführt worden.[586] Bürgin wurde vom Gericht zu der milden Strafe fünf Monaten Haft verurteilt.

---

582 Ebenda, Proceedings of the trial, Zeugenaussage von Jakob Bürgin, S. 2.
583 Ebenda, Proceedings of the trial, Zeugenaussage von Jakob Bürgin, S. 3.
584 Ebenda, Exhibit I, Bitte um Strafmilderung durch von Bruch. In der deutschen Fassung beschrieben als „Zustand völliger nervöser Zerrüttung".
585 Ebenda, Exhibit I, Bitte um Strafmilderung durch von Bruch.
586 Ebenda, Proceedings of the trial, Zeugenaussage von Hertha Reinhardt, S. 4–5.

Bei vergleichsweise geringfügigen Vergehen, so zeigt das Beispiel Bürgins, scheint das reuevolle Eingeständnis einzelner Tatvorwürfe und damit einhergehend die Übernahme von Verantwortung für diese Taten zumindest nicht negativ von den britischen Militärgerichten beurteilt worden zu sein. Signalisierte ein Angeklagter ein entsprechendes Schuld- und Verantwortungsbewusstsein, konnten britische Verteidiger diesen Eindruck von Besserungswillen für ihre eigene Verteidigungsstrategie nutzen, indem sie betonten, wie offen, ehrlich und geläutert ihre Mandanten sich vor Gericht geäußert hätten; folglich, so insinuierte diese Feststellung, könne ihren Aussagen auch in anderen strittigeren Punkten Glauben geschenkt werden.[587]

Je nachdem, welcher gesellschaftlichen Gruppe die Beschuldigten im „Dritten Reich" angehört hatten, ob sie Zivilisten, Wehrmachtssoldaten oder SS- und Gestapoangehörige waren, fielen die vorgebrachten Verteidigungsargumente vor Gericht unterschiedlich aus. Im Falle einfacher Bürger tendierten die britischen Verteidiger in den „Flieger-Prozessen" dazu, deren Beteiligung an der Misshandlung oder Tötung alliierter Piloten als gleichsam fremdbestimmte, „verzweifelte Kompensationshandlungen"[588] zu deklarieren. Der Verlust geliebter Angehöriger oder des ganzen Hab und Guts infolge alliierter Bombardements wurde vielfach als ein strafmildernd zu berücksichtigender Erfahrungshintergrund angeführt. Der Prozess gegen Bürgin steht auch in dieser Hinsicht stellvertretend für eine allgemeine Tendenz der Verteidigung durch die britischen Offiziere in den hier untersuchten Militärgerichtsprozessen. Die (unfreiwillige) Übertragung von Hassgefühlen aufgrund der am eigenen Leib erlebten Folgen des alliierten Luftkriegs versuchten die Verteidiger wiederholt als Entlastungsargument für ihre Mandanten einzubringen. Verbrechen an alliierten Fliegern wurden somit als „tödliche Konsequenz aus persönlichen Rachegefühlen"[589] interpretiert und auf diese Weise zwar keineswegs entschuldigt, wohl aber als individuell nachvollziehbar dargestellt.[590]

---

587 Wie das Beispiel des zum Tode verurteilten Angeklagten Willi Mackensen zeigt, konnte diese Strategie bei weit schwereren Vorwürfen hingegen nicht mit Erfolg rechnen. Vgl. Kap. III.2.1.2.b).

588 Grimm, Lynchmorde an alliierten Fliegern im Zweiten Weltkrieg, S. 83.

589 Ebenda, S. 72.

590 Vgl. hierzu bspw. auch die Verteidigung im *Essen Lynching Case* (Kap. III.2.2.1.g).

k.) „They took the Airmen along, when he passed near me, I hit the Airman in the face."[591] – Der *Wattenscheid Case* gegen Paul Zimmermann und fünf weitere Angeklagte

Wegen der Misshandlung von zwei unbekannten, alliierten, kriegsgefangenen Fliegern mussten sich am 1. Oktober 1946 in Essen in dem nach dem Ort des mutmaßlichen Geschehens benannten *Wattenscheid Case* die Angeklagten Paul Zimmermann, Heinrich Dohm, August Kronberg, Paul Dvorak, Paul Dierkesmann und Wilhelm Beele, allesamt Zivilisten aus der Umgebung von Wattenscheid, vor einem britischen Militärgericht verantworten. Besonders auffällig und interessant ist in diesem Fall, dass der zuständige Mitarbeiter des JAG, Brigadier Henry Shapcott, bei der Verfahrenseröffnung empfiehl, dass die Angeklagten vor Gericht von deutsche Anwälten verteidigt werden sollten.[592] Dem wurde entsprochen: Insgesamt sechs deutschen Anwälte, assistiert von Lieutenant D. J. Ovens vom *5th Royal Inniskilling Dragoon Guards*, übernahmen die Vertretung der Angeklagten.[593]

Obwohl die Anklage die Misshandlung von zwei unbekannten britischen Kriegsgefangenen aufführte, konzentrierte sich das Verfahren schnell hauptsächlich auf einen Vorfall vom 11. September 1944 um einen per Fallschirm abgesprungenen britischen Flieger, der in der Nähe von Wattenscheid auf der als „Ruhrschnellweg" bezeichneten Straße landete. Um den notgelandeten Soldaten versammelte sich schnell eine Menschenmenge, wobei es zu tätlichen Übergriffen kam. Deren Ausmaß und Schwere sowie insbesondere die daran aktiv beteiligten Personen eindeutig zu klären, war zunächst Hauptaufgabe des Prozesses. Erschwert wurde sie dadurch, dass der betreffende britische Flieger nicht mehr zu ermitteln war und dem Gericht folglich nicht als Zeuge zur Verfügung stand.

Die Anklage stütze ihren Fall auf acht Anklagezeugen sowie auf Aussagen und Statements der Angeklagten vor Prozessbeginn. Mehrere, sehr un-

---

591 NA, WO 235/ 182, Exhibit No 3, Aussage von August Kronberg vom 31. Juli 1946.

592 Vgl. ebenda, JAG, Empfehlung zur Verfahrenseröffnung von Brigadier Henry Shapcott vom 1. Februar 1946, S. 2.

593 Paul Zimmermann wurde durch den deutschen Anwalt G. Fandel vertreten, Heinrich Dohns Verteidiger war Karl Schäfer, für August Kronberg erschien Bernhard Appelhoff als Verteidiger vor Gericht, Paul Dvorak wurde vertreten von Wilhelm Schulte zur Hausen, der Angeklagte Paul Dierkesman wählte als Anwalt Max Mondrzik und Wilhelm Beele wurde verteidigt von Wulf Birkenhagen. Siehe: ebenda, Proceedings of the trial, S. 3.

terschiedliche Zeugen berichteten über die Schwere der Verletzungen und das Ausmaß der Misshandlungen, die der unbekannte Kriegsgefangene habe erdulden müssen. Die Angeklagten Heinrich Dohm und August Kronberg wurden von den Zeugen der Anklage am meisten belastet; mehrere Personen sagten aus, sie hätten gesehen, wie diese beiden den Flieger schlugen.

Nachdem die Anklage ihre Beweispräsentation abgeschlossen hatte, machten die Anwälte von Paul Dierkesmann und Wilhelm Beele jeweils eine Eingabe an das Gericht, wonach die Staatsanwaltschaft keine ausreichenden Beweise gegen ihre jeweiligen Mandanten vorgelegt habe und somit das Verfahren gegen diese einzustellen sei.[594] Das Gericht lehnte beide Eingaben jedoch ohne nähere Begründung ab. Alle Angeklagten mit Ausnahme von Paul Zimmermann sagten selbst vor Gericht unter Eid aus und präsentierten jeweils mehrere Verteidigungszeugen, die zu ihren Gunsten aussagten.[595]

Die zahlreichen Zeugen machten es für das Gericht eher schwieriger als leichter, den tatsächlichen Ablauf der Geschehnisse und die schuldig gewordenen Beteiligten des 11. September 1944 zu rekonstruieren. Erschwerend kam hinzu, dass nicht genau geklärt werden konnte, ob der britische Pilot bleibende Schäden davongetragen hatte. Die Schwere der körperlichen Misshandlung war mithin nicht mehr zu bestimmen. Folglich sprach das Gericht die meisten Angeklagten frei. Allein die Angeklagten Dohm und Kronberg wurden der Misshandlung des Kriegsgefangenen für schuldig befunden und zu jeweils vier Monaten Haft verurteilt. Die Urteile wurden bestätigt und trotz zahlreicher Petitionen und Gnadengesuche nicht gemildert.

---

594 Ebenda, Proceedings of the trial, Eingabe der Verteidiger Wulf Birkenhagen und Dr. Max Mondrzik, S. 47–48. Die Verteidigung hatte nach der Präsentation der Beweise der Anklage die Möglichkeit, eine Eingabe an das Gericht zu machen, wonach gegen den Angeklagten kein ausreichend begründeter Fall zur Anklage vorlag. Sofern das Gericht das bestätigte, musste zwingend ein sofortiger Freispruch des Angeklagten erfolgen. Gestützt wurde dieses Recht der Verteidigung vom MML, S. 644: „It is open to the accused, his counsel or defending officer, at the close of the case for the prosecution, to submit that the evidence given for the prosecution has not established a prima facie case against him and that he should not, therefore, be called upon for his defence. The court will consider this submission in closed court and, if they are satisfied that it is well founded, must acquit the accused. This submission may be made in respect of anyone or more charges in a chargesheet." Zitiert nach: Law Reports, Vol. IX, S. 84.

595 NA, WO 235/ 182, Proceedings of the trial, Aussagen der Angeklagten und der Zeugen der Verteidigung, S. 47–130.

l.) „I did not know that they were taken forcibly from their homes and were slave laborers."[596] – Die Prozesse gegen Kurt Kindervater, Karl Drenckberg und Karl Didszona

Wegen Verbrechen in einem Zwangsarbeiterlager in der Nähe von Kiel wurde sowohl dem ehemaligen Lagerkommandanten Kurt Kindervater wie auch seinem Stellvertreter Karl Heinrich Drenckberg sowie dem Verantwortlichen für Werkzeug und Gerätschaften, Karl Hans Didszona, der Prozess gemacht. In zwei separat verhandelten Verfahren wurde allen drei Angeklagten die Misshandlung polnischer Zwangsarbeiter zwischen 1943 und 1945 zur Last gelegt. Gegen Kindervater und Drenckberg kam indes noch eine zweite Anklage hinzu: Ihnen lastete die Staatsanwaltschaft zudem Grausamkeiten gegen zwei unbekannte Angehörige der britischen Luftwaffe an. Der erste Prozess gegen Kindervater und Drenckberg begann am 21. Februar 1946 in Hamburg, das separate Verfahren gegen Didszona folgte am 23. Februar 1946.

Trotz der Empfehlung des JAG, beiden Angeklagten des ersten Prozesses einen britischen Offizier als Verteidiger zuzuteilen,[597] entschied sich Kindervater für den deutschen Anwalt Hans Bayersdorf. Karl Drenckberg sowie Karl Didszona wurden vor Gericht hingegen von Captain A. L. Davies von der *Royal Artillery* vertreten.[598]

Die Staatsanwaltschaft eröffnete ihren Fall gegen Kindervater und Drenckberg mit einer Zusammenfassung der vorliegenden Beweismittel. Als Zeuge sagte einer der ehemaligen polnischen Zwangsarbeiter des Lagers, Edward Dubis, vor Gericht aus. Zusätzlich legte die Anklage drei Affidavits weiterer Zwangsarbeiter vor, in denen den beiden Angeklagten unisono schwere Misshandlungen der ihnen unterstehenden Arbeiter, aber auch von zwei britischen Fliegern angelastet wurden. Kindervater, so der Ankläger Captain C. W. E. Shelley, habe als Lagerkommandant den deutschen Wachen Befehl gegeben, die polnischen Arbeiter mit Schlägen zu züchtigen; auch habe er ihre Essensrationen gekürzt und ihnen Zigaretten vorenthalten. Drenckenberg habe diesen Befehl ausgeführt.[599] Zwei britische Flieger, die mit dem Fallschirm nahe dem Zwangsarbeiterlager abge-

---

596 NA, WO 235/ 197, Proceedings of the trial, S. 35.
597 Vgl. ebenda, Empfehlung zur Eröffnung eines Verfahrens an den C-in-C gegen Kurt Kindervater, Karl Heinrich Drenckberg und Karl Hans Didszona von Brigadier Henry Shapcott, Military Deputy, JAG, vom 10. September 1945, S. 2.
598 Ebenda, Charge Sheet, S. 2.
599 Ebenda, Proceedings of the trial, S. 3.

sprungen wären, sollen von den Angeklagten ebenfalls misshandelt worden sein. Beide Anklagepunkte zusammen, so argumentierte Shelley, seien als Kriegsverbrechen zu werten.[600]

Die Zeugenaussage des ehemaligen Zwangsarbeiters Dubis bestätigte dann auch die vom Ankläger beschriebene Hierarchie im Lager. Dubis identifizierte die beiden Angeklagten, die einzigen Deutschen im Lager, und gab zu Protokoll: „Drenckberg treated us badly".[601] Die grausame Behandlung unter Kindervater und Drenckberg hätte sogar Todesopfer gefordert: „Those two were responsible for death of many Poles. I have seen the beating myself. I was also beaten up myself. It happened almost every day."[602] An einen Vorfall mit abgestürzten britischen Fliegern konnte er sich dagegen nicht erinnern und auch in der Folge gelang es der Anklage nicht, schlüssig nachzuweisen, dass ein solcher Zwischenfall tatsächlich stattgefunden hatte. Im Kreuzverhör versuchte der Verteidiger Davies, den Anklagezeugen Dubis in Widersprüche zu seiner vorherigen schriftlich gemachten Aussage zu verwickeln.[603] Das gelang insbesondere im Hinblick auf die angeblich von Kindervater und Drenckberg getöteten Piloten, was die Zeugenaussage Dubis', zumindest in diesem Punkt, stark beschädigte.[604] Damit war der Fall der Anklage abgeschlossen.

Sowohl Kindervater als auch Drenckberg sagten selbst als Zeugen unter Eid aus. Kindervater bestritt in seiner Aussage alle gegen ihn erhobenen Vorwürfe. Er hätte nie einen Befehl an Drenckberg zur Gewaltanwendung gegenüber den polnischen Arbeitern gegeben. Drenckenberg belastete er aber insofern, als er ihm bescheinigte seit dem letzten Krieg „very quick tempered by nature"[605] gewesen zu sein. Mit Blick auf sich selbst räumte Kindervater lediglich ein, in zwei Fällen Zwangsarbeiter ins Gesicht geschlagen, sich sonst jedoch nichts zu Schulden gekommen lassen zu haben. Kurzum: Er wäre zwar verantwortlich gewesen für das Arbeitslager („had police powers in the camp"[606]), davon, dass die Arbeiter dort zwangsweise Dienst zu tun hatten, wollte er aber schlicht nichts gewusst haben. Stattdessen beschrieb Kindervater im Kreuzverhör die Zwangsar-

---

600 Ebenda, Proceedings of the trial, S. 5.
601 Ebenda, Proceedings of the trial, Zeugenaussage von Edward Dubis, S. 5.
602 Ebenda, Proceedings of the trial, Zeugenaussage von Edward Dubis, S. 7.
603 Ebenda, Proceedings of the trial, Kreuzverhör von Edward Dubis, S. 11.
604 Vgl. ebenda, Proceedings of the trial, Zeugenaussage von Edward Dubis, S. 13, 15.
605 Ebenda, Proceedings of the trial, Zeugenaussage von Kurt Kindervater, S. 27.
606 Ebenda, Proceedings of the trial, Zeugenaussage von Kurt Kindervater, S. 29.

beiter als „voluntary workers".[607] Vom Ankläger dazu befragt, musste Kindervater jedoch einräumen, polnische Zwangsarbeiter wegen geringer Vergehen an die Gestapo gemeldet zu haben. Was mit diesen geschehen sei, ob sie etwa in ein Konzentrationslager verschleppt wurden, auch davon wollte er keinerlei Kenntnis gehabt haben.[608] Seine NSDAP-Mitgliedschaft räumte Kindervater vor Gericht hingegen ein.[609]

Drenckberg hingegen betonte in seiner Aussage explizit, kein Mitglied der NSDAP gewesen zu sein.[610] Die Vorwürfe gegen ihn bezeichnete er zunächst rundweg als Lügen der Anklagezeugen,[611] ging im Verlauf der Verhandlungen allerdings dazu über, immer mehr Misshandlungen von Zwangsarbeitern zuzugeben.[612] Seinem Verteidiger hatte er anvertraut, insgesamt zweimal Arbeiter geschlagen zu haben. In allen anderen Fällen habe er milder reagiert, wenn Arbeiter gegen die Lagerregeln verstießen: „Some times it was a fine, some time it was a slap on the face. It depended on their behaviour." Schließlich heftete sich Drenckberg gar die Idee für körperliche Züchtigungen als Strafmaßnahme gewissermaßen als eigene Erfindung, ja als sein persönliches Verdienst an die Brust: „These punishments were my own idea."[613] Denn, so seine Argumentation, eine Meldung von Disziplinlosigkeiten an die Gestapo hätte für die Arbeiter viel schlimmere Konsequenzen gehabt.[614] Konkret spezifizieren wollte Drenckberg diesen Gedanken jedoch nicht. Von einer drohenden Einweisung in Konzentrationslager wollte auch er nichts gewusst haben.

Im Schlussplädoyer für Kindervater hob Hans Bayersdorf besonders die unzureichende Beweislage für die Anklage wegen der Misshandlung von britischen Fliegern hervor. Der Vorfall habe vermutlich gar nicht stattgefunden. Zum zweiten Anklagepunkt, dem Vorwurf der körperlichen Misshandlung von Zwangsarbeitern, führte er als entlastendes Argument an, dass es schlicht unter der Würde seines Mandanten als Lagerkommandant

---

607 Ebenda, Proceedings of the trial, Kreuzverhör von Kurt Kindervater, S. 35.

608 Ebenda, Proceedings of the trial, Kreuzverhör von Kurt Kindervater, S. 45.

609 Ebenda, Proceedings of the trial, Kreuzverhör von Kurt Kindervater, S. 51.

610 Ebenda, Proceedings of the trial, Zeugenaussage von Karl Heinrich Drenckberg, S. 63.

611 Ebenda, Proceedings of the trial, Zeugenaussage von Karl Heinrich Drenckberg, S. 69–71.

612 Ebenda, Proceedings of the trial, Kreuzverhör von Karl Heinrich Drenckberg, S. 73–77.

613 Ebenda, Proceedings of the trial, Kreuzverhör von Karl Heinrich Drenckberg, S. 75.

614 Ebenda, Proceedings of the trial, Kreuzverhör von Karl Heinrich Drenckberg, S. 79.

gewesen sein, wehrlose „inmates" zu schlagen. Nur für die zwei Vorfälle, die er zugegeben hatte, könne und dürfe Kindervater belangt werden.[615]

Ähnlich das Plädoyer von Davies für seinen Mandanten Drenckberg: Die erste Anklage sei nicht bewiesen, Drenckberg wäre im Lager lediglich Befehlsempfänger und zudem nicht einmal Mitglied der NSDAP gewesen. Sein Mandant habe polnische Arbeiter zwar geschlagen, Denunziationen an die Gestapo wären aber für diese wesentlich schlimmer gewesen. Nach der Kapitulation Deutschlands sei Drenckberg schließlich – gleichsam als Zeichen seines reinen Gewissens – freiwillig in das Lager zurückgekehrt und arbeite noch immer dort. Dieses Verhalten, so Davies, ergebe überhaupt keinen Sinn, wenn er die Arbeiter dort zuvor grausam behandelt hätte.[616]

Das Gericht sprach beide Angeklagten vom ersten Anklagevorwurf bezüglich der britischen Flieger frei, befand sie allerdings schuldig, polnische Zwangsarbeiter misshandelt zu haben. Kindervater wurde zu drei Jahren, Drenckberg zu einem Jahr Gefängnis verurteilt. Damit scheint das Gericht der Argumentation von Davis, wonach sein Mandant – und das trotz der vielen gestandenen eigenhändigen Gewalttaten – lediglich eine untergeordnete Position im Lager eingenommen habe und deswegen nicht in dem Umfang wie Kindervater zur Verantwortung gezogen werden könne, zumindest in der Strafzumessung gefolgt zu sein.

Der separate Prozess gegen Karl Hans Didszona, wie Drenckberg ebenfalls kein Mitglied der NSDAP, verlief trotz der identischen Anklagevorwürfe gänzlich anders. Captain Davis, der erneut die Verteidigung des Angeklagten übernahm, gelang es, während der Verhandlung glaubhaft zu machen, dass die vorgelegten Beweise gegen seinen Mandanten, ausschließlich Affidavits,[617] vage, widersprüchlich und nur summarisch waren. Der einzige konkrete Vorwurf gegen Didszona bezog sich darauf, dass er eine polnische Zwangsarbeiterin angeblich geschlagen hatte. Davis' Strategie, um diese Vorwurf zu entkräften, war es nachzuweisen, dass zu der Zeit, in der Didszonat in dem Zwangsarbeiterlager Dienst hatte, überhaupt keine weiblichen polnischen Arbeiterinnen anwesend gewesen waren.[618] Als Zeuge dafür trat ausgerechnet der kurz zuvor verurteilte Kurt Kindervater auf, der als ehemaliger Lagerkommandant die Argumentation

---

615 Vgl. ebenda, Proceedings of the trial, Schlussplädoyer von Dr. Bayersdorf, S. 81.
616 Vgl. ebenda, Proceedings of the trial, Schlussplädoyer von Capt. Davies, S. 81.
617 Ebenda, Proceedings of the trial, S. 3
618 Ebenda, Proceedings of the trial, Eröffnungsplädoyer von Capt. Davies, S. 5.

von Davis bestätigte.[619] Das Gericht zog die Aussage Kindervaters offenkundig nicht in Zweifel und sprach Didszona von allen Anklagepunkten frei.

Zwischenfazit

Für die 13[620] „Flieger-Prozesse" unter Beteiligung britischer Offiziere als Verteidiger lassen sich somit einige gemeinsame Merkmale bilanzieren. Gemeinsam ist allen Verfahren, dass Verbrechen an britischen Luftwaffenangehörigen besonders konsequent verfolgt und tendenziell mit sehr harten Strafen belegt wurden.[621] Das zeigen besonders die Anklagen bei Fällen, in denen die Beweislage auf den ersten Blick eher dünn erscheint. Die Identität der mutmaßlichen Opfer war oftmals entweder nicht oder nur in Bruchstücken bekannt, die Geschädigten konnten – sofern sie nicht bei dem angeklagten Verbrechen zu Tode gekommen waren – oftmals nicht ausfindig gemacht werden oder standen als Zeugen nicht persönlich vor Gericht zur Verfügung. Aber auch in diesen Fällen hatten die verteidigenden Offiziere oder Anwälte meist kein leichtes Spiel.[622] Durch die gelockerten Beweisvorlageregeln des *Royal Warrant* wurden die Schwierigkeiten der Anklage, glaubwürdige und überzeugende Beweismittel gerade für diesen Typus von Kriegsverbrechen vorzulegen, erheblich gemildert. Das hieß im Umkehrschluss aber keineswegs, dass die Anklage allein schon einen Schuldspruch erwarten oder auch nur wahrscheinlich werden ließ. Die

---

619 Ebenda, Proceedings of the trial, Zeugenaussage von Kurt Kindervater, S. 15.

620 Im engeren Sinn fällt das Verfahren gegen Karl Hans Didszona nicht unter die „Flieger-Prozesse", da dieser Prozess nur Verbrechen an polnischen Personen zur Anklage brachte, wird aber wegen der gemeinsamen Anklageschrift und der zahlreichen personellen Überschneidungen – sowohl bei den Angeklagten, den Zeugen wie auch dem Verteidiger – mit den Verfahren gegen Kurt Kindervater und Karl Heinrich Drenckberg hier mit aufgeführt.

621 Insgesamt 16 Todesurteile (von denen bis auf eine Ausnahme alle vollstreckt wurden) wurden bei einer Gesamtzahl von 43 Angeklagten in den „Flieger-Prozessen" ausgesprochen.

622 Eine für die Anklage schwierige Beweislage wie fast ausschließlich auf Affidavits beruhenden Aussagen war nicht automatisch von Vorteil für die Verteidigung. Auch im Falle ungeklärter oder zweifelhafter Identität der Opfer waren die Gerichte tendenziell anklagefreundlich, vgl. insb. die im folgenden beschriebenen Verfahren: *Enschede Case*, *Dreierwalde Case* und *Essen Lynching Case*.

zahlreichen Freisprüche, auch wenn Tötungen von alliierten Fliegern zur Verhandlung standen, belegen das eindeutig.[623]

Ein Muster entlang der Höhe der verhängten Strafen lässt sich klar in der Unterscheidung von einerseits Misshandlungen, die zum Tod des Opfers geführt hatten, und andererseits körperlichen Misshandlungen ohne Todesfolge erkennen. Ersteres bestraften britische Militärgerichte am härtesten – die meisten Todesurteile, die mit nur einer Ausnahme alle vollstreckt wurden,[624] sprechen hier eine deutliche Sprache. Auf der anderen Seite strengten die Briten aber auch Verfahren gegen mutmaßliche deutsche Kriegsverbrecher wegen vergleichsweiser geringfügiger Taten an. Eine Ohrfeige, mehrere (wenn ansonsten auch einmalige) Schläge mit der Hand oder einem Gegenstand wurden genauso als Kriegsverbrechen gewertet und entsprechend vor Gericht verfolgt.[625]

Die Zahl der Angeklagten in einem Prozess schwankte stark. Härter geahndet wurden in aller Regel Verbrechen, die von einer Gruppe in einer gemeinsamen Aktion (*concerted action, common design*) begangen worden waren, insbesondere, wenn Kriegsgefangene dabei zu Tode kamen. Eine weitere Unterscheidung, die sich zumeist im Strafmaß widerspiegelte, war die hierarchische Einordnung der Angeklagten. Sofern ein Gericht die Schuld von Leitungspersonal und direkten Stellvertretern – in aller Regeln deutsche Soldaten, aber auch Polizisten und Mitglieder von verschiedenen anderen stark hierarchisch organisierten Verbünden – feststellte, erhielten die Angeklagten aufgrund ihrer befehlsgebenden Position häufig deutlich härtere Strafen als Verurteilte, die diese Befehle empfangen und ausgeführt hatten bzw. zumindest an der Ausführung beteiligt gewesen waren.[626] Anders in den Fällen, in denen ein Angeklagter die eigenhändige Tötung eines alliierten Fliegers entweder selbst zugab oder die Anklage den Vorwurf der eigenhändigen Tötung sehr glaubwürdig beweisen konnte.

---

623 Freisprüche von Angeklagten auch in Prozessen, bei denen die Tötung oder schwere Misshandlung alliierter Flieger angeklagt war, finden sich im *Essen Lynching Case*, dem Prozess gegen Johannes Oenning und Emil Nix, dem Verfahren gegen Rolf Brinkmann und Werner Assmussen und dem *Wattenscheid Case*.

624 Nur das Todesurteil gegen Karl Rauer (*Essen-West Case*) wurde in lebenslange Haft gemildert.

625 Vgl. die Verfahren gegen Jakob Bürgin, gegen Otto Nickel sowie gegen Aloys Stöckl und Fritz Möller.

626 Beispiele für die Staffelung des Strafmaßes anhand von Hierarchien bzw. Verantwortlichkeiten sind der *Essen Lynching Case*, der *Essen-West Case*, das *Dulag Luft Trial* und der *Enschede Case*.

Mit nur einer Ausnahme erging bei allen Empfehlungen des JAG zur Eröffnung eines Verfahrens der Hinweis, den Anzuklagenden die Dienste eines britischen Wahl-Pflicht-Verteidigers anzubieten. Die meisten Beschuldigten nahmen dieses Angebot an; nur wenige entschieden sich trotz der anders lautenden Empfehlung für einen deutschen Anwalt als Verteidiger.

Eine Verteidigungsstrategie, die in den „Flieger-Prozessen" besonders häufig auftaucht, ist die Behauptung, dass die betreffenden Kriegsgefangenen Fluchtversuche unternommen hätten. In fünf von 13 Fällen findet sich dieses Argument. Dabei fällt besonders ins Auge, dass in keinem Fall der verhandelte Vorfall, die Misshandlung oder Tötung von Gefangenen, von der Verteidigung schlichtweg geleugnet wurde. Kein einziger Angeklagter behauptete, es hätte keine Schläge oder Tritte bzw. keine tödlichen Schüsse oder Misshandlungen gegeben.[627] Die Schuld wurde stattdessen bei anderen vor Gericht gestellten oder abwesenden Personen gesucht sowie in den äußeren Umständen einschließlich der Dienstverhältnisse und des Befehlsgehorsams. Niemand aber ging so weit zu behaupten, es hätte kein Verbrechen stattgefunden.

Neben der Verteidigung durch angebliche Fluchtversuche von Kriegsgefangenen führten Verteidiger und Angeklagte in zahlreichen Fällen die besondere Kriegssituation an, unter der die verfolgten Taten gewissermaßen anders zu beurteilen seien. Vergeltung für die als verbrecherisch betrachteten, alliierten Bombenangriffe auf deutsche Städte und zivile Ziele finden sich zwar eher selten direkt in der Argumentation der Beschuldigten (eher hingegen noch in den Plädoyers britischer Verteidiger)[628], aber unterschwellig schwang dies oft mit. Die generelle Brandmarkung alliierter Luftwaffenangehöriger als „Terrorflieger" muss bei der Einschätzung der Rechtfertigungsgründe deutscher Angeklagter für Kriegsverbrechen an alliierten Fliegern als Hintergrund stets mitgedacht werden. Als Drittes griff

---

627 Einzige Ausnahme ist der Prozess gegen Kindervater und Drenckberg und hier auch nur in Bezug auf einen der Anklagepunkte. Beiden Angeklagten wurde sowohl die Misshandlung von vermutlich britischen Piloten als auch von polnischen Zwangsarbeitern vorgeworfen. Der Anklage gelang es nicht, direkte Zeugen oder andere Beweise für einen Vorfall mit britischen Piloten, in den die Angeklagten involviert gewesen wären, vorzulegen. In den Schlussplädoyers gingen die beiden Verteidiger folglich davon aus, dass es wahrscheinlich gar keinen solchen Vorfall gegeben hatte.

628 Bestes Beispiel hierfür ist die Verteidigung von Major Stone im *Essen Lynching Case*. Stone, der alle sechs Angeklagten vertrat, verwies wiederholt auf die Stimmungslage insbesondere in deutschen Städten, die von alliierten Luftangriffen schwer betroffen und zerstört waren. Hass gegen alliierte Luftwaffenangehörige bezeichnete er vor diesem Hintergrund als verständliche emotionale Reaktion.

die Verteidigung fast durchgängig in allen Prozessen die Beweiskraft und Glaubwürdigkeit der von der Staatsanwaltschaft vorgelegten Beweise an. Insbesondere auf die vermeintlich geringe Aussagekraft oder Verlässlichkeit von Affidavits wiesen die Verteidiger immer wieder kritisch hin.[629]

Obwohl die Beweisvorlageregeln des *Royal Warrant*, die im Extremfall sogar Hörensagen zuließen, nie direkt in Zweifel gestellt wurden, zeigten insbesondere britische Offiziere in ihrer Verteidigung erhebliches Befremden über das tatsächlich zulässige Maß von verschiedensten Beweismitteln. Aussagen, die nicht freiwillig oder unter Annahme falscher Voraussetzungen zustande gekommen waren, so zeigte sich in den Verhandlungen, konnten von der Verteidigung nicht allein mit dem Hinweis auf ihren dunklen, fragwürdigen Entstehungshintergrund ausgeschlossen werden. Hörensagen und Dokumente ungeklärter Herkunft wurden nicht nur in Einzelfällen zugelassen. Die Art und Weise, wie vehement die britischen Verteidiger auf diese gelockerten Beweisvorlagereglungen immer wieder hinwiesen und den Wert dieser Beweismittel bezweifelten, wirft ein Schlaglicht auf die berufliche Sozialisierung der britische Wahl-Pflicht-Verteidiger; sie lag in der britischen Zivilgerichtsbarkeit, die eben solche Beweisregeln nicht kannte und bis heute nicht kennt.

Kontrovers diskutiert zwischen Anklage und Verteidigung und oftmals auch zwischen den das Gericht in juristischen Fragen beratenden *Judge Advocates* und *Legal Members* wurden zahlreiche Verfahrensregeln an sich. Beispielsweise die zulässigen Fragen im Kreuzverhör, der vorgeschriebene Ablauf der Verhandlungen oder die anzuwendenden Bestimmungen des MML.

Erfolge einzelner Verteidiger zeigten sich immer dann, wenn ein Urteil im Strafmaß auffällig positiv für den eigenen Mandanten im Vergleich zu anderen, ähnlich gelagerten Fällen ausfiel oder wenn trotz schwerster Vorwürfe ein Freispruch erzielt werden konnte. Ein Beispiel, der als Erfolg eingestuft werden kann, ist die Verteidigung von Rolf Brinkmann durch Captain F. H. G. H. Goodhart. Mit großem rhetorischem Geschick gelang es Goodhart, die Tötung eines alliierten Fliegers durch seinen Mandanten so zu kontextualisieren und die sich widersprechenden Versionen ein und desselben Geschehens so zu präsentieren, dass das Gericht zumindest am Vorsatz von Brinkmann Zweifel hegte. Dabei hatte Brinkmann die eigenhändige Erschießung eines alliierten Piloten vor Gericht sogar selbst einge-

---

629 Bestes Beispiel dafür ist der *Dreierwalde Case* gegen Karl Amberger, dessen Anklage sich im Kern auf eine als Affidavit vorliegende Aussage eines australischen Soldaten stützte.

standen und auch das ansonsten gängige Entlastungsargument, andere Beteiligte als mögliche Täter anzuführen, griff im Fall Brinkmanns nicht, da unbestritten von allen Parteien niemand sonst an dem Verbrechen beteiligt oder auch nur zugegen gewesen war. Umso stärker sticht es heraus, dass der Angeklagte zwar eine lebenslange Haftstrafe erhielt, aber nicht zum Tode verurteilt wurde. Da 1952 einem der zahlreichen Gnadengesuche Brinkmanns schließlich entsprochen wurde, saß dieser letztendlich auch nur einen Bruchteil seiner eigentlichen Strafe ab. Der persönliche Einsatz von Goodhart während der Prozessverhandlungen ist dabei der im Vergleich zu anderen, ähnlich gelagerten Prozessen erkennbare Unterschied.

Aufschlussreich sind auch die beiden Prozesse, in denen sich die jeweiligen Angeklagten schuldig bekannten. Sowohl Otto Nickel als auch Jakob Bürgin erhielten Haftstrafen von nur wenigen Monaten, ein Schuldbekenntnis führte somit nicht automatisch zu einer drastischen Strafe. Vielmehr zeigen diese beiden Prozesse, dass die Einsicht und die explizit formulierte Reue von den Gerichten eher positiv und Anklagen strafmildernd bewertet wurden.

Zusammenfassend ist festzuhalten: Verbrechen an alliierten Fliegern wurden vor britischen Militärgerichten konsequent angeklagt und tendenziell bei Schuldsprüchen entsprechend der Schwere und Grausamkeit der Verbrechen streng geahndet. Nichtsdestotrotz finden sich einige Beispiele, bei denen die Gerichte die vorgelegten Beweise für nicht ausreichend hielten, um die Angeklagten zu verurteilen, oder bei denen aus Sicht des Gerichts keine strafbare Schuld eines oder mehrerer Angeklagter festzustellen war. Insgesamt zeigt sich, dass eine geschickte und engagierte Verteidigung durchaus etwas zum Wohl des Mandanten ausrichten konnte. Die Fairness, die den Angeklagten dadurch garantiert wurde, geht wesentlich auf deren umfassende Rechte zurück. Nicht nur die formale Festschreibung der Rechte der Verteidigung, sondern insbesondere deren tatsächliche Umsetzung muss besonders betont werden – allen voran in Zweifelsfällen großzügig zugunsten des Angeklagten, zu entscheiden.

2.2.2. Prozesse wegen Verbrechen an Kriegsgefangenen (POW)

Neben den zahlreichen „Flieger-Prozessen", in denen britische Offiziere als Verteidiger auftraten, wurden auch drei Militärgerichtsverfahren wegen Verbrechen an Kriegsgefangenen geführt, die nicht zwingend Luftwaffenangehörige bzw. Flieger waren. Ein Prozess befasste sich mit der Versorgungslage und der Behandlung in einem Hospital für alliierte Kriegsgefangene, ein Verfahren untersuchte die Ausgabe von Paketen des Roten Kreuzes an Soldaten, die sich in deutscher Gefangenschaft befanden, und ein weiterer Prozess verhandelte die Zulässigkeit von Verhörmethoden in einem Kriegsgefangenenlager und Verhörzentrum der deutschen Luftwaffe, das allein der Informationsgewinnung diente. Diese drei Fälle werden im Folgenden näher betrachtet.

a.) „I was not aware that this statement would be used in court."[630] – Der *Dulag Luft Trial* gegen Erich Killinger und vier weitere Angeklagte

Die Misshandlung britischer Kriegsgefangener war Gegenstand eines Verfahrens, das vom 26. November bis 3. Dezember 1945 in Oberursel im Hochtaunus gegen die ehemaligen Offiziere der Luftwaffe Oberstleutnant Erich Walter Killinger,[631] Major Heinz Junge, Major Otto Böhringer, Leutnant Heinrich Eberhardt und Leutnant Gustav Bauer-Schlichtegroll geführt wurde. Alle Angeklagten waren während des Zweiten Weltkriegs Verhörspezialisten in einem Durchgangslager der Luftwaffe (kurz: „Dulag Luft") gewesen, das von 1939 bis 1945 als Verhör- und Durchgangslager für überwiegend britische und amerikanische Kriegsgefangene der jeweiligen Luftstreitkräfte diente. Das Lager lag am Ortsrand der Gemeinde Oberstedten (heute ein Stadtteil von Oberursel) und war mit rund 30 Offizieren

---

630 NA, WO 235/ 41A, Proceedings of the trial, Dritter Tag, Zeugenaussage von Erich Killinger, S. 3.

631 Erich Killinger (1893–1977) entstammte einer großbürgerlichen Familie und machte sein Abitur am renommierten King's College in London. 1913 trat er in die Kaiserliche Marine ein, geriet als Marineflieger im Ersten Weltkrieg in russische Kriegsgefangenschaft, wo er Misshandlungen und zahlreiche Verhöre über sich ergehen lassen musste; wiederholt wurde er zu Verhörzwecken mit Schein-Todesurteilen konfrontiert. Auf einem Gefangenentransport nach Sibirien gelang Killinger schließlich die Flucht und er schlug sich über China, Japan und die USA nach einem knappen Jahr zurück nach Deutschland durch. In der Zwischenkriegszeit für die deutsche Luftfahrtindustrie tätig, wurde er mit Ausbruch des Zweiten Weltkriegs reaktiviert. Die Informationen über seine Verwendung bis zum Dienstantritt in Oberursel sind widersprüchlich, vermutlich war er bereits mit geheimdienstlichen Aufgaben betraut gewesen. Maßgeblich für seine Amtsführung als Kommandant der Auswärtsstelle West dürften Killingers Erlebnisse in russischer Gefangenschaft gewesen sein. Vgl. Geck, Stefan, Dulag Luft, Auswertestelle West. Vernehmungslager der Luftwaffe für westalliierte Kriegsgefangene im Zweiten Weltkrieg, Frankfurt/M. 2008, S. 81–90.

besetzt.[632] Das Verhörzentrum bildete für die deutsche Luftwaffe die wichtigste Informationsquelle über die alliierten Luftstreitkräfte. Seit 1941 intern als „Auswertestelle West" (AWSW) bekannt, wurde das Lager ab 1943 auch offiziell so bezeichnet.[633] Oberstleutnant Killinger war von Ende 1941 bis zum Zusammenbruch des NS-Regimes Kommandant der AWSW. Major Junge als Leitender Vernehmungsoffizier war für die Verhöre verantwortlich und damit weisungsbefugt gegenüber den ebenfalls angeklagten Offizieren Major Böhringer (Leiter der Verwaltung), Leutnant Heinrich Eberhardt (betraut mit der Aufnahme der Kriegsgefangenen und Verbindungsmann zu den Stammlagern) und Leutnant Bauer-Schlightegroll, der zur Vernehmung der Gefangenen eingeteilt war.

---

632 NA, WO 235/ 41A; Proceedings of the trial, Eröffnungsplädoyer von Maj. Draper vom 26. November 1945, S. 5. Es existierte zudem bereits seit 1952 eine gedruckte Fassung der Prozessprotokolle in der *War Crimes Trials Series*, hrsg. von Cuddon, Eric, The Dulag Luft Trial. Trial of Erich Killinger, Heinz Junge, Otto Boehringer, Heinrich Eberhardt, Gustav Bauer-Schlichtegroll, London 1952. Dort finden sich auch einige Fotografien der Angeklagten sowie der fünf britischen Offiziere, die die Verteidigung übernahmen.

633 Die Planung, Entstehung und Umsetzung des „Dulag Luft" bzw. der „Auswärtsstelle West" ist umfassend aufgearbeitet in: Geck, Dulag Luft, Auswertestelle West. Geck bietet auch eine zusammenfassende Bewertung des Prozesses gegen Killinger, Junge und drei weitere Mitglieder des Verhörzentrums. Die Vorwürfe von Misshandlungen durch überhitzte Zellen beurteilt Geck aufgrund der vorhandenen Quellen als erwiesene Tatsachen. Mitwisser oder Komplizen konnten im Prozess allerdings nicht zweifelsfrei belegt werden. Dass die Anklage, im „Dulag Luft" sei ein System gezielter und andauernder Misshandlung etabliert gewesen, weshalb alle Angeklagten gleichermaßen schuldig seien, mit zwei Freisprüchen vom Gericht nicht bestätigt wurde, deckt sich mit den Untersuchungen Gecks, der dem Vorhörzentrum im Großen und Ganzen ein den Regeln der Genfer Konvention entsprechendes Funktionieren attestiert. Die Verantwortung des Kommandanten und des Verhörleiters für Missstände, die dennoch in Einzelfällen auftraten, ist davon unberührt und die Nachlässigkeit, ja schon Fahrlässigkeit, bei der Beseitigung dieser Missstände ist Killinger wie auch Junge anzulasten.
Eine knappe Zusammenfassung der Geschichte des „Dulag Luft" bietet auch Kopp, Manfred, Flieger ohne Flügel. Durchgangslager (Luft) und Auswärtsstelle (West) 1939–1945, in: Jahrbuch Hochtaunuskreis, 17 (2009), S. 254–269. Kopps Interpretation des Prozesses gegen Killinger, Jung und drei weitere Mitglieder des Lagers als „Siegerjustiz" verkennt allerdings die vor Gericht zutage getretenen Verstöße gegen die Genfer Konvention bei der Behandlung von Kriegsgefangenen – auch wenn das bei Weitem nicht die Mehrheit der dort Inhaftierten und Befragten betraf – und gewichtet das verständliche Interesse der Briten an der Aufklärung von Verbrechen gegen die eigenen Soldaten über Gebühr stark. (Ebenda, insb. S. 268.)

Verteidigt wurden alle fünf Angeklagten von britischen Offizieren. Verteidiger für Killinger war Captain W. Ure vom *11ᵗʰ Battalion Royal Scosts Fusiliers*. Captain H. C. Ogden (*Light Anti-Aircraft Regiment* der *Royal Artillery*) vertrat Junge, während für Böhringer Major C. J. Rickard vom *107. Medium Regiment* der *Royal Artillery* als Verteidiger auftrat. Eberhardt wurde von Captain P. H. Cook (*2ⁿᵈ Battalion Grenadier Guards*) verteidigt, Bauer-Schlichtegroll von Major L. P. Wallen (*133. Field Regiment Royal Artillery*).

Die Anklage, vertreten durch Major G. T. D. Draper von der *Irish Guard* und Mitglied des *Major Legal Staff* im BAOR-Hauptquartier, erhob in seinem Eröffnungsplädoyer insgesamt fünf Vorwürfe: Erstens seien kriegsgefangene Angehörige der *Royal Air Force* bei Verhören in einen engen Raum eingesperrt worden, in dem die Temperaturen künstlich sehr stark angehoben werden konnten. Zwischen einer und zehn Stunden seien die Kriegsgefangenen extremen Temperaturen ausgesetzt worden – eine Foltermethode, die an den Gefangenen allerdings nur einmalig vollzogen worden sei. Von mutmaßlich 13 bekannten Vorfällen wurden im *Dulag Luft Trial* letztlich elf angeklagt. Zehn der Vorfälle waren mutmaßlich im Sommer 1943 geschehen, ein weiterer im Sommer 1944. Zweitens, so Draper, sei den Kriegsgefangenen systematisch angedroht worden, sie an die Gestapo zu übergeben, um sie als Saboteure hinrichten zu lassen, sofern sie keine zufriedenstellenden Auskünfte gaben. Neben dieser psychischen Tortur warf Draper den Angeklagten drittens „refusal, in some cases, of medical attention when it was necessary"[634] vor. Viele der Kriegsgefangene hätten infolge von Kampfhandlungen oder Flugzeugabstürzen medizinischer Versorgung bedurft, die ihnen aber bewusst vorenthalten worden sei. Als vierten Anklagepunkt führte Draper an, dass über einige Gefangene eine sehr lang andauernde Einzelhaft verhängt worden sei. Fünftens schließlich habe es in einigen wenigen Fällen auch Schläge („blows"[635]) gegeben. Die Anklagepunkte wegen überlanger Einzelhaft und angedrohter Erschießung durch die Gestapo zog der Ankläger Draper allerdings nach einer Beratung mit einem der Verteidiger aus nicht näher bekannten Gründen wieder zurück.[636]

---

634 NA, WO 235/ 41A, Proceedings of the trial, Eröffnungsplädoyer von Maj. Draper, S. 7.

635 Ebenda, Charge sheet, S. 2.

636 Siehe: Law Reports, Vol. III, S. 67. Alle fünf Verteidiger waren sehr darauf bedacht, die Verfahrensregeln zugunsten ihrer Mandanten auszulegen und das Gericht im Zweifel immer auf ihre Einschätzung nach unzulässigen Beweismittel oder Ähnliches hinzuweisen.

Aus Sicht der Anklage hatten die fünf Beschuldigten alle Taten gemeinschaftlich verübt. Die Angeklagten waren nach dieser Interpretation „together concerned as parties to the ill-treatment of British Prisoners of War".[637] Major Draper fasste seine Strategie, den Angeklagten ein gemeinschaftliches Verbrechen nachzuweisen, wie folgt zusammen:

> [T]hese methods were used for the purpose of obtaining operational information from the prisoners of war in the Luft, and that the information required was beyond that which a prisoner is allowed to give under the Geneva Convention of 1929, to which both Great Britain and Germany were signatories, and that it was information which a prisoner of war was entitled to refuse to give under that same Convention.[638]

Die Verteidigung hielt dem entgegen, dass unter den Bestimmungen der Genfer Konvention Verhöre von Kriegsgefangenen an sich nicht illegal gewesen seien, auch dann nicht, wenn Informationen durch eine List erlangt wurden. Unter der besagten Konvention sei es auch legitim gewesen, verwundete Soldaten zu befragen, solange diese daraus keine Schäden davontrugen, die körperlichen oder geistigen Misshandlungen gleichkamen.[639]

Bezugnehmend auf Regulation 8 (ii) des *Royal Warrant*,[640] der die Anklage von Gruppenverbrechen bzw. die Zulässigkeit von daraus folgenden *prima facie*-Beweisen regelte, sowie auf die Formulierung einer gemeinschaftlichen Anklage fragte der *Legal Member* des Prozesses bei Major Draper allerdings nach, inwieweit er seinen Fall als *prima facie*-Fall verstanden wissen wollte.[641] Relevant wurde diese Frage vor allem deshalb, weil Anklage und Verteidigung übereinstimmend davon ausgingen, dass der Befehl, die Gefangenen in überhitzten Zellen unter Druck zu setzen, nicht von Kommandant Killinger gekommen war, sondern diese Praktiken ohne sein Wis-

---

637 NA, WO 235/ 41A, Proceedings of the trial, Eröffnungsplädoyer von Maj. Draper, S. 7.

638 Ebenda, Proceedings of the trial, Eröffnungsplädoyer von Maj. Draper, S. 7.

639 Law Reports, Vol. III, S. 68.

640 Vgl. NA, WO 311/ 8, Royal Warrant, Regulation 8, S. 4: „Where there is evidence that a war crime has been the result of concerted action upon the part of a unit or a group of men, then evidence given upon any charge relating to that crime against any member of such unit or group may be received as prima facie evidence of the responsibility of each member of that unit or group for that crime. In such case all or any members of any such unit or group may be charged and tried jointly in respect of any such war crime and no application by any of them to be tried separately shall be allowed by the court."

641 Law Reports, Vol. III, S. 68

sen stattfanden und er, als er schließlich davon Kenntnis erhielt, sie sofort untersagte.

Auch der Ankläger sah davon ab, die *command responsibility* von Killinger in diesem Fall extrem weit auszulegen. Ohne Beteiligung am Tatgeschehen[642] oder zumindest den Nachweis einer grob fahrlässigen Vernachlässigung seiner Aufsichtspflichten könne Killinger nicht für Verbrechen, die seine Untergebenen ohne sein Wissen begangen hatten, haftbar gemacht werden.[643]

Der Yamashita-Standard[644], abgeleitet aus einem amerikanischen Tribunal gegen einen japanischen General, wurde in britischen Militärgerichtsprozessen damit nur eingeschränkt oder bei äußerst schwerwiegenden Verletzungen der Vorgesetztenverantwortlichkeit entsprechend angewendet. So wurde im *Essen Lynching Case* ein deutscher Soldat zu fünf Jahren Haft verurteilt, weil er nicht verhindert hatte, dass alliierte Kriegsgefangene in seiner Obhut von Zivilisten gelyncht worden waren.[645] Im ersten Bergen-Belsen-Prozess nahm das Gericht sogar an, dass eine gemeinschaftliche Haftung für Kriegsverbrechen nur dann gegen einen Angeklagten zur Anwendung kommen könne, wenn diesem zuerst die wissentliche Beteiligung an einer Tat nachgewiesen werden konnte.[646] Die Verteidigung berief sich auf diese engere Auslegung, die das Gericht auch in dem Prozess der Offiziere des „Dulag Luft" gebilligt hatte, und merkte in Bezug auf die Haft in überhitzten Zellen an: „[T]here had been no suggestion by the Prosecution, and no evidence, that there was a plan, a method of treatment, and that it

---

642 Mit Verweis auf das normale englische Strafrecht wurden die Formulierungen „aider and abettor" verwendet.

643 Die Auswärtsstelle West befand sich vor allem unter der Leitung Erich Killingers in einem ständigen Spannungsverhältnis zur Gestapo und dem Sicherheitsdienst der SS, die eine strengere Handhabung der Kriegsgefangenen durchsetzen wollten. Gestapo und SD warfen Killinger wiederholt vor, zu nachsichtig mit den Gefangenen umzugehen (er erlaube ihnen etwa Gottesdienste zu besuchen, Tagesausflüge zu machen und in örtlichen Gaststätten zu essen). Zur Ablösung Killingers als Kommandant kam es allerdings auch dann nicht, als Hermann Göring ein Sondergericht einleitete, in dem Killinger mangelhafte Führung seiner Offiziere, Kompetenzüberschreitung und eine zu gute Behandlung der Häftlinge vorgeworfen wurde. Vgl. Geck, Dulag Luft, Auswertestelle West, S. 99-155, insb. S. 111.

644 Zur Entstehung der Strafbarkeit bei der Verletzung der *command responsibility*, auch bekannt als Yamashita-Standard, vgl. Kap. III.1.1.

645 Zum *Essen Lynching Case* siehe Kap. III.2.2.1.a).

646 Vgl. auch die Einschätzung in: Law Reports, Vol. III, S. 69.

was the usual habit or custom of Dulag Luft, as a unit, to perpetrate this treatment."[647]

Als Entlastungsargument für Bauer-Schlightegroll führte Wallen an, es sei gewiss nicht Aufgabe der britischen Militärgerichtsprozesse unter dem *Royal Warrant*, kleinere Irregularitäten zu bestrafen; verfolgt und geahndet werden müssten vielmehr die wahren Kriegsverbrecher. Bauer-Schlightegroll sei folglich trotz einzelner nachweislicher Vergehen freizusprechen.[648] Als Teil seiner Verteidigungsstrategie versuchte Wallen zudem, seinen Mandanten von dem in der Presse gestreuten Bild verurteilter, hochrangiger Kriegsverbrecher in anderen alliierten Militärgerichtsprozessen abzugrenzen. Die Gerichtsmitglieder sollten so für die Gefahr einer möglichen, medial induzierten Vorverurteilung seiner Mandanten sensibilisiert werden. Zur Veranschaulichung zitierte Wallen aus einer nicht genau benannten, wohl aber bekannten britischen Tageszeitung, die im Vorfeld des Verfahrens berichtet hatte:

At the third of the big war crimes trial due to begin in the Ruhr in a few weeks, five members of the German Intelligence Service will be accused of torturing RAF pilots by turning on the heat in their cells until they dropped unconscious. It is believed that several airmen were killed by this torture.[649]

Wallen wandte sich vehement gegen die implizierte Behauptung des Artikels, dass es sich bei der im *Dulag Luft Trial* angeklagten Tat um eine gängige, häufig praktizierte Folterpraxis gehandelt habe und damit um ein systematisch geplantes und durchgeführtes Verbrechen. Nicht minder echauffierte ihn die Aussage, dass es aufgrund der Überhitzung der Zellen, in denen die Kriegsgefangenen eingeschlossen waren, zu Todesfällen gekommen sei. Zu Recht hielt Wallen dem entgegen, dass die in der Presse unterstellten Verbrechen entweder gar nicht erst angeklagt wurden (dass Gefangene an der Überhitzung der Zellen gestorben seien, war in der Tat nicht Teil der Anklageschrift) oder dass die Anklage ihre Vorwürfe eben nicht beweisen konnte. Umso eindringlicher warnte er das Gericht davor, sich in der eigenen Urteilsfindung von der aus seiner Sicht unfairen öffentlichen

---

647 Ebenda, Vol. III, S. 69.
648 NA, WO 235/ 41A, Proceedings of the trial, Siebter Tag, Schlussplädoyer von Maj. Wallen, S. 14: „I am sure that the Court will agree with me when I say that this Court was not convened to punish minor irregularities or infringements of international conventions such as have occurred in every country during six and a half years of the most disastrous war that history has ever known."
649 Ebenda.

Berichterstattung leiten zu lassen. Die von der Anklage vor Gericht präsentierten Beweise, so suggerierte Wallen, erlaubten es nicht einmal, von einem Kriegsverbrechen zu sprechen.[650]

Während des Verfahrens diskutierten die Verteidiger und der Ankläger mit dem Gericht ausführlich über das anzuwendende Verfahrensrecht bzw. dessen Auslegung.[651] Insbesondere die Gewichtung und Zulässigkeit von Beweismitteln stand infrage. So versuchte die Verteidigung die Glaubwürdigkeit von Affidavits oder anderen schriftlichen Aussagen mit dem Hinweis herabzusetzen, dass vor britischen Militärgerichten nicht hinreichend differenziert werde, ob diese freiwillig oder unfreiwillig zustanden gekommen waren. Der Gerichtspräsident merkte in dem Verfahren gegen Killinger, Junge, Böhringer, Eberhardt und Bauer-Schlightegroll zu dem Einwand der Verteidigung an, dass ein grundsätzlich verfügbarer Anklagezeuge vor Gericht erscheinen und sich deren Fragen der Verteidigung stellen müsse: „[W]e realise that this affidavit business does not carry the weight of a man himself here, as evidence, and when it is read we will hear what objections you have got to anything that the affidavits says, and we will give that, as a Court, due weight."[652]

Auch in dieser Frage stand der erste Bergen-Belsen-Prozess Pate für die später von britischen Militärgerichten angewandte Praxis. In diesem Prozess hatten sich die Angeklagten Antoni Aurdzieg und Irma Grese darauf berufen, dass ihre jeweiligen Geständnisse nicht freiwillig, sondern nur auf Druck zustande gekommen wären. Der Ankläger im Bergen-Belsen-Prozess hatte in beiden Fällen entgegnet, dass es unter den Regeln der Militärge-

---

650 Vgl. ebenda: „I am quite sure that I do not have to remind the Court of the world-wide disgrace attendant on a conviction of a war criminal. The term 'war criminal' conjures up thoughts of torture, murder and depravity of a type which shocked the whole of humanity."

651 So wurde nach Diskussion mit dem Gericht die Aussage eines Verteidigers unter Eid zugelassen, der anstelle nicht zur Verfügung stehender Zeugen darüber berichtete, wie er in den Besitz von Beweismitteln gekommen war. Einem Zeugen wurde – entgegen der Praxis in anderen britischen Militärgerichtsprozessen – erlaubt, während seiner Aussage Notizen zu verwenden. Im *Essen-West Case* befand es der *Judge Advocate* des Verfahrens für unüblich, dass Zeugen bei ihrer Aussage Notizen zu Hilfe nahmen und empfahl dem Gericht, dies nur in speziellen Ausnahmefällen zuzulassen (ebenda, Vol. III, S. 74). Außerdem gestattete das Gericht, auf die sonst vorgeschriebenen Übersetzungen mündlicher und schriftlicher Aussagen während der Verhandlung zu verzichten, da alle Angeklagten schon aufgrund ihrer Tätigkeit im Verhörzentrum des Englischen mächtig waren. Vgl. ebenda, Vol. III, S. 74–75.

652 Zitiert nach: ebenda, Vol. III, S. 71.

richtsbarkeit für die Anklage nicht notwendig sei, die Freiwilligkeit gemachter Aussagen zu beweisen.[653] Im Hinblick auf die Praxis solch gelockerter Beweisvorlageregeln unter dem *Royal Warrant* findet sich eine erklärende Einschätzung in den Prozessbetrachtungen der UNWCC. Nach dieser Interpretation lag der Zulassung von Beweisstücken ungeklärter Herkunft keine Benachteiligung der Angeklagten zugrunde, sondern die Absicht, ausschweifende und der Wahrheitsfindung mutmaßlich kaum förderliche Debatten über gestattete oder nicht gestattete Beweismittel von vornherein zu unterbinden.[654] Eine Konsequenz dieser ambivalenten Politik war es, dass es für die Verteidigung quasi unmöglich wurde, eine Aussage ausschließen zu lassen, weil sie unter Druck, Bedrängnis oder unter Annahme falscher Voraussetzungen gemacht worden war. Das galt gerade auch für den *Dulag Luft Trial*.[655]

Die Urteile, die vom Gericht schließlich gefällt wurden, können aus dem Prozessverlauf und den vorgebrachten Argumenten des Anklägers und der Verteidiger nur bedingt nachvollzogen werden. Erich Killinger, Heinz Junge und Heinrich Eberhard wurden für schuldig befunden und zu unterschiedlich langen Haftstrafen verurteilt: Der ehemalige Kommandant und sein Stellvertreter zu jeweils fünf Jahren, Eberhardt zu drei Jahren. Otto Böhringer und Gustav Bauer-Schlightegroll wurden hingegen von allen Anklagevorwürfen freigesprochen.

Nach dem Ende des Verfahrens rief der *Dulag Luft Trial* eine Kontroverse innerhalb verschiedener britischer Militärbehörden hervor, die zu sehr unterschiedlichen Einschätzungen des Urteils kamen, vor allem was den (ausreichenden) Nachweis eines verbrecherischen Systems anging. Auslöser der Kontroverse war eine persönliche Freundschaft: Sholto Douglas ordnete als Militärgouverneur der britischen Besatzungszone im Frühjahr 1947 die Überprüfung der Urteile an – auf die persönliche Bitte eines langjährigen Kameraden, der kurz vor Kriegsende selbst für einige Zeit im „Dulag Luft" inhaftiert gewesen war und die Verurteilung von Killinger und Junge nicht

---

653 Vgl. ebenda, Vol. III, S. 69.

654 Vl. ebenda, Vol. III, S. 72: „The Royal Warrant was drawn up with the deliberate intention of avoiding legal arguments as to whether evidence is admissible or not."

655 Vgl. „The result seems to be that the Defence cannot prevent a statement from being put in as evidence by denying its voluntary nature, but is free to attack the weight to be placed on it. In practice, therefore, the Court will always ascertain whether or not a statement is made voluntarily in order to assess its evidential value." (Ebenda, Vol. III, S. 72.)

kommentarlos hinnehmen wollte.[656] Beauftragt mit der Prüfung des Prozesses wurde Major-General L. M. Inglis, der aufgrund der Prozessunterlagen zu dem Urteil kam, dass die angeklagten Vorfälle zwar „no doubt naughty of the nasty Germans"[657] gewesen wären, die vorgelegten Beweise aber zu schwach seien, um eine systematische Misshandlung der Gefangenen zu beweisen. Eher dränge sich Inglis der gegenteilige Eindruck auf: „[It] appears to me not only weak evidence of a ‚system' but evidence that there was not a ‚system'".[658] Diese Einschätzung führte Inglis zu der Schlussfolgerung, dass „neither KILLINGER nor JUNGE should habe been convicted."[659] Konfrontiert mit der Ablehnung des Urteilsspruchs durch Ingelis wandte sich Douglas am 13. Februar 1947 an Lieutenant General Richard McCreery, *General Officer Commanding-in-Chief* der BAOR in Deutschland, und trug ihm die Bitte vor, dass der Prozess einschließlich der Einschätzung von Inglis nochmals auf den Prüfstand gestellt werden sollte.[660]

Dies geschah durch den DJAG Edward Russell of Liverpool, der indes zu einer völlig anderen Beurteilung wie Inglis kam und sich am 16. Februar 1947 der Meinung seines Vorgängers im Amt, Scott-Barrett, anschloss. Dieser hatte in seiner Empfehlung an den *Confirming Officer* unmittelbar nach Prozessende zur Bestätigung des Schuldspruchs gegen Killinger und Junge geraten. Liverpool ging davon aus, dass es der Anklage sehr wohl gelungen war, ein System zur Misshandlung von Kriegsgefangenen nachzuweisen und deswegen sowohl Killinger wie auch Junge ihrer Schuld und Verantwortung nicht entfliehen könnten.[661] Die Unterlagen gingen daraufhin

---

656 NA, WO 235/ 102A-B, Schreiben von Marshal of the RAF Sholto Douglas an Lt. General Richard McCreery vom 13. Februar 1947.

657 Ebenda, Schreiben von Major-General L. M. Inglis vom 8. Februar 1947, S. 1.

658 Ebenda, Schreiben von Major-General L. M. Inglis vom 8. Februar 1947, S. 1.

659 Ebenda, Schreiben von Major-General L. M. Inglis vom 8. Februar 1947, S. 2.

660 Ebenda, Schreiben von Marshal of the RAF Sholto Douglas an Lt. General Richard McCreery vom 13. Februar 1947.

661 „In my opinion the evidence must be looked at as a whole: if it is, I am of opinion that it was abundantly proved that there was an organized system in force at DULAG LUFT to bring pressure on RAF officers in custody there to give information which they were within their rights in refusing, and that part of system was 'turning on the heat', literally and metaphorically. Once the system was proved, the commandant KILLINGER and the head of the interrogation staff JUNGE cannot escape responsibility and the only question is; do their degrees of responsibility justify sentences of five years imprisonment. In my opinion they do". (Ebenda, Schreiben von DJAG Russel of Liverpool vom 16. Februar 1947.)

auch noch an das Hauptquartier des JAG in London, wo die Einschätzung Liverpools bestärkt wurde, allerdings mit dem Hinweis, dass die Frage, ob die volle Länge der jeweiligen Haftstrafen verbüßt werden sollten, allein im Ermessen des zuständigen *Confirming Officer* liege. Im November 1948 erfolgte schließlich eine Strafreduzierung um je zwei Jahre für Killinger und Junge. Die von den britischen Verteidigern vor Gericht verfolgte Strategie, ein organisiertes System zur Misshandlung von Kriegsgefangenen im „Dulag Luft" abzustreiten, scheint demnach – wiewohl mit erheblicher zeitlicher Verzögerung und auch nicht unwidersprochen – letztlich doch noch zugunsten der Verurteilten gewirkt zu haben.

b) „No one complained to me…"[662] – Das Verfahren gegen Helmuth Jung

Ebenfalls mit der Misshandlung von Kriegsgefangenen befasste sich ein Verfahren gegen den Arzt Helmuth Jung. Bis 1942 war Jung in Russland als Militärarzt stationiert gewesen, eher er als Stellvertreter des leitenden Standortarztes im Kriegsgefangenenhospital im Kloster Haina amtierte, einem Hospital für verwundete und erkrankte alliierte Soldaten. Ab dem 21. Juni 1943 übernahm er die Leitung des Hospitals.[663] Ihm wurde aber nicht, wie in vielen anderen Prozessen, die Misshandlung von Kriegsgefangenen in Form körperlicher oder seelischer Grausamkeiten oder gar Folter vorgeworfen, sondern die falsche und fahrlässige Behandlung verwundeter britischer Kriegsgefangenen.[664]

Die Beweise der Anklage gegen Jung stützen sich auf drei Affidavits und zwei Zeugenaussagen vor Gericht. Sie stammten allesamt von ehemaligen Kriegsgefangenen, die entweder als Patienten oder als Ärzte im Hospital gewesen waren. Die Zeugen der Anklage bemängelten im Einzelnen die medizinische Versorgung und ärztlichen Entscheidungen durch den Angeklagten. Insbesondere wurde Jung vorgeworfen, er habe Patienten zu früh entlassen, willkürliche Kollektivstrafen verhängt, wenn Fluchtversuche vorkamen, und darüber hinaus den Zugang zu Hilfspaketen des Roten Kreuzes nicht gewährleistet. So hätten etwa Prothesen für die Versehrten gefehlt, wobei entsprechende Beschwerden über die Zustände keine erkennbaren Auswirkungen auf Jungs Verhalten zur Folge gehabt hätten.[665] Der

---

662 NA, WO 235/ 33, Proceedings of the trial, Aussage von Helmuth Jung, S. 77.
663 Vgl. ebenda, Proceedings of the trial, Aussage von Helmuth Jung, S. 51.
664 Ebenda, Charge Sheet, S. 2.
665 Vgl. ebenda, Proceedings of the trial, Aussagen der Zeugen der Anklage, S. 1–51.

Verteidiger Jungs war Major J. R. Phillips (*Royal Artillery, 51. HMA Regiment*), im Zivilberuf *Barrister-at-Law*. Jung sagte selbst unter Eid aus, des Weiteren sechs Zeugen der Verteidigung, darunter der ehemalige Vorgesetzte Jungs im Kloster Haina, Angehörige des dortigen medizinischen Personals sowie Jungs Ehefrau.[666] Der Anklage gelang es im Lauf des Verfahrens nur bedingt, die Verantwortung für Missstände als direkte Folge persönlicher Entscheidungen oder Handlungen des Angeklagten zu beweisen. Captain Phillips griff im Kreuzverhör der Anklagezeugen diese Unklarheiten bei Zuständigkeiten und Informationen, die nur auf Hörensagen beruhten, gezielt auf. Im Verbund mit den Zeugen der Verteidigung entstand so für das Gericht ein differenziertes Bild von den realen Handlungsspielräumen der Beteiligten, insbesondere von Jung selbst.

Phillips fasste alle Argumente, die seinen Mandanten entlasteten und Zweifel an den Vorwürfen der Staatsanwaltschaft aufkommen ließen, zusammen. Die von der Anklage eingebrachten Affidavits waren nach Ansicht des Verteidigers nur von geringem Gewicht, da viele der dort gemachten Angaben lediglich auf Hörensagen basierten. Die Vorwürfe der Anklage, die sich auf die Zeugen vor Gericht stützten, wären durch die Kreuzverhöre und die von der Verteidigung vorgelegten Beweise stark in Zweifel gezogen worden. Ferner seien bezeichnenderweise nie persönliche Klagen über den Angeklagten beim zuständigen Chefarzt oder bei der Schweizer Vertretung des Roten Kreuzes eingegangen. Alle Handlungen von Jung, so Phillips, hätten zudem im Einklang mit der Genfer Konvention, der Haager Landkriegsordnung und dem britischen MML gestanden.[667] Der Ankläger Captain A. Vollmar vertrat in seinem anschließenden Schlussplädoyer hingegen die genau gegenteilige Auffassung und versuchte die Plausibilität der Anklagepunkte zu belegen.[668]

Zwar standen in diesem Prozess nicht Aussage gegen Aussage der Anklage- und Verteidigungszeugen, allerdings machten die Befragten, je nach Standpunkt, unterschiedliche Personen für die zweifellos vorhandenen Missstände im Kloster Haina verantwortlich. Jung konnte indes anhand von amtlicher Korrespondenz schlüssig belegen, dass er sich in wiederholten Fällen aktiv um die Beseitigung ebendieser Mängel bemüht hatte. Es überrascht daher nicht, dass ihn das Gericht freisprach.

---

666 Vgl. ebenda, Proceedings of the trial, Aussagen der Zeugen der Verteidigung, S. 51–98.

667 Ebenda, Proceedings of the trial, Schlussplädoyer von Capt. Phillips, S. 100.

668 Ebenda, Proceedings of the trial, Schlussplädoyer von Capt. Vollmar, S. 51–98.

c) „I made no gain at all out of the matter"[669]; „I had no time. I was very busy."[670] – Das Verfahren gegen Gustav Klever

Gegenstand des Verfahrens gegen den ehemaligen, in Cuxhaven stationierten Oberleutnant der deutschen Marine Gustav Klever war ebenfalls die Misshandlung alliierter Kriegsgefangener. Konkret warf die Staatsanwaltschaft Klever vor, Pakete des Roten Kreuzes, die für die gefangenen Soldaten bestimmt waren, abgefangen und nicht entsprechend weitergeleitet zu haben.[671] Klever, der bereits im Ersten Weltkrieg in der Marine gedient hatte, war zum Zeitpunkt des Prozesses 45 Jahre alt und ein von Vorgesetzten und Untergebenen allseits geschätzter Offizier der deutschen Marineverwaltung.[672]

Der Vorfall, für den Klever angeklagt war, wurde von allen Beteiligten – Ankläger und Verteidiger, Zeugen der Anklage sowie vom Angeklagten selbst – nie bestritten. Die im Verfahren erörterte Frage war daher allein, auf wessen Befehl und damit unter wessen Verantwortung Lebensmittelpakete des Roten Kreuzes an deutsche Flüchtlinge aus dem Osten und nicht an alliierte Kriegsgefangene verteilt worden waren. Verteidigt wurde der Angeklagte von dem britischen Offizier Captain B. Marmorstein (*Pioneer Corps*), der sich vor Gericht sehr aktiv für einen Freispruch bzw. nach der Urteilsverkündung für Strafmilderung seines Mandanten einsetzte.

Als Zeugen der Anklage sagten drei Personen aus, die in verschiedenen Funktionen in Lüdingworth, einem Stadtteil Cuxhavens, mit der Verteilung der fraglichen Rotkreuz-Pakete zu tun gehabt hatten und übereinstimmend Klever als den verantwortlichen Ansprechpartner nannten.[673]

---

669 NA, WO 235/ 25, Proceedings of the trial, Zeugenaussage von Gustav Klever, S. 10.

670 Ebenda, Proceedings of the trial, Zeugenaussage von Herbert Sorge, S. 12.

671 Vgl. ebenda.

672 Ebenda, Proceedings of the trial, Zeugenaussage Gustav Klever, S. 8.

673 Ebenda, Proceedings of the trial, Zeugenaussage von Hermann Romberg, Wilhelm Warnke und Paul Nickel, S. 1–3. Hermann Romberg war in der Stadthalle von Lüdingworth für die Verteilung von Lebensmitteln und anderer Güter an deutsche Flüchtlinge zuständig. Er bestätigte, von Klever Pakete des Roten Kreuzes bekommen zu haben, drei oder vier Wochen bevor britische Truppen Ludwigshafen erreichten. Wilhelm Warnke war ein Lehrer aus Ludwigshafen, der aussagte, amerikanische Rotkreuz-Pakete an deutsche Flüchtlinge ausgegeben zu haben. Paul Nickel war ein Landarbeiter, der bei Klever Pakete des Roten Kreuzes abgeholt und nach Ludwigsburg zur Verteilung gebracht hatte. Alle identifizieren Klever als den Verantwortlichen für die Verteilung der Pakete an deutsche Flüchtlinge.

Als letzter Zeuge der Anklage sagte Kapitän zur See Herbert Sorge, der ehemalige Vorgesetzte Klevers, aus. Auch er bestätigte, dass Klever mit ihm wegen der Verwendung von Paketen des Roten Kreuzes gesprochen hatte. Da auch er nicht wusste, für wen die Pakete eigentlich gedacht waren, habe er angeordnet, dass Klever bei der zuständigen deutschen Militärverwaltung in Hamburg telefonisch nachfragen solle. Von dort sei dann der Befehl ergangen, die Pakete ausschließlich an westliche Kriegsgefangene auszugeben.[674]

Sorge gab zudem an, von Klever die Meldung bekommen zu haben, dass die Pakete in sehr schlechtem Zustand angekommen waren. Viele der Lebensmittel seien bereits verdorben gewesen, weshalb die Kriegsgefangenen unter seinem Kommando sie nicht haben wollten. Im Kreuzverhör durch Marmorstein ergänzte Sorge seine Schilderung indes um wichtige Details: Demzufolge hatte Sorge Klever befohlen, übriggebliebene Rotkreuz-Pakete an deutsche Flüchtlinge auszugeben, wofür er die volle Verantwortung übernahm.[675] Klever hätte ihm berichtet, dass es wegen der chaotischen Kriegszustände nicht möglich sein würde, die Pakete nach Cuxhaven zu schaffen, um sie an westliche Kriegsgefangene auszugeben. Unter dem Kommando von Sorge wären aber nur russische Kriegsgefangene zu finden gewesen, weswegen Klever bei ihm nachgefragt hätte, ob es möglich sei, die Pakete an deutsche Soldaten zu verteilen. Diesen Vorschlag, so Sorge, hätte er nachdrücklich abgelehnt und stattdessen eine Verteilung an deutsche Flüchtlinge angeordnet.

Die Verteidigungsstrategie für Klever bestand in der Folge darin, die logistischen und hierarchischen Zwänge, unter denen Klever zu agieren gezwungen war, aufzuzeigen. Als einziger Zeuge der Verteidigung sagte Klever selbst unter Eid vor Gericht aus. Zu der Verteilung von Rotkreuz-Paketen an deutsche Flüchtlinge, so der Angeklagte, sei es nur deswegen gekommen, da es zum fraglichen Zeitpunkt keine andere Transportmöglichkeit gegeben habe. Auch habe er sich der Zustimmung seines vorgesetzten Offiziers versichert. Bei den meisten Paketen hätte er darüber hinaus dafür gesorgt, dass sie in das nächste Kriegsgefangenenlager mit westlichen Soldaten geliefert wurden. Es hätte aber aufgrund der Kriegssituation keine Möglichkeit gegeben, die Pakete, die auf dem ersten Transport keinen Platz mehr gefunden hatten, auch dorthin zu bringen. Nur vor diesem Hintergrund seien die restlichen in der Kommandantur verblieben-

---

674 Ebenda, Proceedings of the trial, Zeugenaussage von Herbert Sorge, S. 4–5.
675 Ebenda, Proceedings of the trial, Zeugenaussage von Herbert Sorge, S. 6: „I take responsibility for every order I gave."

den Pakete an deutsche Flüchtlinge verteilt worden. Dafür lag Klever zudem ein direkter Befehl von Kapitän Sorge vor, wie dieser in seiner Aussage explizit bestätigt hatte.[676]

Einzig den Vorwurf, die Pakete an deutsche Soldaten ausgegeben zu haben, bestritt der Angeklagte Klever vehement. Auch im Kreuzverhör blieb Klever bei seiner Schilderung. Der vor Gericht verhandelte Vorfall sei der einzige gewesen, in dem er überhaupt mit Paketen des Roten Kreuzes zu tun gehabt habe. Er hätte zwar nichts unternommen, um die restlichen 100 Pakete auch in das Kriegsgefangenenlager zu bringen, was aber der direkten Order Sorges, an deren Rechtmäßigkeit er nicht zweifelte, entsprochen habe.[677] Aus Hamburg sei die Anweisung gekommen, die Pakete nicht an russische Gefangene zu geben, weil Russland nicht Teil des Internationalen Roten Kreuzes war. Außerdem führte Klever an, dass er unter großem zeitlichen Druck gestanden habe, die Aufgabe nicht unter seine üblichen Pflichten fiel und ein schnelles Handeln notwendig gewesen wäre, weil die Pakete zunehmend aus dem Lager gestohlen wurden: „I had no time. I was very busy."[678]

Die Staatsanwaltschaft fasste ihre Sicht des Falls im Schlussplädoyer durch Major R. G. Hennell wie folgt zusammen: Gustav Klever habe die Ausgabe der Pakete an Flüchtlinge organisiert, sein Befehl habe anders gelautet, somit sei die erfolgte Verteilung unrechtmäßig gewesen („to deliver them to refugees was improper"[679]). Klever habe sich deswegen des angeklagten Verbrechens schuldig gemacht und im Prozess die Tat auch zugegeben.

Klevers Verteidiger Marmorstein präsentierte dem Gericht freilich eine gänzlich andere Perspektive. In seinem langen Schlussplädoyer hob er den von Sorge eingestandenen Befehl besonders hervor: „He authorised the improper distribution. Accused acted on these orders."[680] Klever sei als Untergebener lediglich dem Befehl seines Kommandanten nachgekommen.[681]

---

676 Ebenda, Proceedings of the trial, Zeugenaussage von Gustav Klever, S. 12.
677 Vgl. ebenda, Proceedings of the trial, Kreuzverhör von Gustav Klever, S. 12.
678 Ebenda, Proceedings of the trial, Kreuzverhör von Gustav Klever, S. 12.
679 Ebenda, Proceedings of the trial, Schlussplädoyer von Major Hennell, S. 13.
680 Ebenda, Proceedings of the trial, Schlussplädoyer von Capt. Marmorstein, S. 13.
681 Ebenda, Proceedings of the trial, Schlussplädoyer von Capt. Marmorstein, S. 13–14. Marmorstein stützte seine Argumentation einerseits auf die untergeordnete Verantwortlichkeit seines Mandanten aufgrund von *superior orders* und zeigte zudem Parallelen des verhandelten Vorfalls zum englischen *common law* auf, welches in einer Notsituation keine so hohen Standards an die Sorgfalt von Entscheidungsträgern anlegte bzw. diesen größere Spielräume einräumte.

Außerdem müssten die schwierigen Rahmenbedingungen kurz vor Kriegs-ende stärker Berücksichtigung finden: „Germany was facing total defeat. Conditions were chaotic."[682] Die Frage, die sich dem Gericht daher bei der Urteilsfindung stelle, sei, ob überhaupt ein Kriegsverbrechen begangen wurde und, falls ja, ob dieses Verbrechen von Klever zu verantworten sei? Das Vorenthalten von Rotkreuz-Paketen sei eben kein direkter, geschweige denn ein eindeutiger Beweis für die Misshandlung Kriegsgefangener: „The mere witholding [sic] of parcels is not clear proof of ill-treatment."[683]

Trotz der komplizierten Verantwortungsverteilung sprach das Gericht Klever schuldig und verhängte ein überraschend hohes Strafmaß von einem Jahr Gefängnis.[684] Die Höhe der Haftstrafe überrascht nicht nur im Vergleich zu anderen, ähnlich gearteten britischen Militärgerichtsprozes-sen, sondern besonders aufgrund der Tatsache, dass keine direkte Miss-handlung nachgewiesen werden konnte. Grundlage des harten Urteils war vielmehr allein die Annahme, dass bereits die einmalige Nichtzuteilung von Rotkreuz-Paketen als Misshandlung gelten müsse.

Aus dem Petitionsscheiben von Captain Marmorstein tritt die Verwun-derung ob des hohen Strafmaßes denn auch deutlich hervor. Er forderte für seinen Mandanten größtmögliche Milde, um der Gerechtigkeit Genüge zu tun: „[T]his is a case which calls for the exercise of the greatest possible clemency consistent with the requirements of justice."[685] Marmor-stein wiederholte in dem Schreiben seine schon im Verfahren angeführten Entlastungsargumente: die schwierige Lage, in der sich Klever befunden habe, sowie das Chaos der letzten Kriegsmonate. Klever hätte als Befehls-empfänger, der mit der Billigung und auf den direkten Befehl seines vorge-setzten Offiziers gehandelt habe, ein für ihn ungewohntes Aufgabengebiet erstmalig übertragen bekommen. Zudem habe Klever in seiner viermona-tigen Haft sehr wertvolle Arbeit für die britische Militärverwaltung geleis-tet. Abschließend bat Marmorstein das Gericht: „I strongly urge the court, in deciding its award to give due weight to the mitigating factors outlines above, and to employ the maximum measure of leniency."[686]

---

682 Ebenda, Proceedings of the trial, Schlussplädoyer von Capt. Marmorstein, S. 13.
683 Ebenda, Proceedings of the trial, Schlussplädoyer von Capt. Marmorstein, S. 15.
684 Vgl. ebenda, Charge sheet, S. 2
685 Ebenda, Petition von Capt. Marmorstein vom 10. Dezember 1945, S. 1.
686 Ebenda, Petition von Capt. Marmorstein vom 10. Dezember 1945, S. 2.

Zwischenfazit

Die drei britischen Militärgerichtsprozesse wegen Verbrechen an alliierten Kriegsgefangenen unterscheiden sich somit nicht wesentlich von den „Flieger-Prozessen" mit britischen Verteidigern. Es wurden in diesen drei Prozessen keine Todesurteile, sondern Haftstrafen und Freisprüche ausgesprochen. Tötungshandlungen wurden nicht angeklagt bzw. konnten nicht zweifelsfrei bewiesen werden. Die Auslegung der Bestimmungen der Genfer Konvention und abermals die Beweisvorlageregelungen waren die umstrittensten Themen zwischen Anklage und Verteidigung. In größerem Maß als in den meisten „Flieger-Prozessen" finden sich Anklänge an eine zumindest unterstellte soldatische Solidarität über Nationengrenzen hinweg, indem die schwierigen Kriegsumstände als Entlastungsargument angeführt wurden, die nur Soldaten wirklich nachvollziehen könnten.[687] Die Konzentration der Verteidigung darauf, ihre Mandanten als gute, fähige und verantwortungsbewusste Soldaten darzustellen, ist in allen drei Prozessen zu greifen.[688]

Die Verteidigung versuchte die Vorwürfe, die meist im Großen und Ganzen eingeräumt wurden, durch eine politisch-zeithistorische Kontextualisierung zu entschärfen bzw. die Verantwortung ihrer Mandanten für die entsprechenden Missstände ganz in Abrede zu stellen. Der Prozess gegen Helmuth Jung bietet hierfür ein anschauliches Beispiel: Die Verteidigung argumentierte erfolgreich, dass die eingeräumten Mängel bei der Unterbringung und Behandlung von Kriegsgefangenen nicht vom Angeklagten selbst zu beseitigen gewesen wären. Auch im Verfahren gegen Gustav Klever, der zu einer überraschend hohen Haftstrafe verurteilt wurde, setzte sich der Verteidiger Klevers, Captain Marmorstein, auffällig engagiert und vehement für Milde gegenüber seinem Mandanten ein, weil die ihm ange-

---

687 Insbesondere die Argumentation entlang eines besonderen, soldatischen Ehrbegriffs fällt im *Dulag Luft Trial* auf. Dagegen ist ein Einfluss einer vergleichbaren Verteidigungsstrategie für die angeklagten Befehlshaber im *Enschede Case* und *Essen-West Case* (Eberhard Schöngarth und Karl Rauer) nicht zu erkennen. In „Flieger-Prozessen" scheint der Appell an eine nationenübergreifende Soldatenehre nicht erfolgreich gewesen zu sein, insbesondere in Bezug auf Kommandanten und Vorgesetzte.

688 Der Verweis, dass ein Angeklagter als sehr fähiger und guter Soldat galt, findet sich auch in mehreren „Flieger-Prozessen" und sogar in KZ-Prozessen. Allerdings ist dort keine erkennbare Milderung in den Urteilen bzw. ausgesprochenen Strafen erkennbar, vor allem, wenn schwerste Verbrechen zur Anklage gebracht wurden.

lasteten Misshandlungen nicht aus einer kriminellen Gesinnung heraus entstanden seien, sondern einfach aufgrund der chaotischen Lage, in der sich die deutschen Streitkräfte zu Ende des Kriegs befunden hätten. Diese hätten dem einzelnen Soldaten auch bei gutem Willen nur wenig Spielraum gelassen. Insgesamt lässt sich eine Tendenz der britischen Verteidiger ausmachen, Mandanten, die wegen Verbrechen im Umfeld von Kampfhandlungen oder aufgrund von chaotischen Kriegsumständen angeklagt waren, mit besonderem Einsatz zu verteidigen. Der Hinweis auf die einzigartige „soldatische Situation" der Beschuldigten wurde oft in der Verteidigungsstrategie prominent hervorgehoben.[689]

2.2.3. Prozesse wegen Verbrechen an polnischen Personen

Die meisten Zivilisten, die sich vor Militärgerichtsprozessen mit britischen Verteidigern verantworten mussten, waren wegen Misshandlungen von gebürtigen Polen – zum Teil Kriegsgefangene, vor allem aber Zwangsarbeiter und deren Familienangehörige – angeklagt. In sechs Prozessen wurden entsprechende Anklagen erhoben. Die Vertretung durch britische Offiziere regte auch hier zumeist bereits der JAG in seinem Empfehlungsschreiben zur Eröffnung eines Verfahrens an. Sämtliche Beschuldigten folgten dieser Empfehlung.

Das Tatumfeld der hier interessierenden Verfahren lag oft im ländlichbäuerlichen Milieu. In vier Prozessen waren die Angeklagten Landwirte. Drei Verfahren wurden gegen Aufsichtspersonen, Polizisten, Gestapo-Männer oder Vorarbeiter geführt, darunter Wachpersonal von Rüstungsfabriken, in denen Zwangsarbeiter eingesetzt wurden. Auffällig ist auch hier, dass die Hauptbelastungszeugen oft nicht persönlich vor Gericht erschienen bzw. die Anklage diese Zeugen nicht ausfindig machen konnte, zumeist aufgrund der bereits erfolgten Repatriierung der ehemaligen Zwangsarbeiter. Die Gewichtung der Affidavits stand folglich auch hier im Zentrum der juristischen Debatte.

---

689 Vgl. bspw. die Verfahren gegen Arno Heering (Kap. III.2.1.2.a), Johannes Oenning (Kap. III.2.2.1.d) und Gustav Klever (Kap. III.2.2.2.c).

a.) „He is a very small cog in the Nazi war machine."[690] – Das Verfahren gegen Otto Theisze

Im Dezember 1945 musste sich der ehemalige Hilfspolizist Otto Theisze[691] in Hameln wegen des Vorwurfs der schweren Misshandlung mit Todesfolge von einem alliierten Zwangsarbeiter unbekannter Nationalität sowie einem namentlich nicht bekannten polnischen Arbeiter verantworten. Theisze, zum Zeitpunkt des Prozesses 42 Jahre alt, war im Zweiten Weltkrieg als Wache eingesetzt, um Zwangsarbeiter vom „Arbeitserziehungslager" (AEL) Liebenau[692] zu den nahegelegenen Produktionsstätten der Pulverfabriken der Firma Wolff & Co. zu eskortieren. Theisze war nach eigenen Angaben kein Mitglied der NSDAP und wurde zur Bewachung von Fremd- und Zwangsarbeitern verschiedenster Nationalitäten eingeteilt, deren Arbeitskraft für die deutsche Rüstungsproduktion ausgebeutet wurde.[693] Die Anklagen gegen Theisze stehen gleichsam symbolisch für die

---

690 NA, WO 235/ 31, Petition von Maj. Warren.

691 Vgl. ebenda.

692 Zweck des AEL war die Abschreckung, Bestrafung aber auch Einschüchterung von Zwangsarbeitern. Vgl. Wessels, Rolf, Das Arbeitserziehungslager in Liebenau 1940–1943, Nienburg/Weser 1990; Espelage, Gregor, Das Arbeitserziehungslager Liebenau. Ein Lager der Firma Wolff & Co. mit Unterstützung der Gestapo Hannover, in: Kurt Buck (Hrsg.), Die frühen Nachkriegsprozesse, Bremen 1997, S. 93–109; Tech, Andrea, Arbeitserziehungslager in Nordwestdeutschland 1940–1945, Göttingen 2003.

693 Im Sommer 1939 errichtete die Firma Wolff & Co. in der Nähe der Ortschaften Liebenau und Steyerberg eine Pulverfabrik. Der Gesamtkomplex war mit einer Fläche von ca. 12 qkm riesig, einschließlich 300 teilweise unterirdischer Gebäude. Im Auftrag des OKH produzierte die Tochterfirma Eibia GmbH ab 1941 verschiedene Pulvergrundstoffe, Pulver und Raketentreibsätze, bis zum Kriegsende vermutlich etwa 41.000 Tonnen. Der Betrieb wurde von mehr als 11.000 Menschen aufrechterhalten. Dabei handelte es sich vor allem um Kriegsgefangene, Fremd- und Zwangsarbeiter/innen unterschiedlicher Nationen sowie um die Häftlinge des AEL Liebenau. Im Vergleich dazu fanden sich nur wenigen Deutsche unter den Arbeitskräften. Überwiegend sowjetische Kriegsgefangene und männliche wie weibliche Zwangsarbeiter aus osteuropäischen Ländern wurden gezwungen, unter menschenunwürdigen Bedingungen schwerste Arbeiten zu verrichten. Als Folge von Mangelernährung und unzureichender ärztlicher Versorgung traten schwere Krankheitsepidemien wie Ruhr, Typhus und Tuberkulose auf, an denen nach Schätzungen rund 2000 Männer und Frauen starben. Vgl. Guse, Martin, Die Pulverfabrik Liebenau 1938 bis 1945, in: Bodo Förster/Martin Guse (Hrsg.), „Ich war in Eurem Alter, als sie mich abholten!" Zur Zwangsarbeit der ukrainischen Familie Derewjanko in Berlin-Schöneberg und Steyerberg/Liebenau von 1943 bis 1945, Liebenau, Berlin 2001, S. 47–67.

verworrenen und teils bis heute ungeklärten Vorgänge und Zustände im System der Zwangsarbeiterverwendung in der Pulverindustrie in und um die Stadt Liebenau.

Der Ankläger Captain H. Diamond, von der *JAG Branch*, im Zivilberuf *Barrister-at-Law*, hob zur Eröffnung seines Falls gegen Theisze trotz der ungeklärten Identität der mutmaßlichen Opfer die besondere Schwere der Vorwürfe gegen den Angeklagten hervor. Theisze hätte unter vielen anderen Verbrechen einen Mann so heftig geschlagen, dass dieser daran gestorben sei. Diamond kündigte an, dem Gericht unter anderem Beweise für einen „brutal assault by the accused" vorlegen zu werden.[694] Als ersten Zeugen rief die Anklage einen britischen Offizier auf, der die schriftlichen Aussagen des Angeklagten aufgenommen hatte. Vor Gericht bestätigte dieser Zeuge, Theisze hätte ihm gegenüber zugegeben, Arbeiter wiederholt mit einem Stock geschlagen zu haben. Zusätzlich legte die Anklage drei Affidavits ehemaliger polnischer Zwangsarbeiter vor, die unter Theiszes Aufsicht gestanden hatten. Alle drei belasteten den Angeklagten schwer.[695]

Verteidigter für Theisze war Major P. D. Warren, *Royal Artillery*, im Zivilberuf *Solicitor*, der in seiner Eröffnungsrede die Zulässigkeit der Beweise der Staatsanwaltschaft sofort in Abrede stellte und deren Ausschluss vom Verfahren beantragte. Nicht nur seien die Affidavits nicht unter Eid gemacht, sondern auch vielfach unprofessionell übersetzt worden, was deren Aussagewert signifikant mindere: „The two statements are unworn, and not made in the presence of the accused. Made in a language foreign to the witnesses and translated into English by a Belgian. Regulations are stretched to a great extent." Warren schlussfolgerte daraus: „The case is generally unsubstained."[696]

Das Gericht lehnte die Eingabe jedoch ab. Gleichwohl blieben die Verfahrensregeln und die Frage nach der Zulässigkeit der gegen Theisze aufgeführten Beweise das ganze Verfahren hindurch ein Streitthema zwischen Anklage und Verteidigung. So merkte Warren unter anderem an, dass die Identität der mutmaßlichen Opfer ungeklärt sei und damit auch, ob sie überhaupt alliierte Staatsbürger gewesen seien, was für die Zuständigkeit dieses Gerichts von entscheidender Bedeutung war. Wie oft im Fall ungewisser Identitäten der Opfer ging das Gericht auf diesen Einwand der Ver-

---

694 Vgl. NA, WO 235/ 31, Proceedings of the trial, Eröffnungsplädoyer von Capt. Diamond, S. 5.

695 Vgl. rbenda, Proceedings of the trial, Aussagen der Zeugen der Anklage, S. 5, 9, 11.

696 Ebenda, Proceedings of the trial, Eingabe von Maj. Warren, S. 15.

teidigung jedoch nicht ausführlicher ein und maß ihm keine große Bedeutung zu.[697]

Die generelle Strategie der Verteidigung fasste Major Warren in folgende lapidare Worte: „Defence is simple denial"[698]. Sein Mandant sei zwar auf seinem Posten zwischen 1941 und 1943 in der Tat für 20 bis 25 Arbeiter verantwortlich gewesen – konkret für die Wegstrecke der Zwangsarbeiter zwischen dem AEL und dem Fabrikgelände der Firma Wolff & Co. –, Schläge oder andere Misshandlungen hätte sich Theisze aber nicht zuschulden kommen lassen. In dem Zeitraum, auf den sich der zweite Anklagevorwurf, die Misshandlung einer unbekannten polnischen Person, bezog, hätte sein Mandant außerdem nur russische, nicht aber polnische Gefangene in seiner Marschgruppe gehabt.

Otto Theisze sagte als erster Zeuge der Verteidigung selbst aus. Er erläuterte detailliert seine Sicht auf die Zustände, unter denen die Zwangsarbeiter leben mussten und deren Arbeitsbelastung, sowie seine Pflichten als Hilfspolizist zur Bewachung und Begleitung der Arbeiter.[699] Die zunehmend schlechte Versorgungslage der von ihm bewachten Männer stellte er zwar nicht in Abrede, zeichnete aber ein verharmlosendes Bild. Demnach habe er als Hilfspolizist insbesondere mit den hungernden Zwangsarbeitern mitgefühlt, zumal als die Essensrationen im Verlauf des Kriegs immer kleiner und kleiner wurden: „I felt sorry for these people." Die Vorwürfe gegen ihn, so Theisze, seien frei erfunden. Mit Blick auf eines der drei von der Anklage vorgelegten Affidavits behauptete er explizit: „That statement is all lies."[700] Er hätte schon deswegen niemanden misshandelt, weil das gar nicht notwendig gewesen wäre; er hätte auch so für Disziplin und Ordnung gesorgt: „I could keep orders without reporting them or using violence."[701] Ganz zu leugnen, von der verheerenden Verfassung gewusst zu haben, in der sich die von ihm bewachten Männer befunden hatten, gelang Theisze in seiner Zeugenaussage allerdings nicht. So gab er zu, dass bereits im Herbst 1942 Zwangsarbeiter teilweise so unterernährt waren, dass sie auf dem Weg zum oder vom Fabrikgelände zusammenbrachen. Außerdem gestand Theisze, Disziplinverstöße von Polen und anderen Häftlingen an die Gestapo des AEL Liebenau gemeldet zu haben.[702]

---

697 Siehe bspw. auch den Prozess gegen Leutnant Ujvary. Vgl. Kap. III.2.1.1.b).
698 Ebenda, Proceedings of the trial, Eröffnungsplädoyer von Maj. Warren, S. 17.
699 Ebenda, Proceedings of the trial, Zeugenaussage von Otto Theisze, S. 17.
700 Ebenda, Proceedings of the trial, Zeugenaussage von Otto Theisze, S. 23.
701 Ebenda, Proceedings of the trial, Kreuzverhör von Otto Theisze, S. 25, 33.
702 Ebenda, Proceedings of the trial, Zeugenaussage von Otto Theisze, S. 27, 31.

Überaus belastend wurden vor allem die Aussagen, die Theisze im Kreuzverhör machte. Dass ihm klar war, dass die Arbeiter in den Fabriken rücksichtslos ausgebeutet wurden, belegt bereits seine Einschätzung der Männer als „slave workers".[703] Ungeachtet seines angeblichen Mitleids für die hungerleidenden, ausgemergelten Männer habe er jedoch seine Befehle auszuführen gehabt. Diamond gelang es im Kreuzverhör mehrmals, den Angeklagten in Widersprüche zu verwickeln bzw. dazu zu bringen, Vorfälle zuzugeben, die er zuvor kategorisch geleugnet hatte. Theisze räumte nun etwa ein, bei mehreren Gelegenheiten Arbeiter geschubst oder gegen das Ohr geboxt zu haben.[704] Das Lager, in dem die Zwangsarbeiter seiner Einheit inhaftiert waren, bezeichnete er nun as „punishment camp for unsatisfactory workers, run by Gestapo, were people spent two or three weeks".[705] All das zeigte dem Gericht deutlich, dass dem Angeklagten die tatsächlichen Umstände, unter denen die Zwangsarbeiter leben mussten, nicht fremd geblieben sein konnten. Nachgerade desaströs für Theisze wurden seine Angaben im Kreuzverhör, als er zugab, sogar auf flüchtende Arbeiter geschossen zu haben. Angeblich wäre dabei aber niemand zu Tode gekommen. Lediglich seien Männer unter seiner Aufsicht immer wieder kollabiert – eine Behauptung, die vom Angeklagten durch nichts belegt werden konnte.[706] Die vorliegenden Aussagen gegen ihn erklärte Theisze weiterhin als haltlos: „There must be a misunderstanding."[707]

Auch die weiteren Zeugen der Verteidigung, drei Angehörige der Fabrikpolizei bzw. Vorarbeiter, konnten zwangsläufig nur ein belastendes Bild der Arbeitsbedingungen und der Lebensbedingungen der Zwangsarbeiter zeichnen. Empathie für die ausgebeuteten Menschen war im Ganzen kaum zu erkennen. So beschrieb einer der Zeugen der Verteidigung etwa die Stellung der Arbeiter mit den trockenen Worten: „The workers had no say in the matter. They were afraid."[708] Darüber hinaus sollte ein ganzer Schwung von Statements durch Bekannte und Angehörige des Angeklagten, die freilich zugunsten von Theiszes Charakter aussagten, diesem schlechten Eindruck entgegenwirken.[709]

Im Schlussplädoyer fasste Major Warren die seiner Meinung nach schwache Beweislage gegen seinen Mandanten zusammen: Theisze hätte sich

---

703 Ebenda, Proceedings of the trial, Kreuzverhör von Otto Theisze, S. 33.
704 Ebenda, Proceedings of the trial, Kreuzverhör von Otto Theisze, S. 33–39.
705 Ebenda, Proceedings of the trial, Kreuzverhör von Otto Theisze, S. 35.
706 Ebenda, Proceedings of the trial, Kreuzverhör von Otto Theisze, S. 37.
707 Ebenda, Proceedings of the trial, Kreuzverhör von Otto Theisze, S. 39.
708 Ebenda, Proceedings of the trial, Zeugenaussage von Heinrich Deis, S. 45.
709 Vgl. ebenda, Proceedings of the trial, S. 53.

trotz vieler gegenteiliger Beispiele in seiner Umgebung nicht brutal verhalten, letztlich nur Befehle ausgeführt und wäre nur von unglaubwürdigen Zeugen, die zudem nicht vor Gericht anwesend waren, belastet worden. Die Beweise der Verteidigung, so Warren, beruhten hingegen auf anwesenden und glaubhaften Zeugen. Für einen Vorfall, bei dem ein Arbeiter durch Misshandlungen von Theisze zu Tode gekommen sei, hätte die Anklage keine stichhaltigen Beweise vorgelegt. Misshandlungen von Zwangsarbeitern in und um die Fabriken in Liebenau hätte es sicherlich gegeben, der Angeklagte sei dafür aber nicht persönlich verantwortlich und deswegen der zwei anklagten Verbrechen auch nicht schuldig: Er sei gut beleumundet und nur als kleines Rädchen in der viel größeren NS-Maschinerie zu sehen.[710]

Das Gericht allerdings folgte der Empfehlung des Anklägers, wonach gegen Otto Theisze ausreichend Beweise für eine Verurteilung vorgelegt worden seien, sich der Angeklagte zunehmend in Widersprüche verwickelt hätte und den Unklarheiten in Bezug auf die Opfer im Urteilsspruch leicht mit einer Umformulierung der Anklagevorwürfe begegnet werden könne. Das Gericht verurteilte Theisze zu drei Jahren Haft.[711] Auch eine Petition, in der Captain Warren nochmals auf die untergeordnete Rolle seines Mandanten verwies („He is a very small cog in the Nazi war machine"[712]), blieb erfolglos. Das Urteil und Strafmaß wurden bestätigt und damit rechtskräftig.

b.) „[T]hey must be satisfied beyond reasonable doubt that the statements produced by the prosecution are true."[713] – Der Prozess gegen Hans Hagel

Der Prozess gegen Hans Hagel, bis Kriegsende NSDAP-Ortsgruppenleiter in Stelle (Niedersachsen), ist einer der sehr seltenen Fälle, in denen es aufgrund einer überlieferten Mitschrift der Gerichtsberatung zur Urteilsfindung möglich ist, definitive Rückschlüsse auf die Gründe für die Entscheidung des Gerichts zu machen. Hagel musste sich am 3. Februar 1946 in

---

710 Ebenda, Proceedings of the trial, Schlussplädoyer von Maj. Warren, S. 57, 59.
711 Vgl. ebenda, Charge Sheet, S. 2. Formulierung zum ersten Anklagepunkt im Urteilsspruch geändert in: „G[uilty] except that the offence occurred in or about the month of May 1942 and excepting the words ‚causing the death of'..."
712 Ebenda, Petition von Maj. Warren.
713 NA, WO 235/ 35, Notizen des Gerichts zur Urteilsfindung, S. 3.

Celle vor einem britischen Militärgericht verantworten. Gestützt auf vier Affidavits warf die Anklage Hagel die Misshandlung von vier polnischen Personen vor.[714] In ihren Aussagen berichteten vier ehemalige Zwangsarbeiter – drei Männer und ein polnisches Mädchen – übereinstimmend davon, dass sie selbst sowie andere Personen vom Angeklagten während ihres Zwangsdienstes geschlagen und mit der Waffe bedroht worden seien. Außerdem sei ihnen die Erschießung angedroht worden, für den Fall, dass die Briten den Ort einnehmen würden.[715]

Ein britischer Captain, der diese Vorwürfe vor Gericht bezeugte, hatte die Statements der Anklagezeugen als Affidavit aufgenommen. Er bestätigte, dass alle Zeugen den Angeklagten einwandfrei identifiziert hatten, aber auch, dass die Zeugen Gelegenheit gehabt hatten, sich vor ihren jeweiligen Aussagen miteinander auszutauschen.[716] Nicht mehr eindeutig geklärt werden konnte hingegen, ob der Angeklagte Mitglied der SS oder, wie Hagel behauptete, „nur" SA-Mitglied in der Stellung eines freiwilligen Polizisten gewesen war.

Die Verteidigung von Hagel übernahm Lieutenant E. B. Richards, *Royal Artillery*, ein *Barrister-at-Law*. In seiner Eröffnungsrede ging Richards besonders auf den fragwürdigen Stellenwert der vier Affidavits der Anklage ein, zumal diese unter Geschützfeuer abgegeben worden seien. Dieser Umstand, so Richards, müsse bei der Gewichtung der Beweise besonders berücksichtigt werden, zumal die schriftlichen Aussagen der Anklagezeugen nur sehr wenige Details enthielten, die Beweislast aber allein bei der Staatsanwaltschaft liege.[717]

Der weitere Verhandlungsverlauf – die Aussagen des Angeklagten sowie jene einer Bäuerin aus Stelle – beschäftigte sich anschließend fast ausschließlich mit einem Vorfall, der das polnische Mädchen Leokadie Szymczak, genannt Lotte oder Lotta, betraf, die auf einem Hof in Stelle Zwangsarbeit leisten musste. Die Bäuerin des Hofs war als Zeugin der Verteidigung vor Gericht geladen. Sie sagte aus, dass sie den Angeklagten eines Tages mit dem Mädchen auf ihrem Hof beobachtet hätte. Auf ihre ver-

---

714 Ebenda, Charge Sheet, S. 2.
715 Ebenda, Proceedings of the trial, S. 3–5 und Affidavits von Stanislow Skierka, Filip Myraniuk, Johann (vermutlich richtig: Yolieuw) Michalowski, Leokadie Szymczak. (Die Namensschreibung variiert in den Prozessunterlagen stark und ist nicht mehr mit letzter Sicherheit zu rekonstruieren.)
716 Ebenda, Proceedings of the trial, Kreuzverhör von Capt. N.H.G. Everson, S. 2.
717 Ebenda, Proceedings of the trial, Eröffnungsplädoyer Lt. E. B. Richards, S. 3. Die vierte Seite des Gerichtsprotokolls ist aus ungeklärten Gründen nicht oder nicht mehr in der überlieferten Akte zu finden.

wunderte Nachfrage, weshalb sich Hagel auf ihrem Hof befand, habe dieser angegeben, das zuvor angeblich entlaufene Mädchen zurückgebracht zu haben. Die Bäuerin hatte deren Verschwinden aber nicht bemerkt. Nach Aussage der Bäuerin berichtete ihr Leokadie Szymczak später, Hagel habe gedroht, sie zu erschießen und dazu genötigt, ihre Kleider abzulegen, um sie angeblich an Ort und Stelle zu erschießen.[718] Das bestritt der Angeklagte; er habe seine Pistole, die zudem nicht geladen und daher unbrauchbar war, nur zum Selbstschutz mit sich geführt. (Sexuelle) Nötigungen oder Schläge irgendeiner Art bestritt er hingegen gänzlich.

Die Beweislage weder der Anklage noch der Verteidigung war demnach sattelfest. Das zeigt sich auch in den überlieferten dreiseitigen Notizen des Gerichts zur Urteilsfindung. Darin wägte das Gericht ab zwischen dem *prima facie*-Fall der Anklage, der nur auf Affidavits beruhte, und der Frage, inwieweit die Verteidigung genügend glaubwürdige Beweise geliefert hatte, um diesen *prima facie*-Fall in Zweifel zu ziehen. Außerdem hielt das Gericht in seinen Beratungen fest, dass die Aussagen des Angeklagten in weiten Teilen so unwahrscheinlich erschienen, dass sie nicht vorbehaltlos geglaubt werden könnten.[719]

In der Frage der angeblich nicht geladenen Waffe, die der Angeklagte nur in der Nacht mit sich geführt haben wollte, hegte das Gericht ebenfalls Zweifel an der Glaubwürdigkeit Hagels. Wie hätten die Zeugen der Anklage, die allesamt die Waffe in ihren schriftlichen Aussagen beschrieben, dann davon wissen können?[720] Diskrepanzen sah das Gericht auch in den Aussagen des Angeklagten und der Bäuerin, bei der das polnische Mädchen arbeiten musste, bezüglich des Zustands nach dem Vorfall mit Hagel. Weder die Beweise der Anklage noch jene der Verteidigung, so folgerte das Gericht, seinen wirklich belastbar.[721] Die Entscheidung fiel letztendlich in einer Abwägung, wobei die Beweislast auf der Seite der Anklage lag: „Before however, the Court decides that the accused is guilty of the charges they must be satisfied beyond reasonable doubt that the statements produced by the prosecution are true."[722] Die Zweifel an den vorgelegten Beweisen zur Überführung des Angeklagten führten im Prozess gegen Hans Hagel letztlich zu einem Freispruch.

---

718 Ebenda, Proceedings of the trial, S. 8–9.
719 Ebenda, Notizen des Gerichts zur Urteilsfindung, S. 1.
720 Ebenda, Notizen des Gerichts zur Urteilsfindung, S. 2.
721 Ebenda, Notizen des Gerichts zur Urteilsfindung, S. 2–3.
722 Ebenda, Notizen des Gerichts zur Urteilsfindung, S. 3.

c.) „[T]he Polish witnesses grossly exaggerates the circumstances"[723] – Der Prozess gegen Gerhard Schrapp

Wegen der Misshandlung einer unbekannten Anzahl polnischer Personen im Zeitraum 1942–1945 im niedersächsischen Holzminden (Stadtteil Allersheim) musste sich Gerhard Schrapp am 11. und 12. März 1946 vor einem britischen Militärgericht verantworten. Schrapp hatte während des Zweiten Weltkriegs vermutlich die Funktion eines Gestapo-Mitglieds innegehabt. Der Vorfall, auf den im Prozess hauptsächlich Bezug genommen wurde, war die Misshandlung polnischer Zwangsarbeiter, die angeblich von Schrapp verhaftet werden sollten; Schrapp habe sie getreten und geschlagen. Den Ablauf und Ausgang des Prozesses fasste Captain G. Dromgoole, der die Anklage vertrat, in seiner Bewertung des Prozessverlaufs an den JAG wie folgt zusammen:

> I visited the scene of the crime on 10 March and whilst there discovered that four of the Poles who had actually been beaten by the accused where in the Polish DP Camp at HOLZMINDEN, I arranged the attendance of these Poles at the trial. They gave the evidence very well and were not shaken by cross-examination.[724]

Zufrieden mit dem Auftreten der Anklagezeugen vor Gericht, hob Dromgoole außerdem das aus Sicht der Staatsanwaltschaft befriedigende hohe Strafmaß hervor: „The trial lasted two days and the accused was found guilty and sentenced to eight years imprisonment."[725] Insgesamt untermauerten sieben ehemalige Zwangsarbeiter vor Gericht die Vorwürfe gegen Schrapp.[726]

Die Verteidigung führte für Schrapp insgesamt drei Zeugen ins Feld, allesamt ehemalige Kameraden des Angeklagten. Schrapp hatte explizit um die Zuteilung eines britischen Offiziers als Verteidiger gebeten.[727] Außerdem hatte er bereits vor dem Prozess in einer freiwilligen schriftlichen Aussage bestätigt, dass der verhandelte Vorfall mit den polnischen Zwangsarbeitern tatsächlich stattgefunden und auch, dass er diese selbst geschlagen hatte. Zudem beschrieb Schrapp, wie er einen russischen Mann (ob

---

723 NA, WO 235/ 68, Petition um Strafmilderung von Gerhard Schrapp vom 12. März 1946.
724 Ebenda, Capt. G. Dromgoooole an JAG's Branch; HQ BAOR vom 19. März 1946.
725 Ebenda.
726 Vgl. NA, WO 235/ 68, Proceedings of the trial, S. 1–19.
727 Ebenda, Formular zur Zuteilung eines kostenlosen britischen Wahl-Pflicht-Verteidigers durch die britischen Militärbehörden.

Zwangsarbeiter oder Kriegsgefangener lässt sich nicht mehr rekonstruieren) auf Befehl erschossen hatte.[728] Obwohl nicht Teil der Anklage, dürfte dieses bemerkenswerte Eingeständnis, mit dem sich Schrapp explizit selbst kriminalisierte, im Zusammenspiel mit den angeklagten Vorwürfen, die er ebenfalls in Teilen bestätigte, erheblichen Einfluss auf das letztlich verhängte hohe Strafmaß gehabt haben. Warum sich Schrapp in seiner schriftlichen Aussage selbst so schwer belastete, ist nur zu vermuten. Entweder fehlte ihm das Bewusstsein für die Unrechtmäßigkeit seiner Taten völlig oder er nutzte die Aussage dazu, sich seine Handlungen gewissermaßen von der Seele zu schreiben. Der zugeteilte Verteidiger Schrapps war Captain H. C. Ogden, der bereits im *Essen-West Case* und im *Dulag Luft Trial* mutmaßliche deutsche Kriegsverbrecher vertreten hatte.

Vor Gericht machte Gerhard Schrapp dann keine eigene Aussage mehr, außer dass er sich nicht schuldig bekannte. Damit ließ er die Chance ungenutzt, dem Gericht seine persönliche Sichtweise bezüglich der ihm vorgeworfenen Misshandlungen von Zwangsarbeitern zu präsentieren. Dieser Umstand, verbunden mit einer geradezu erdrückenden Last von detaillierten und zahlreichen Aussagen ehemaliger polnischer Zwangsarbeiter gegen ihn, dürften das Gericht zu dem hohen Strafmaß geführt haben. Schrapp wurde zu acht Jahren Haft verurteilt. In der Bestätigung des Urteils wurden davon allerdings drei Jahre erlassen.

Die einzigen Rechtfertigungen, die von Schrapp selbst und nicht indirekt durch seinen Verteidiger oder die Zeugen der Verteidigung stammen, finden sich in dessen Petition um Strafmilderung. In ihr holte er nach, was er vor Gericht versäumt hatte. Als Gründe für die erbetene Reduzierung seiner Strafe führte Schrapp erstens das im englischen Recht deutlich niedriger angesetzte maximale Strafmaß für die ihm vorgeworfenen Vergehen an. Demnach dürfte Schrapp also während des Prozesses bereits mit einer Verurteilung gerechnet haben, war dann aber von der Höhe des Strafmaßes überrascht worden. Zweitens versuchte Schrapp nun, die Schwere der gegen ihn gemachten Zeugenaussagen herunterzuspielen: „The evidence which I have given before the Court is true; the Polish witnesses grossly exaggerates the circumstances"[729]. Ob es diese Argumente waren, die zur Reduktion der Haftzeit um drei Jahre führten, lässt sich indes nicht mit Bestimmtheit sagen.

---

728 Ebenda, Schriftliche Aussage von Gerhard Schrapp vom 25. August 1945.
729 NA, WO 235/ 68, Petition um Strafmilderung von Gerhard Schrapp vom 12. März 1946.

Besonders ins Auge fällt in diesem Prozess die vergleichsweise starke Position der Anklage durch die Präsentation mehrere Hauptbelastungszeugen vor Gericht. Das im Vergleich zu Militärgerichtsprozessen mit britischen Verteidigern, die Mandanten bei ähnlichen Tatvorwürfen vertraten, auffallend hohe Strafmaß lässt vermuten, dass die persönliche Anwesenheit mehrerer Opferzeugen vor Gericht nicht ohne Wirkung blieb.

d.) „…grossly exaggerated by persons who had no cause to like Voss or any German."[730] – Die Prozesse gegen Hans Speck und Claus Voss

Landwirte, die sich auf ihrem eigenen Hof mutmaßlich die Misshandlung polnischer Zwangsarbeiter zuschulden kommen ließen, wurden nach Kriegsende in mehreren Militärgerichtsprozessen mit britischen Offizieren als Verteidiger angeklagt. Die Prozesse gegen Hans Speck und Claus Voss hatten genau diesen Tatkomplex zum Gegenstand. Die Anklageschrift nannte die Vorwürfe gegen beide zusammen, verhandelt wurde allerdings in jeweils einzelnen Verfahren an verschiedenen, kurz aufeinanderfolgenden Tagen.[731]

Hans Speck musste sich am 20. Februar 1946 wegen der schlechten Behandlung von polnischen Zwangsarbeitern in seinem Heimatort Quarnstedt in Schleswig-Holstein verantworten. Die Staatsanwaltschaft warf ihm konkret Schläge mit der Hand ins Gesicht als Bestrafung von zwei polnischen Zwangsarbeitern vor. Außerdem hätte Speck die Misshandlung einer ebenfalls polnischen Zwangsarbeiterin durch hiesige Polizisten nicht verhindert. Die Anklage stützte sich auf drei Affidavits.[732]

Die gegen ihn erhobenen Vorwürfe gab Speck im Großen und Ganzen zu und führte zur Rechtfertigung lediglich an, er habe sich in einer überaus schwierigen Position befunden. Ihm sei die Aufsicht über 50 bis 60 Zwangsarbeiter von örtlichen Polizisten übertragen worden und er hätte geschworen, deren Befehle exakt auszuführen. Er wäre somit bei der Bestrafung von Verstößen gegen die Ausgangsregeln seitens der polnischen

---

730 NA, WO 235/ 62, Proceedings of the trial, Closing speech Cap. Courtney, S. 9.
731 Vgl. ebenda, Charge Sheet, S. 2.
732 Ebenda, Proceedings of the trial, S. 3.

Zwangsarbeiter lediglich dem direkten Befehl der lokalen Autoritäten nachgekommen.[733]

Zugunsten von Speck sagten sowohl Zeugen der Verteidigung als auch – nach dessen Schuldspruch – mehrere andere Landwirte aus Quarnstedt aus. Alle bescheinigten dem Angeklagten einen einwandfreien, sehr offenen und zugänglichen Charakter sowie ein gutes Ansehen in der Dorfgemeinschaft.[734] Das Gericht verurteilte Speck dessen ungeachtet zu sechs Monaten Haft, wovon jedoch drei Monate durch den *Confirming Officer* erlassen wurden. Die Verteidigung von Speck vor Gericht übernahm ein deutscher Anwalt namens F. Koch.

Bereits fünf Tage zuvor, am 15. Februar 1946, wurde dem Landwirt Claus Voss aus Beringstedt wegen der Misshandlung der polnischen Zwangsarbeiter Pietra (oder Peter) Dubrik und Sophie Pavlik der Prozess gemacht. Voss wurde zudem vorgeworfen, Dubrik durch sein Verhalten zum Suizid getrieben zu haben. Der Verteidiger in Voss' Verfahren war der britische Offizier Captain D. C. Courtney (*Royal Artillery*, Träger des Distinguished Flying Cross).[735] Die Anklage stützte ihren Fall neben vier Affidavits von ehemaligen Zwangsarbeitern – darunter eines von Sophie Pavlik, eines von den Kindern Dubriks und zwei von ehemaligen russischen Zwangsarbeitern[736] – auf die Aussage eines anderen Landwirts aus Beringstedt. Dieser sagte als erster Zeuge der Anklage selbst vor Gericht aus, dass ihm Klagen über die Behandlung von ausländischen Zwangsarbeitern zugetragen worden waren. Pavlik und Dubrik hätten sich persönlich bei ihm beschwert, dass Voss sie geschlagen hätte, und aufgrund dessen um eine Versetzung an eine andere Arbeitsstelle gebeten.[737]

Courtney präsentierte dem Gericht eine andere Version des Geschehens.[738] Nur in einem einzigen Fall hätte Voss seine Fassung verloren und Sophie Pavlik geohrfeigt, weil sie ungehorsam gewesen sei. Daraus könne jedoch nicht, wie von der Staatsanwaltschaft behauptet, ein Zusammenhang mit dem Selbstmord von Pietra Dubrik konstruiert werden.[739] Voss selbst schilderte diese Version in seiner Zeugenaussage dem Gericht: Auch

---

733 Ebenda, Proceedings of the trial, S. 5–13. (Die Seitenzählung des Gerichtsprotokolls ist unvollständig, allerdings ist der Wortlaut des Protokolls nicht unterbrochen).

734 Ebenda, Proceedings of the trial, S. 17–21.

735 Vgl. ebenda, Proceedings of the trial, S. 1.

736 Ebenda, Proceedings of the trial, S. 4.

737 Ebenda, Proceedings of the trial, S. 2–3.

738 Ebenda, Proceedings of the trial, S. 5.

739 Ebenda, Proceedings of the trial, S. 9.

Dubrik hätte er nur einmal geohrfeigt. Zwei der Kinder Dubriks hätte er außerdem auf seinen Hof holen lassen, weil diese in Polen nicht ausreichend zu essen gehabt hätten. Dubrik sei in steter Sorge um seine Frau und Kinder in der Heimat gewesen; nur deswegen hätte er veranlasst, die Kinder zu holen.

Für Voss schien demnach, folgt man seiner Aussage, alles in bester Ordnung gewesen zu sein, ehe Dubrik plötzlich Selbstmord beging.[740] Der Hintergrund dieses tragischen Vorfalls war der angebliche Diebstahl von Getreide durch Dubrik. Voss gab vor Gericht zwar an, Dubrik des Diebstahls beschuldigt und ihm mit der Polizei gedroht zu haben. Er habe in Wirklichkeit aber nie vorgehabt, ihn tatsächlich an die Behörden auszuliefern. Drei Frauen aus dem Ort bestätigten in ihren Aussagen als Zeuginnen der Verteidigung, dass es einen solchen Vorfall gegeben hätte, die Hintergründe blieben aber weiterhin verworren.[741] Die Strategie der Verteidigung beruht in der Folge darauf, die Vorwürfe gegen Voss als maßlos übertrieben darzustellen. Im Grunde gehe es um reine Lappalien. Im seinem Schlussplädoyer bezeichnete Verteidiger Courtney die beiden Vorfälle, die Voss eingestanden hatte, entsprechend als keineswegs ausreichende Beweise für die gegen seinen Mandanten erhobene Anklage: Bei zwei Ohrfeigen könne von keiner Misshandlung die Rede sein. Die durch die Anklagezeugen eingebrachten Beweise, so Courtney, seien zudem „grossly exaggerated by persons who had no cause to like Voss or any German."[742]

Das Gericht hatte zu entscheiden, ob die von der Staatsanwaltschaft vorgelegten Beweise, die Affidavits und die Aussage des Landwirts, bei dem sich Dubrik und Pavlik beschwert hatten, für eine Verurteilung ausreichend waren. Insbesondere die Frage, inwieweit Voss durch Misshandlungen zum Selbstmord Dubriks beigetragen haben könnte, stand zur Debatte. Voss wurde letztlich schuldig gesprochen und zu 18 Monaten Haft verurteilt. Als (vermeintlich) strafmildernd hatte Voss' Verteidiger zuvor das seiner Auffassung nach relativ hohe Alter seines Mandanten (54 Jahre) angeführt sowie die ansonsten guten Lebensbedingungen der Zwangsarbeiter auf Voss' Hof und dessen lange Inhaftierung bereits seit dem 24. Mai 1945.[743] Diese Argumente könnten bei der Bestätigung des Urteils noch-

---

740 Ebenda, Proceedings of the trial, Zeugenaussage von Claus Voss, S. 6.
741 Ebenda, Proceedings of the trial, S. 8–9.
742 Ebenda, Proceedings of the trial, Schlussplädoyer Cap. Courtney, S. 9.
743 Ebenda, Proceedings of the trial, S. 10.

mals stärker als zuvor berücksichtigt worden sein. Das Strafmaß für Voss wurde vom *Confirming Officer* jedenfalls auf die Hälfte reduziert.[744]

e.) „These actions are in no sense war-crimes – just minor assaults."[745] – Der Prozess gegen Gunther Giesenhagen

Auch der Landwirt Gunther (ggf. Günther) Giesenhagen musste sich am 6. Februar 1946 wegen der mutmaßlichen Misshandlung einer polnischen Familie auf dem Gut Emkendorf in Schleswig-Holstein im heutigen Kreis Rendsburg-Eckernförde in den Jahren 1941–1945 vor einem britischen Militärgericht verantworten. Vorgeworfen wurde Giesenhagen die wiederholte Misshandlung der beiden Eheleute sowie der Zwangsarbeiter Walerian und Stanislawa Seroczynski.

Captain A. M. Armit von den *Northumberland Hussars*, *Solicitor* im Zivilberuf, vertrat den Angeklagten vor Gericht. Die Anklage bot zwei ehemalige deutsche Landarbeiter des Gutshofs als Zeugen auf sowie zwei Affidavits des polnischen Ehepaars.[746] In Bezug auf die beiden Affidavits gab der *Legal Member* des Verfahrens dem Gericht klare Hinweise zum Gewicht, das diesen Beweismitteln zukommen sollte: „The legal member advises the Court in open Court that the value of such evidence is purely a matter for the Court, and that the defence will not have the advantage of cross-examining these two witnesses."[747] Die beiden vor Gericht anwesenden Zeugen sagten übereinstimmend aus, dass sie bei mehreren Gelegenheiten zugegen waren, als der Angeklagte Zwangsarbeiter, darunter Walerian und Stanislawa Seroczynskis, (zum Teil blutig) geschlagen hatte.[748]

Giesenhagen gab als erster Verteidigungszeuge selbst seine Version der Geschehnisse zu Protokoll und betonte, als Aufseher alle Arbeiter, deutsche wie ausländische, gleich und gerecht behandelt zu haben.[749] Die von den Anklagezeugen beschriebenen Schläge gab er zwar ohne Umschweife zu, führte aber in allen Fällen Rechtfertigungsgründe an, warum sein gewaltsames Vorgehen notwendig gewesen sei. Einmal hätte er Arbeiter für das Schlagen von ungehorsamen Pferden bestraft, zu anderen Gelegenhei-

---

744 Vgl. ebenda, Charge Sheet, S. 2.
745 NA, WO 235/ 44, Proceedings of the trial, S. 9.
746 Ebenda, Proceedings of the trial, S. 1.
747 Ebenda, Proceedings of the trial, S. 3.
748 Ebenda, Proceedings of the trial, S. 1–3.
749 Ebenda, Proceedings of the trial, Zeugenaussage von Gunther Giesenhagen, S. 5.

ten hätte er Schläge ausgeteilt, um Streitereien unter den Arbeitern zu beenden oder Unwillige zur Arbeit anzuhalten. Stanislawa Seroczynski hätte er etwa geschlagen, weil ihr Mann nicht arbeiten wollte und sie ihn zudem belogen habe. Die beiden Männer, die als Zeugen der Anklage auftraten, hatte Giesenhagen nach eigener Aussage entlassen, nachdem er erfahren hatte, dass diese gegen ihn ausgesagt hatten.[750]

Für Giesenhagen sagten als Zeugen der Verteidigung ein deutscher Arbeiter des Guts, ein ehemaliger polnischer Zwangsarbeiter sowie Giesenhagens Ehefrau aus. Die für Giesenhagen durchaus positive Aussage des ehemaligen Zwangsarbeiters Pan Felix Gabriz ist hier besonders bemerkenswert. Gabriz gab an: „I was brought to Germany from Poland as slave worker in 1941", fügte aber sogleich hinzu: „I worked at Empkendorf and was well-treated." Dass er seine Aussage aus Gerechtigkeitsempfinden und nicht etwa aus Sympathie gegenüber Giesenhagen machte, stellte Gabriz dabei deutlich heraus: „I have been interned in concentration camps. I don't like Germans."[751] Zusätzlich übergab Giesenhagens Verteidiger dem Gericht den Bericht des anderen britischen Offiziers Captain Evans, der die russischen Kriegsgefangenen auf dem Gut Empkendorf befragt hatte. Diese stellten dem Angeklagten, wenn auch nur indirekt, ebenfalls ein gutes Zeugnis aus.[752]

In seinem Schlussplädoyer konzentrierte sich Armit dann aber auf die seiner Meinung nach unterschiedlich zu gewichtenden Beweise von Anklage und Verteidigung, indem er feststellte: „Main evidence is only affidavit evidence, and value of that is not great." Dass sein Mandant die ihm vorgeworfenen Schläge wahrheitsgemäß zugegeben hatte, spräche außerdem für seinen Charakter. Die angeklagten Taten seien darüber hinaus nicht schwerwiegend und stellten keinesfalls Kriegsverbrechen dar: „These actions are in no sense war-crimes – just minor assaults."[753]

Das Gericht gewichtete die Beweise für die Anschuldigungen gegen Giesenhagen, obgleich sie teilweise als nur Affidavits vorlagen, dennoch als ausreichend und sprach den Angeklagten schuldig.[754] Nach dem Schuldspruch lieferte der Ankläger dem Gericht zudem Gründe für die Schwere der Schuld des Angeklagten, indem er dessen Mitgliedschaft in der DAF

---

750 Vgl. ebenda, Proceedings of the trial, S. 5–6.
751 Ebenda, Proceedings of the trial, Zeugenaussage von Pan Felix Gabriz, S. 7–8.
752 Ebenda, Proceedings of the trial, S. 9.
753 Ebenda.
754 Vgl. ebenda.

wie auch seine Stellung als angebliches Mitglied der SS auf Probe für ein Jahr hervorhob.

Armit machte infolgedessen keine weiteren Eingaben, Giesenhagen selbst führte hingegen als strafmildernd an, dass nie bestätigt worden sei, dass er Teil der SS war. Außerdem behauptete er, während des „Dritten Reichs" den Hitlergruß immer verweigert zu haben. Zuletzt bereute er, die polnischen Eheleute geschlagen zu haben.[755] Das Strafmaß setzte das Gericht auf acht Monate ohne schwere Arbeit fest. Urteil und Höhe der Strafe wurden von *Confirming Officer* bestätigt.

f.) „I declare on oath that the people who have accused me were treated by me like a father."[756] – Das Verfahren gegen Hans Assmussen

Ein weiterer Prozess wegen der Misshandlung ausländischer Zwangsarbeiter durch einen deutschen Landwirt wurde gegen Hans Assmussen geführt. Ihm warf das Gericht die Misshandlung der polnischen Arbeiter Jan Perszyk, Karolina Nawacka und Alexander Yoluchowski auf dem eigenen Hof vor.[757] Assmussen, der seit dem 3. Juni 1945 in Haft war, musste sich am 31. Januar 1946 vor einem britischen Militärgericht in Hamburg verantworten. Verteidigt wurde er von dem *Solicitor* Captain N. G. A. Evans, *Royal Artillery*.[758] Ein polnischer Offizier war Mitglied des Gerichts.[759]

Der Fall der Anklage stützt sich ausschließlich auf Affidavits, da die Zeugen, allesamt polnische Staatsbürger, bereits repatriiert worden waren und nicht vor Gericht zur Verfügung standen.[760] Die Anklage lautete auf wiederholte Misshandlung von ausländischen Arbeitern in den Jahren 1942–1945 auf dem eigenen Hof in „Neisgrau" (wohl ein Schreibfehler, gemeint war vermutlich Niesgrau nahe Flensburg). In dem fraglichen Zeitraum hatten mehrere Zwangsarbeiter auf Assmussens Hof gearbeitet, darunter Russen, Polen und Niederländer, immer zwischen sieben und zwölf Perso-

---

755 Ebenda, Proceedings of the trial, S. 10.
756 NA, WO 235/ 60, Proceedings of the trial, Zeugenaussage Hans Asmussen, S. 4.
757 Ebenda, Charge Sheet, S. 2.
758 Durch den JAG wurde auch in diesem Prozess ein britischer Offizier als Verteidiger des Angeklagten vorgeschlagen. Vgl. ebenda. Empfehlung zur Eröffnung eines Verfahrens an den C-in-C gegen Leutnant Hans Assmussen von Brigadier Henry Shapcott, Military Deputy, JAG, vom 3. September 1945, S. 2.
759 Ebenda, Proceedings of the trial, S. 1.
760 Ebenda, Proceedings of the trial, S. 2.

nen.[761] Drei Affidavits und eine schriftliche Aussage (nicht unter Eid) wurden vom Ankläger Captain C. W. E. Shelley als Beweismaterial vorgelegt und mit großer Sorgfalt für alle Gerichtsteilnehmer in die jeweilige Muttersprache übersetzt. Die Schriftstücke wurden jeweils in einer englischen Übersetzung der polnischen Originale einzeln verlesen. Für Assmussen wurde jedes einzelne Beweisstück vor Gericht eigens ins Deutsche übersetzt.

In den drei Affidavits beschrieben ehemalige Zwangsarbeiter die Misshandlungen, vor allem Schläge und Tritte, die sie durch Assmussen über Jahre hinweg erlitten hätten. Ferner beklagten die Zeugen, dass Assmussen ihnen Nahrung vorenthalten, sie absichtlich für die schwersten Arbeiten auf dem Hof eingeteilt, sie beschimpft und nicht zuletzt bei körperlichen Misshandlungen sogar ausgelacht habe. Hinzu kam ein Vorfall, bei dem Assmussen mutmaßlich auf einen der Arbeiter geschossen hatte, woraufhin dieser geflohen, aber nicht entkommen sei und schließlich wieder zum Hof zurückkehren musste.[762]

Nach dem Verlesen der Affidavits und schriftlichen Aussagen verzichtete Verteidiger Evans auf eine Eröffnungsrede und rief unmittelbar den Angeklagten in den Zeugenstand.[763] Assmussen bestritt alle gegen ihn erhobenen Vorwürfe zur Gänze. In Wirklichkeit, so erklärte er, seien die bei ihm zur Arbeit verpflichteten ausländischen Arbeiter vorbildlich und überaus großzügig behandelt worden: „I declare on oath that the people who have accused me were treated by me like a father."[764] Diese Aussage Assmussens ließ freilich offen, was genau er unter einer „väterlichen" Behandlung verstand. Er gab an, niemanden je geschlagen zu haben, vielmehr hätten die polnischen Arbeiter die russischen Arbeiter mehrfach verprügelt.[765]

Auf die Frage des Anklägers Captain Shelley im Kreuzverhör, wie er sich die gegen ihn vorliegenden Aussagen mehrerer ehemaliger Arbeiter erkläre, wusste Assmussen keine Antwort. Womöglich, so mutmaßte er konspirativ, seien die Zeugen bestochen worden. Warum oder von wem blieb freilich im Dunkeln.[766] Auch den Vorfall mit der Waffe tat Assmussen ab. Er hätte sein Gewehr nur zum Schießen auf Wild benutzt, um den kargen Speisezettel zu ergänzen. Weshalb einer der polnischen Arbeiter, der im-

---

761 Ebenda, Proceedings of the trial, S. 6.
762 Ebenda, Affidavit „A" von Jan Perszyk und Affidavit „C" von Franz Skrzypek.
763 Ebenda, Proceedings of the trial, S. 4.
764 Ebenda, Proceedings of the trial, Zeugenaussage Hans Asmussen, S. 4.
765 Ebenda, Proceedings of the trial, S. 5.
766 Ebenda, Proceedings of the trial, S. 6.

merhin für insgesamt fünf Jahre auf seinem Hof gearbeitet hatte, derart in Angst versetzt worden war, dass er floh, konnte sich der Angeklagte ebenfalls nicht erklären. Im Übrigen betonte Assmussen, sich an die Ereignisse nicht mehr genau erinnern zu können. In keinem Fall aber habe er dem entflohenen Arbeiter mit dem KZ gedroht: „I did not threaten him with a concentration camp."[767]

Im Zuge seiner Aussage und seines Kreuzverhörs stellte sich für das Gericht zunehmend die Frage nach dem Charakter des Angeklagten, zumal dieser sich selbst in dieser Hinsicht durchaus ambivalent beschrieb: „I am a good tempered man on the whole. Sometimes I get a little annoyed."[768] Ähnlich urteilte ein von der Verteidigung eingebrachtes medizinisches Gutachten: Der behandelnde Arzt für die russischen Arbeiter auf Assmussens Hof bestätigte darin zwar, an diesen nie Misshandlungen festgestellt zu haben, bescheinigte Assmussen allerdings starke „Aufregungszustände", die infolge eines schweren Schädelbruchs im Jahr 1933 stetig zugenommen hätten.[769] Während der Befragung im Kreuzverhör durch Shelley gab Assmussen weiterhin kein direktes Fehlverhalten seinerseits zu, allerdings ergaben die Schilderungen der allgemeinen Zustände, unter denen die Zwangsarbeiter auf seinem Hof lebten, ein problematisches Bild. Assmussen gab an, die Arbeiter durch das „Arbeitsamt" bekommen zu haben, die polnischen Arbeiter seinen ursprünglich zuerst Kriegsgefangene gewesen. Im letzten Kriegsjahr hätten außerdem bis zu fünf Arbeiter in einem sehr kleinen Raum geschlafen. Der polnische Arbeiter, der in Todesangst geflohen sei, war vermutlich erst 15 oder 16 Jahre alt, als er auf Assmussens Hof kam.[770]

Die Verteidigung bot neben Assmussen drei weitere Zeugen auf: den örtlichen Postmann, eine ehemalige deutsche Arbeiterin auf Assmussens Hof, die den Vorfall mit den Schüssen aus Sicht der Anklage bestätigte, sowie einen weiteren Landwirt aus Niesgrau.[771] Dieser sagte aus, Assmussen hätte „some difficulties with his foreign workers" gehabt. Seiner Ansicht nach war das allerdings nicht weiter ungewöhnlich: „It was difficult with everybody to control foreign workers. It was generally considered that one

---

767 Ebenda, Proceedings of the trial, S. 7.
768 Ebenda, Proceedings of the trial, S. 8.
769 Ebenda, Medizinisches Attest von Dr. Wurmb aus Geltingen, undatiert.
770 Vgl. ebenda, Proceedings of the trial, S. 8–10.
771 Vgl. ebenda, Proceedings of the trial, S. 11, 13.

had to be rough sometimes." Er habe aber nie selbst gesehen, dass Assmussen seine Arbeiter misshandelt hätte.[772]

Im Schlussplädoyer konzentrierte sich Captain Evans auf die Aussagen seines Mandanten und der Zeugen der Verteidigung und hob besonders hervor, dass diese alle persönlich vor Gericht anwesend waren und damit auch im Kreuzverhör befragt worden seien. Im Kontrast dazu stünde die „documentary nature of prosecution's evidence".[773] Zugunsten seines Mandanten sprach laut Evans auch die lange Zeit, die einzelne Arbeiter auf Assmussens Hof geblieben waren. Auf die Unfreiwilligkeit der Situation der Zwangsarbeiter ging Evans entweder aus taktischen Gründen oder schlicht aus Unkenntnis nicht ein. Assmussen hätte zudem detailliert Auskunft gegeben über die Behandlung seiner Arbeiter, die bei anderen Landwirten genauso üblich gewesen wäre.

Der Ankläger beharrte dagegen darauf, dass Affidavits dasselbe Gewicht beizumessen sei wie Zeugenaussagen vor Gericht. Das Gericht scheint in diesem Prozess tatsächlich keinen Unterschied zwischen der Vorlage von Affidavits und persönlichen Zeugenaussagen gemacht zu haben. Assmussen wurde zu neun Monaten Haft ohne schwere Arbeit verurteilt – Letzteres vermutlich aufgrund seines hohen Alters und Rheumatismus, den Evans in seiner Bitte um Milde anführte. Bei der Bestätigung wurde das Strafmaß auf drei Monate reduziert.[774]

Zwischenfazit

Die Prozesse wegen Verbrechen an polnischen Zwangsarbeiten teilen sich damit in zwei Kategorien. Einerseits Verfahrenen gegen Landwirte, die Zwangsarbeiter auf ihren eigenen Höfen beschäftigt hatten, andererseits Prozesse gegen Personen, die in unterschiedlichen Funktionen die Aufsicht oder Bewachung von Zwangsarbeitern zu verantworten hatten. Bei Schuldsprüchen variierten die verhängten Haftstrafen je nach der Schwere der Vergehen, Todesurteile finden sich indes keine. Erfolgten die Misshandlungen oft? Wie schwer waren sie? Wurden sie eigenhändig ausgeführt oder jemand anderem befohlen? Und wie wurde geschlagen – mit der offenen Hand oder mit harten, schweren Gegenständen? Diese Fragen wurden in den dargestellten Fällen intensiv diskutiert. Die ausgesprochenen Stra-

---

772 Ebenda, Proceedings of the trial, S. 14–15.
773 Ebenda, Proceedings of the trial, S. 16.
774 Ebenda, Charge Sheet, S. 2.

fen, sie reichten von sechs Monaten bis zu acht Jahren, wurden häufig bei der Bestätigung der Urteile bereits gemildert, teilweise sogar sehr deutlich. Die höchste Haftstrafe wurde gegen Gerhard Schrapp ausgesprochen, bei dem die eigenhändige Tötung von Zwangsarbeitern und Kriegsgefangenen zumindest im Raum stand. Auch in dem Verfahren gegen den Hilfspolizisten Otto Theisze konnte nicht ausgeschlossen werden, dass Zwangsarbeiter durch seine Misshandlungen zu Tode gekommen waren. Theisze erhielt mit drei Jahren das zweithöchste Strafmaß, gefolgt von eineinhalb Jahren für den Landwirt Klaus Voss, dessen Misshandlungen zum Selbstmord eines polnischen Zwangsarbeiters auf seinem Hof geführt haben sollen.

Dass sich die Anklage in manchen Prozessen ausschließlich auf Affidavits als Beweismittel stützte, führte zu sehr unterschiedlichen Bewertungen durch die Gerichte. So wurde Hans Hagel von allen Vorwürfen freigesprochen, wohingegen der Landwirt Hans Assmussen, gegen den ausschließlich Aussagen in Form von Affidavits vorgebracht wurden, für schuldig befunden und zu neun Monaten Haft verurteilt wurde. Die Verteidiger der einzelnen Angeklagten konzentrierten sich meist auf zwei Strategien: erstens die vorgeworfenen Taten zu leugnen bzw. die dafür von den Staatsanwaltschaft vorgelegten Beweise als unzureichend einzustufen und zweitens die persönlichen Lebensumstände der Angeklagten herauszustellen, die entweder strafmildernd wirken oder den angeblich guten Charakter des Angeklagten herauskehrten sollten.

2.2.4. Prozesse wegen illegaler Befehle und unerlaubter Handlungen im Krieg

Nicht mit der Behandlung von Kriegsgefangenen oder Zivilisten, sondern mit der Frage, wo die Grenze zwischen zulässigen und unzulässigen Entscheidungen im Zuge unmittelbarer Kampfhandlungen verlief, beschäftigten sich drei Prozesse gegen deutsche Soldaten im Oktober und November 1945. Einerseits brachte die Staatsanwaltschaft illegale Befehle bei der Gefangennahme feindlicher Soldaten, also die zulässige Kriegführung, zur Anklage, andererseits das Verhalten deutscher Soldaten, wenn diese sich dem Feind ergeben hatten. Alle drei Angeklagten, zwei Offiziere und ein Unteroffizier, wurden vor Gericht durch einen britischen Verteidiger vertreten. In zwei Verfahren mussten sich die Angeklagten für den angeblich von ihnen ausgesprochenen Befehl, keine Gefangenen zu machen bzw. feindliche Soldaten bei Ergreifung sofort zu erschießen, verantworten. Für die Verwundung eines britischen Offiziers musste sich ein deutscher Offizier in dem dritten Prozess rechtfertigen, nachdem er vor seiner Attacke angeblich durch Hochhalten der Hände seine Aufgabe signalisiert hatte.

a.) „We should take no prisoners!"[775] – Die Prozesse gegen Karl Heinz Kniep und Heinz Zaun

Die Verfahren gegen Karl Heinz Kniep und Heinz Zaun, beide während des Kriegs in Frankreich nahe Bray-et-Lû stationiert, verbanden nicht nur die nahezu identischen Anklagen. Die Staatsanwaltschaft warf ihnen in separaten Verfahren vor, am 21. August 1944 die Order ausgegeben zu haben, bei der für diesen Tag geplanten Erstürmung eines Hügels keine Gefangenen zu machen und gegnerische Soldaten sofort zu erschießen.

Damit endeten die Ähnlichkeiten der Verfahren von Karl Heinz Kniep und Heinz Zaun allerdings, nicht jedoch die Verflechtungen der Geschichten beider Männer. Zaun trat im Verfahren seines ehemaligen kommandierenden Offiziers Kniep als erster Zeuge der Anklage auf. Verteidigt wurden beide Angeklagten von dem britischen Offizier Major G. G. Briggs vom *3/4 County of London Yeomanry (Sharpshooters)*, einem *Barrister-at-Law*. Zaun sagte im Prozess gegen Kniep aus, er hätte an dem fraglichen Tag von Kniep den Befehl erhalten: „We should take no prisoners!"[776], und diesen entsprechend an die Truppe weitergegeben. Bei dem anschließenden Vormarsch sei der Befehl dann nur deswegen nicht zur Ausführung gekommen, weil entgegen der Erwartung keine feindlichen Soldaten auf dem betreffenden Gelände zu finden waren. Zaun betonte explizit, dass es Befehlsverweigerung („disobeying the accused's orders") bedeutet hätte, gegnerische Soldaten gefangen zu nehmen[777] Die naheliegende Schlussfolgerung, dass Knieps Befehl das sofortige Erschießen gegnerischer Soldaten meinte, bestritt Zaun allerdings kategorisch, ohne jedoch eine plausible alternative Erklärung zu bieten. Der zweite Zeuge der Anklage, ebenfalls ein ehemaliges Mitglied von Knieps Einheit, bestätigte diesen Ablauf der Ereignisse. Dem Antrag des Anklägers, den Prozess als *prima facie*-Fall zu behandeln, sodass Kniep ausschließlich zur Frage, ob er die Order, keine Gefangenen zu machen, gegeben hatte, Stellung nehmen musste, gab das Gericht nach einer Beratungsunterbrechung statt.

---

775 NA, WO 235/ 28, Proceedings of the trial, S. 2.
776 Ebenda.
777 Ebenda.

Die Verteidigung Knieps, der als erster und einziger Zeuge selbst unter Eid aussagte, konzentriere sich im Folgenden nicht etwa auf die Leugnung des illegalen Befehls, sondern führte stattdessen Gründe auf, warum er in dieser Situation, mit einer personell sehr geschwächten Truppe, noch dazu mit schlechter Moral, in einem feindlichen Land, die einzig vertretbare Option gewesen sei.[778] Den Befehl habe er ausschließlich zum Zweck eines schnellen Geländegewinns gegeben. Laut Kniep bedeutete die Order: „[A]ny allied prisoner who wished to surrender would remain were they were – and one would perhaps not worry about them."[779] Nach dieser fast unfreiwillig komisch wirkenden, jedenfalls äußerst fragwürdigen Lesart zielte der Befehl, keine Gefangen zu machen, demnach nicht auf die sofortige Liquidierung feindlicher Soldaten, sondern hätte dazu gedient, keinen seiner Männer dafür abstellen zu müssen, Kriegsgefangene zu bewachen und abzuführen.

In ihrem Schlussplädoyer forderte die Anklage die Verurteilung des Angeklagten, da dieser sich mit seinem illegalen Befehl der Verletzung des Art. 23 der Haager Konvention und damit eines Kriegsverbrechens schuldig gemacht habe. Auch Knieps Verteidiger Briggs räumte in seiner Schlussrede ein, dass niemand leugne, dass sein Mandant den fraglichen Befehl gegeben hatte. Den Vorwurf allerdings, dass diese Order die sofortige Erschießung kriegsgefangener Soldaten bedeutete, hätte die Staatsanwaltschaft nicht beweisen können. Briggs führte zudem die schwierige Kriegssituation, die es unmöglich gemacht habe, sich um Kriegsgefangene zu kümmern, als Entlastungsgrund für Knieps Handeln an.[780]

Das Gericht sprach Kniep schuldig und forderte sowohl Verteidigung wie Anklage auf, „to produce any facts which may serve to mitigate the gravity of the offence".[781] Die Schwere der Schuld des Angeklagten setzte das Gericht demnach sehr hoch an. Während der Ankläger nichts Weiteres vorbrachte, machte Briggs einige Erläuterungen zum Alter und persönlichen Werdegang seines Mandanten. Als entlastend führte er auf, dass Kniep, der beim Prozess erst 25 Jahre alt war, zum Zeitpunkt des Vorfalls noch ein sehr junger Offizier gewesen war und vor der Einziehung zum Kriegsdienst noch zur Schule ging. Zu seinen Gunsten spreche auch, dass Kniep drei Jahre an der russischen Front gekämpft habe und dort verwundet worden sei. Seine Eltern, die er seit 1943 nicht gesehen hätte, lebten mittler-

---

778 Ebenda.
779 Ebenda, Proceedings of the trial, S. 5.
780 Ebenda, Proceedings of the trial, S. 7.
781 Ebenda, Proceedings of the trial, S. 8.

weile in der sowjetischen Besatzungszone. Kniep sei Träger des Eisernen Kreuzes erster und zweiter Klasse sowie zahlreicher weiterer Verdienstorden und galt zudem für die Zeit von 16 Monaten als vorbildlicher Kriegsgefangener.[782]

Das anschließend verkündete Strafmaß von drei Jahren Zwangsarbeit („penal servitude") erscheint angesichts des unbestritten illegalen Befehls und der Andeutung des Gerichts die Schwere der Schuld betreffend eher moderat. Zur relativen Milde des Gerichts trug sehr wahrscheinlich der Umstand bei, dass der Befehl Knieps in der Praxis keine Opfer gefordert hatte. Ebenso könnte die plastische Schilderung der schwierigen Kriegsumstände durch Verteidiger Briggs strafmildernd gewertet worden sein. Auch der *Convening Officer* zeigte sich gnädig, indem er in seiner Urteilsbestätigung die Strafe nochmal um zwei Jahre reduzierte, sodass für Kniep letztlich nur ein Jahr Haft bestehen blieb.

Obgleich, wie erwähnt, der ehemalige Unteroffizier Heinz Zaun ebenfalls angeklagt war, den illegalen Befehl, keine Gegangenen zu machen, gegeben zu haben, verlief dessen Prozess völlig anders. Die Anklage warf Zaun vor, als direkter Untergebener Knieps den fraglichen Befehl unverändert weitergegeben und sich damit eines Kriegsverbrechers schuldig gemacht zu haben.[783] Anders als bei Kniep beschäftigte sich das Gericht aber nicht mit dem mutmaßlichen Tatgeschehen, den Umständen und Rechtfertigungsgründen, sondern ausschließlich mit der Frage, ob die von Heinz Zaun in der Zeit seiner Inhaftierung als Kriegsgefangener in London schriftlich abgegebene Aussage überhaupt als Beweismittel zulässig sei. Major Briggs erhob als Verteidiger Zauns Einspruch gegen die Zulassung, weil die Aussage unfreiwillig gemacht worden sei: „It was made under duress."[784] In der Tat musste der britische Offizier, der Zauns schriftliche Aussage aufgenommen hatte, als erster Zeuge der Anklage im Kreuzverhör zugeben, dass die Aussage erst nach einem mehr als einstündigen Verhör des Angeklagten in den „London Cage" genannten Verhörräumen des MI19 erfolgt war.[785] Zaun sagte zudem vor Gericht aus, er sei in dem Glauben gelassen worden, dass er nur zum Zweck einer verpflichtenden Aussa-

---

782 Vgl. ebenda.

783 Die Anklageformulierungen gegen Zaun und Kniep waren im Wortlaut identisch und berücksichtigten somit nicht bzw. machten keinen Unterschied zwischen einem Befehl, der selbst formuliert und ausgegeben wurde, und der Weitergabe eines erhaltenen Befehls nach unten an die eigenen Untergebenen.

784 Ebenda, Proceedings of the trial, S. 1.

785 Ebenda, Proceedings of the trial, S. 2. Der sogenannte *London Cage* war ein in den Häusern Kensington Palace Gardens 6–8 von Juli 1940 bis September 1948

ge nach London transferiert worden sei: „I was told that no one left this house without making a required statement."[786] Zudem gab er an, direkt bedroht worden zu sein, sollte er sich weigern, eine Aussage zu machen.

Das Gericht entschied nach Beratungen, der Eingabe von Major Briggs stattzugeben, und ließ die schriftliche Aussage Zauns nicht als Beweismittel zu. Nachdem die Anklage keine weiteren Beweise vorlegen konnte, befand das Gericht Zaun für nicht schuldig. Anders als in allen anderen Militärgerichtsprozessen mit britischen Verteidigern folgte damit ein Gericht dem Antrag der Verteidigung, eine vor dem Prozess gemachte Aussage nicht als Beweismittel zuzulassen, weil sie unter Druck und damit nicht freiwillig zustande gekommen war.

Zusammenfassend lässt sich festhalten, dass dem unterschiedlichen militärischen Rang bei den Prozessen gegen Kniep und Zaun eine entscheidende Rolle zukam. Der illegale Befehl, keine Gefangenen zu machen, wurde von beiden Angeklagten nicht geleugnet, doch während die Verteidigungsstrategie Knieps, basierend auf der angeblichen kriegsbedingten Notwendigkeit dieses Befehls, erfolglos blieb, scheint die Argumentation des Handelns auf Befehl, die Zaun vorbrachte, zum Freispruch geführt zu haben.

b) „Ich war in diesem Moment kaltblütig." – Der Prozess gegen Hans Werner Wandke

Was erlaubt war im Krieg bzw. im Gefecht und der rechtliche Status von gefangen genommen und kapitulierenden Soldaten bildete den Gegenstand eines weiteren Militärgerichtsprozesses unter Beteiligung eines britischen Offiziers als Verteidiger. Die Kernfrage des Verfahrens gegen den ehemaligen Kommandeur der 2. Kompanie im Panzergrenadier-Regiment

---

bestehendes Verhörzentrum der Sektion MI19 (*Combined Services Detailed Interrogation Centre*) des britischen *War Office*. Es diente im Zweiten Weltkrieg dazu, Informationen von Zivilisten und Militärs aus NS-Deutschland, vermutlich auch mithilfe von Foltermethoden, zu erlangen. Diese Aktivitäten wurden 2005 infolge des *Freedom of Information Act* öffentlich, als die Zeitschrift *The Guardian* die entsprechenden Akten in den National Archives durchforstete und mehrere Artikel darüber veröffentlichte. Vgl. Cobain, Ian, Britain's Secret Torture Centre, in: The Guardian (17.12.2005); Cobain, Ian, The Secrets of the London Cage, in: The Guardian (12.11.2005); Cobain, Ian, The postwar photographs that British authorities tried to keep hidden. Revealed: victims of UK's cold war torture camp (03.04.2006).

786 NA, WO 235/ 26, Proceedings of the trial, S. 3.

156 Leutnant Hans Werner Wandke war, wann es als rechtens gelten konnte, sich der Aufgabe bis zum Letzten und mit allen zur Verfügung stehenden Mitteln zu verweigern. Die Anklage warf Wandke vor, auf einen britischen Offizier geschossen und diesen verletzt zu haben; zuvor, so kam erschwerend hinzu, habe Wandke heimtückisch seine Aufgabe durch Hochhalten der Hände vorgetäuscht. Die Verteidigung des Angeklagten übernahm auf Empfehlung des JAG ein britischer Offizier des *143 Field Regiment* der *Royal Artillery*, Major D. J. Brabbin, ein *Barrister-at-Law*.[787]

Die Staatsanwaltschaft berief als ersten Zeugen den von Hans Wandke am 3. Oktober 1944 verwundeten britischen Offizier Major D. I. M. Robbins, Kommandeur des *4th Battalion, Wiltshire Regiment*. Robbins berichtete seine Version der Geschehnisse: Am fraglichen Tag sei er mit seiner Einheit beauftragt gewesen, eine deutsche Stellung nahe Elst in Holland auszuheben.[788] Seiner Aufforderung, sich zu ergeben, wären die meisten deutschen Soldaten ohne Zögern nachgekommen. Wandke, den Robbins vor Gericht zweifelsfrei identifizierte, hatte der Major in einem Unterschlupf kauernd vorgefunden. In dem Versteck sei zudem ein deutscher Sanitäter gewesen – eine nicht näher identifizierte Person, die im Prozess keine weitere Rolle spielte. Beide, Wandke und den unbekannten Sanitäter, habe er aufgefordert, sich durch Hochheben beider Hände zu ergeben. Diese Darstellung bestätigte Wandke vor Gericht. Robbins gab an, sich anschließend zu einem seiner Kameraden umgedreht zu haben, um anzuordnen, dass dieser die Gefangenen in Gewahrsam nehme. Nachdem er sich zu Wandke zurückgedreht hatte, habe dieser aber bereits mit einer Pistole auf ihn gezielt und dann mehrmals geschossen.[789] Robbins wurde dabei an der Hand verwundet, woraufhin andere aus seiner Truppe das Feuer erwiderten und Wandke schließlich gefangen nahmen.[790] Im Kreuzverhör gefragt, ob es nicht fahrlässig gewesen sei, sich umzudrehen, antwortete Robbins lapidar: „I was quite certain that the Germans would give in without any show of fight"[791] Deswegen habe er die Deutschen auch gar nicht erst nach Waffen durchsucht.[792]

---

787 NA, WO 235/ 2, Empfehlung zur Eröffnung eines Verfahrens an den C-in-C gegen Leutnant Hans Werner Wandke von Brigadier Henry Shapcott, Military Deputy, JAG, vom 14. Juli 1945, S. 2: „The accused [...] should be offered the service of a British officer with legal qualifications to assist him at his trial."

788 Ebenda, Proceedings of the trial, Zeugenaussage von Maj. Robbins, S. 4.

789 Vgl. ebenda, Proceedings of the trial, Zeugenaussage von Maj. Robbins, S. 5.

790 Ebenda, Proceedings of the trial, Zeugenaussage von Maj. Robbins, S. 7.

791 Ebenda, Proceedings of the trial, Kreuzverhör von Maj. Robbins, S. 8.

792 Ebenda, Proceedings of the trial, Kreuzverhör von Maj. Robbins, S. 9.

Der zweite Zeuge der Anklage, ein Mitglied von Robbins Regiment, der am Tag des Geschehens mit ihm auf Patrouille gewesen war, bestätigte die Version von Robbins und gab darüber hinaus an, die hochgehaltenen Hände des Angeklagten selbst gesehen zu haben. Auch er identifizierte Wandke zweifelsfrei als den Schützen.[793]

Wandke hingegen bestritt kategorisch die Darstellung der beiden Anklagezeugen, wobei er durchaus geschickt formulierte.[794] So stritt er nicht ab, Robbins verwundet zu haben, widersprach aber vehement der von dem britischen Opfer präsentierten zeitlichen Abfolge der Ereignisse: Er hätte zuerst geschossen und sich erst anschließend, nach seiner eigenen Verwundung, ergeben.[795] Wandke erklärte sein Handeln in seiner Aussage und auch im Kreuzverhör durchgängig mit seinem soldatischen Ehrempfinden. Nach Eigenaussage hatte Wandke am fraglichen Tag zwar als Kommandeur von 25 Mann nur 15 britischen Soldaten gegenübergestanden, diese wären allerdings durch die Unterstützung eines Panzers militärisch klar überlegen gewesen. Deshalb hätten die meisten seiner Männer ohne Widerstand aufgegeben und seien in Kriegsgefangenschaft gegangen. Ihm als Offizier sei es indes nicht möglich gewesen, ebenso zu handeln. So erklärte Wandke auch, warum er als Einziger aus seiner Truppe auf die britischen Soldaten gefeuert habe: „I was the only member of my platoon to fire because I am a German officer. It is dishonorable to be captured without having fired a shot."[796] Es sei seine Pflicht als kommandierender Offizier gewesen, sich nicht widerstandlos zu ergeben, sondern seinen Männern mit „gutem Beispiel" voranzugehen: „It is usual in the German Army for officers to show an example to their men. They are trained to do so."[797]

Tatsächlich beruhte die gesamte Verteidigungsstrategie für Wandke darauf, sein Handeln als ehrenhaft und vorbildlich zu präsentieren. Nach eigener Aussage hatte Wandkes soldatisches Gewissen keine anderen Handlungsoptionen zugelassen: „Ich war mir indessen völlig im Klaren, dass es für mich nur noch eines gab, sich wehren bis zur letzten Patrone, um vor meinem Gewissen bestehen zu können. Ich war in diesem Moment kaltblütig."[798] Auch der Umstand, dass er von seinen Untergebenen auf die Sinnlosigkeit seines Handelns hingewiesen worden war, änderte für Wand-

---

793   Ebenda, Proceedings of the trial, Zeugenaussage von R. S. M. Preston, S. 9–10.
794   Ebenda, Proceedings of the trial, Zeugenaussage von Leutnant Wandke, S. 15.
795   Ebenda, Proceedings of the trial, Zeugenaussage von Leutnant Wandke, S. 18.
796   Ebenda, Proceedings of the trial, Zeugenaussage von Leutnant Wandke, S. 16.
797   Ebenda, Proceedings of the trial, Zeugenaussage von Leutnant Wandke, S. 18.
798   Ebenda, Exhibit 5, Aussage Wandkes zum Geschehen.

ke nichts an seiner Lage: „Mein Sanitäter sagte zu mir, dass es doch keinen Zweck mehr habe, jetzt noch zu schiessen und ich machte ihm klar, dass ich dies als Offizier tun musste."[799]

Verteidiger und Ankläger waren sich in ihren jeweiligen Plädoyers in einem Punkt einig: Als entscheidend galt beiden Seiten die Frage, ob der Angeklagte sich ergab, bevor oder nachdem er seine Waffe abgefeuert hatte. Beide Seiten fassten ihre vorgelegten Beweise nochmals zusammen, bevor das Gericht sich zur Beratung zurückzog und schließlich sein Urteil verkündete. Hans Wandke wurde für nicht schuldig befunden.[800] Die Abwägung von Aussage gegen Aussage scheint das Gericht in diesem Fall unter der Devise *in dubio pro reo* zugunsten Wandkes entschieden zu haben. Da sich Verteidigung und Anklage einig waren, dass die entscheidende Frage war, ob die Verwundung des britischen Offiziers vor oder nach der Aufgabe von Wandke erfolgte, stand gewissermaßen Aussage gegen Aussage. Es darf daher vermutet werden, dass das Beharren des Angeklagten auf seiner „soldatischen Ehre" und seinem Offiziersstatus, die ein unehrenhaftes Handeln im Kampf ausgeschlossen hätten, nicht ohne Wirkung blieb und zu seinem Freispruch beitrug. Die (nicht zuletzt) militärische Sozialisierung des Gerichtspersonals dürfte sich hier zugunsten Wandkes ausgewirkt haben.

2.3. Militärgerichtsprozesse wegen Verbrechen auf hoher See

Am 13. März 1944 versenkte das deutsche U-Boot U-852 unter dem Kommando von Kapitänleutnant Eck[801] das griechische Schiff *Peleus*, ein von

---

799 Ebenda.
800 Ebenda, Proceedings of the trial S. 22.
801 Heinz-Wilhelm Eck (1916–1945) war seit 1934 bei der Reichsmarine und wurde 1937 Offizier. Von 1939 bis 1942 kommandierte er ein Minensuchboot. 1942 meldete er sich freiwillig zur U-Boot-Waffe und bereitete sich bis zum Frühjahr 1943 auf ein eigenes Kommando vor. Dieses kam mit dem 1943 neu in Dienst gestellten U-Boot U 852, das unter Ecks Kommando am 18. Januar 1944 von Kiel zu seiner einzigen Feindfahrt auslief. Bevor Eck mit seiner Mannschaft am 3. Mai 1944 an der Küste von Somalia von britischen Streitkräften gefangen genommen wurde, versenkte er nicht nur die *Peleus*, sondern einen weiteren britischen Frachter, die *Dahomian*. Vgl. Messimer, Dwight D., Heinz-Wilhelm Eck. Siegerjustiz und die Peleus-Affaire, in: Theodore P. Savas (Hrsg.), Lautlose Jäger. Deutsche U-Boot-Kommandanten im Zweiten Weltkrieg, München 2001, S. 215–282.

der britischen Marine gecharterter Frachter. Für diese Kriegshandlung[802], vor allem aber für die ihnen vorgeworfene gezielte Tötung schiffbrüchiger Überlebender der *Peleus*[803], mussten sich vom 17. bis 20. Oktober 1945 Heinz-Wilhelm Eck, drei seiner Offiziere sowie ein Matrose vor einem britischen Militärgericht verantworten.[804] Der Peleus-Prozess ist das einzige Verfahren wegen Verbrechen auf hoher See unter Beteiligung eines britischen Offiziers als Verteidiger. Die rechtlichen Grundlagen bzw. das anzuwendende internationale Recht waren in diesem Fall noch weniger klar kodifiziert als bei Landkriegsverbrechen. Umso kontroverser fielen die Einschätzungen zwischen Anklage und Verteidigung aus. Der Prozess erregte zeitgenössisch einige Aufmerksamkeit, stand mit den Angeklagten doch gleichsam stellvertretend die deutsche U-Boot-Kriegführung vor Gericht.

Neben Eck saßen Leutnant zur See August Hoffmann, Marine-Stabsarzt Walter Weispfennig (gelegentlich auch in der Schreibweise Weißpfennig), Kapitänleutnant Hans Richard Lenz und der Matrosen-Obergefreite Wolfgang Schwender auf der Anklagebank.[805]

Das Team der Verteidigung setzte sich zusammen aus drei deutschen Anwälten namens Todsen (zuständig für Eck), Pabst und Wulf (für Hoffmann, Schwender und Weispfennig), dem vormaligen Marineoffizier und Fregatten-Kapitän Meckel (ebenfalls für Eck), dem Professor für Straf-

---

802 Die Formulierung in der Anklageschrift war in diesem Punkt nicht eindeutig. Auf einen Hinweis von Major Lermon, der für alle Angeklagten in dieser Sache sprach, wurde die Auslegung der Anklage dergestalt gewählt, dass die Versenkung der *Peleus* an sich kein Kriegsverbrechen dargestellt habe und folglich von der Staatsanwaltschaft auch nicht angeklagt wurde. Vgl. Cameron, The Peleus trial, S. 3.

803 Zuvor waren die Überlebenden, die sich in zwei Rettungsbooten befanden oder sich an herumtreibende Wrackteile klammerten, von der U-Boot-Besatzung nach dem Namen des versenkten Schiffs und seinem Auftrag befragt worden. Daraufhin eröffneten Teile der Besatzung mit einem Maschinengewehr das Feuer auf die Schiffbrüchigen und warfen zusätzlich Handgranaten in Richtung der im Wasser treibenden Männer. Fast alle Besatzungsmitglieder der *Peleus* wurden dabei getötet. Einzige Ausnahme bildeten der griechische Erste Offizier sowie ein griechischer und ein britischer Seemann, die sowohl die Versenkung als auch den anschließenden Beschuss überlebten und erst über einen Monat nach dem Vorfall gerettet wurden. Vgl. Law Reports, Vol. I, S. 1–4; NA, WO 235/5, Proceedings of the Trial, S. 3.

804 NA, WO 235/ 5, Charge Sheet, S. 2.

805 Vgl. zum Peleus-Prozess auch: NA, WO 235/5 and Law Reports, Vol. I, S. 1–21; Hassel, Kriegsverbrechen vor Gericht, S. 72; Savas, Theodore P. (Hrsg.), Lautlose Jäger. Deutsche U-Boot-Kommandanten im Zweiten Weltkrieg, München 2001, S. 239–280; Cameron, The Peleus trial.

und Internationales Recht Arthur Wegner[806] sowie dem britischen Offizier und *Barrister-at-Law* Major N. Lermon vom *Headquarter 8 Corps District* (für Lenz).[807] In seiner zusammenfassenden Beurteilung des Peleus-Prozesses würdigte der DJAG Edward Russel of Liverpool vor der Urteilsbestätigung diese ganz spezifische, nationenübergreifende Zusammenarbeit der Verteidigung in einem britischen Militärgericht eigens und lobte die Fertigkeiten der einzelnen Beteiligten:

> They were defended by German counsel, one of whom, Dr. Todsen, defending Eck displayed considerable ability, Lenz was defended by a British officer, Major Lermon, who carried out a no doubt distasteful duty with competence and was of assistance to the court. A Professor of law, Dr. Wegner, also addressed the court on behalf of the defendants generally. The proceedings were conducted with admirable dignity and dispatch, the German counsel responding correctly to the court's attitude of courtesy combined with firmness.[808]

In seiner Eröffnungsrede beantragte Major Lermon, der zu Beginn der Verhandlung die Führungsrolle unter den Verteidigern einnahm, aufgrund von mangelnder Zeit, sich adäquat vorzubereiten, eine Vertagung des Prozesses um eine Woche. Essenzielle Dokumente, so Lermon, müssten erst noch angefordert und gesichtet werden; Zeugen, die für die Verteidigung unabdingbar seien, stünden (noch) nicht zur Verfügung. Lermon betonte, dass zusätzliche Zeit nötig sei, um die Grundlagen des Militärrechts und Internationalen Rechts, die in diesem spezifischen Verfahren zur Anwendung kommen würden, zu studieren. Zudem sei keiner der deutschen Anwälte mit dem britischen Verfahrensrecht und der britischen Verfahrenspraxis vertraut. Kurzum: Nur eine Vertagung könne die bestmögliche Vertretung der Angeklagten gewährleisten.[809]

---

806 Wegner war unter anderem mit Forschungen zu einem Rechtsstreit vor dem Reichsgericht aus dem Jahr 1921 hervorgetreten, in dem der Beschuss eines englischen Schiffs durch ein deutsches U-Boot im Ersten Weltkrieg verhandelt wurde. Insofern erscheint seine Wahl als Sachverständiger für die Verteidigung völlig gerechtfertigt. Allerdings blieben seine Ausführungen vor Gericht meist kompliziert und ohne klar zu folgende Linie, sodass sie kaum den erhofften Effekt erzielten.

807 NA, WO 235/ 5, Proceedings of the trial, S. 2.

808 WO 235/ 604, DJAG, Empfehlung zur Urteilsbestätigung, 8. November 1945.

809 Vgl. NA, WO 235/ 5, Eingabe an das Gericht von Maj. Lermon zur Vertagung, S. 4: „[F]our days is an unconscionably short time to prepare a defence of such magnitude and such a character as this one. That is particularly so under the conditions in which we have to work here in Germany where communications

Besondere Sorgfalt mahnte Major Lermon auch deshalb an, da der Prozess sich auf neuem rechtlichen Terrain bewege und aller Wahrscheinlichkeit nach als Modellprozess für spätere, ähnlich gelagerte Fälle dienen würde: „[T]his case is, as far as I am aware, virtually without precedent and likely to establish a test case for future trials of this character".[810] Das Gericht folgte dieser Argumentation jedoch nicht und lehnte eine sofortige Vertagung ab. Das Problem der noch nicht anwesenden Zeugen verschob es auf die Zeit nach Abschluss der Beweisvorlage durch die Anklage.[811] Aber auch nach dem ersten Verhandlungstag erlaubte das Gericht, das klar zum Ausdruck brachte, keine Verschleppung des Prozesses zu dulden, der Verteidigung nur einen Aufschub bis zum nächsten Nachmittag.[812] Damit verhielt sich das Gericht durchaus typisch für die hier untersuchten britischen Militärgerichte, die mit Vertagungen generell sehr zurückhaltend umgingen.[813]

Den ersten Prozesstag füllte die Präsentation der Beweise der Staatsanwaltschaft. Colonel R. E. Halse vom *JAG's Office* eröffnete die Anklage mit mehreren Affidavits der überlebenden Besatzungsmitglieder der *Peleus*. Die Verteidigung versuchte, diese Statements ausschließen zu lassen, da die Zeugen nicht verstorben waren und damit vor Gericht erscheinen konnten, um im Kreuzverhör befragt zu werden. Doch auch diesem Einwand

---

     are extremely bad and the relevant libraries and books of reference have been largely demolished."

810 Ebenda.

811 Ebenda, Proceedings of the trial, S. 4–6.

812 Cameron, The Peleus trial, S. 41–42. Der von britischen Offizieren oft vorgebrachte Hinweis, die vom Gericht vorgegebene Vorbereitungszeit sei für die Verteidigung unzureichend gewesen, blieb meist erfolglos. Die Offiziere hoben häufig hervor, erst wenige Tage vor Verfahrensbeginn von ihrer Abkommandierung als Verteidiger erfahren zu haben. Fand ein Prozess gemeinsam mit deutschen Rechtsanwälten statt, die sich erst mit britischem Militärrecht vertraut machen mussten, wurde diese Kritik umso lauter geäußert. Dass es den britischen Offizieren dabei nicht um eine unnötige Prozessverschleppung ging, darf insbesondere bei umfangreichen Prozessen wie dem Peleus-Prozess angenommen werden. Gerade in solchen Fällen erscheint eine Vorbereitungszeit von nur wenigen Tagen in der Tat unzureichend.

813 Beantragte Vertagungen wurden zwar nicht kategorisch verweigert, allerdings wurden meist nur wenige Stunden oder eine Verschiebung auf den nächsten Tag gewährt. Insbesondere nach dem erste Bergen-Belsen-Prozess, der sich viel länger als geplant hinzog, wiesen alle mit Kriegsverbrecherprozessen beteiligten Behörden wiederholt darauf hin, dass jedwede Prozessverzögerung unterbunden werden sollte.

folgte das Gericht nicht; die Affidavits wurden zugelassen und von Halse verlesen.[814]

Die Anklage rief fünf ehemalige Mitglieder von Ecks Mannschaft, die nicht angeklagt waren, als Zeugen der Anklage auf. Diese konnten allerdings keine Belege dafür liefern, dass gezielt auf die Überlebenden geschossen worden war bzw. die im Wasser Treibenden getötet werden sollten.[815] Die Anklage präsentierte zudem Zeugen und verschiedenen Dokumente, die bewiesen, dass die *Peleus* tatsächlich für die britische Marine gefahren war.[816] Damit beendete die Anklage ihren Fall.

Die Verteidigung Heinz-Wilhelms Eck konzentrierte sich darauf, dass dieser als Kommandant des U-Boots nicht etwa aus Grausamkeit oder von Rachegedanken geleitet gehandelt hätte. Vielmehr sei es kriegsbedingt notwendig gewesen, alle Spuren der Versenkung der *Peleus* zu beseitigen, um so sein U-Boot und dessen Besatzung nicht zu gefährden.[817] Vor Gericht brachte Eck klar zum Ausdruck, dass er sich der Konsequenzen seines Handelns im Hinblick auf die Besatzungsmitglieder der *Peleus* voll bewusst war: „It was clear to me that the possibility of saving their lives disappeared."[818]

Die weiteren Angeklagten beriefen sich vor allem auf Befehlsnotstand aufgrund der ihnen erteilten Anweisungen (*superior orders*). Prof. Arthur Wegner argumentierte zudem mit dem Rückwirkungsverbot *nulla poena sine lege*, wonach es zum Zeitpunkt der Versenkung der *Peleus* keine Gesetze zur Strafbarkeit der von der Anklage vorgeworfenen Handlungen gegeben habe.[819] Der Verteidiger Todsen versuchte zudem, eine Parallele zu angeblich vergleichbaren Kriegshandlungen im Ersten Weltkrieg zu konstruieren, musste jedoch auf Nachfrage Colonel Halses eingestehen, keine Beweise für seine Behauptung vorlegen zu können. Seine Verteidigungsstrategie erschien in einem umso ungünstigeren Licht, als Todsen auch auf die ihm in Aussicht gestellte Möglichkeit nicht einging, eine Vertagung zu beantragen, um Belege der angeblichen Präzedenzfälle vorlegen zu können.[820]

Als erster Zeuge der Verteidigung trat Heinz-Wilhelm Eck auf, der über die Beweggründe seines Handelns berichtete: Es sei ihm nicht darum ge-

---

814 Cameron, The Peleus trial, S. 11–17.
815 Ebenda, S. 18–28.
816 Ebenda, S. 29–38.
817 Law Reports, Vol. I, S. 4, 11–12, 15–16.
818 Zitiert nach: Cameron, The Peleus trial, S. 52.
819 Ebenda, S. 43–47; Law Reports, Vol. I, S. 4, 7–10.
820 Cameron, The Peleus trial, S. 46–47.

gangen, die Überlebenden zu töten, sondern alle Spuren des versenkten Schiffs zu beseitigen. Bezugnehmend auf den *Lanconia*-Zwischenfall von 1942[821] merkte Eck zudem an, dass auch die alliierten Streitkräfte militärische Erwägungen über das Wohlergehen von Schiffbrüchigen gesetzt hätten: „At the time those two cases seemed similar to me. In that case military reasons had been decisive, and in my own case also military reasons were decisive."[822]

Der Eindruck, dass Eck das Schicksal der Schiffbrüchigen gleichgültig war, verschlechterte sich im Kreuzverhör zusätzlich, als Eck zugab, nichts für die Überlebenden getan zu haben: „I could not help them."[823] Auch verwickelte er sich hinsichtlich der Frage, warum es angeblich militärisch notwendig gewesen wäre, die Wrackteile zu beseitigen, in Widersprüche. Bei den Nachfragen des *Judge Advocate* machte Eck keine gute Figur, blieb einsilbig und musste zuletzt zugeben, dass Kapitänleutnant Lenz und sein (später gefallener) Erster Offizier gegen seine Entscheidung protestiert hatten. Insgesamt konnte Eck nicht plausibel machen, dass der Beschuss der Wrackteile nicht auch den Personen im Wasser gegolten habe.[824] Die weiteren Angeklagten entlastete Eck insofern, als er betonte, dass seinem Be-

---

821 Unter der *Lanconia*-Affäre wurde ein Vorfall bekannt, bei dem 1942 ein amerikanisches Flugzeug das deutsche U-Boot U 156 unter dem Kommando von Kapitänleutnant Hartenstein beschoss, das rund 200 Schiffbrüchige des britischen Truppentransporters *Lanconia* an Bord und vier unter Rettungsboote mit je ca. 100 Personen im Schlepptau hatte. Versuche von deutscher Seite, mit der Besatzung des Flugzeugs zu kommunizieren, schlugen fehl und auch die auf dem Oberdeck ausgebreitete Rotkreuz-Flagge fand keine Beachtung. Da eine Weisung aus Washington zum richtigen Vorgehen nicht eintraf, entschied der Geschwaderchef des Stützpunkts auf der Insel Asunción eigenmächtig, das U-Boot beschießen zu lassen. Auf die Menschen in den Rettungsbooten wurde dabei keine Rücksicht genommen. Weder der Flugzeugführer noch der Stützpunktkommandant wurden für die Bombardierung je vor ein Gericht gestellt. Großadmiral Dönitz nahm den Vorfall zum Anlass, die deutschen U-Boot-Kommandanten daran zu erinnern, dass sie ihr eigenes Schiff nicht gefährden sollten, um Schiffbrüchigen zu helfen. Der Lanconia-Befehl von Dönitz untersagte schließlich allen U-Booten, Rettungsaktionen für Überlebende zu unternehmen. Vgl. Schmoeckel, Helmut, Lanconia-Affäre. Bombardierung von Rettungsbooten durch ein amerikanisches Flugzeug am 16.9.1942, in: Franz W. Seidler/Alfred-Maurice de Zayas (Hrsg.), Kriegsverbrechen in Europa und im Nahen Osten im 20. Jahrhundert, Hamburg 2002, S. 183–184.

822 Cameron, The Peleus trial, S. 55.

823 Ebenda, S. 36.

824 Vgl. ebenda, S. 59–60.

fehl unbedingt Folge zu leisten war; eine Weigerung hätte dramatische Konsequenzen für alle Beteiligten gehabt.

Wichtigster Entlastungszeuge der Verteidigung war der ehemalige Korvettenkapitän Adalbert Schnee, der Eck als erfahrener Kommandant vor dem Auslaufen instruiert hatte. Zunächst stützte Schnee die Aussagen Ecks, ehe das Kreuzverhör durch Halse dann geradezu desaströs für die Sache der Verteidigung verlief. Dem Ankläger gelang es, Schnee durch die hypothetische Frage, was er an Stelle Ecks getan hätte, entscheidend in die Enge zu treiben.[825] Major Lermon, mit den Regelungen der britischen Militärgerichtsbarkeit am besten vertraut, versuchte daraufhin, durch den Einwand, der Zeuge müsse nur antworten, wenn er sich dadurch nicht selbst belaste, noch das Schlimmste zu verhindern. Doch der Schaden war nicht mehr zu vermeiden, zumal die Verweigerung einer Antwort praktisch denselben Effekt gehabt hätte als Schnees tatsächliche Worte: „I would not have done it."[826]

Damit war die Strategie der Verteidigung Ecks komplett konterkariert, zumal Schnee noch zusätzlich zu Protokoll gab, er könne sich den ganzen Vorgang nur dadurch erklären, dass Eck die Nerven verloren habe („lost his nerve"). Auch durch mehrfache Nachfragen der einzelnen Verteidiger an Schnee war der verheerende Eindruck des Kreuzverhörs nicht wieder wettzumachen. Im Hinblick auf die übrigen Angeklagten bestätigte Schnee indes die von der Verteidigung vorgetragene Linie des unbedingten Befehlsgehorsams.[827]

Kaum vorteilhafter verlief das Kreuzverhör des Angeklagten August Hoffmann, der unter Eid eingestand, auf die Wrackteile geschossen zu haben, obwohl sich Menschen darauf befanden: „Now I am sitting here I do not think that it was right to fire at helpless people in the water or on rafts, but at the time I did not think so."[828] Zudem musste Hoffmann einräumen, sich zum Zeitpunkt der Schüsse gar nicht im Dienst befunden zu haben. Die Verteidigung von Walter Weispfennig, dem ehemaligen Bordarzt, war von vornherein besonders schwierig, da dieser nach allgemeiner Anschauung als Arzt ein Nichtkombattant hätte sein müssen, anstatt sich – gleichsam in Umkehr seines hippokratischen Eides – an der Tat direkt zu beteiligen. Kapitänleutnant Hans Richard Lenz wiederum hatte nach eigener Aussage vom Matrosen Wolfgang Schwender das Maschinengewehr

---

825 Ebenda, S. 69.
826 Ebenda, S. 70.
827 Vgl. ebenda, S. 70–71.
828 Ebenda, S. 76.

übernommen, weil er es als Ehrangelegenheit betrachtete, dass zumindest ein Offizier diese Aufgabe, bei der Menschen höchstwahrscheinlich getötet würden, übernahm.

Die Schlussplädoyers der Verteidiger und des Anklägers füllten den abschließenden vierten Prozesstag. Todsen wiederholte die von seinem Mandanten angeführte, angebliche operative Kriegsnotwendigkeit der Order, die *Peleus* restlos zu versenken. Eck habe zudem keinen Befehl erteilt, direkt auf die überlebenden Schiffbrüchigen zu feuern. Gezielte Schüsse seien nicht nachgewiesen worden.[829] Für die Angeklagten Weispfennig, Hoffmann und Schwender plädierte Verteidiger Pabst hauptsächlich darauf, dass sie ihren Befehlen gefolgt wären; dass sie tatsächlich getötet hätten, sei von der Anklage nicht bewiesen wurden.[830]

Major Lermon argumentierte für seinen Mandanten Hans Richard Lenz sehr ähnlich: Zielgerichtete Schüsse auf Überlebende seien von der Anklage nicht erwiesen worden, ferner habe auch Lenz auf Befehl gehandelt. Der Impuls seines Mandanten, die Waffe von Schwender zu übernehmen, wäre aus innerer, soldatischer Überzeugung erfolgt, auch wenn dies auf Außenstehende unmoralisch wirken möge. Mit Blick auf die von der Anklage vorgelegten Beweismittel, hauptsächlich Affidavits, kritisierte Lermon vehement, dass der Verteidigung die Möglichkeit zum Kreuzverhör von vornherein genommen worden war. Die Befragung dieser Anklagezeugen hätte unter Umständen den ganzen Fall in völlig anderem Licht erscheinen lassen.[831]

Colonel Halse hielt als Ankläger der Verteidigung entgegen, der Befehl Ecks sei auf die kaltblütige Ermordung wehrloser Schiffbrüchiger hinausgelaufen, womit er von vornherein für alle Beteiligten als offenkundig illegal gelten musste. Die Berufung der übrigen Angeklagten auf Ecks Befehl befreie die Angeklagten demnach nicht von ihrer Schuld. Besonders hervor hob Halse die verwerfliche Rolle von Weispfenning, dem es aus Sicht der Anklage als Arzt besonders anzulasten war, dass er sich an der Ermordung der Überlebenden der *Peleus* beteiligt habe. In seiner Zusammenfassung des Prozesses signalisierte der *Judge Advocate* seine Unterstützung für die Anklage.[832]

Das Gericht folgte denn auch in allen wesentlichen Punkten der Argumentation der Anklage. Sowohl das Rückwirkungsverbot wie auch die

---

829 Ebenda, S. 103–107.
830 Ebenda, S. 107–112.
831 Ebenda, S. 113–117.
832 Ebensa, S. 117–121.

vom Kommandanten des U-Boots vorgebrachte kriegsbedingte Notwendigkeit wurden verworfen. In gleicher Weise erkannte das Gericht die Verteidigungsstrategie des Befehlsnotstands der angeklagten Besatzungsmitglieder nicht an.[833] Eck, Hoffmann und Weispfenning wurden infolgedessen zum Tod durch Erschießung verurteilt. Lenz wurde zu einer lebenslangen Freiheitsstrafe verurteilt und Schwender zu 15 Jahren. Alle Urteile wurden bestätigt und vollzogen.

Das Urteil im Peleus-Prozess rief in Deutschland und Großbritannien Empörung hervor. Die deutschen Anwälte der Verurteilten machten sich diese Stimmung in ihren Forderungen um Strafreduzierung zunutze.[834] So verwies Paul Wulf in einer Petition für seinen Mandanten August Hoffmann vom 29. Oktober 1945 auf einen kurz zuvor erschienenen Artikel des bekannten britischen Admirals William Boyle, Earl of Cork and Orrey (genannt „Ginger Boyle") aus dem *Daily Telegraph*. In ihm hatte der hochdekorierte Admiral gefordert, dass allenfalls der Kommandant des U-Boots für die Beschießung von Schiffbrüchigen belangt werden dürfe, keineswegs aber die befehlsausführenden Soldaten. Wulf fasste zusammen:

> Admiral of the Fleet the Earl of Cork and Orrery, referring to the death sentence on officers of a U-boat crew for killing the crew of a vessel they had torpedoed, said that the man that should be tried was the captain, who had given the orders to shoot.[835]

Das harte Urteil sei daher falsch gewesen und bedürfe der Revision: „That was an injustice and a case which should certainly be reviewed."[836] Es überrascht nicht, dass Wulf diese Stellungnahme eines hochangesehenen britischen Admirals zur Grundlage seiner Petition machte. Im Peleus-Prozess, so Wulf, sei der „allgemein anerkannte militärische Grundsatz der Gehorsamspflicht"[837] nicht hinreichend berücksichtigt worden. Eine sehr ähnli-

---

833 Zu den Gründen für die Ablehnung der Strategien der Verteidigung siehe auch: Law Reports, Vol. I, S. 4, 11–13.

834 Petitionen um Strafmilderung mit (einigem) zeitlichen Abstand zum Prozess wurden in aller Regel von deutschen Rechtsanwälten eingereicht, auch wenn die Verteidiger im entsprechenden Prozess britische Offiziere gewesen waren.

835 NA, WO 235/ 604, Petition von August Hoffmann von Rechtsanwalt Paul Wulf vom 29. Oktober 1945, S. 3, bezugnehmend auf einen Artikel im *The Daily Telegraph*, vom 24.10.1945, S. 8.

836 Ebenda, „Ginger Boyle, RN backs U-Killers": Express Parliamentary Reporter zur Entscheidung der britischen Regierung für eine Prozess gegen Erich von Manstein.

837 Ebenda, Petition für August Hoffmann von Rechtsanwalt Paul Wulf vom 29. Oktober 1945, S. 3.

che Argumentation findet sich in einem Gnadengesuch für den im Peleus-Verfahren ebenfalls verurteilten Wolfgang Schwender durch den deutschen Verteidiger und ehemaligen Flottenrichter Otto Kranzbühler vom 30. Oktober 1947. Kranzbühler verwies auf eine Stellungnahme des ehemaligen Großadmirals Karl Dönitz im Zuge der Nürnberger Prozesse zum Handeln Heinz-Wilhelm Ecks als U-Boot-Kommandant. Dönitz gab ebenfalls an, dass eine Befehlsverweigerung auf See zwingend zur standrechtlichen Erschießung, mindestens aber zur Anklage vor einem Militärgericht geführt hätte.[838] Vor diesem Hintergrund müsse Schwender ein Strafnachlass gewährt werden.

Diese und andere Stellungnahmen veranlassten die Militärbehörden dazu, den Gnadengesuchen der Verurteilten im Peleus-Prozess besondere Beachtung zu schenken. So fragte am 12. Mai 1950 L. K. Newton vom *German International Department* des *Foreign Office* beim *Zonal Office of the Legal Adviser* der BAOR an, wie in diesem Fall weiter zu verfahren sei: „As the 'Peleus' case is one which has aroused a good deal of interest here would you kindly let us know whether any further reduction in Schwender's sentence and any in Lenz's sentence is made."[839] Das starke Interesse der Öffentlichkeit nach dem Prozessende führte demnach zu einigen Unsicherheiten hinsichtlich des gebotenen Vorgehens. Zwar wurden einige Petitionen zunächst mit dem Verweis auf die Verfahrensregeln abgelehnt,[840] ehe am 21. Dezember 1951 aber doch die Entlassungsorder für Schwender er-

---

838 NA, WO 235/ 604, Gnadengesuch für Wolfgang Schwender von Otto Kranzbühler vom 30. Oktober 1947, S. 1–8, hier S. 1–2: „During the trial before the International Military Court in Nuremberg against Hermann Goering et al. Grossadmiral Doenitz again and again expressed his regret in conversation with me, his counsel, about some of the officers and sailors subordinated to him being prosecuted as war criminals as a consequence of the German submarine warfare. It was his greatest wish to alleviate as much and as soon as possible the sad fate of these men drawn into the stream of events. It is in compliance with this wish of the last Supreme Commander of the German Navy that I submit on behalf of the youngest in age and rank among those members of the Kriegsmarine who were sentenced as war criminals: Wolfgang SCHWENDER."

839 NA, WO 235/ 604, L.K. Newton, German International Department, FO an das Zonal Office of the Legal Adviser BAOR vom 12. Mai 1950.

840 Ebenda, Antwortschreiben von Brigadier R. C. Halse, Deputy Judge Advocates Offices auf das Gnadengesuch von Schwender (eingereicht am 30. Oktober 1947) vom 23. Dezember 1947. Die Petition wurde zurückgewiesen mit dem Vermerk, dass die Verfahrensregeln Petitionen nur innerhalb von 14 Tagen nach Prozessende zuließen. Allerdings deutete Halse an, dass eine Überprüfung „at a later date" geplant sei.

folgte. Hans Richard Lenz wurde am 27. August 1952 ebenfalls begnadigt und aus der Haft entlassen.[841]

3. Zu den Besonderheiten der Prozesse mit britischen Wahl-Pflicht-Verteidigern

„Zum ersten Mal in der Geschichte war es gelungen, Prinzipien des Völkerrechts systematisch an die Stelle von Vergeltung und Rache zu setzen."[842]

Einige Besonderheiten der 34 Militärgerichtsprozesse mit britischen Wahl-Pflicht-Verteidigern fallen bei der zusammenfassenden Betrachtung ins Auge. An erster Stelle stehen hier die zahlreichen Freisprüche, zumal alle hier betrachteten Prozesse in den Jahren 1945/46 stattfanden, als Großbritannien der juristischen Verfolgung von Kriegsverbrechen noch hohe Bedeutung zusprach, ehe die Entwicklung bis zum letzten Prozess 1949 dann klar der Tendenz hin zu weniger Anklagen und Verfahren folgte. Damit einher ging die Entwicklung zu immer milderen Urteilen, umso weiter das Kriegsende in die Ferne rückte.[843]

In allen Prozessen mit britischen Verteidigern, in denen sich die Angeklagten für Verbrechen in Konzentrationslagern verantworten mussten, gab es Freisprüche. Sogar der erste Bergen-Belsen-Prozess, der unter den Augen einer gespannten Weltöffentlichkeit stattfand und ein *parent case* für nachfolgende Verfahren wurde, bildet hier keine Ausnahme: Von 44 Angeklagten wurden 14 freigesprochen. Noch deutlicher wird dieser Befund bei den übrigen KZ-Prozessen mit britischen Verteidigern. Sowohl die drei Verfahren gegen ungarische Soldaten des ehemaligen Wachpersonals im KZ Bergen-Belsen als auch der Prozess gegen einen ehemaligen Funktionshäftling im KZ Sachsenhausen endeten mit Freisprüchen. Bei diesen vier Prozessen wird überdeutlich, wie außerordentlich schlecht vorbereitet diese Anklagen erscheinen. Die Ankläger präsentierten ihre Fälle vor Gericht

---

841 Ebenda, Entlassungsorder für Schwender und Lenz.
842 Frei, Norbert, 1945 und wir. Das Dritte Reich im Bewusstsein der Deutschen, München 2005, S. 69.
843 Katrin Hassel zieht aus der von ihr aufgestellten Gesamtauswertung aller britischen Militärgerichtsprozesse auf deutschem Boden den Schluss, dass insbesondere ab dem Jahr 1948 die Urteile milder ausfielen, ohne dass in den angeklagten Verbrechen oder den Tatorten hierfür ein Grund erkennbar wäre. Als Erklärung nimmt auch Hassel deswegen die veränderten politischen Rahmenbedingungen, namentlich den heraufziehenden Kalten Krieg, als Ursache an. Vgl. Hassel, Kriegsverbrechen vor Gericht, S. 221.

mit äußerst angreifbaren Beweismitteln. Vermutlich war es schlicht nicht möglich gewesen, diese Anklagen mit einer solideren Beweislage auszustatten bzw. die britischen Anklagebehörden waren überfordert mit dem – quantitativen und qualitativen – Ausmaß dieser Verbrechen, das bis dahin nicht für möglich gehalten worden war. Die Staatsanwaltschaft und die jeweiligen Ankläger vor Gericht kämpften vor allem damit, dass ihre Hauptbelastungszeugen, überlebende ehemalige Insassen der Konzentrationslager, nicht persönlich vor Gericht erschienen. Den stattdessen eingebrachten Affidavits wurde – jedenfalls in den KZ-Prozessen – offenkundig nicht dasselbe Gewicht beigemessen wie Zeugenaussagen vor Gericht, die auch dem Kreuzverhör hätten statthalten müssen. In dem Prozess gegen den ehemaligen ungarischen Soldaten Vajna hatte sogar die Strategie des Verteidigers Captain Bray Erfolg, dass die Anklage keine ausreichenden Beweise vorgelegt hätte, um überhaupt einen Prozess gegen Vajna zu führen. Das Gericht sprach den Angeklagten als Folge daraus frei. Im Gegensatz zum ersten Bergen-Belsen-Prozess, bei dem es zwar auch teils erhebliche Ungenauigkeiten in der Verfahrensvorbereitungen gab, diese sich allerdings nicht prozessentscheidend auswirkten, hatte die dünne Beweislage der Staatsanwaltschaft maßgeblichen Anteil an den zahlreichen Freisprüchen in allen weiteren KZ-Prozessen mit britischen Verteidigern.

Dass Prozesse, in denen ähnliche Verbrechen angeklagt wurden, je nach Verhalten der Angeklagten aber auch je nach Geschick und Engagement der Verteidiger extrem unterschiedlich im Urteil ausfallen konnten, belegen die drei Verfahren wegen Verbrechen auf Gewalt- und Todesmärschen. Obwohl die Vorwürfe und auch die von der Staatsanwaltschaft vorgelegten Beweismittel durchaus vergleichbar waren, klafften die Urteile extrem auseinander. Ein Angeklagter (Willi Mackensen) bekannte sich schuldig und besiegelte damit sein Schicksal selbst, während es anderen Angeklagten in unterschiedlichem Maß gelang, ihre persönliche Verantwortung für die teils katastrophalen Zustände, unter denen Kriegsgefangene unter ihrer Aufsicht in Richtung Westen marschieren mussten, abzustreiten. In einem Fall zeigte die Verteidigung durch Captain E. A. Everett glaubwürdig auf, dass sein Mandant (Arno Heering) die beklagenswerten Zustände während des Marschs weder persönlich herbeigeführt hatte, noch diese wesentlich zu verbessern vermochte. Die Verurteilung zu einem einzigen, symbolisch zu wertenden Tag Haft ist als eindeutiger Erfolg dieser Verteidigungsstrategie zu sehen und führte de facto dazu, dass der Angeklagte nach dem Prozess ein freier Mann war.

Im Gegensatz dazu konnte Captain Cartwright seinen Mandanten Wilhelm Menzel nicht in ähnlicher Weise als im Grunde verantwortungsbewussten Soldaten darstellen, der unter den gegebenen Umständen keine bessere Versorgung der ihm anvertrauten Kriegsgefangenen habe gewährleisten können. Die Antipathien des Angeklagten Menzel gegenüber den gefangenen Soldaten waren während des ganzen Verfahrens deutlich spürbar, zudem konnte die Anklage stichhaltige Beweise für die eigenhändige Misshandlung der Gefangenen durch Schläge und Drohungen des Angeklagten präsentieren. Einen Teil der Vorwürfe gegen ihn gab Menzel dabei auch selbst zu. Dem Verteidiger Menzels gelang es somit nicht, die ebenso wie im Prozess gegen Heering nie in Abrede gestellten Missstände auf dem Marsch als hauptsächliches Produkt äußerer Umstände in den Wirren des bald darauf verlorenen Kriegs darzustellen. Anders als Heering erhielt Menzel mit zehn Jahren denn auch eine lange Haftstrafe. Die drei Gewalt- bzw. Todesmarsch-Prozesse mit britischen Verteidigern sind ein anschauliches Beispiel, wie sich einerseits das Verhalten der Angeklagten selbst, andererseits aber auch eine couragierte Verteidigung in britischen Militärgerichtsprozessen auswirken konnte. Die – glaubwürdige – Darstellung von soldatischem Verantwortungsbewusstsein gegenüber Kriegsgefangenen werteten britische Militärgerichtsprozesse nicht nur im Fall von Arno Heering als zumindest strafmildernd.

In der Gruppe der Prozesse, die Verbrechen an alliierten Kriegsgefangenen, darunter vor allem britische Flieger aber auch Zwangsarbeiter, zum Gegenstand hatte, finden sich zwar ebenfalls Freisprüche, jedoch längst nicht so zahlreich wie bei den KZ-Verfahren. Ins Auge fällt bei diesen Prozessen vielmehr die oft große Härte der Strafen: Bei 60 Angeklagten standen am Ende neben 17 Freisprüchen (meist bei geringeren Delikten ohne Todesfolge der Opfer) insgesamt 16 Todesurteile und 27 Haftstrafen zwischen zwei Monaten und lebenslang. Todesurteile wurden ausschließlich in den „Flieger-Prozessen" ausgesprochen, die bis auf eine Ausnahme alle vollstreckt wurden. Das zeigt sehr deutlich, dass Verbrechen an den „eigenen Leuten" vor britischen Militärgerichten am härtesten geahndet wurden. Im Strafmaß lässt sich sogar gewissermaßen eine Opferhierarchisierung ausmachen: An erster Stelle britische oder andere alliierte Flieger, gefolgt von Kriegsgefangenen aller alliierten Nationen und schließlich – gleichsam am unteren Ende der Stufenfolge – Zivilisten, in aller Regel polnische Zwangsarbeiter. Verbrechen, die im Zuge von Kampfhandlungen geschahen, bilden eine weitere, ganz eigene Kategorie.

Bei den Anklagen von Verbrechen an alliierten Fliegern finden sich sehr unterschiedliche Fälle, was die Schwere der Verbrechen, die Stellung bzw. Tätigkeit der Angeklagten wie auch die Urteile anbelangt. Wurden die mutmaßlichen Opfer, meist abgestürzte oder mit dem Fallschirm über deutschem Gebiet notgelandete Flieger, nicht nur körperlich misshandelt, sondern auch getötet, kommen Freisprüche fast nicht vor. Bei gemeinschaftlichen Anklagen variieren die Schuldsprüche oder Freisprüche je nach nachweisbarem Grad der Beteiligung an der angeklagten Tat. Zumeist verhängten die Gerichte Strafen gestaffelt nach der Stellung der einzelnen Angeklagten in der militärischen, polizeilichen oder einer anderweitigen beruflichen Hierarchie. Vorgesetzte wurden tendenziell mit schwereren Strafen belegt, auch wenn ihnen nicht nachgewiesen werden konnte, dass sie sich selbst „die Hände schmutzig gemacht" hatten, jedoch klar schien, dass sie die Verbrechen initiiert, gebilligt oder den eigentlichen Tätern Schutz geboten hatten. Je nach Verantwortlichkeit und Weisungsbefugnis wurde somit die persönliche Verantwortlichkeit, insbesondere bei Soldaten, gewertet.

Häufigste Verteidigungsstrategie in diesen Prozessen war die Behauptung, Kriegsgefangene wären auf der Flucht erschossen worden, womit die Tötungen in Einklang mit internationalem Recht, namentlich der Genfer Konvention, gestanden hätten. Die anzuwendenden Verfahrensregeln in britischen Militärgerichtsprozessen unter dem *Royal Warrant* spielten in den meisten Verfahren wegen Verbrechen an Kriegsgefangenen, Soldaten und Zwangsarbeitern eine prominente Rolle, ebenso die Diskussion zwischen Anklage und Verteidigung über die zulässigen Beweismittel. Während Fragen des Verfahrensrechts in den allermeisten Prozessen durchaus großzügig zugunsten der Verteidigung ausgelegt wurden, hatten die Verteidiger im Hinblick auf die Beweisvorlageregeln einen schweren Stand.

Allein in dem Prozess gegen Heinz Zaun wegen des illegalen Befehls, keine Gefangenen zu machen, gelang es der Verteidigung, das Verfahren vorzeitig zu beenden. Dies gelang durch den Nachweis, dass eine vor dem Prozess gemachte Aussage nicht freiwillig zustande gekommen war. Das Gericht entschied, anders als in mehreren ähnlichen Streitfällen, dieses Statement nicht als Beweismittel zuzulassen. Da die Anklage keine anderen Beweise präsentieren konnte, erfolgte zwingend ein Freispruch des Angeklagten.

Teils recht stereotype Sichtweisen traten vor Gericht nicht nur auf der Seite der Ankläger auf. Auch die Verteidiger präsentierten in den Verhandlungen mitunter stark vorurteilsgeprägte Bilder von „den" Deutschen, „den" deutschen Soldaten wie auch von „den" allgemeinen Verhältnissen im Krieg. Insbesondere in spektakulären und zugleich sehr grausamen Fällen wie etwa Lynchmorden an alliierten Fliegern oder der fast planmäßig erscheinenden Liquidierung von Kriegsgefangene unter dem Deckmantel angeblicher Fluchtversuchen, versuchten britische Verteidiger unter Rekurs auf vermeintlich diametral unterschiedliche Mentalitäten und zivilisatorische Standards die angeklagten Taten zumindest nachvollziehbar zu machen, wenn diese aufgrund ihrer Brutalität und Perfidität sonst kaum zu verteidigen schienen.[844]

Grundsätzlich wenig Erfolg hatten Verteidiger beim Anzweifeln der Zuständigkeit von britischen Militärgerichten. Kein Gericht erklärte sich für nicht zuständig, weil die angeklagten Verbrechen entweder keine Kriegsverbrechen darstellten oder – dies wurde von der Verteidigung häufig vorgebracht – die Nationalität der Opfer und damit deren Status als alliierte Bürger nicht (restlos) geklärt werden konnte. Unter Umständen wurden diese Einwände zwar als strafmildernd oder entlastend in Betracht gezogen, eine Nichtzuständigkeit wurde dagegen nie anerkannt.

Verhältnismäßig viele Prozesse mit britischen Verteidigern hatten Verbrechen an Zwangsarbeitern zum Gegenstand. Insgesamt sechs solcher Fälle lassen sich nachweisen. Das hervorstechendste Merkmal dieser Prozesse ist, dass alle dort angeklagten Personen schuldig gesprochen wurden. Obwohl die Schwere der angeklagten Tat eine große Bandbreite aufwies, von körperlichen Misshandlungen ohne bleibende Schäden bis hin zu Tötungen, und einige dieser Prozesse von der Anklage ausschließlich mithilfe von Affidavits als Beweismittel geführt wurden, findet sich kein einziger Freispruch. Anders als in den Prozessen, die Verbrechen an alliierten Kriegsgefangenen behandelten, werteten die Gerichte Aussagen, die ausschließlich als beeidete schriftliche Aussagen vorgelegt wurden, nicht wesentlich skeptischer als Zeugenaussagen vor Gericht. Allerdings unterschied sich auch hier das verhängte Strafmaß von Prozess zu Prozess erheblich.

Bei genauerer Betrachtung der britischen Offiziere in ihrer Verteidigertätigkeit finden sich wiederholt Anleihen bei rechtlichen Einschätzungen in der britischen Zivil- aber auch Strafgerichtsbarkeit. Dies verweist deutlich auf die berufliche Sozialisation der Offiziere, die ausnahmslos *Solicitor* oder *Barrister-at-Law* im Zivilberuf gewesen waren und viele, so darf vermutet werden, nach ihrer Demobilisierung wieder in diese Berufe zurückkehrten. Einen Hinweis darauf gibt auch die wiederholt von britischen Offizieren während ihrer Tätigkeit als Verteidiger von mutmaßlichen deutschen Kriegsverbrechern zitierte und oftmals direkt angemahnte Fairness der britischen Gerichtsbarkeit. Jeder Angeklagte, gerade auch mutmaßli-

---

844 Vgl. die Verteidigungsstrategien im *Essen Lynching Case* (Kap. III.2.2.1.g), im *Essen-West Case* (Kap. III.2.2.1.a), im *Dreierwalde Case* (Kap. III.2.2.1.b) sowie im Prozess gegen Rolf Brinkmann und Werner Assmussen (Kap. III.2.2.1.e).

che deutsche Kriegsverbrecher, hatte als unschuldig bis zum Beweis des Gegenteils zu gelten. Bestes Beispiel für den Einsatz und das rhetorische Geschick, mit dem britische Offiziere ihre Mandanten vor Militärgerichtsprozessen vertraten, sind die Verteidiger Captain Ogden und Lieutenant Ellison, die jeweils in drei verschiedenen Verfahren die Verteidigerposition übernahmen.

Nicht eigens in Erscheinung traten die Offiziere, die als *Assisting Officer* deutsche Anwälte in Verfahrensfragen und -gepflogenheiten berieten – zumindest in den öffentlichen Verhandlungen. Der Einfluss, den sie womöglich hinter den Kulissen auf die Verteidigung ausgeübt haben, lässt sich anhand der überlieferten Quellen nicht nachvollziehen. Viele Angeklagte, die vor Gericht von einem britischen Offizier vertreten und zu Haftstrafen verurteilt wurden, beauftragten bei der Einreichung von Petitionen oder Gnadengesuchen nach dem eigentlichen Verfahren, die sich manchmal über mehrere Jahre hinzogen, dann deutsche Anwälte. Die Vertretung durch britische Verteidiger scheint damit in aller Regel spätestens mit der Urteilsbestätigung abgeschossen gewesen zu sein.

IV. Zeitgeschichtliche Wahrnehmung und Beurteilung der Verteidiger: Öffentlichkeit und Presseberichterstattung zu den britischen Militärgerichtsprozessen

> „Vermöge der Tatsache nämlich, daß nicht jeder Mensch seinen seelischen Raum wie ein Schneckenhaus, d.h. getrennt von andern bewohnt, sondern durch sein unbewußtes Menschsein allen andern Menschen verbunden ist, so kann ein Verbrechen nie, wie es zwar unserem Bewusstsein erscheint, allein für sich, d.h. als isoliertes und isolierbares, psychisches Faktum geschehen, sondern es geschieht im weitern Umkreis."[845]

Im Zentrum dieses Kapitels steht die öffentliche Wahrnehmung und Bewertung der britischen Offiziere, die deutsche Angeklagte als Verteidiger vor britischen Militärgerichten vertraten. Die Perzeption der Prozesse gegen mutmaßliche Kriegsverbrecher war in Deutschland und Großbritannien im Besonderen an die Wahrnehmung der Angeklagten gebunden, wobei die Verteidiger gleichsam als Vermittler zwischen Mandanten, Gericht und Öffentlichkeit jene Wahrnehmung maßgeblich beeinflussen konnten. Die Motive der britischen Verteidiger und ihre Strategien vor Gericht wirkten sich dabei in unterschiedlichen Maß aus und wurden verschieden stark zur Kenntnis genommen.

Die ungewöhnliche Konstellation der Vertretung durch einen Militärangehörigen eines kurz zuvor noch feindlichen Staates verlieh den frühen Militärgerichtsprozessen, darunter den Prozessen gegen Personal aus den Konzentrationslagern Auschwitz, Bergen-Belsen und Neuengamme, zusätzliche Brisanz. Die Möglichkeiten, welche die Strafverfolgung bot, trafen auf die Erwartungen und Forderungen der Gesellschaft, insbesondere der Opfer und Hinterbliebenen, nach angemessenen Strafen für die Verbrechen, die von den Achsenmächten während und teils schon vor dem Zweiten Weltkrieg begangen worden waren. Beispielhaft für eine öffentliche Erwartungshaltung, die weit über eine streng juristische Aburteilung von Kriegsverbrechen hinausging und eine vorauseilende Bewertung der durchzuführenden Militärgerichtsprozesse umschloss, steht der Brief von Jane Baskin, einer Bürgerin des Commonwealth aus dem südafrikanischen

---

845 Jung, Nach der Katastrophe, S. 70–71.

Durban, an Außenminister Anthony Eden vom 19. September 1944. Baskin forderte darin eine Bestrafung der deutschen Verbrechen und Grausamkeiten. Die Leiden, die sie im Kriegsverlauf hilflosen Opfern zugefügt hatten, sollten die Deutschen am eigenen Leib zu spüren bekommen:

> Knowing that the Allied Government will never punish war criminals by the same methods they have used towards the helpless people they conquered, some other form of retribution must be found to break their arrogance and make them suffer for their cruel and unwarrantable acts of injustice and brutality.[846]

Für die im Rahmen und Namen des NS-Regimes begangenen Verbrechen gab es nach Baskins Einschätzung letztlich jedoch „no possible punishment".[847] Dass es in den Militärgerichtsprozessen zu zahlreichen Todesurteilen kommen würde, ja müsse, galt vielen Beobachtern auf britischer Seite gegen Ende des Zweiten Weltkriegs, als der Sieg der eigenen Streitkräfte absehbar war, als ausgemacht. Ein etwas morbides Schlaglicht auf diesen Umstand wirft eine Anfrage des Direktors der Firma *Harbord & Poole Ltd.*, *Belting Manufacturers* T. Thomas an die britische Regierung vom 7. September 1944, die notwendigen Stricke zum Erhängen der deutschen Kriegsverbrecher liefern zu dürfen. Eine beiliegende Materialprobe sollte das Ministerium sowohl von der technischen Fertigkeit als auch von der inneren Einstellung des Unternehmens überzeugen, diese „ehrenvolle Aufgabe" zu übernehmen.[848]

Angesichts einer solchen Perspektive war die Schuldfrage bereits entschieden. Nicht Teil dieser Perspektive waren hingegen die, wie gezeigt, sehr großen Anstrengungen der Briten, sämtlichen Angeklagten ein rechtsstaatliches, faires Verfahren zu gewähren und somit anhand der Demonstration von Recht und Gerechtigkeit gegenüber dem ehemaligen Feind Vertrauen für den (Wieder-)Aufbau einer demokratisch-rechtsstaatlichen

---

846 NA, FO 371/ 39003 C 13601.

847 Ebenda, Jane Baskin an Anthony Eden vom 19. September 1944.

848 Vgl. NA, FO 371/ 39003 C 13528: „Sir, for generations we have been makers of RAW HIDE ROPE, renowned for its strength and reliability, and we are seeking the privilege of presenting free of charge a sufficient length with noose applied in for hanging the guilty. Upon receipt of the length and dimension of the noose we will at once proceed to make.
Awaiting your reply with interest,
Yours faithfully [...]
Director T. Thomas
Sample enclosed is for make and material and any size can be made."

Kultur zu schaffen. Das verweist auf einen Umstand, den es im Rahmen dieses Kapitels stets zu berücksichtigen gilt: Die öffentliche Position der britischen Wahl-Pflicht-Verteidiger blieb stets weit angreifbarer als etwa jene der Ankläger. Vor diesem Hintergrund liegt es nahe, die britischen Militärgerichtsprozesse auch als Tribunale zu verstehen, vor denen politische Vorstellungen und Vorgaben sowie gesellschaftliche Konflikte mitverhandelt wurden.

1. Demonstration von Recht und Gerechtigkeit

> „Die Sensation, die von jedem Verbrechen ausgeht, und das leidenschaftliche Interesse für Verbrecherverfolgung, Gerichtsverhandlungen u. dgl. beweisen, daß sozusagen alle, insofern sie nicht abnorm stumpf und apathisch sind, vom Verbrechen in Erregung versetzt werden. Sie schwingen mit, sie fühlen sich in das Verbrechen ein, sie versuchen es zu begreifen und zu erklären [...]. Es ist etwas in ihnen angezündet, und zwar von jenem Feuer des Bösen, das Verbrechen emporloderte."[849]

Das Schlagwort der Stunde zu Beginn der britischen Militärgerichtsprozesse in Deutschland war „re-education". Die gesamte Kriegsverbrecherpolitik Großbritanniens bezüglich der juristischen Ahndung von NS-Verbrechen gründete in der Überzeugung von der „Notwendigkeit einer aktiven Demokratisierungspolitik".[850] Sie sollte maßgeblich zur Desillusionierung der deutschen Bevölkerung hinsichtlich des Nazi-Regimes beitragen. Diese Erwartungshaltung bildet den Hintergrund der frühen Prozesse, insbesondere des Musterprozesses schlechthin: dem ersten Bergen-Belsen-Prozess vom 17. September bis 17. November 1945. Die Chancen einer erfolgreichen Umerziehung der Deutschen wurden dabei durchaus positiv eingeschätzt. Die strafrechtliche Verfolgung von NS-Verbrechen spielt eine zentrale Rolle auf dem geplanten Weg zur moralischen Läuterung der Bevölkerung, wodurch ein „neues Deutschland" geschaffen werden sollte. Durch die Sichtbarmachung und exemplarische Aburteilung der Verbrechen vor Gericht sollten nicht nur die Täter bestraft, sondern auch die Bevölkerung in einer Art konfrontativer Schocktherapie mit den Bildern und den Schilderungen des unsäglichen Grauens geläutert werden. [851]

---

849 Jung, Nach der Katastrophe, S. 71.
850 Cramer, Belsen Trial 1945, S. 315.
851 Vgl. hierzu: ebenda, S. 314.

Ein im November 1945 erschienener Kommentar von Viscount Cecil of Chelwood in der *Sunday Times* hob diesen Anspruch an die Kriegsverbrecherprozesse anschaulich hervor: Es sei nicht etwa am wichtigsten, „to secure the rapid execution of so many Germans", vielmehr komme es darauf an, für alle unmissverständlich sicht- und begreifbar zu machen, „what has been the consequence of the infamous policy of the German rulers."[852] Dies sei unabdingbar für eine zukünftig friedliche Welt.

Bei der Planung des mit weltweiter Aufmerksamkeit erwarteten ersten Bergen-Belsen-Prozesses wurde dieser Zusammenhang bereits mitgedacht. Der Prozess sollte durch die Schilderungen überlebender KZ-Häftlinge und durch das Zeigen von Bild- und Filmmaterial die Schrecken und Grausamkeiten des nationalsozialistischen Lagersystems möglichst plastisch veranschaulichen.[853] Der Schock, den die Bilder aus dem befreiten KZ Bergen-Belsen bei den Briten ausgelöst hatten, war umso größer, als in der Kriegsberichterstattung während des Zweiten Weltkriegs ganz bewusst auf allzu grauenvolle Darstellungen von Verwundung und Tod verzichtet worden war. Der Anblick der grauenerregenden Zustände vor allem in Bergen-Belsen machte die Bestrafung der Verantwortlichen rasch zu einer Art „nationalem Projekt".[854] Insbesondere bei der Wahrnehmung und Bewertung des ersten Bergen-Belsen-Prozesses, dem in der Umsetzung der britischen „re-education"-Politik eine „exemplarische Bedeutung"[855] zukommen sollte, spielte dieser Erwartungshorizont eine entscheidende Rolle. Auf das Bild der britischen Offiziere, die als Verteidiger eingesetzt wurden, konnte dieser Anspruch an die Prozesse nicht ohne Wirkung bleiben.

Der Vorfall, der mit weitem Abstand am meisten öffentliches Interesse erregte und sich direkt auf das Auftreten eines britischen Offiziers als Verteidiger bezog, betrifft eine Aussage des Majors Thomas Winwood, der im ersten Bergen-Belsen-Prozess unter anderem den ehemaligen KZ-Kommandanten Josef Kramer verteidigte. Die Bemerkung Winwoods, die einen internationalen Sturm der Entrüstung auslöste und damit negativ auf das öffentliche Bild der Verteidiger insgesamt wirkte, fiel während des Eröff-

---

852 Leserbrief von Viscount Cecil of Chelwood, Sunday Times, 4.11.1945.
853 Vgl. Cramer, Belsen Trial 1945, S. 329. Zu der sich sehr schnell verändernden Haltung der deutschen Bevölkerung gegenüber der britischen Militärregierung und deren Maßnahmen vgl. Marshall, German Attitudes to British Military Government 1945–47. Zur Reaktionen der britischen Öffentlichkeit auf die Bilder aus den Konzentrationslagern siehe: Caven, Horror in Our Time.
854 Caven, Horror in Our Time, S. 227. Vgl. auch: Cramer, Belsen Trial 1945, S. 336–347.
855 Cramer, Belsen Trial 1945, S. 315.

nungsplädoyers am 19. Prozesstag, dem 8. Oktober 1945. Winwood versuchte darin, die Konzentrationslager mitsamt ihren Häftlingen in einen größeren Kontext zu stellen bzw. die – aus seiner Sicht – vorhandene praktische Funktion der KZs herauszuarbeiten. Schon der Vergleich, den er zu vermeintlichen „Vorläufern" auf britischer Seite zog, vermutlich um zu zeigen, dass die Konzentrationslager keine singulär deutsche Erscheinung waren, war sehr problematisch.[856] Jene Behauptung Winwoods, die unmittelbar danach in der weltweiten Presse auftauchte, war jedoch eine andere; er bezeichnete in unmissverständlich abwertender, ja beleidigender Weise die Insassen der Konzentrationslager als „dregs of the ghettoes"[857] – als Menschen, die nicht einmal in der Lage gewesen wären, einfachen Anweisungen zu folgen und von daher auch nur schwer zu kontrollieren gewesen seien. Aus deutscher Sicht, so folgerte Winwood lapidar, seien die Juden schlicht die am wenigsten „erwünschte" Menschengruppe gewesen:

> The Concentration camp is not a German copyright. The first concentration camp in modern times was set up by the British authorities during the South African war to keep undesirable elements away until the fighting was over. The most modern concentration camp was set up by the British in Egypt in order to keep out of reach of the ordinary people undesirable elements from Greece. The object of the German concentration camp was to segregate the undesirable elements, and the most undesirable element, from the German point of view, was the Jew.[858]

---

856 Den britischen Konzentrationslagern in Südafrika, auf die Winwood hier anspielte, und ihrem vermeintlichen Modellcharakter für die späteren KZs der Nationalsozialisten hat Jonas Kreienbaum eine eigene Studie gewidmet. Vgl. Kreienbaum, Jonas, Ein trauriges Fiasko. Koloniale Konzentrationslager im südlichen Afrika 1900–1908, Hamburg 2015. Kreienbaum kommt in seinen „vergleichenden Überlegungen" zu den kolonialen und nationalsozialistischen Lagern zu dem eindeutigen Ergebnis, dass es keine Kontinuität von der Kapkolonie nach Auschwitz gab: „Von Vernichtungslagern im kolonialen Kontext zu sprechen, ist daher irreführend. [...] Die Unterversorgung war Resultat von logistischen Problemen, Ressourcenmangel, rassistischer Gleichgültigkeit und anderer Prioritätensetzung, nicht aber Ausdruck eines Vernichtungswillens." (Ebenda, S. 293–309.)

857 NA, WO 235/ 14, Proceedings of the trial, Neunzehner Tag, Eröffnungsplädoyer Maj. Thomas Winwood, S. 6.

858 Ebenda, Proceedings of the trial, Neunzehner Tag, Eröffnungsplädoyer Maj. Thomas Winwood, S. 6.

Aus dieser pseudohistorischen Verortung der Konzentrationslager leitete Winwood über zu den Umständen, unter denen die nationalsozialistischen KZs funktioniert hätten und zu den Bedingungen, die aus seiner Sicht als Hintergrund bei der Beurteilung der Taten der Angeklagten zu berücksichtigen waren.[859] Diese Einschätzung brachte Winwood schließlich zu seiner abschätzigen Bewertung, welche Sorte Mensch in den Konzentrationslagern von den Angehörigen der SS und des Wachpersonals „unter Kontrolle" gehalten werden musste:

> The type of internee who came to these concentration camps was a very low type and I would go so far as to say that by the time we got to Auschwitz and Belsen, the vast majority of the inhabitants of the concentration camps were the dregs of the Ghettoes of middle Europe. There were the people who had very little idea of how to behave in their ordinary life, and they had very little idea of doing what they were told, and the control of these internees was a great problem.[860]

Die grauenvollen Bedingungen, unter denen die KZ-Häftlinge leben mussten, misshandelt und ermordet wurden, versuchte Winwood also umzukehren in ein Argument für die schwierige Lage, in der sich die Lagerleitung und das Wachpersonal befunden hätte. Diese Umkehr der Opfer-Täter-Zuschreibung wurde sowohl wegen des Wortlauts – der Begriff *dregs* („Abschaum") bildete den Dreh- und Angelpunkt fast aller Kommentare – als auch wegen der erheblichen Aggressivität in der Verteidigungsführung heftig kritisiert. Zwar gab es auch durchaus differenzierte Einschätzungen über die Leistung der britischen Offiziere, das Gros der Reaktionen drückte aber Unverständnis bis hin zu offenem Entsetzten aus wegen Winwoods wüster Beleidigung von Abermillionen NS-Opfern. Stellvertretend steht hier eine als Anklage formulierte Beschwerde der *Society for the Prevention of World War III*, einer Non-Profit-Organisation mit Sitz in New York, an

---

859 Vgl. ebenda: „[T]hese German concentration camps, there were large numbers of people housed in them and it is a fact that they were very overcrowded. The guards were very small and the administration staff was even smaller in proportion. The result was that it was left to the internees to do the ordinary, what might be called, 'interior economy' of the camp, and that, the Court will know, is the principle applied to prisoner of war and internee camps."

860 Ebenda. In Raymond Phillips' gedruckter Fassung der Prozessprotokolle von 1949 lautet die Passage bezeichnenderweise anders. In einer gekürzten, um nicht zu sagen zensierten Fassung heißt es hier schlicht: „The type of internee who came to these concentration camps was low, and had very little idea of doing what they were told, so that the control of these internees was a great problem." (Phillips, The Belsen trial, S. 149.)

das britische Kriegsministerium vom 24. Oktober 1945. Nach einleitenden Worten der Bewunderung für die Courage der Briten im Zweiten Weltkrieg kritisierte die *Society* in drastischen Worten das Vorgehen und die Methoden Winwoods bei der Verteidigung. Zwischen Winwood und seinen Mandanten, so der Tenor, sei moralisch gesehen kein Unterschied zu erkennen:

> This British anti-aircraft officer made an infamous statement. Major Winwood in all justice, must be considered of the same ilk as the defendants for whom he pleads. This man insulted the memory of 6.000.000 starved and beaten and tortured people who can no longer defend themselves.[861]

Zahllose Kommentare in der Presse, etwa im *News Chronicle*, in der *New York Times* und von der *Jewish Telegraphic Agency* (JTA), belegen eine ähnliche Wahrnehmung. Besonders vehement fielen freilich die Reaktionen der jüdischen Presse aus. Nachdem die Herausgeber der Zeitung *Truth* die Einschätzung veröffentlicht hatten, das britische Volk könne trotz der Vorkommnisse in Bergen-Belsen stolz auf das eigene Rechtssystem sein („[T]he British, although shocked by the Belsen disclosures, feel nevertheless an immense pride that the accused receive a fair trial"), verwahrte sich der *Jewish Chronicle* am 26. Oktober 1945 entschieden gegen diese Interpretation.[862] Mit tiefster Empörung („deepest indignation") wies das *Board of Deputies of British Jews* die Äußerungen Winwoods zurück: „This statement besmirches the memory of millions of men, women and children who died under unspeakable horrors, or were murdered for no other fault but

---

861 NA FO 371/50997 U9424, Letter from the Society for the Prevention of World War III vom 24. Oktober 1945. Auch die polnische Zeitung *Zynie Warszawy* kommentierte, dass ein Mann wie Winwood, der die Opfer des Nationalsozialismus als „Abschaum" verunglimpfe, nicht besser sei als die Verbrecher, die er vertrete: „Winwood's place is in the dock alongside his colleagues, the Belsen assassins." Zitate aus: Polish Press Attacks British Officer Who described Oswiecim Victims as „dregs of Ghetto", in: Jewish Telegraphic Agency (17.10.1945), S. 5.

862 Beastliness and Belsen. Jewish Women's Dramatic Evidence, in: The Jewish Chronicle (26.10.1945). Die Zeitung wandte in Bezug auf die Fairness des Verfahrens hinsichtlich der Angeklagtenrechte ein, dass es schwerlich zu einem gerechten Prozess führen würde, wenn die Opfer als „dregs" verunglimpft und dadurch entwertet würden: „But the question is whether, as Britons, they feel proud that this fairness was abused by the casting of cowardly aspersions on the prisoners' victims, men, women and little children." (Ebenda.)

that they were Jews."[863] Als abscheulich und unbeholfen („vile and clumsy"[864]) bezeichnete der Vertreter des *World Jewish Congress* Alexander Levvey Easterman das Statement Winwoods in einem Protestschreiben an den Gerichtspräsidenten Major General Barney-Ficklin. Nicht minder entschieden fiel die Reaktion des *Central Committee of Polish Jews* aus:

> The Jewish Committee declares that the Jews exterminated in the escape of Oswiecim and Belsen were brought there in masses and included the best representatives of Jewish culture, art, religion, and science. There were among them rabbis, physicians, engineers and social workers. All attempts to justify the action of the cruel executioners must provoke indignation and condemnation from the entire civilized world.[865]

In einer Meldung der JTA, die auch über den Protest von Easterman berichtete, wurde die Person Winwoods näher beleuchtet und ihre juristische Qualifikation und Leistungen als Soldat im Krieg kritisch bewertet: „Major Wingate [gemeint: Winwood, M.V.], the JTA was informed today, is a solicitor in civil life. He is not a barrister and, under English judicial procedure is not permitted to plead a case in court. He has served in the Royal Artillery since 1940, and holds no decorations."[866]

Winwoods Auftreten wurde indes nicht allein als Armutszeugnis eines einzelnen Verteidigers verstanden. Einige Beobachter des Bergen-Belsen-Prozesses sahen die britische Justiz und ihren Versuch, Gerechtigkeit zu demonstrieren, allgemein entwertet. So betonte der *Jewish World Congress*, Winwoods Verteidigung stelle nicht nur eine „gross violation of British justice"[867] dar, sondern überschreite auch bei Weitem die „just limits of

---

863 Veröffentlicht in: Board of Deputies protest against anti-jewish slur by British Officer defending Nazis, in: Jewish Telegraphic Agency (11.10.1945), S. 4. Ein gleichlautender Protest an das britische Militärgericht in Lüneburg erging auch vom *Jewish Central Committee*: „On behalf of tens of thousands of innocent Jews cruelly murdered in Belsen, the Jewish Committee expresses its protests against dishonoring their memory" (Jews in Poland Protest to British Military Court Against Slur at Belsen trial, in: Jewish Telegraphic Agency (06.11.1945), S. 4).

864 Veröffentlicht in: Board of Deputies protest against anti-jewish slur by British Officer defending Nazis, in: Jewish Telegraphic Agency (11.10.1945), S. 4.

865 Jews in Poland Protest to British Military Court Against Slur at Belsen trial, in: Jewish Telegraphic Agency (06.11.1945), S. 4.

866 Board of Deputies protest against anti-jewish slur by British Officer defending Nazis, in: Jewish Telegraphic Agency (11.10.1945), S. 4.

867 Counsel's view scored. War-Crimes Court Gets Protest on 'Dregs of Ghettos', in: New York Times (12.10.1945), S. 10.

British advocacy."[868] Die offensive Strategie der Verteidigung im Bergen-Belsen-Prozess führte teilweise sogar dazu, dass in der öffentlichen Wahrnehmung der Eindruck entstand, die Entlastungsbehauptungen wären nicht nur überzogen, sondern gar nicht erst ernst zu nehmen. So kommentierte die *New York Times* am 11. Oktober 1945: „Defence attempts to picture the Belsen gang as well-meaning victims of circumstances and inescapable superior authority started even the prisoners giggling at times. "[869] Diese Protestwelle führt dazu, dass sich die vor britischen Gerichten zugelassenen Anwälte, organisiert in der *Bar Association*, in einer Resolution gegen die Annahme von Mandaten zur Verteidigung deutscher Kriegsverbrecher in den bald beginnenden Nürnberger Prozessen aussprachen.[870]

Auch in Frankreich wurden die Bemerkung Winwoods sowie die als zu milde empfundenen Urteile im Bergen-Belsen-Prozess mit teils wütendem Protest aufgenommen. Anschaulichstes Beispiel hierfür sind zwei Protestkundgebungen in Paris und Lyon, die von der britischen Botschaft sorgenvoll beobachtet wurden. Gegen wen sich die Wut in erster Linie richtete, lässt sich unschwer dem entnehmen, was die Teilnehmer an der Versammlung im „Salle de la Mutualité" in Paris am 6. Dezember immer wieder als Schlachtruf skandierten: „Nieder mit Winwood!" Eine weitere Protestversammlung fand am 14. Dezember in Lyon unter der Schirmherrschaft der dortigen juristischen Fakultät statt.[871] Allerdings griff die französische Presse diese Proteste nicht weiter auf.[872]

Der erste Bergen-Belsen-Prozess zog auch eine sehr kritische sowjetische Berichterstattung nach sich. Ein am 13. November 1945 in der *Frankfurter Rundschau* erschienener Beitrag fasste das Meinungsbild, wie es in den Zeitungen *Prawda*, *Krasnaja Swjesda* und *Izvestja* zum Ausdruck kam, zusammen: Die sowjetische Kritik konzentrierte sich nicht vorrangig auf die Wortwahl einzelner Verteidiger, sondern nahm den Geist, in welchem die

---

868 Ebenda.

869 Wife says Kramer knew he did wrong. Other prisoners Laugh as She Asserts He Loved Familiy, Worried Over Victims, in: New York Times (11.10.1945), S. 4.

870 „Undesirable for English barristers to defend war criminals at the Nuremberg trial", Alaric, Jacob, Abusive Letters to Belsen Defenders, in: Daily Telegraph (29.09.1945). Die Resolution der *Bar Association* wird auch erwähnt in: Jews in Poland Protest to British Military Court Against Slur at Belsen trial, in: Jewish Telegraphic Agency (06.11.1945), S. 4. Vgl. zudem: Cramer, Belsen Trial 1945, S. 150–151.

871 Vgl. NA, FO 371/ 57560. Siehe auch: Cramer, Belsen Trial 1945, S. 362–365.

872 Vgl. Cramer, Belsen Trial 1945, S. 365.

Verteidiger allgemein für ihre Mandanten plädierten, in den Blick. Der Kernvorwurf lautete, britische Verteidiger und deutsche Angeklagte verbinde ein und dasselbe politische Wertesystem: In Bergen-Belsen, so der Tenor, würden „Faschisten in faschistischem Sinne verteidigt".[873] In dieser ideologisch durchtränkten, in der Sache freilich unhaltbaren Kritik zeigte sich eine grundsätzliche Differenz in der Herangehensweise an die Ahndung nationalsozialistischer Gewaltverbrechen. Aus sowjetischer Perspektive war eine detaillierte, kleinteilige Aufzählung von Verbrechensdetails vor Gericht nach dem Muster westlicher Militärgerichtsprozesse weder notwendig noch zielführend. Angesichts der Leichenberge, die die deutsche Herrschaft hinterlassen habe, stünde die Schuld der Angeklagten bereits fest. Entscheidend sei, die politischen Hintergründe und die Ursachen der Verbrechen aufzudecken. Dafür sei es unabdingbar, den Faschismus als Ursache der nationalsozialistischen Verbrechen zu entlarven. In den alliierten Prozessen werde dies jedoch nicht einmal versucht.[874]

Die britischen Behörden wiesen diese Fundamentalkritik an der Konzeption und Durchführung der Kriegsverbrecherprozesse vehement zurück. Patrick Dean, Beamter im *Foreign Office*, sprach in einem internen Schreiben deutliche Worte angesichts der Angriffe aus Moskau: „The attacks made in the Soviet Press upon the words and conduct of defending officers show a complete misunderstanding of functions of a defending counsel as commonly understood in western countries."[875] Die interne Empörung über die Einmischung der Sowjetunion bezüglich der Aufgaben und Pflichten der britischen Wahl-Pflicht-Verteidiger ist ein starkes Indiz dafür, dass die Garantie einer umfassenden Verteidigung für alle Angeklagten nicht etwa graue Theorie war, sondern von Seiten der Regierung sehr ernst genommen wurde.

Auch in der britischen Presse fiel das Echo auf die Äußerungen Winwoods heftig aus. In einem von 25 tschechischen und britischen Soldaten unterschriebenen Protestschreiben, den der *News Chronicle* im Oktober 1945 druckte, wurde nicht nur Protest gegen die Verunglimpfung von KZ-Überlebenden laut („an insult to those who survived"[876]), sondern auch Empörung darüber, dass der Einsatz des eigenen Lebens im Feld durch

---

873 Vgl. Schlußplädoyers im Belsenprozeß, in: Frankfurter Rundschau (13.11.1945).
874 Ausführlicher zur Einschätzung des Bergen-Belsen-Prozesses in der sowjetischen Presse: Cramer, Belsen Trial 1945, insb. S. 347–350.
875 NA, FO 371/ 50989.
876 Letters. 'Dregs of the ghettoes': many protests, in: News Chronicle (15.10.1945). Ein weiterer Leserbrief von Mrs. Trude Dub aus Leicester formulierte ebenfalls Entrüstung und Abscheu ob der Bemerkungen von Winwood: „I protest most

eine solche Prozessführung entwertet werde. Man habe nicht dafür gekämpft, dass nun nationalsozialistischen Tätern eine weitere Plattform für
ihren ideologischen Hass geboten werde: „We, as soldiers of the United Nations, have served for other ideals than that of 'racial superiority'.“[877] Zwar
sei eine bestmögliche Verteidigung das Recht eines jeden Angeklagten,
doch dürfe dabei das Andenken an Millionen von Toten nicht beleidigt
werden:

> We agree it is just that the accused be given a fair trial and we agree it is
> the duty of the defending counsel to state the case of the accused to the
> best of his ability, but surely this could be done without soiling the
> memory of millions of those who had to die at Belsen and other camps
> because of the crime of being a Jew or anti-Fascist.[878]

Besonders aufschlussreich an diesem Beitrag ist, dass sich die Kritik auch
auf die Prozessdurchführung erstreckte. So formulierten die Unterzeich-
ner, es sei aus ihrer Sicht „remarkable“, dass die Äußerung Winwoods „did
not bring forth a rebuke from the presiding judge.“[879] Die Soldaten hielten
demnach die Methoden der Verteidiger im Bergen-Belsen-Prozess nicht
nur für geschmacklos, sondern auch für unzulässig vor einem britischen
Militärgericht.

Die Kritik am ersten Bergen-Belsen-Prozess richtete sich bald im Besonderen gegen den langwierigen Verlauf der Verhandlungen. Im November
1945 kommentierte der *Spectator*: „The general verdict that is passed on its
protracted hearing is that, while it was an example of British administration of justice, conduct with dignity and with every regard for the accused,
it involved an efflorescence of legal procedure.“[880] Die lange Dauer des Verfahrens schien auch deshalb unverständlich, da zahlreiche Angeklagte keineswegs NS-Größen waren, sondern lediglich „very small fry, wretched mi-
nions of the S.S.“[881] Zunehmend verfestigte sich bei der Eindruck, die umfangreiche Zeitspanne, die jedem einzelnen Angeklagten und Verteidiger

---

vigorously that the memory of martyrs should be defaced in order to save an
archcriminal.“

877 Ebenda. Vgl. hierzu auch die Zusammenfassung der Protestbriefe als Reaktion
auf die Urteile im ersten Bergen-Belsen-Prozesse in: Cramer, Belsen Trial 1945, S.
345–346.
878 Letters. 'Dregs of the ghettoes': many protests, in: News Chronicle (15.10.1945).
879 Ebenda.
880 Bentwich, Norman, Nuremberg Issues, in: The Spectator (16.11.1945), S. 456–
457, hier S. 456.
881 Ebenda.

eingeräumt wurde, stünde in keinem Verhältnis zum Erkenntnisgewinn und zum Nutzen der dadurch für den Prozess gewonnenen Informationen. Sarkastisch mutmaßte der Rechtsgelehrte Norman Bentwich als Prozessbeobachter für jüdische Hilfsorganisationen, die Verzögerungstaktik der Verteidiger liefe darauf hinaus, ihre Mandanten vor dem Galgen zu retten, indem sie sie zu Tode langweilten:

> The twelve defending officers put all fourty-five accused persons into the box to tell a long story; and people began to believe the wisecrack, that was passed around Luneburg in the first week of the trial, that they would save their clients from the gallows by boring them to death.[882]

Mit der Affäre um die „Abschaum"-Bemerkung Major Winwoods beschäftigte sich sogar das britische Parlament. Während einer Unterhaussitzung am 23. Oktober 1945 musste sich Kriegsminister Jack Lawson von der parteilosen Abgeordneten Eleanor Rathbone die Frage gefallen lassen, welche Schritte er gegen Winwood einzuleiten gedenke. Schließlich, so Rathbone, habe Winwood mit seiner Äußerung nicht nur die Opfer des nationalsozialistischen Terrorherrschaft aufs Gröbste herabgesetzt, sondern durch die Behauptung, Konzentrationslager zur Inhaftierung unerwünschter Gruppen seien eine britische Erfindung, zugleich das eigene Volk verunglimpft.[883] Der Minister stellte in seiner Antwort klar, dass ein britischer Offizier als Verteidiger innerhalb der normalen Verfahrensregeln in erster Linie den Weisungen seines Mandanten zu folgen habe und dessen Eingaben vor Gericht zu Gehör bringen müsse. Zugleich wies Lawson darauf hin, dass es den Zielen, die mit den Kriegsverbrecherprozessen verfolgt würden, sehr abträglich wäre, wenn ein als Verteidiger fungierender britischer Offizier in seiner Tätigkeit behindert oder beschränkt würde, etwa durch die Furcht vor disziplinarischen Maßnahmen:

> Major Winwood is in the position of defending counsel and, as such, is entitled to the privileges of that office. Within the limits of normal legal practice he is obliged to accept and put forward the instructions he receives from the accused he is representing. Therefore, in doing this it cannot be said that he, as a British officer, is committing any offence.

---

882 Ebenda.
883 Parliamentary Debates (Hansard), House of Commons. Official Report, Second Volume of Session 1945-46, Fifth Series, Volume 414, London 1945, S. 1975. Rathbone forderte Lawson auf, „[to] take appropriate action against Major Winwood".

It would be contrary to all the principles of British justice, upon which such emphasis is being laid in these trials, if a British officer acting as defending counsel were to be restrained from exercising his normal rights by the fear of possible disciplinary action. It is the province of the court to intervene if it considers any statement made by defending counsel improper or irrelevant. Any outside interferences in the conduct of the court would be improper.[884]

Auch im britischen Oberhaus kamen Winwoods Äußerungen zur Sprache. Lord Vansittard, ein Vertreter der „All Germans are Guilty"-Position, reflektierte über den Gesamteindruck des Bergen-Belsen-Prozesses und gab kritisch zu bedenken: „[W]hat is the whole world to think, when counsel for the defence of these vermin says in extenuation that the German concentration camps were filled with the dregs of the ghettos of Middle Europe?"[885] Die Bemerkungen Winwoods würden über den Prozess hinaus ein schlechtes Licht auf Großbritannien werfen. Die erhoffe Umerziehung der Deutschen durch die Demonstration von Recht und Gerechtigkeit in den Kriegsverbrecherprozessen werde durch die Duldung eines Verteidigers wie Winwood unterminiert: „I say that words like that are not only a crime but a mistake; and they are worse than a mistake, they are a shame."[886]

Der internationale Sturm der Entrüstung nötigte Winwood schließlich dazu, sich auf einer eigens einberufenen Pressekonferenz für seine Bemerkung zu entschuldigen.[887] In seinem Schlussplädoyer für Josef Kramer kam Winwood dann nochmals auf den Skandal seiner Wortwahl zu sprechen: „I personally regret that any word which may have been spoken by me should have added to the pain of that race which has suffered so much in Nazi Germany. I have been acting only as the mouthpiece of the accused. "[888] Der negative Eindruck war bei den meisten Prozessbeobachtern jedoch nicht mehr zu korrigieren, und zwar nicht nur, weil die ursprüngliche Formulierung Winwoods aus der Selbstperspektive formuliert war. Auch seine Abschlussrede eröffnete Winwood, so berichtete jedenfalls die

---

884 Parliamentary Debates (Hansard), House of Commons. Official Report, Second Volume of Session 1945–46, Fifth Series, Vol. 414, London 1945, S. 1975.
885 Parliamentary Debates (Hansard), House of Lords. Official Report, Second Volume of Session 1945–46, London 1945, S. 422.
886 Ebenda.
887 NA, FO 371/ 50989, Schreiben von Dean Patrick, Foreign Office, an David Scott-Fox, War Crimes Executive, vom 21.10.1945.
888 Zitiert nach: Bentwich, Nuremberg Issues, in: The Spectator (16.11.1945), S. 456–457.

JTA, mit der Andeutung: „experiments on human beings carried out at the Oswiecim camp might prove beneficial to humanity."[889] Alle Versicherungen, nur Sprachrohr ihrer Mandanten gewesen zu sein, halfen daher wenig, auch nicht gegen das Gerücht, die Verteidiger des Bergen-Belsen-Prozesses seien Anhänger der britischen Faschistenpartei Oswald Mosleys – ein Gerücht, das durch nichts zu belegen war, sich aber nichtsdestotrotz hartnäckig hielt. So schrieb der als einer der drei deutschen Prozessbeobachter zugelassene Rundfunkkommentator Axel Eggebrecht noch Jahrzehnte später in einem Erinnerungsbericht:

> Das tollste für mich aber war, daß es die Verteidiger der Angeklagten waren, die bis zu einem gewissen Grad mit den Angeklagten sympathisierten: das waren Mosley-Anhänger. […] Mosley hieß der englische Faschistenführer, der während des ganzen Krieges eingesperrt war wegen seiner Sympathien mit den deutschen Nazis. Und diese jungen Offiziere waren Anhänger von Mosley, soweit ging der Gerechtigkeitsfanatismus dieses englischen Militärgerichts. Was diese Verteidiger sich leisteten, war einfach unvorstellbar.[890]

Abgesehen von der einheitlich abgelehnten „Abschaum"-Bemerkung Major Winwoods gab es in seriösen britischen Medien indes auch sehr positive Wertungen der überaus gründlichen und auf formaler Richtigkeit bestehenden Führung des Bergen-Belsen-Prozesses.[891] Diese wohlwollende Beurteilung schloss mitunter auch das Verhalten der Verteidiger mit ein.[892] Zumindest die britische Militärzeitung *Union Jack* hob die Arbeit der Verteidiger nach Prozessende positiv hervor und zitierte im Wortlaut die abschließende Würdigung des Vorsitzenden Richters an die zwölf Wahl-Pflicht-Verteidiger: „It has been to your credit that, although you have been spent the last years fighting you have brought forward every single argument that could bebrought forward in defence of the accused."[893]

Auch seriöse deutsche Medien wiesen eigens drauf hin, wie weitreichend und umfassend die Rechte der Beschuldigten im ersten Bergen-Bel-

---

889 British Counsel for Nazis Apologizes to Jews. Regrets reference to „ghetto Dregs", in: Jewish Telegraphic Agency (09.11.1945), S. 4.

890 Eggebrecht, Axel, Erinnerungen. Der Bergen-Belsen-Prozeß in Lüneburg, in: Werner Holtfort (Hrsg.), Hinter den Fassaden. Geschichten aus einer deutschen Stadt, Göttingen 1982, S. 53–57, hier S. 53.

891 Vgl. Cramer, Belsen Trial 1945, S. 342.

892 Vgl. Cramer, Belsen Trial 1945, S. 341.

893 11 Death Sentences in Belsen Trial. „The Beast" decides to appeal, in: Union Jack (19.11.1945).

sen-Prozess sichergestellt wurden. Die *Frankfurter Rundschau* berichtete über das Schlussplädoyer des Anklägers Backhouse, in dem dieser zum Ende des Prozesses nochmal darauf hinwies, „daß die Angeklagten in Lüneburg sogar eine bessere Chance für ihre Verteidigung gehabt hätten als irgend ein Engländer, denn kein Gericht in Großbritannien hätte bei einem solchen Prozeß wie diesem jedem einzelnen Angeklagten einen halben Tag ausschließlich für seine persönliche Verteidigung zugebilligt."[894]Angesichts dieser demonstrativen Fairness und auch wegen der überraschend zahlreichen Freisprüche fiel die Berichterstattung der deutschen Presse entschieden positiv aus.[895]

Im Lager jener Beobachter des Bergen-Belsen-Prozesses, die die Arbeit der britischen Wahl-Pflicht-Verteidiger skeptisch betrachteten, entlud sich die Abneigung wiederholt in beleidigenden Briefzuschriften. Wie der *Daily Telegraph* am 29. September 1945 berichtete, hatten einige der Verteidiger entsprechende Schreiben aus Großbritannien erhalten – von Personen, die sich ganz offenbar nicht darüber im Klaren waren, dass die Offiziere zu dieser Tätigkeit abkommandiert worden waren.[896] Drei Wochen später berichtete auch der *Daily Express*:

---

894 Schlußplädoyers im Belsenprozeß, in: Frankfurter Rundschau (13.11.1945).

895 Vgl. zusammenfassend Cramer, Belsen Trial 1945, S. 314–336. Eine Kluft zwischen öffentlicher und veröffentlichter Meinung muss dabei allerdings angenommen werden. Die in den *Intelligence Summaries*, den Berichten des britischen Militärgeheimdienstes, gesammelten Stimmungsberichte aus Deutschland verzeichnen unterschiedliche Reaktionen auf den Prozess. Je nach städtischen oder ländlichen Gebieten, dem Zugang zu Medien und meist noch gewichtiger dem Willen zur Information verzeichneten die Briten in der deutschen Bevölkerung sehr disparate Wahrnehmungen. Eine generelle Skepsis gegenüber der Presse in Deutschland geht vermutlich auf die Erfahrungen mit der NS-Propaganda zurück und sagt wenig darüber, ob die Aufnahmefähigkeit der Deutschen hinsichtlich der „re-education"-Strategie der Briten von vornherein beschränkt war. Cramer konstatiert hinsichtlich der aus britischer Sicht nicht zufriedenstellenden Wirkung eines gemüts- und gewissensreinigenden Effekts des Bergen-Belsen-Prozesses, dass die „optimistischen Pläne der Briten weniger an vorsätzlicher Widerspenstigkeit als vielmehr weitgehender Gleichgültigkeit seitens der deutschen Zielgruppe scheiterte[n]." (Ebenda, S. 319.) Auch die Zahl der Deutschen auf der Zuschauertribüne des Prozesses blieb weit unter den Erwartungen der britischen Behörden zurück. Vgl. Ehlert, Martin, „Umerziehung zur Demokratie". Der erste Bergen-Belsen-Prozess in Zeitungsberichten, in: Claus Füllberg-Stolberg (Hrsg.), Frauen in Konzentrationslagern. Bergen-Belsen, Ravensbrück, Bremen 1994, S. 251–258.

896 Vgl. Alaric, Abusive Letters to Belsen Defenders, in: Daily Telegraph (29.09.1945): „Defending officers in the Belsen trial – 11 British and one Polish – are receiving abusive letters from people in Britain who evidently do not un-

> Defending counsel in the Belsen trial, all, except one Pole, British ma-
> jors and captains with distinguished war records, are being victimised.
> Every day they receive a big mail denouncing them for their part in the
> case. They are angry at this criticism because they were detailed for the
> job by the Army authorities and in some case the length of the trial is
> taking them beyond their demobilisation date.[897]

Nachteile, welche die britischen Offiziere durch ihre Arbeit als Verteidiger
zu erdulden hatten, waren aber nicht nur eine verzögerte Entlassung aus
dem Militärdienst, sondern teilweise, wie es scheint, wohl auch ganz persönliche Einschränkungen, wie manche Zeitungsberichte erwähnten. So
schrieb beispielsweise der *Daily Telegraph*: „Several officers have had their
demobilisation postponed because of the trial and one had to put of his
marriage. They receive no extra pay or other compensation."[898]

Als eine der Hauptursachen der tiefen Unzufriedenheit eines großen
Teils der britischen Öffentlichkeit mit dem ersten Bergen-Belsen-Prozess
machte ein hellsichtiger Artikel des *Jewish Chronicle* eine Art kognitiver
Dissonanz aus. Für viele war es demnach schwer, die penibel genaue Wah-
rung der Rechte von Angeklagten und Tätern zu akzeptieren, die selbst
ebenjene elementaren Grundrechte ihren Opfern systematisch verweigert
hatten:

> Such feelings, even if misguided, are very understandable. Why, the
> critics ask, should the accused, who in the eyes of the world have long
> stood convicted of the foul crimes with which they are now charged,
> be given all the privileges of a normal defendant? Why should they be
> pampered in this way? Why should the feelings of those millions who
> have suffered so grievously at the hands of the Nazis be harrowed by
> this procedure?[899]

Dass es sich bei den Angeklagten eben gerade nicht um „normale" Beschuldigte handelte, sondern um die Täter von Verbrechen eines ganz neu-
en Typs („completely new species of crime"[900]), kann erklären, warum die
in einem normalen britischen Gerichtsverfahren allgemein akzeptierten

---

 derstand that they are functioning not out of sympathy with the accused, but in
 the line of duty."
897 Belsen Lawyers are angry, in: Daily Express (18.10.1945).
898 Alaric, Abusive Letters to Belsen Defenders, in: Daily Telegraph (29.09.1945).
899 The Belsen Trial. Jewish Women's Dramatic Evidence, in: The Jewish Chronicle
 (28.09.1945), S. 8–9.
900 Ebenda.

Verteidigungsstrategien im Falle Bergen-Belsens zum Widerspruch reizten. Die Verteidiger aber hatten allein aufgrund ihres Auftrags und ihrer Rolle in diesen Verfahren gar keine andere Möglichkeit, als ihre Mandanten mit allen zur Verfügung stehenden Mittel zu verteidigen:

> The decision to try the Belsen criminals under British law placed the defence in an unenviable position. It perforce had to accept its task as a necessary obligation. Had counsel for the defence acted differently from the way they have done, they would have laid themselves open to the even graver criticism of neglecting their clearly defined legal duties. Moreover, non-fulfillment or half-hearted performance of their duties must inevitable have resulted in the prestige of the trial dropping considerably in the eyes of the world.[901]

Zu den britischen Offizieren und Wahl-Pflicht-Verteidigern sind auch einige zeitgenössische Einschätzungen von Seiten der Beschuldigten überliefert. So dankte Josef Kramer im ersten Bergen-Belsen-Prozess im Namen aller Angeklagten den britischen Verteidigern am Ende seines Kreuzverhörs, verbunden mit der Hoffnung, dass es durch die Arbeit der Verteidiger für das Gericht möglich sein werde, zu einem fairen Urteil zu kommen.[902] Nimmt man den Erfahrungshintergrund der Angeklagten mit der Praxis der NS-Justiz zum Maßstab, dann verwundert es kaum, dass die Beschuldigten vom Engagement ihrer Verteidiger positiv überrascht gewesen sein dürften. Bedenken, die britischen Verteidiger könnten sich als bloße Staffage herausstellen, widerlegte das Auftreten der einzelnen Offiziere – Major Winwood ist hier nur das schillerndste und zugleich kontroverseste Beispiel – nachdrücklich. Dies gilt nicht nur für den ersten britischen Militärgerichtsprozess, sondern für alle folgenden Verfahren, in denen britische Offizier als Verteidiger fungierten.

Das Auftreten der Offiziere vor Gericht als erfahrbarer Beweis dafür, dass jedem Angeklagten die bestmögliche Verteidigung gewährt werden sollte, führte auf deutscher Seite mitunter zu einer veränderten Meinung über die Briten und den britischen Gerechtigkeitssinn. Dass dies selbst für persönlich betroffene Personen gelten konnte, belegt ein eindrucksvolles Schreiben von Rosina Kramer, der Ehefrau des zum Tode verurteilen ehemaligen

---

901 Ebenda.
902 Vgl. NA, WO 235/ 14, S. 318, Aussage von Josef Kramer im Kreuzverhör am 21. Prozesstag, 10. Oktober 1945: „And now I would like to take this opportunity to thank all the defending officers for what they have done for me and the others and I am sure it will enable the court to give just and fair judgement."

KZ-Kommandanten Josef Kramer. In einem handschriftlichen Brief an Major Winwood vom 22. November 1945 drückte sie ihren „aufrichtigen Dank" für dessen Engagement aus:

> Ich habe durchaus das Gefühl, daß Sie Ihr Möglichstes getan haben, um meinem Mann zu helfen und daß es auch Sie überrascht hat, daß trotz Ihrer Bemühungen so ein hartes Urteil gefällt wurde. Als deutsche Frau muß ich es besonders anerkennen, daß ein Engländer sich in dieser Weise für einen Deutschen eingesetzt hat und werde in Zukunft mit Achtung an unseren ehemaligen Feind denken.[903]

Der erste Bergen-Belsen-Prozess mit der weltweiten Aufmerksamkeit, die dem Geschehen vor Gericht zuteilwurde, zeigt wie in einem Brennglas die ambivalente Bandbreite der Wahrnehmung und Beurteilung der britischen Verteidiger. Zwei Pole der öffentlichen Bewertung lassen sich dabei festhalten: einerseits die Kritik an unzulässigen oder als unerhört aggressiv empfundenen Verteidigungstaktiken vor Gericht, andererseits die Anerkennung, dass eine offensive Verteidigung der beste Weg zur Gewährung und Sicherung der Rechte der Angeklagten darstellte. In keinem anderen britischen Kriegsverbrecherprozess standen britische Verteidiger nochmals annähernd so im Fokus. Keiner der hier untersuchten Prozesse evozierte mehr ein annähernd mit dem ersten britischen Militärgerichtsprozess auf deutschem Boden vergleichbares Interesse der (weltweiten) Öffentlichkeit.

Beobachtungen und Einschätzungen zur britischen Gerichtsbarkeit und den britischen Verfahrensgepflogenheiten sind auch von einem der Angeklagten aus dem Neuengamme-Hauptprozess[904] überliefert: Alfred Trzebinski, ehemals Arzt in den Konzentrationslagern Auschwitz, Majdanek und Neuengamme,[905] wurde vor einem britischen Militärgericht im Frühjahr 1946 angeklagt und zum Tode verurteilt, insbesondere wegen seiner Beteiligung an den Verbrechen am Bullenhuser Damm.[906] In einem Abschiedsbrief kurz vor seiner Hinrichtung in Hameln an den Ankläger des Prozesses, Major Stephen Malcolm Stewart, schilderte Trzebinski seine

---

903 IWM, Private Papers of Major T C M Winwood, P419, Brief von Rosina Kramer an Maj. Winwood, 22. November 1945.

904 Vgl. Bessmann, Alyn/Buggeln, Marc, Befehlsgeber und Direkttäter vor dem Militärgericht. Die britische Strafverfolgung der Verbrechen im KZ Neuengamme und seinen Außenlagern, in: Zeitschrift für Geschichtswissenschaft, 53 (2005), S. 522–542.

905 Vgl. Klee, Das Personenlexikon zum Dritten Reich, S. 631.

906 Vgl. Schwarzberg, Günther, Der SS-Arzt und die Kinder. Bericht über den Mord vom Bullenhuser Damm, Hamburg 1979.

Eindrücke vom britischen Gerichtspersonal und seinem deutschen Anwalt. Neben apologetischen Ausführungen, die Trzebinskis Gewissenlosigkeit und Verblendung und Ignoranz hinsichtlich seines Beitrags am Holocaust und seiner Beteiligung an menschenverachtenden „medizinischen" Experimenten dokumentieren, finden sich auch einige Einschätzungen zur britischen Prozessdurchführung und zu Major Stewart, die uns Einsicht in die Perspektiven eines Beschuldigten und Täter erlauben.

Trzebinskis Erwartung, in dem Prozess in einem abgekarteten Spiel vorgeführt zu werden („Ich hatte den Prozess-Verlauf von Belsen in Zeitungsnotizen und durch Rundfunk verfolgt und die Berichterstattung als absolut tendenziös empfunden, dementsprechend Rückschlüsse auch auf den Prozess selbst gezogen"[907]), sollte sich nicht bestätigen. Stattdessen beeindruckten ihn die Prozessdurchführung, für ihn verkörpert in der Person des Anklägers, offenbar stark. Das Auftreten Stewarts gab Trzebinski als Grund für einen kompletten Wandel seiner Einschätzung der britischen Gerichtsbarkeit an: „Dieser Mann, dessen Namen ich nicht kenne, hat mir die Augen geöffnet über die Gerechtigkeit der britischen Justiz. Dieser Prosecutor ist für mich der Prototyp des fairen englischen Gentleman."[908] Seinem deutschen Anwalt stelle Trzebinski dagegen kein gutes Zeugnis aus. Zwar sei er diesem aufgrund seiner Arbeit „zu großem Dank verpflichtet"[909], da dieser aber aufgrund der knappen Vorbereitungszeit gar nicht in der Lage gewesen wäre, sich umfassend in den Fall einzuarbeiten, hätte nur er selbst sich wirksam verteidigen können, was jedoch die Prozessordnung nicht zuließ. Schwerer wog für Trzebinski aber ohnehin die innere Abscheu aller deutschen Anwälte gegenüber ihren Mandanten:

> Ich habe in unserem Prozess die Verteidigungsreden für eine bloße Formsache gehalten und wusste, dass sie die Aufmerksamkeit des Gerichtes schon deshalb nicht verdienten, weil unsere Anwälte aus innerer Überzeugung der Auffassung waren, eine ungerechte Sache zu vertreten.[910]

Über die britischen Verteidiger sind fast keine Klagen hinsichtlich ihres Engagements oder ihrer Strategien von Seiten der Mandantschaft überlie-

---

907 IWM, Private Papers of C L Stirling, Box 09/44/4, S. 2. Hier auch die Aussage Trzebinskis: „Ich betrat den Gerichtssaal in der Erwartung, an einem Schauprozess als unglückseliges Opfer teilzunehmen." (Ebenda, S. 1.)
908 Ebenda, Box 09/44/4, S. 1.
909 Ebenda, Box 09/44/4, S. 1.
910 Ebenda, Box 09/44/4, S. 6 (Herv. i. Orig.).

fert. Wie gezeigt, führte dies in der öffentlichen Wahrnehmung mitunter sogar dazu, dass den Verteidigern eine unlautere Gesinnungsnähe zu den Angeklagten attestiert wurde. Neben Major Winwood im ersten Bergen-Belsen-Prozess lässt sich dies auch am *Enschede Case*[911] zeigen, in dem der britische Wahl-Pflicht-Verteidiger Lieutenant Ellison die Selbstsicht seines Mandanten Eberhard Schöngarth, insbesondere in Bezug auf dessen Rang und soldatisches „Ehrgefühl", zur großen Zufriedenheit des Beschuldigten vor Gericht portraitierte. Es ist anzunehmen, dass sich diese Anpassung an die Eingaben von Seiten der Angeklagten aus dem anwaltlichen Pflichtbewusstsein, den Mandanten bestmöglich zu verteidigen, entwickelt hat und mitunter wohl auch unbewusst vonstattenging.

Jenseits des Bergen-Belsen-Prozesses wurden die hier untersuchten britischen Verteidiger öffentlich kaum individuell wahrgenommen und kommentiert. Die Prozesse, in denen sie auftraten, fanden hierfür seitens der Presse keine hinreichende Aufmerksamkeit. Ausnahmen hiervon sind – mit Abstrichen – lediglich der *Enschede Case* mit dem prominenten Angeklagten Eberhard Schöngarth, der *Dulag Luft Trial*, der *Essen Lynching Case* und der U-Boot-Prozess um die Versenkung der *Peleus*. Obwohl die britischen Behörden großen Wert darauf legten und auch keine Mühe scheuten, eine Übersetzung des Prozessgeschehens ins Deutsche zu gewährleisten, auch wenn nur drei oder vier Zuhörer anwesend waren,[912] führte das nicht automatisch zu einer größeren öffentlichen Resonanz der Verfahren. Mitunter vermeldeten die Beteiligen der britischen Militärgerichtsbarkeit für manchen Prozess mit britischen Verteidigern indes die Anwesenheit zahlreicher Personen („a large number of German public was present") oder die Zufriedenheit über die sichergestellten Rechte eines Beschuldigten, dem „every faculty [...] to present its case" gegeben worden sei.[913] Auch wurden Zeugen auf negative Folgen, welche eine Aussage vor Gericht mit sich bringen konnte, hingewiesen und entsprechende Informationen an die Pressevertreter gegeben.[914] Auch wurde bisweilen im Verfahren auf die Berichterstattung über andere bereits abgeschlossene Militärge-

---

911 Vgl. zum *Enschede Case* ausführlicher Kap. III.2.2.1.c).

912 NA, WO 235/ 58, Proceedings of the trial, S. 22.

913 Vgl. WO 235/ 627, Capt. R. Marshall RA, Attached JAG Branch, 18. Februar 1946.

914 So legte das Gericht fest, dass die Zeugen der Anklage im Peleus-Prozess nicht namentlich genannt werden durften, da Racheakte an den Aussagenden befürchtet wurden. Vgl. Cameron, The Peleus trial, S. 6.

richtsprozesse eingegangen.[915] Zu einer näheren öffentlichen Wahrnehmung der britischen Verteidiger führte all dies in der Regel aber nicht. So
blieb der Bergen-Belsen-Prozess zugleich Anfang und Höhepunkt der öffentlichen Berichterstattung über britische Offiziere, die als Verteidiger
fungierten.

2. Vom Neuanfang zum Kalten Krieg

Stand zu Beginn der britischen Kriegsverbrecherprozesse die justizielle Bestrafung der Schuldbeladenen des Zweiten Weltkriegs im Mittelpunkt des
Interesses sowie die Wirkung, welche sich die Briten von der Demonstration von Recht und Gerechtigkeit erhofften („re-establishing justice, punishing crime, and re-educating its young people"[916]), so änderte sich das im
Zuge des aufkommenden, politischen Ost-West-Konflikts zunehmend.
Nun gewann die Frage, wer und vor allem wie lange mutmaßliche deutsche Kriegsverbrecher vor Militärgerichte gestellt werden sollten, erheblich
an Einfluss. Der heraufziehende Kalte Krieg bildete den Hintergrund, vor
dem sich in den Jahren 1946 und nochmals 1949 die veränderte politische
Großwetterlage auf die Durchführung und zunehmend auch auf die öffentliche Wahrnehmung der Kriegsverbrecherprozesse (und dadurch auch
der britischen und deutschen Verteidiger) direkt auswirkte.[917]

---

915 Vgl. den *Essen Lynching Case* (Kap. III.2.2.1.c), in dem der britische Verteidiger
aller Beschuldigten explizit auf den ersten Bergen-Belsen-Prozess und die darüber erfolgte Presseberichterstattung einging.

916 NA, FO 371/ 39002 C 12946, Offener Brief an die *Times* von Parlamentsmitglie-
dern, sowie zur Kenntnisnahme an Anthony Eden vom 28. September 1944.

917 Nicht nur die Urteile wurden mit zunehmendem Abstand zum Kriegsende
deutlich milder, wie Katrin Hassel nachgewiesen hat. Die anfangs ausgesprochenen langen Haftstrafen verbüßten die allermeisten Verurteilten nicht gänzlich.
Auch die Entlastungsargumente bzw. Rechtfertigungsgründe der Verurteilten
bekamen mit größerem zeitlichem Abstand tendenziell einen unterschiedlichen
Tenor. Blieben die Argumente in den Aussagen vor Gericht oftmals vorsichtig,
zurückhaltend und zeigten mitunter sogar Schuldbewusstsein, so finden sich in
den zeitlich später eingereichten Petitionen und Gnadengesuchen vermehrt
kompensatorische und die eigene Schuld relativierende Argumente wie ausweg-
lose Kriegssituation, Zwang zum Befehlsgehorsam, persönliche Verluste und
Verantwortlichkeiten für Angehörige und Familie. Zudem wurden zahlreiche
Urteile zwar bestätigt, die verhängten Haftstrafen aber bereits durch den *Confirming Officer* erheblich reduziert.

Den Wandel in der Herangehensweise und den Effekt auf die deutsche Bevölkerung, den die britischen Behörden von den Prozessen erwarteten, illustriert anschaulich ein Brief des britischen Außenminister Ernest Bevin an Kriegsminister Emanuel Shinwell vom Juni 1948. Bevin beschrieb darin sowohl seine Einschätzung zum Handeln auf Befehl – auch diese Interpretation hatte sich im Vergleich zu den frühen Militärgerichtsprozessen (1945 bis Mitte 1946) bereits verschoben[918] – wie auch zu dem erzieherischen Impetus der durch Gerichtsverfahren öffentlich dargestellten Fairness und Gerechtigkeit. Die damalige Haltung des Außenministers macht auch die damals von ihm angenommene, gewandelte Einschätzung der öffentlichen Meinung in Deutschland deutlich:

> War crimes [...] were committed by individuals often under the influence of discipline of the body to which they belonged. Their punishment is more a matter of discouraging future generations than meting out retribution to the guilty. If the German people have not learnt their lesson by now, further trials will not teach it and I am sure there is a large body of public opinion in this country which considers that a definite limit should be fixed to these trials.[919]

Hierzu passen die Eindrücke von Seiten des britischen Militärgerichtspersonals hinsichtlich eines immer forscheren Auftretens von deutschen Anwälten als Verteidiger vor ebendiesen Gerichten.[920] Genauso wie der erste Bergen-Belsen-Prozess den Auftakt zu einer Kontroverse um die Arbeit bri-

---

918 Zur Frage des Befehlshandelns als Strafausschließungs- bzw. Strafmilderungsgrunds in frühen britischen Militärgerichtsprozessen vgl. Kap. III.1.1.

919 NA, FO 371/ 70819 CG2318, Brief von Außenminister Ernest Bevin vom 10. Juni 1948 an Kriegsminister Baron Emanuel „Manny" Shinwell.

920 Der Ankläger im Schandelah-Prozess, Major Dromgoole, berichtete beispielsweise über die deutschen Verteidiger, die ihm vor Gericht begegnet waren: „I noticed a considerable change in the attitude of the German counsel; those I have come up against so far have been somewhat shy before British courts but the counsel at Brunswick were in no way shy" und fügte zudem an „I heard all the usual stories that the German people did not know what was going on in their country and the plea that in the last years of the war in any case the treatment meted out to Allied nationals was unavoidable." Zitiert nach: Bessmann/ Buggeln, Befehlsgeber und Direkttäter vor dem Militärgericht, S. 541. Bessmann und Buggeln konstatieren, dass die deutsche Bevölkerung – anders als beim „harten Durchgreifen gegen kriminelle D[isplaced]P[erson]s", das sich „allgemeiner Beliebtheit" erfreut habe – auf die Strafverfolgung deutscher Kriegsverbrecher bald mehrheitlich sehr kritisch reagierte. Signifikant zum Ausdruck brachten diesen Wandel nicht zuletzt die deutschen Anwälte der Beschuldigten, die sich zunehmend „sicherer fühlten und aggressiver auftraten." (Ebenda.)

tischer Verteidiger bildete, so fügte sich auch der letzte von den Briten in Deutschland durchgeführte Prozess in diese Reihe ein – allerdings unter anderen Voraussetzungen wie in den Verfahren mit britischen Offizieren als Verteidigern. Erich von Manstein, ehemaliger Oberkommandeur der Heeresgruppe Süd, wurde 1949 im Hamburger Curiohaus vor ein Militärgericht gestellt, um sich für seine Handlungen im Krieg zu verantworten. Die ohnehin „breite publizistische Begleitung des Prozesses"[921] ergänzte in diesem Fall die Berufung von englischen Anwälten in das Team der Verteidigung für Manstein.

Ausgelöst wurde das Ringen um die Zulässigkeit von britischen Verteidigern in diesem letzten Prozess von den Bemühungen der bereits engagierten deutschen Anwälte Hans Laternser und Paul Leverkühn sowie von Manstein selbst, der es als (strategisch) günstig erachtete, zusätzlich britische Verteidiger zu engagieren.[922] Die von Leverkühn im Juni 1949 in London begonnenen Versuche, die britische Regierung zur Ernennung und damit auch Bezahlung von britischen Verteidigern zu bewegen, scheiterten allerdings.[923] Die Begründung der britischen Regierung überrascht, vergleicht man sie mit der auch öffentlich sehr stark vertretenen Haltung bezüglich des Rechts auf einen britischen Wahl-Pflicht-Verteidiger, wie sie in den frühen Militärgerichtsprozessen in Deutschland mit britischen Offizieren als Verteidigern kommuniziert worden war. Die Ablehnung von britischen Verteidigern, so die Regierung, entspräche nicht der üblichen Praxis und hätte auch in keinem der bisher durchgeführten Prozesse Anwendung gefunden.[924] Zwar waren die letztlich im Manstein-Prozess bestellten britischen Verteidiger die ersten Zivilanwälte aus Großbritannien, die ersten britischen Verteidiger waren sie jedoch keineswegs, wie die Tätigkeiten der im Rahmen dieser Studie vorgestellten 46 britischen Offiziere belegen. Mit nur einer Ausnahme waren diese alle im Zivilberuf Anwälte (*Solicitor* oder *Barrister*). Dass es demnach durchaus Präzedenzfälle gegeben hatte bzw. zumindest nach wie vor die – den Bestimmungen des *Royal Warrant* folgende – Möglichkeit, einen britischen Offizier als Wahl-Pflicht-Verteidiger zu be-

---

921 Wrochem, Erich von Manstein, S. 192.

922 Vgl. ebenda, S. 157–158. Weitere Anwälte für Manstein waren neben Laternser und Leverkühn die englischen Anwälte und Parlamentsabgeordneten Silkin und Paget sowie der frühere Abwehrspezialist Bill Croome.

923 Vgl. Herde, Command Responsibility, S. 250, sowie die Schriftwechsel zur Ablehnung eines britischen Verteidigers für Manstein in: NA, FO 371/ 77032.

924 Vgl. den Bericht des Außenministeriums an die britische Militärregierung zur Haltung der Regierung in National Archives, FO 1049/ 1669, CG 38/200/49 sowie Wrochem, Erich von Manstein, S. 159.

rufen, bestand, scheint den zuständigen Militärbehörden nicht geläufig gewesen zu sein, so diese Regelung denn nicht absichtlich unerwähnt blieb. Auch von Seiten der deutschen Anwälte Mansteins wurde sie nicht herausgestellt. Stattdessen verwies ein Bericht des Außenministeriums an die britische Militärregierung zur Haltung der Regierung darauf, dass die zwangsweise Zuteilung eines Anwalts schon allein aus Fairnessgründen nicht erfolgte, im Gegensatz etwa – auch diese Argumentation ist bereits aus dem ersten Bergen-Belsen-Prozess bekannt – zu kommunistischen Staaten:

> You may have an opportunity of contrasting this attitude with that of Communist Countries, where the defence Counsel is appointed by the Government and where neither the accused nor individual members of the public can express either verbally nor practically any views on the adequacy of such counsel. His majesty's Government has no objection to the provision of British counsel for von Manstein and permit members of the public to give effect to their views in this manner.[925]

Dass trotz der Weigerung der britischen Regierung, die Kosten für britische Verteidiger zu tragen, dennoch zwei britische Anwälte für Manstein vor Gericht auftraten, war einer Spendenaktion von dritter Seite zu verdanken, von der noch genauer die Rede sein wird; das Vermögen des Angeklagten war im Vorfeld des Prozesses eingezogen worden. Die beiden britischen Anwälte wurden nicht allein aufgrund ihrer Nationalität, sondern auch wegen ihrer Persönlichkeit in der Presseberichterstattung vor und während des Prozesses geradezu als Sensation gewertet. Die Rede ist von den beiden Labour-Parlamentsabgeordneten Samuel Charles Silkin und Reginald P. Paget. Letzterer war ein ehemaliger Marineoffizier und Königlicher Rat, der sich im Unterhaus als strikter Anti-Militarist und Gegner der britischen Bombenangriffe im Krieg einen Namen gemacht hatte. Für fast noch mehr Erstaunen sorgte jedoch Silkin, Sohn des amtierenden Minister of Town and Country Planning Lewis Silkin, da er jüdischen Glaubens war.[926] Während des Verfahrens kam zudem noch Bill Croome, ein

---

925 NA, FO 1049/ 1669 CG 38/200/49, Bericht Foreign Office vom 15. August 1949.

926 Wie der *Spiegel* am 25. August 1949 berichtete, erregte die Bereitschaft Pagets und Silkins, Manstein zu verteidigen, in Großbritannien „beträchtliches Aufsehen". Mit unklarem Unterton kommentierte das Blatt: „Den beiden britischen Anwälten, dem Juden und dem Antimilitaristen, die zur Verteidigung eines Armeeführers mit Judenmord in der Anklageschrift beitragen wollen, ist offenbar die ideologische Seite des Falles unwichtig." (Der meist Befähigte. Zur Reserve abgestellt, in: Der Spiegel (25.08.1949), S. 20–22.)

vormaliger britischer Abwehrspezialist, hinzu.[927] Welch „immense politische Bedeutung"[928] das Auftreten von Paget und Silkin als Verteidiger eines ehemaligen hochrangigen Wehrmachtskommandeurs hatte, betont auch Oliver von Wrochem in seiner Studie zu Erich von Manstein mit dem Argument, dass „zum ersten Mal [...] in alliierten Prozessen Anwälte aus dem Land der Kriegsgegner für einen deutschen Angeklagten"[929] auftraten. Zwar trifft diese Aussage nur zu, wenn die hier untersuchten britischen Offiziere nicht auch als Anwälte gezählt werden, im Hinblick auf die öffentliche Wahrnehmung in Deutschland und Großbritannien im Jahr 1949, und insbesondere unmittelbar bevor und während des Manstein-Prozesses, ist diese Einschätzung jedoch korrekt.

Die Entscheidung für oder wider britische Anwälte bzw. die Garantie einer adäquaten Verteidigung Mansteins wurde bereits vor Prozessbeginn in der deutschen und britischen Presseberichterstattung aufmerksam verfolgt. So berichtete *Die Welt* am 6. Juli 1949 über die Aufforderung des Labour-Abgeordneten Richard Stokes im Unterhaus, Manstein nur vor ein Gericht zu stellen, das dem ehemaligen Rang des Angeklagten entsprechend aus Feldmarschällen bestünde, sowie über die Antwort aus dem Kriegsministerium, wonach dies nicht Gegenstand der Überlegungen sei, da das Verfahren entsprechend den Bestimmungen des *Royal Warrant* vom 14. Juni 1945 durchgeführt und es keine Sonderregelungen geben werde.[930] Noch genauer berichtete *Die Welt* einige Tage später über die Gewährleistung der Verteidiger-Rechte, bezugnehmend auf eine Aussage von Lordkanzler Viscount Jowitt, der versicherte, dass der Angeklagte Manstein „alle Möglichkeiten für eine ausreichende Verteidigung gegen die Anklage des Kriegsverbrechens vor einem britischen Militärgericht erhalten werde".[931] Mit Entrüstung hätte dieser den Vorwurf zurückgewiesen, die britische Regierung verhalte sich gegenüber der Frage, „ob der Angeklagte sich die bestmögliche Verteidigung verschaffen könne"[932], gleichgültig. Jowitt kündigte daher unmissverständlich an: „Ich werde alles tun, um sicherzustellen, daß der Angeklagte eine ausreichende Verteidigung erhält."[933]

---

927 Vgl. Wrochem, Erich von Manstein, S. 158.
928 Ebenda.
929 Da von Wrochem die strategische Bedeutung der Bestellung von britischen Anwälten als besonders hoch einschätzt, folgert er konsequenterweise, dass die Entscheidung, die Plädoyers Paget zu übertragen, taktische Gründe hatte (ebenda.)
930 Vgl. E. A., Unterhausanfrage über Manstein, in: Die Welt, 81 (06.07.1949), S. 7.
931 Deutsche Verteidiger für Manstein, in: Die Welt (17.07.1949).
932 Ebenda.
933 Ebenda.

Dass sich die britische Regierung aber gegen die Besoldung von britischen Anwälten aus der eigenen Staatskasse entschlossen hatte – die Kosten für die deutschen Verteidiger wurden von der Hamburger Stadtverwaltung getragen, da der Prozess in Hamburg stattfand –, rief in Großbritannien teils heftigen Widerspruch hervor. Finanziell war Manstein nicht in der Lage, die Kosten für die zusätzlichen Anwälte selbst zu tragen. Dies verlieh der Verweigerungshaltung der britischen Regierung zusätzlich Brisanz, zumal die Anklagen äußerst schwerwiegend waren.[934] Die Lösung des Problems fand sich schließlich durch einen privaten Spendenaufruf bzw. ein äußerst hochrangiges „Crowdsourcing" zur Finanzierung der gewünschten britischen Verteidiger, vorgetragen von zwei prominenten Angehörigen des Oberhauses: Viscount Bridgeman und Viscount d'Isle and Dudley. Eine Sammelliste wurde eingerichtet, die in kurzer Zeit eine erhebliche Geldsumme erbrachte. Einer der ersten und fraglos der bedeutsamste Spender war Winston Churchill. Unterstützung für diese Initiative kam auch von Viscount John Simon, der in einem Leserbrief in der *Times* dazu aufforderte, dem Aufruf zu folgen, da er „in accordance with the highest standards of British justice"[935] stünde, und der Welt zeige, „what was meant by the British tradition of securing a fair trial for a foreigner".[936] Die Verteidigung durch britische Anwälte, bezahlt aus britischen Privatvermögen, so die Meinung Simons, würde erheblich dazu beitragen, den britischen Namen hochzuhalten. Kurz darauf folgte ein weiterer Leserbrief des Oberhausmitglieds Lord Maurice Hankey in Bezug auf den Aufruf von Viscount Simon, „to provide an adequate defence of Field-Marshal von Manstein", der zudem die (negative) Stimmungslage hinsichtlich der britischen Militärgerichtsprozessen kritisch aufgriff:

> Both in Germany and Japan there has been adverse comment on the difficulties of defendants and their counsel, with their relatively slen-

---

934 Vgl. hierzu etwa den Artikel der *Times* vom 26. Mai 1949, in dem sich eine Aufzählung der 17 Anklagepunkte gegen Manstein sowie ein Verweis auf das medizinische Gutachten, das Manstein für gerichtsfähig erklärt hatte, findet: 17 Charges against von Manstein. Genocide in Russia, in: The Times (25.05.1949), S. 3.

935 Simon, John Allsebrook, Von Manstein Trial, in: The Times (20.08.1949), S. 5.

936 Ebenda. Ermöglicht durch private Spenden „zahlreicher Engländer", so berichtete auch *Die Zeit*, würden Manstein „[z]wei hervorragende englische Verteidiger zur Seite" gestellt werden. Vgl. Manstein-Prozeß, in: Die Zeit, 35 (01.09.1949).

der resources, in dealing with the unprecedentedly long charge-sheets and the masses of documents showered upon them.[937]

Die Verteidigung müsse, so Hankey weiter, in einem fairen Verfahren dieselben Chancen wie die Anklage besitzen.[938] Die Voraussetzungen von Anklage und Verteidigung, das zeigen die aufgeführten Beispiele deutlich, wurden in der öffentlichen Wahrnehmung sowohl in Deutschland wie auch in Großbritannien im Jahr 1949 nicht als gleichwertig eingeschätzt. Die Aussichten des Angeklagten auf einen Freispruch wurden direkt mit der Nationalität der Verteidiger und einer (zumindest unterstellten) impliziten Entlastung von den Anklagevorwürfen in Zusammenhang gebracht. Die Prozesserwartungen unter dem Eindruck der Beteiligung britischer Verteidiger fielen deswegen eindeutig aus: Allgemein wurde angenommen, dass die Teilnahme von Silkin und Paget als Verteidiger ein Beleg dafür sei, dass dieser Prozess anders als die bisherigen Verfahren, konkret: positiver für den Angeklagten verlaufen werde. Zu stark war inzwischen die Meinung, die alliierten Kriegsverbrecherprozesse seien nichts anderes als blanke „Siegerjustiz".[939] Dass die „Wahl der englischen Verteidiger keiner juristischen Notwendigkeit entsprang"[940], da mit Laternser und Leverkühn bereits zwei in Kriegsverbrecherprozessen versierte Anwälte als Verteidiger Mansteins fungierten, macht verständlich, warum die deutsche und britische Öffentlichkeit in der Zusammensetzung des Verteidigerteams einen Fingerzeig bezüglich der vermeintlichen Unschuld Mansteins sehen wollte.

Auch die deutsche Presse berichtete bevorzugt über die britischen Verteidiger und darüber, was deren Bereitschaft zur Verteidigung Mansteins für den zu erwartenden Prozessausgang bedeuten würde. Die *Hamburger Freie Presse* listete am 16. August 1949 die Verteidiger Mansteins auf: „2 Labour-Abgeordnete, 1 jüdischer und antimilitaristischer Rechtsanwalt",[941] und mutmaßte, „[a]ngesichts der Persönlichkeiten der beiden Verteidiger"

---

937 Hankey, Von Manstein's Trial, in: The Times (25.08.1949), S. 5. Vgl. in der deutschen Presse beispielsweise: England debattiert Manstein-Prozeß. Bisher 3324 Dollar für die Verteidigung gesammelt, in: Hamburger Allgemeine Zeitung für christlich-demokratische Erneuerung, 4 (27.07.1949), S. 1.

938 Vgl. ebenda: „All who stand for British justice", so Hankeys Schlussfolgerung, sollten deswegen dem Spendenaufruf zur Bezahlung von britischen Anwälten für Manstein folgen.

939 Vgl. Wrochem, Erich von Manstein, S. 163.

940 Ebenda, S. 163–164.

941 Kinche, John, v. Mansteins Verteidiger. 2 Labour-Abgeordnete, 1 jüdischer und 1 antimilitaristischer Rechtsanwalt, in: Hamburger Freie Presse (16.08.1949), S. 2.

sei „anzunehmen, daß dieser Kriegsverbrecherprozeß einen anderen Verlauf nehmen wird als die vorangegangenen Prozesse. Mit größter Span-
nung wurde darauf gewartet, wie der sozialistische und der jüdische
Rechtsanwalt ihre Verteidigung aufbauen werden."[942]

Über die beiden deutschen und die beiden britischen Verteidiger Mansteins berichtete auch die *Hamburger Allgemeine* am 24. August 1949 unter
der Überschrift „Ihr Recht ist auch das Recht Ihres Feindes" – ein Aus-
spruch, der von Paget stammte. Das öffentliche Interesse, so berichtete das
Blatt, sei so groß wie ein ungezügelter „Heuschreckenschwarm"[943] gewesen
und neben „dem Angeklagten waren die mit weißen Perücken bekleideten
englischen Anwälte und das zahlreiche, mit roten Aufschlägen versehene
Khaki der hohen Offiziere die begehrtesten Objekte".[944] Es folgten ausführliche Auszüge aus den Äußerungen Pagets vor Gericht, insbesondere des-

---

942 Ebenda. Der Artikel berichtete zudem ausführlich von den beiden britischen
     Anwälten und gab Hintergrundinformationen zu ihnen: „Feldmarschall von
     Manstein, für dessen Verteidigung 1600 Pfund gesammelt worden sind, wird
     von Rechtsanwalt Samuel Silkin, den Sohn des Labour-Ministers für Stadt- und
     Landplanung, zu seinem Hauptverteidiger haben. Silkin, ein 32jähriger Jude
     und sozialistisches Parlamentsmitglied, war während des Krieges Kanonier und
     wurde später Stabsoffizier in der Armee von Montgomery. Als er im Alter von
     28 Jahren nach Singapur geschickt wurde, um den Vorsitz bei einem Prozeß ge-
     gen japanische Kriegsverbrecher zu führen, war er der jüngste britische Vorsit-
     zende, der jemals einen Kriegsverbrecherprozess geleitet hat. Da er der Sohn ei-
     nes jüdischen Ministers ist, hat seine Wahl zum Hauptverteidiger verständlicher-
     weise beträchtliches Aufsehen erregt, und zwar umso mehr, als die Klagen ge-
     gen den früheren Oberbefehlshaber Süd vor allem seine Tätigkeit während der
     deutschen Besatzung der Ukraine zum Gegenstand haben. Silkin hat bereits ei-
     nige Zeit mit Feldmarschall v. Manstein zugebracht und die Anklageschrift
     durchgesehen, bevor er seinen Antrag annahm. Seine Freunde legen die Hand
     dafür ins Feuer, daß er ideologisch an dem Fall nicht interessiert und für ihn
     nur die juristische Seite maßgebend ist. Kaum weniger überraschend war die
     Wahl eines weiteren prominenten Verteidigers, der notfalls an der Gerichtsver-
     handlung teilnehmen wird. Es ist R. P. Paget, ein früherer Marinekommandeur,
     der jetzt königlicher Rat und sozialistisches Parlamentsmitglied ist. Paget ist ein
     ausgesprochener Antimilitarist, der die Wehrpflicht ablehnt und von jeher stark
     sozialistische eingestellt war."
943 Studnitz, Hans G. von, Ihr Recht ist auch das Recht Ihres Feindes. Dramatischer
     Auftakt im Manstein-Prozeß. Britischer Verteidiger bezweifelt die Zuständigkeit
     des Gerichts, in: Hamburger Allgemeine Zeitung für christlich-demokratische
     Erneuerung, 4 (24.08.1949), S. 1.
944 Ebenda.

sen Zweifel an der Zuständigkeit des Gerichts.[945] Die Fähigkeiten von Paget als Anwalt, seine „ebenso ausführlichen wie scharfsinnigen Formulierungen"[946], wurden besonders lobend hervorgehoben. Pagets Eröffnungsplädoyer sei ein „Vortrag von ungewöhnlicher Brillanz" gewesen: „frei sprechend, die Augen fest auf die sieben, das Gericht bildende Generäle gerichtet, [...] in einem Englisch von klassischer Prägnanz". Die zentrale Passage aus dem Plädoyer Pagets wurde im Wortlaut wiedergegeben. Sie zeigt das bereits bekannte Motiv der „soldatischen Ehre" und der Gleichbehandlung aller, unabhängig davon, ob ein Deutscher oder ein Brite vor einem britischen Militärgericht angeklagt wurde:

> Ich verlange für meinen Mandanten nicht mehr, als Sie, meinen Herren, für sich in Anspruch nehmen würden, wenn Sie in der Lage des Feldmarschalls wären. Entschieden werden muß, ob es mit der soldatischen Ehre, die sich selbst in diesen Zeiten als dauerhaft erwiesen hat, vereinbar ist, daß sie dem Angeklagten Rechtsnormen verweigern, die Sie für sich selbst in Anwendung bringen würden.[947]

Dem Bericht in der *Hamburger Allgemeine* zufolge machte diese Mahnung starken Eindruck auf das Gericht. Gleichwohl wies es erwartungsgemäß die Eingabe der Nichtzuständigkeit zurück.[948] Wie stark politisch der Prozess interpretiert wurde, zeigte sowohl die deutsche als auch die britische Berichterstattung sehr deutlich. Von entscheidender Bedeutung sei, so schrieb der britische Philosoph Bertrand Russel, jeden „Anschein der Rachsucht"[949] zu vermeiden – ein Vorwurf, der eng mit der Verteidiger-

---

945 Über die erste Eingabe Pagets berichtete der Artikel im Detail: Der „Prozess gegen von Manstein, so sagte Paget anschließend, stehe nicht im Einklang mit dem englischen Recht, sondern sei von der Regierung angeordnet worden." Die bisherigen Gesetze und Rechtsnormen, so argumentierte Paget weiter, seien aber für die hier verhandelten Vorwürfe von Verbrechen im Krieg nicht mehr passend: „Verbrechen wie die Manstein nachgesagten verlangen neuartige Normen. Man könne sie nicht mit den Maßstäben messen, die man auf einen Dieb anwendet, der ein paar Stiefel gestohlen habe." (Ebenda.)

946 Ebenda.

947 Ebenda.

948 Dieselbe Ausgabe der *Hamburger Allgemeinen* brachte zudem einen eigenen Artikel zu den Anklagepunkten sowie eine sehr positive Einschätzung von Mansteins militärstrategischen Fähigkeiten und Leistungen im Zweiten Weltkrieg. Vgl. Liddell Hart, B. H., „Der fähigste aller deutschen Generale", in: Hamburger Allgemeine Zeitung für christlich-demokratische Erneuerung, 4 (24.08.1949), S. 5.

949 Russel, Bertrand, Recht oder Vergeltung? Englischer Beitrag zum Manstein-Prozeß, in: Hamburger Abendblatt, 2 (27.06.1949), S. 2.

wahl zusammenhing. Der Widerstand in England und Deutschland gegen den Prozess könne nur durch die konstruktive Zusammenarbeit der ehemaligen Kriegsgegner gelingen: „Wenn Europa gesunden soll, muss es mit Deutschland zusammenarbeiten."[950]

Der Ausgang des Prozesses bestätigte die in der Presseberichterstattung vorgetragenen Erwartungen, die durch das Engagement britischer Verteidiger aufgekommen waren, letztlich zwar nicht: Manstein wurde nicht freigesprochen, sondern zu 18 Jahren Haft verurteilt (er kam 1953 endgültig aus der Haft frei). Der Prozess ist gleichwohl ein anschauliches Beispiel dafür, wie stark die öffentliche Wahrnehmung der Gerichtsverfahren von der Besetzung des Teams der Verteidigung abhängen konnte.

Insgesamt zeigt sich: Sowohl in den Einschätzungen der britischen Militärbehörden, der britischen Regierung, aber auch – deutlichen Konjunkturen unterliegend – der deutschen und der britischen Bevölkerung war die Auffassung weit verbreitet, dass es einen erheblichen Unterschied machte, ob ein Verteidiger ein deutscher Zivilanwalt oder ein britischer Verteidiger, sei es ein Offizier oder ein Anwalt, war. Je nach Zuschreibung bezüglich der Verteidiger aus Deutschland oder aber aus Großbritannien wurden die Chancen für die Beschuldigten unterschiedlich eingeschätzt, fielen die Erwartungen, ob ein Prozess ein faires Verfahren darstellte oder lediglich als justizielles Instrument alliierter „Siegerjustiz" diene, unterschiedlich aus. Britische Offiziere, die als Wahl-Pflicht-Verteidiger fungierten, sowie zivile englische Anwälte galten sowohl in Großbritannien wie auch in Deutschland in der öffentlichen Wahrnehmung meist als Garanten von Fairness. Die Wirkung, die von britischen Verteidigern in erster Linie ausging, war die Annahme, mit deren Beteiligung die Rechte der Angeklagten in besonderem Maße gewahrt zu sehen. Es finden sich keine Hinweise darauf, dass es Bedenken gegeben hätte, Verteidiger aus dem Land der prozessdurchführenden Nation könnten eher als Instrument der Siegermacht fungieren. Im Gegenteil belegen einzelne überlieferte Kommentare von Angeklagten zu ihren britischen Wahl-Pflicht-Verteidigern eine dezidiert positive Einschätzung von deren Arbeit.

Die Einschätzung, der Einsatz britischer Verteidiger lasse die Chancen eines Beschuldigten vor Gericht tendenziell steigen, verstärkte sich, je weiter das Kriegsende in die Ferne rückte. Dies hat die Berichterstattung zum

---

950 Ebenda. Berichte darüber, wie unbeliebt der Prozess gegen Manstein in der britischen Öffentlichkeit sei, brachte unter anderem auch der *Manchester Guardian*, vgl. Trial of F. M. von Manstein. „Will Not be Abandoned", in: The Manchester Guardian (18.05.1949).

letzten britischen Militärgerichtsprozess in Deutschland gegen Manstein anschaulich gezeigt. Der Sachverhalt, dass zwei englische Anwälte als Verteidiger eines hochrangigen ehemaligen deutschen Befehlshabers fungierten, gab in der öffentlichen Wahrnehmung sogar Anlass zur fälschlichen Annahme eines sicher zu erwartendem Freispruchs. Das Beispiel des ehemaligen KZ-Arztes Alfred Trzebinski, angeklagt im Neuengamme-Hauptprozess, wirft zugleich ein Schlaglicht darauf, dass die Vertretung durch einen deutschen Anwalt als eindeutiger Nachteil vor Gericht interpretiert werden konnte. Trzebinski selbst betonte in seinem Abschiedsbrief, dass er in die Vertretung durch deutsche Anwälte keine großen Hoffnungen gesetzt habe, weil diese davon überzeugt gewesen seien, eine unrechte Sache zu verteidigen. Diesem Vorwurf arbeiten britische Verteidiger vielfach, meist auch während der Gerichtsverhandlungen, durch die starke Betonung der Rechte eines jeden Angeklagten entgegen. Diese Selbsteinschätzung der britischen Verteidiger als Garant für ein faires Verfahren hinterließ ganz offensichtlich ihre Spuren in der öffentlichen Wahrnehmung der Militärgerichtsprozesse.

Insbesondere in der Wahrnehmung der britischen Verteidiger durch die britische Militärverwaltung, im größeren Rahmen auch durch die britische Regierung, scheint immer wieder durch, dass die Verteidiger, zumal wenn sie aktive Offiziere waren, gesondert wahrgenommen wurden und ihrem Auftreten vor Gericht sowie der Qualität ihrer Arbeit besondere Bedeutung zugemessen wurde. Bemerkungen zu deutschen Anwälten finden sich in den Kommentaren der britischen Behörden und Ministerien (der juristischen Abteilungen der BAOR, der Militärregierung in der Besatzungszone, des Außen- und Kriegsministeriums, aber auch in Ober- und Unterhausdebatten) zwar durchaus, sie hatten aber immer nur ergänzenden Charakter bzw. dienten als allgemeine Hintergrundinformationen zum Prozessgeschehen. So bleibt die Bilanz, dass deutsche Verteidiger und deren Auftreten vor britischen Militärgerichten, im klaren Gegensatz zu britischen Offizieren, nicht als genuiner Bestandteil britischer Verantwortung betrachtet wurden.

V. Strafverteidigung als Beitrag zur *Transitional Justice* – Zwischen traditionellen Militärgerichtsverfahren und neuartigen Strafgerichtsprozessen

> „[S]ome other form of retribution must be found to break their arrogance and make them suffer for their cruel and unwarrantable acts of injustice and brutality."[951]

Die in dieser Studie beleuchteten britischen Verteidiger arbeiteten in einem einmaligen transnationalen Rahmen. Das Aufeinandertreffen von zumeist deutschen Angeklagten und britischen Verteidigern, Anklägern und Richtern schuf vor Gericht eine sehr spezifische Form justizieller Aufarbeitung im Zuge eines politischen Systemwechsels. Betrachtet man die britischen Militärgerichtsprozesse und die darin agierenden britischen Verteidiger unter dem Gesichtspunkt der Umbruchsituation von der nationalsozialistischen Gewaltherrschaft hin zu einer liberalen Demokratie, so treten mehrere Merkmale hervor, welche die *Transitional Justice*-Forschung seit Längerem herausarbeitet. Unter Zuhilfenahme dieses Konzepts wird im vorliegenden, abschließenden Kapitel nach dem Beitrag gefragt, welchen die britischen Verteidiger bzw. die von ihnen getragene Strafverteidigung zur Systemtransformation nach 1945 leisten konnten oder wollten, inwieweit ein solcher Prozess geplant war und als gelungen betrachtet werden kann, wo Potenzial für Verbesserungen vorhanden war und an welchen Stellen dieses Potenzial (vielleicht) verschenkt wurde.

Die exakte Definition von *Transitional Justice* – ihre Voraussetzungen, Merkmale und daran anschließend ihre möglichen (historischen) Untersuchungsgegenstände – blieb zu Beginn der Etablierung dieses Ansatzes in der Forschung zunächst unklar. Seit Ende der 1990er Jahre entwickelte sich in der Politik und Politikberatung sowie in der sozial- und rechtswissenschaftlichen Forschung ein neuer Begriff für Prozesse, Praktiken und Organisationsformen – eine weite Spanne von potenziellen Maßnahmen im Umgang mit Verbrechen eines Vorläuferregimes und deren Opfern und Tätern – während des Übergangs von einem politischen System zu einem anderen. Unter dem Begriff *Transitional Justice* formte sich gleichzeitig so-

---

951 NA, FO 371/ 39003 C 13601, Brief von Jane Baskin an Anthony Eden vom 19. September 1944.

wohl eine stark praxisorientierte Politikberatung wie auch eine Forschungsrichtung unter Beteiligung verschiedenster Disziplinen, welche, zumeist an konkreten Beispielfällen orientiert, Systematiken zu den Bewältigungsstrategien bzw. der Aufarbeitung von Verbrechen in Zeiten von Regimetransformationen herausarbeitete. Darunter fallen rechtliche, politische und gesellschaftliche Praktiken wie Strafprozesse, Wahrheitskommissionen, Amnestien, Lustrationen, Entschädigungen oder die Restitution von Eigentum, im erweiterten Sinne aber auch Geschichts- und Erinnerungspolitik. Die (erstmalige) Thematisierung von zumeist systemischen Verbrechen eines Vorgängerregimes, die Maßnahmen, mit denen versucht wird, die Verantwortlichen zur Rechenschaft zu ziehen und eine Anerkennung der Opfer zu gewährleisten, all diese Prozesse werden von der *Transitional Justice*-Forschung kritisch aufgegriffen. Die meistverwendete Definition, welche Maßnahmen Kennzeichen einer *Transitional Justice* sein können, stammt vom ehemaligen UN-Generalsekretär Kofi Annan. 2004 charakterisierte er *Transitional Justice* als

> the full range of processes and mechanisms associate with a society's attempts to come to terms with the legacy of large-scale past abuse, in order to ensure accountability, serve justice and achieve reconciliation. These may include both judicial and non-judicial mechanisms, with differing levels of international involvement (or none at all) and individual prosecutions, reparations, truth-seeking, institutional reform, vetting and dismissals, or a combination thereof.[952]

Als eigenständiges Forschungsgebiet liefert das Konzept der *Transitional Justice* somit auch vielfache Anregungen, um in der politischen Praxis Anwendung zu finden. Umgekehrt erweitern Untersuchungen der entsprechenden politischen, rechtlichen und gesellschaftlichen Praktiken zum Umgang mit einer gewaltsamen Vergangenheit die empirische Basis wissenschaftlicher Studien. [953]

---

952 UN, Report of the Secretary-General on the Rule of Law and Transitional Justice in Conflict and Post-Conflict Societies, New York 2004, S. 4.

953 Vgl. Anders, Gerhard/Zenker, Olaf, Transition and Justice. An Introduction, in: Development & Change, 45 (2014), S. 395–414. Einen gute Zusammenfassung des Begriffs und der verschiedenen Forschungsfelder der *Transitional Justice* bietet: Krüger, Anne K., Transitional Justice. Version 1.0 (2013), in: Docupedia-Zeitgeschichte, URL: www.docupedia.de/zg/Transitional_Justice (letzter Aufruf: 10.03.2019). Wichtige Impulse für die Forschung und die politische Praxis setzten der Konferenzband von Kritz, Neil J. (Hrsg.), Transitional Justice. How emerging Democracies reckon with former Regimes, Washington, D.C. 1995,

Um die Entstehung des Phänomens der *Transitional Justice* historisch einordnen zu können, wurden unterschiedliche Periodisierungen gebildet. Zum einen ein Drei-Stufen-Modell der gezielten Ahndung bzw. Adressierung schwerster Menschenrechtsverletzungen in drei zeitlich aufeinanderfolgenden Stufen. Den Auftakt bilden in dieser Periodisierung die nach 1945 durchgeführten internationalen Strafgerichtsverfahren (vor allem die Nürnberger und Tokioter Prozesse) zur Verfolgung der Verantwortlichen von Menschenrechtsverbrechen während des Zweiten Weltkriegs. Zur zweiten Phase werden die Regimetransitionen in Südeuropa in den 1970er Jahren, etwa in Griechenland, Portugal und Spanien, gezählt, gefolgt von einer dritten Phase, beginnend in den 1980er Jahren. Dieser dritten Welle von *Transitional Justice*-Fällen werden weltweite Systemtransformationen zugeordnet, wie der Fall der Militärdiktaturen im südlichen Lateinamerika, die Umbrüche in den vormaligen Ostblockstaaten, das Ende der Apartheid in Südafrika oder die Friedensverhandlungen in Bürgerkriegsstaaten in Zentralamerika sowie der Umgang mit der gewaltsamen Vergangenheit in Ländern wie Ruanda, Sierra Leone, den Philippinen, Sri Lanka oder Kambodscha.[954]

Eine andere Periodisierung orientiert sich an der Entwicklung des internationalen Rechts und dessen schrittweise ausgebauter Anwendung und Institutionalisierung. So begreift etwa die amerikanische Rechtswissenschaftlerin Ruti Teitel *Transitional Justice* als „conception of justice associated with periods of political change, characterized by legal responses to confront the wrongdoings of repressive predecessor regimes"[955]. Präzisiert wurde dieser vergleichsweise enge Begriff von dem Sozialwissenschaftler Jon Elster. Er charakterisierte „legal responses" genauer als Übergangsjustiz, bestehend aus „mehreren Prozessen – Gerichtsverfahren, Säuberungen

---

die 2007 gegründete Zeitschrift *International Journal of Transitional Justice* oder die Non-Profit-Organisation „International Center for Transitional Justice" (ICTJ), gegründet 2001. Großen Einfluss übten auch die seit 1990 in verschiedenen Ländern während Regimetransformationen etablierten Wahrheitskommissionen aus, so beispielsweise in Südafrika und zahlreichen weiteren afrikanischen Ländern, in Südamerika und Südostasien.

954 Dieses Schema der Periodisierung ist angelehnt an Brito, Alexandra Barahona de (Hrsg.), The politics of memory. Transitional justice in democratizing societies, Oxford u.a. 2001.

955 Teitel, Ruti G., Transitional Justice Genealogy, in: Harvard human rights journal, 16 (2003), S. 69–95, hier S. 69.

und Reparationen – [...], die im Anschluss an einen politischen Regimewechsel ablaufen".[956]

Auch bei diesem Periodisierungsansatz werden drei Entwicklungsphasen identifiziert: erstens, die als „post-war phase"[957] bezeichnete Verfolgung von Menschenrechtsverbrechen vor internationalen Gerichtshöfen, bei deren Verfolgung auch die Unverletzlichkeit staatlicher Souveränitätsrechte zurücktreten musste. Diese erste Phase „criminalized state wrongdoing as part of a universal rights scheme."[958] Ruti Teitel beschreibt sie als „triumph of transitional justice within the scheme of international law";[959] symbolisiert in erster Linie durch die Nürnberger Prozesse. Die alliierten Kriegsverbrecherprozesse bildeten nach dieser Lesart fortan „the basis of modern human rights law."[960] Die zweite bedeutsame *Transitional Justice*-Phase wird in dieser Periodisierung in einer „post-Cold War wave of transition"[961] identifiziert. Mit dem Schwinden des weltweiten sowjetischen Einflussgebiets Ende der 1970er und Anfang der 1980er Jahre (gemeint ist hier vor allem die nachlassende Unterstützung südamerikanischer Guerillakämpfer) und dem folgenden Zusammenbruch der Sowjetunion, der gravierende Auswirkungen in ganz Osteuropa hatte und parallel zu politischen Regimeumbrüchen in zentralamerikanischen und afrikanischen Staaten stattfand, identifiziert Teitel eine weitere, von „nationbuilding"[962] gekennzeichnete Phase. Im Unterschied zum ersten Periodisierungskonzept sieht das Schema Teitels in der Gründung des Internationalen Strafgerichtshofs in Den Haag, welcher fortan zur institutionengestützten Norm der Aufarbeitung von Menschenrechtsverbrechen wurde, eine dritte „steady-state phase of transitional justice."[963]

Eine weitere Begriffsdefinition von *Transitional Justice* geht über diese Konzentration auf justizielle Maßnahmen hinaus und nimmt zudem kulturelle und ökonomische Maßnahmen in den Blick. So charakterisiert die

---

956 Elster, Jon, Die Akten schließen. Recht und Gerechtigkeit nach dem Ende von Diktaturen, Frankfurt/M. u.a. 2005, S. 17.
957 Teitel, Transitional Justice Genealogy, S. 70.
958 Ebenda.
959 Ebenda.
960 Ebenda.
961 Ebenda, S. 71.
962 Ebenda.
963 Ebenda. Die Bedeutung dieser dritten Phase sieht Teitel vor allem in der grundsätzlichen Durchsetzung von *Transitional Justice*-Praktiken zur Aufarbeitung von Verbrechen in repressiven Vorgängerregimen, gestützt auf internationale Institutionen zur Ahndung von Menschenrechtsverbrechen: „Transitional Justice moves from the exception to the norm to become a paradigm of rule of law."

Rechtswissenschaftlerin Naomi Roth-Arriaza *Transitional Justice* umfassend als „set of practices, mechanisms and concerns that arise following a period of conflict, civil strife or repression, and that are aimed directly at confronting and dealing with past violence of human rights and humanitarian law"[964]. Jegliche Tätigkeit zur Adressierung von Menschenrechtsverbrechen in einem Vorläuferregime wird in diese Definition eingeschlossen.

Dieses weitgreifende Verständnis von *Transitional Justice* weist große Ähnlichkeiten zu den Begriffen „Vergangenheitsaufarbeitung" und „Vergangenheitsbewältigung" auf.[965] Im deutschsprachigen Raum, insbesondere in der historischen Forschung, wurde die „Aufarbeitung" einer gewaltsamen Vergangenheit lange Zeit nur mit der NS-Zeit und deren mangelhafter „Bewältigung"[966] verknüpft. Folgt man dieser Einschätzung, so ist unter Vergangenheitsbewältigung die „Gesamtheit jener Handlungen und jenes Wissens zu verstehen, mit der sich die jeweiligen neuen demokratischen Systeme zu ihren nichtdemokratischen Vorgängerstaaten verhalten". Nach dem Politologen Helmut König geht es dabei in erster Linie darum, „wie die neu etablierten Demokratien mit den strukturellen, personellen und mentalen Hinterlassenschaften ihrer Vorgängerstaaten" umgehen und auf welche Weise „sie sich in ihrer Selbstdefinition und in ihrer politischen Kultur zu ihren jeweiligen belastenden Geschichte stellen".[967]

---

964 Roht-Arriaza, Naomi (Hrsg.), Transitional justice in the twenty-first century. Beyond truth versus justice, Cambridge 2006, S. 2.

965 „Vergangenheitsbewältigung" bedeutet für Helmut König im Falle der Bundesrepublik eine über die „individuelle Selbst- und Gewissensprüfung" hinausgehende generelle „Auseinandersetzung [...] mit den Hinterlassenschaften des NS-Regimes" (König, Helmut, Die Zukunft der Vergangenheit. Der Nationalsozialismus im politischen Bewußtsein der Bundesrepublik, Frankfurt/M. 2003, S. 7). Kritisch zum Konzept der „Aufarbeitung": Adorno, Theodor W., Was bedeutet: Aufarbeitung der Vergangenheit (1959), in: Theodor W. Adorno, Erziehung zur Mündigkeit. Vorträge und Gespräche mit Hellmut Becker 1959–1969, hrsg. von Gerd Kadelbach, Frankfurt/M. 1971.

966 Vgl. Reichel, Peter, Vergangenheitsbewältigung in Deutschland. Die Auseinandersetzung mit der NS-Diktatur in Politik und Justiz, München 2007. Eine Fallstudie zu einer konkreten Tätergruppe unter den Gesichtspunkten der *Transitional Justice* bietet: Vormbaum, Thomas, Die strafrechtliche Transition in Deutschland nach 1945 unter besonderer Berücksichtigung der Aufarbeitung des Justizunrechts der NS-Zeit, in: Ulfrid Neumann/Cornelius Prittwitz/Paulo Abrão (Hrsg.), Transitional Justice. Das Problem gerechter strafrechtlicher Vergangenheitsbewältigung, Frankfurt/M. 2013, S. 81–104.

967 König, Helmut, Von der Diktatur zur Demokratie oder Was ist Vergangenheitsbewältigung, in: Michael Kohlstruck/Andreas Wöll (Hrsg.), Vergangenheitsbewältigung am Ende des zwanzigsten Jahrhunderts 1998, S. 371–392, hier S. 375.

Diese Engführung des Untersuchungsgegenstands änderte sich im Zuge des Falls der Ostblockstaaten und insbesondere der Aufarbeitung des DDR-Unrechts, mehr aber noch seit Ende der 1990er Jahre, als die Forschung zunehmend den deutschen Umgang mit der Vergangenheit im 20. Jahrhundert in einen international vergleichenden Kontext stellte.[968] Mehr und mehr Studien entstanden, die in transnationaler und globaler Ausrichtung eine „Kontextualisierung deutscher Vergangenheitsaufarbeitung mit Aufarbeitungsprozessen in anderen Ländern"[969] vornahmen. Der Begriff *Transitional Justice* etablierte sich währenddessen auch in Deutschland zunehmend als „Oberbegriff für Maßnahmen der Vergangenheitsaufarbeitung".[970] Die geschichtswissenschaftliche aber auch politik- und rechtswissenschaftliche Forschung beschäftigt sich zudem seit Längerem insbesondere mit der gezielten Anwendung der Maßnahmen, die (wenn auch nicht immer explizit) unter dem Begriff *Transitional Justice* als Instrumente der Geschichts- und Erinnerungspolitik gefasst werden.[971] Neben konkreten Maßnahmen stehen demnach auch Beiträge zur demokratischen Konsoli-

---

Vgl. auch: Neumann, Ulfrid/Prittwitz, Cornelius/Abrão, Paulo (Hrsg.), Transitional Justice. Das Problem gerechter strafrechtlicher Vergangenheitsbewältigung, Frankfurt/M. 2013; Weber, Jürgen/Steinbach, Peter (Hrsg.), Vergangenheitsbewältigung durch Strafverfahren? NS-Prozesse in der Bundesrepublik Deutschland, München 1984.

968 Vgl. hierzu exemplarisch die Beiträge des Sammelbands Neumann/Prittwitz/Abrão (Hrsg.), Transitional Justice, welcher anhand von vergleichenden Fallstudien zu Deutschland und Brasilien die strafrechtliche Vergangenheitsbewältigung als Teil von *Transitional Justice* in beiden Ländern untersucht.

969 Krüger, Transitional Justice, S. 9. Vgl. Hofmann, Birgit/Wenzel, Katja/Hammerstein, Katrin/Fritz, Regina/Trappe, Julie, Diktaturüberwindung in Europa. Neue nationale und transnationale Perspektiven, Heidelberg 2010; Buckley-Zistel, Mansteins/Kater, Thomas, Nach Krieg, Gewalt und Repression. Vom schwierigen Umgang mit der Vergangenheit, Baden-Baden 2011; Werle, Gerhard (Hrsg.), Justice in Transition. Prosecution and Amnesty in Germany and South Africa, Berlin 2006; Wüstenberg, Ralf K., Aufarbeitung oder Versöhnung? Ein Vergleich der Vergangenheitspolitik in Deutschland und Südafrika, Potsdam 2008.

970 Krüger, Transitional Justice, S. 10. Vgl. hierzu auch: Buckley-Zistel/Kater, Nach Krieg, Gewalt und Repression, S. 25. Für Forschungsinitiativen zum Zusammenhang von *Transitional Justice* einerseits und kollektiver Erinnerung in ganz Europa andererseits vgl. den Sammelband Wouters, Nico (Hrsg.), Transitional justice and memory in Europe (1945–2013), Cambridge 2014, hier vor allem der Beitrag Wouters, Nico, Transitional justice and memory development in Europe (S. 369–412).

971 Vgl. in Auswahl: Frei, Norbert, Vergangenheitspolitik. Die Anfänge der Bundesrepublik und die NS-Vergangenheit, München 1996; Frei (Hrsg.), Transnationale Vergangenheitspolitik; Osiel, Mark, Mass atrocity, collective memory, and the

dierung, Rechtsstaatlichkeit, sozialen und ökonomischen Gerechtigkeit, gesellschaftlichen (Re-)Integration, Friedensschaffung und -erhaltung im Blick einer unter *Transitional Justice* gefassten Beschäftigung mit Menschenrechtsverbrechen in Zeiten eines Umbruchs von einem repressiven Gewalt‑ regime zu einer liberal-demokratischen Ordnung.

Für beide Periodisierungsansätze von *Transitional Justice* – die erste orientiert an konkreten Wellen von Regimeumbrüchen in einzelnen Ländern, die zweite basierend auf Entwicklungsstufen bei der Anwendung und Durchsetzung internationalen Rechts – zeigen sich bei den britischen Militärgerichtsprozessen in Deutschland zahlreiche passende Merkmale. Dazu gehören sowohl die britische Kriegsverbrecherpolitik, die auf eine deutlich breitere Wirkung zielte als im engen strafrechtlichen Sinne die Bestrafung von schuldig gewordenen Gewalttätern im Krieg, als auch die von den Briten klar formulierte Absicht, den Deutschen mit den Prozessen das Ausmaß und die ganze Unmenschlichkeit der nationalsozialistischen Verbrechen plastisch vor Augen zu führen und dadurch eine Umerziehung zur Demokratie einzuleiten. Aber auch die exemplarische Vorführung von rechtsstaatlich fairen Verfahren sollte dazu beitragen, Recht und Gerechtigkeit vor Gericht – ganz im Gegensatz zu den nur dem formalen Schein nach rechtsförmigen korrekten Prozessen der NS-Justiz – als ein wesentliches Merkmal einer neuen demokratischen Ordnung zu etablieren.

Die britischen Offiziere, die als Verteidiger mutmaßlicher deutscher Kriegsverbrecher auftraten, boten sich gleichsam als Personifikationen dieser rechtsstaatlichen Garantien und der damit erhofften und erwünschten erzieherischen Wirkung geradezu an. Ihr Auftreten vor Gericht als Wahrer der Rechte der Beschuldigten, mehr noch als engagierte und überzeugende Wortführer für die Sache ihrer Mandanten, konnte die öffentliche Wahrnehmung eines Verfahrens entscheidend beeinflussen und war somit auch wirksamster Schutz gegen den sich bald in vielen Köpfen festsetzenden Vorwurf einer alliierten „Siegerjustiz". Das Auftreten und die Arbeit der britischen Verteidiger wurden in besonderem Maße als Indiz für die Fairness des Verfahrens, für die Chancengleichheit interpretiert.[972] Mitunter gaben sie sogar Anlass zur vorrauseilenden Annahme der Unschuld eines

---

law, New Brunswick u.a. 2000; Assmann, Aleida, Der lange Schatten der Vergangenheit. Erinnerungskultur und Geschichtspolitik, München 2006; Karstedt, Susanne, Legal institutions and collective memories, Oxford, Portland 2009; Olick, Jeffrey K., The politics of regret. On collective memory and historical responsibility, New York u.a. 2007.

972 Insbesondere die überraschende Wirkung des engagierten und forschen Auftretens der britischen Verteidiger im ersten Bergen-Belsen-Prozess zeugt davon, wie

Angeklagten.[973] Eine angenommene oder vermeintlich wahrgenommene Gesinnungsnähe oder ein als besonders engagiert empfundener Einsatz für den eigenen Mandanten wurde bei deutschen Anwälten und britischen Verteidigern in keiner Weise gleich wahrgenommen oder bewertet. Allein schon die biografisch begründeten Zweifel an der Unbelastetheit deutscher Anwälte verhinderte bei diesen eine reine Fokussierung auf ein anwaltliches Berufsethos nach dem Credo: Jeder Angeklagte hat ein Recht auf die bestmögliche Verteidigung verdient. Britischen Offizieren konnte dieser Vorwurf kaum gemacht werden.

Indizien dafür, dass die Fairness der britischen Verfahren von deutschen Prozessbeobachtern allmählich erkannt wurde, liefert ein Artikel im *News Chronicle* vom 19. November 1945. Obwohl der langsame Ablauf des Prozesses und die Sorgfalt, die auf formale Korrektheit gelegt wurde, auf die Deutschen eher befremdlich gewirkt habe, konstatiert der Artikel letztendlich die Einsicht in die Fairness des Verfahrens:

> The spectators at the trial talked afterwards about its fairness and the declared the verdicts and sentence true and merited. British justice, the trial has shown, though slow and always difficult for a German mind to understand, has nevertheless made a big impression on those few hundred Germans who have been able to attend its sessions.[974]

---

die negative Erwartungshaltung auf deutscher Seite, hier nur ein Schauverfahren vorgeführt zu bekommen, durchbrochen wurde. Vgl. Kap. V.1. Dass die Bruchlinien zwischen grundsätzlich positiver und negativer Einschätzung zur Arbeit der britischen Verteidiger, aber auch der Überzeugungskraft der vorgebrachten Entlastungsargumente nicht zwangsläufig zwischen den Siegern und Besiegten verliefen, belegt das *Dulag Luft Trial*. Dessen Urteile führten innerhalb der britischen Militärbehörden zu erheblichen Meinungsverschiedenheiten bzgl. der Glaubwürdigkeit der Verteidigungsstrategien und der daraus folgenden Schuld der angeklagten (und zum Teil verurteilten) deutschen Luftwaffenoffizieren. Vgl. Kap. III.2.2.2.a). Auch der Peleus-Prozess, bei dem deutsche Anwälte und ein britischer Offizier gemeinsam als Verteidiger die Beschuldigten einer deutschen U-Boot-Besatzung vertraten, ist ein Beispiel dafür, dass die Überzeugungskraft von Verteidigungsstrategien in der öffentlichen Wahrnehmung nicht allein in Deutschland Konjunkturen unterworfen war, sondern sich auch in Großbritannien mit zunehmendem Abstand zum Kriegsende die Einstellungen, was als Entlastungsargument akzeptiert werden konnte oder nicht, änderte. Vgl. Kap. III.2.3.

973 Vgl. den letzten britischen Militärgerichtsprozess in Deutschland gegen Erich von Manstein in Kap. IV.2.

974 Abgedruckt in: News Chronicle (19.11.1945).

Ein ähnliches Meinungsbild konstatierte eine amerikanische Umfrage zur Wahrnehmung der Fairness der Nürnberger Prozesse in Deutschland.[975] Auch der britische Unterhausabgeordnete Anthony Marlowe, der in mehreren Prozessen als *Judge Advocate* eingesetzt war, ging von einer sehr positiven Wirkung der Militärgerichtsprozesse auf das vor Gericht anwesende deutsche Publikum aus:

> It would be impossible to imagine a clearer vindication of the purpose of these Trials. If these accused have been dealt with on rumour, mob law, or by a Press campaign great injustice would have been done. In the event the German defence counsel and the German public have been deeply impressed by witnessing an administration of justice which has been unknown in their country for 13 years and in consequence they quite clearly recognize that Britain is the front of justice.[976]

Fraglos schwang in dieser Einschätzung auch der Stolz über die eigene Arbeit mit und eine ausgewogene Bewertung der Wirkung der britischen Kriegsverbrecherverfolgung muss sicher stärker differenzieren. Doch bleibt der Befund, dass diese Gerichtsverfahren viel Neues und Unbekanntes für die deutsche Öffentlichkeit bereithielten. Dass nicht alles positiv bewertet wurde, versteht sich von selbst. So gab es etwa für gemeinschaftliche Anklagen für Verbrechen keine Tradition in der deutschen Rechtsgeschichte und -kultur, weshalb diese oft als willkürliche britische (oder alliierte) Neuerfindung wahrgenommen und missverstanden wurden. Dass mit den britischen Militärgerichtsverfahren bislang fremde Rechtsnormen zur Anwendung kamen, stellten deutsche Beobachter schon sehr bald fest, ohne diesen Sachverhalt deshalb jedoch zwingend abzulehnen.[977]

---

975 Vgl. Merritt, Anna J./Merritt, Richard L., Public opinion in occupied Germany: the OMGUS surveys, 1945–1949, Urbana 1970. Norbert Frei bemerkte zur Einschätzung der Nürnberger Prozesse: „Zum ersten Mal in der Geschichte war es gelungen, Prinzipien des Völkerrechts systematisch an die Stelle von Vergeltung und Rache zu setzen." (Frei, 1945 und wir, S. 69.)

976 Marlowe, The Wuppertal Trials. Crimes and sentence. A reply to recent comment, in: The Times (13.06.1946).

977 Ein zeitgenössischer juristischer Kommentar aus dem Jahr 1947 konstatierte etwa neutral: „Rein geographisch kommt hier der kontinentale Jurist in unmittelbare Berührung mit einer ihm fremden Gerichtspraxis und er kann diese als Wertmassstab benutzen, um seine eigene Praxis einer kritischen Untersuchung zu unterziehen." (Honig, Kriegsverbrecher vor englischen Militärgerichten, S. 20.)

Diese Einschätzungen, die zumindest eine geglückte Vermittlung von der Fairness der durchgeführten Kriegsverbrecherprozesse nahelegen, können allerdings nur bedingt auf den katharischen und erzieherischen Impetus übertragen werden, den die Briten mit den Prozessen zu erreichen hofften. Konstatierte doch bereits John Cramer für den ersten Bergen-Belsen-Prozess ganz deutlich, dass sich die gewünschte Wirkung gerade wegen der gewählten drastischen und schonungslosen Anprangerung der Verbrechen in den nationalsozialistischen Konzentrationslagern bei der Deutschen nicht einstellte.[978] Vielmehr führten die schockierenden Bilder und Berichte vor Gericht oftmals zu einer emotionalen Überforderung, welche einer kategorische Leugnung oder Gleichgültigkeit gegenüber den NS-Verbrechen eher Vorschub leistete als einer intensiven persönlichen Auseinandersetzung.[979]

Wie sehr die erzielte Wirkung der Verfahren vom Aufeinandertreffen der Strategien und Argumente von Anklage und Verteidigung abhing, belegt einmal mehr die abschließende Schuldargumentation des Anklägers Blackhouse im Bergen-Belsen-Prozess, die sich direkt auf die berüchtigte Bemerkung des dortigen Verteidigers Major Winwood bezog, die Insassen des Lagers hätten sich aus dem „Abschaum" der osteuropäischen Ghettos zusammengesetzt.[980] In einer Zusammenfassung, die auch von der Presse rezipiert wurde, griff er die Behauptung Winwoods auf und drehte sie mit den Worten um: „In Wirklichkeit aber war in diesen Lagern der Abschaum der SS."[981] Anschließend, so berichtete die *Frankfurter Rundschau* am 13. November 1945, erklärte Blackhouse – und hier präsentierte er exemplarisch die Linie, welche die Briten insgesamt mit den Kriegsverbrecherprozessen verfolgten –, sich mit Verweis auf Befehl und Hierarchie der persönlichen Verantwortung zu entziehen sei keine Option: „Wenn sich Männer und Frauen darauf berufen, daß sie einem Befehl gehorchten, so ist darauf zu

---

978 Cramer, Belsen Trial 1945, S. 333.

979 Ob diese Verweigerungshaltung ursächlich aus der von den Alliierten als Schock-Therapie angelegten Konfrontation mit den Gräueltaten des NS-Regimes erwuchs oder bereits zuvor vorhanden war und nur verfestigt wurde, war bereits zeitgenössisch umstritten. Vgl. Kogon, Eugen, Gericht und Gewissen, in: Frankfurter Hefte, 1 (1946), S. 31, wie auch die Einschätzungen des Soziologen Moris Janowitz in Brink, Cornelia, Ikonen der Vernichtung. Öffentlicher Gebrauch von Fotografien aus nationalsozialistischen Konzentrationslagern nach 1945, Berlin 1998, S. 88, belegen.

980 Vgl. hierzu ausführlich Kap. IV.1.

981 Schlußplädoyers im Belsenprozeß, in: Frankfurter Rundschau (13.11.1945).

erwidern, daß sie sich geweigert haben müßten, diese Untaten zu begehen. Nun müssen sie die Konsequenzen tragen."[982]

Die Frage, inwieweit diese Einschätzung Akzeptanz fand, die Militärgerichtsprozesse also als direkte Folge aus den Taten und Beteiligungen Einzelner an den Verbrechen während des „Dritten Reichs" begriffen wurden, trug entscheidend dazu bei, ob die Verfahren entlang der von den Briten angestrebten „re-education" der Deutschen im Sinne einer *Transitional Justice* erfolgreich sein konnten. Die Möglichkeiten einer effektiven Verteidigung wurde in diesem Zusammenhang vor allem von zwei Faktoren bestimmt: Zum einen von den Verfahrensregeln der Militärgerichtsbarkeit, zum anderen von dem Versuch der britischen Besatzungsmacht, anhand der Demonstration von Recht und Gerechtigkeit gegenüber dem ehemaligen Feind Vertrauen für den (Wieder-)Aufbau einer demokratisch-rechtsstaatlichen Kultur zu schaffen. Deshalb waren die britischen Offiziere nicht nur Teil des militärischen Apparats, sondern hatten als Verteidiger und professionelle Juristen immer auch die Möglichkeit, für ein bestimmtes demokratisches Rechtsideal einzutreten. Zahlreiche Beispiele vor Gericht belegen diese Selbsteinschätzung der Offiziere; dass damit zugleich eine nachhaltige öffentliche Wahrnehmung verbunden war, ist allerdings zweifelhaft.

Das von den Briten verfolgte Ziel der Umerziehung der Deutschen mit dem Instrument der Kriegsverbrecherprozesse, wobei die demonstrative Fairness wesentlich an der glaubwürdigen Gewährleistung einer effektiven Verteidigung hing, ist eines der deutlichsten Zeichen, welche diese Prozesse als Teil eines (zumindest von den Siegermächten gewünschten) *Transitional Justice* erscheinen lassen. Doch auch im Hinblick auf das von Ruti Teitel vertretene Periodisierungskonzept hinsichtlich der Weiterentwicklung des Internationalen Rechts in Bezug auf die Ahndung von schwerwiegenden Menschenrechtsverbrechen lassen sich für die britischen Militärgerichtsprozess passende Merkmale ausmachen.

Fragen der individuellen und/oder kollektiven Schuld[983] verhandelten britische Militärgerichtsprozesse anhand von Zurechnungsstrukturen wie *common design* bzw. *common plan* und brachten damit eine im deutschen Recht bis dato unbekannte Kollektivstrafbarkeit[984] zur Anwendung. Die Weiterentwicklung des Internationalen Völkerstrafrechts beschränkte sich

---

982 Ebenda.
983 Vgl. Cramer, Belsen Trial 1945, S. 326.
984 Ebenda, S. 324. Zum Kollektivschuldvorwurf in britischen Militärgerichtsprozessen vgl. ebenda, S. 332. Zur zeitgenössischen rechtswissenschaftlichen Debat-

indes nicht allein auf die erstmalige Verwendung richtungsweisender neuer Straftatbestände vor Gericht – so wurden die frühen britischen Verfahren zu „parent cases" für die von den Amerikanern abgehaltenen Dachauer Verfahren.[985] Herangezogen wurden die britischen Verfahren auch als historische Vorbilder[986] in den Ad-hoc-Tribunalen zum ehemaligen Jugoslawien, eingesetzt 1993, und zu Ruanda 1994.[987]

Obwohl die britischen Behörden, allen voran das Außenministerium, nicht gezielt eine spezielle Ad-hoc-Gesetzgebung ins Leben rufen wollten, entstanden bei der praktischen Durchführung der britischen Kriegsverbrecherprozesse nicht nur neue von der Anklage verwendete Rechtsfiguren. Die Verfahren bieten auch eine einmalige Quelle von Beispielprozessen in Bezug auf das Aufeinandertreffen von Argumentationsstrategien von Anklage und Verteidigung für und wider eine Kollektivstrafbarkeit bei Menschenrechtsverbrechen. Nicht zufällig nahm das Urteil der Berufungskammer des Tribunals für Ex-Jugoslawien gegen Dusko Tadić direkten Bezug auf zwei britische Militärgerichtsprozesse: die Urteile im ersten Bergen-Belsen-Prozess und im *Essen Lynching Case.*[988] Beide Prozesse wurden als historische Beispiele für die gemeinschaftliche Haftung bei (kriegs-)rechtswidrigen Verbrechen zitiert.[989] Die Kriegsverbrecherprozesse begünstigten nach dem Zweiten Weltkrieg damit de facto die Anklage und die daraus folgende Möglichkeit der juristischen Bestrafung von gemeinschaftlich begangenen Verbrechen und passen sich somit in die von Teitel vorgeschlagene erste Welle einer „post-war" *Transitional Justice* ein.

---

te zum Einfluss der britischen Militärgerichtsprozesse auf die Internationale Strafgerichtsbarkeit vgl. Munro, Hector A., What Court should try Hitler?, in: The Law Journal, 94 (1944), S. 139–140. E., The British Court for War Criminals, in: The Law Journal, 95 (1945), S. 300; Munro, Hector A., The World Court and Its Future, in: The Law Journal, 94 (1944), S. 251–253; Honig, Kriegsverbrecher vor englischen Militärgerichten.

985 Cramer, Belsen Trial 1945, S. 361.
986 Vgl. hierzu auch: Krüger, Transitional Justice, S. 11, sowie Hankel, Gerd/Stuby, Gerhard, Die Aufarbeitung von Verbrechen durch internationale Strafgerichte, in: Petra Bock/Edgar Wolfrum (Hrsg.), Umkämpfte Vergangenheit. Geschichtsbilder, Erinnerung und Vergangenheitspolitik im internationalen Vergleich, Göttingen 1999, S. 247–268.
987 Zur Relevanz der britischen Kriegsverbrecherprozesse für das heutige Völkerstrafrecht vgl. Hassel, Kriegsverbrechen vor Gericht, S. 8, 223–236.
988 Vgl. Kap. III.2.1.1.a) und Kap. III.2.2.1.g).
989 Urteil der Berufungskammer des Tribunals für Ex-Jugoslawien (International Criminal Tribunal for the former Yugoslavia, ICTY) gegen Dusko Tadić vom 15. Juli 1999.

Noch deutlicher wird der *Transitional Justice*-Charakter der britischen Militärgerichtsprozesse in Deutschland und damit auch die Rolle der britischen Verteidiger, sobald man die Verfahren nicht schlicht als Instrument der justiziellen Bestrafung von begangenen Verbrechen im luftleeren Raum begreift, sondern als politische Verfahren.[990] Die Möglichkeiten, welche die Strafverfolgung bietet, trafen in den Gerichtsverfahren auf die Erwartungen und Forderungen der Gesellschaft, insbesondere der Opfer und Hinterbliebenen, nach Strafen für die Verbrechen, die von den Achsenmächten während und teils schon vor dem Zweiten Weltkrieg begangen worden waren. Die Suche nach Gerechtigkeit vor Gericht ist dabei jedoch nicht zwingend gleichzusetzten mit dem Wunsch nach Vergeltung für begangene Kriegsverbrechen. Nicht nur für Großbritannien, sondern für alle vom Krieg betroffenen Staaten galt es, nach Kriegsende eine eigene Vergangenheitspolitik zu finden. Die Kriegsverbrecherfrage wurde dabei mit politischen Forderungen verbunden und prägte nachhaltig die jeweiligen Erinnerungskulturen. Überzeugend konstatiert Leora Bilsky einen direkten Zusammenhang zwischen dem gehäuften Auftreten von politischen Prozessen und Zeiten eines Regimeumbruchs:

> Political trials are most salient in times of transition between regimes, especially when a new democratic regime confronts crimes of the old regime. Indeed, the first attempts to seriously consider the compatibility of political trials with liberal-democratic values appear in the literature on the transition to democracy.[991]

Das Verständnis von politischen Strafprozessen meint hier keineswegs nur Schauprozesse oder nur scheinbar rechtsstaatliche Verfahren in autoritären Regimen, sondern im Gegenteil Strafverfahren, die neben der Bestrafung der Täter und der Ahnung von Verbrechen darüber hinaus noch eine weitere Wirkung entfalten wollen. Von diesem Verständnis ausgehend setzt Gerhard Anders ebenfalls *Transitional Justice* und politische Prozesse in Beziehung:

---

990 Vgl. zum Begriff „Politische Strafprozesse" Kirchheimer, Otto, Politische Justiz. Verwendung juristischer Verfahrensmöglichkeiten zu politischen Zwecken, Hamburg 1993, sowie Christenson, Ronald, A political theory of political trials, in: Journal of Criminal Law and Criminality, 74 (1983), S. 547–577.

991 Bilsky, Leora, Political Trials, in: Neil J. Smelser/Paul B. Baltes (Hrsg.), International encyclopedia of the social & behavioral sciences, Amsterdam, New York 2001, S. 11712–11717, hier S. 11714.

Both are seen to serve other ends than merely punishing individuals who committed a crime. [...] Often criminal trials and truth commissions seek to educate people by producing a historical narrative and ascribe responsibility for past violence.[992]

Dieser Befund lässt sich eins zu eins auf die britische Kriegsverbrecherpolitik und die in Deutschland durchgeführten Militärgerichtsverfahren übertragen. Allerdings birgt diese Verbindung von Gerichtsverfahren mit genuin politischen Zielen auch eine Gefahr in sich. Wie Bilsky bemerkt hat, scheinen die unterschiedlichen Erwartungshaltungen oftmals gegeneinander zu arbeiten: „At such times, the various expectations from the law – to punish the guilty, to ascertain the truth about the old regime, and to enhance reconciliation in society – seem to overwhelm the legal system and to push it in opposite directions."[993]

Aus diesem Grund scheinen Strafprozesse in *Transitional Justice*-Phasen oftmals einen „clash between politics and justice"[994] in den Vordergrund zu rücken, in dessen Verlauf meist die Erwartungshaltung von einer oder von beiden Seiten enttäuscht wird. Im Falle der britischen Militärgerichtsprozesse wären das etwa die nicht erfüllten Hoffnungen der Briten auf eine kollektive Läuterung der Deutschen durch die in den Prozessen ans Licht gebrachten Verbrechen unter dem Nationalsozialismus während des Zweiten Weltkriegs. In dieses Bild passt auch die sowohl von den britischen Behörden wie auch von den britischen Offizieren, die als Verteidiger für Beschuldigte vor diesen Gerichten fungierten, besonders hervorgehobene Garantie einer umfassenden und bestmöglichen Verteidigung, eben auch für schwere Kriegsverbrecher. Wären mit den Verfahren keine weitergehenden politischen Implikationen verbunden gewesen, wäre der immer wiederholte Verweis auf die durch die Verteidiger personifizierten Rechte der Beschuldigten unnötig gewesen, vielmehr als selbstverständlich vorausgesetzt worden. Im Lichte dieses Umstands wird auch klar, warum gerade die britischen Verteidiger anders wahrgenommen wurden als etwa ihre deutschen Kollegen.

Insbesondere die britischen Verteidiger brachten somit alle Voraussetzungen mit, um ein bedeutendes Element eines *Transitional Justice*-Prozesses in Deutschland nach 1945 darstellen zu können. Nimmt man noch die dezidiert erzieherischen Ansprüche hinzu, welche die Briten mit den

---

992 Ebenda. Vgl. zu den aktuellen Debatten in der Völkerrechtswissenschaft auch: Anders/Zenker, Transition and Justice.
993 Bilsky, Political Trials, S. 117 f.
994 Ebenda.

Kriegsverbrecherprozessen verbanden, die Wahrnehmung und Einschätzung britischer Verteidiger als personifizierte Garantie von Fairness (auch wenn hier bisweilen Selbst- und Fremdwahrnehmung differierten) und der Rechtewahrung der Angeklagten, so verwundert es fast, dass die Rolle der Verteidiger öffentlich nicht stärker hervorgehoben wurde. Die überlieferten Zeugnisse zu und von den hier untersuchten britischen Offizieren deuten einheitlich darauf hin, dass das Engagement, die Vehemenz und auch die Überzeugungskraft, mit der sie sich vor Gericht für die Sache ihrer Mandanten einsetzten, als (manchmal sogar überengagierter) Garant für eine Justiz galten, die sich signifikant von der Willkürjustiz des NS-Regimes unterschied. Letztlich blieb die Anzahl der britischen Verteidiger in den mehr als 300 Prozessen in der britischen Besatzungszone aber zu gering, um wirklich als wesentliches Merkmal der britischen Kriegsverbrecherprozesse als Ganzes haften zu bleiben. Man stelle sich vor, wenn all diese Verfahren mit einem britischen Offizier als Verteidiger durchgeführt worden wären. Welch eine Symbolwirkung für die Gewährleistung der bestmöglichen Verteidigung jedweder Angeklagter vor einem britischen Militärgericht hätte davon ausgehen können!

VI. Quellenverzeichnis

Ungedruckte Quellen:

National Archives, Kew, London (NA)

Serie WO 235	„War Crimes Case Files" des Judge Advocate General's Office
	„War Crimes Case Files" des Deputy Judge Advocate General
Serie WO 309	War Office: Judge Advocate General's Office, British Army of the Rhine War Crimes Group (North West Europe) and predecessors: Registered Files (BAOR and other series)
Serie WO 311	„War Crimes Files" des Judge Advocate General's Office. Military Deputy's Department and War Office, Directorates of Army Legal Services and Personal Services (Vorbereitung der Kriegsverbrecherprozesse)
Serie WO 32	„Registered Files (General Series)" War Office and successors
Serie FO 371	„General Correspondence" des Foreign Office. Political Departments
Serie FO 1024	„General and Prisoners Files" der Control Commission for Germany. Allied National Prison Werl
Serie FO 1049	„Records: Political Division" der Control Office for Germany and Austria and Foreign Office. Control Commission for Germany (British Element)
Serie FO 1060	„Correspondence, Case Files, and Court Registers" der Legal Division and UK High Commission. Control Office for Germany and Austria and Foreign Office. Control Commission for Germany (British Element)
Serie AIR 55	„Air Division: Papers" des Air Ministry, British Air Forces of Occupation, Germany and Allied Commission for Austria (British Element)

Serie CAB 122   „Papers: War Cabinet and Cabinet Office, British Joint Staff Mission and British Joint Services Mission, Washington Office Records" (Telegramme, Briefverkehr und Kommissionspapiere zur militärischen Zusammenarbeit der Alliierten während und nach den Zweiten Weltkrieg)

Archiv des Imperial War Museum, London (IWM)
Private Papers of C L Stirling OBE CBE QC. Documents.17014
Private Papers of Major R C Seddon. Documents.3305
Private Papers of Major T C M Winwood. Documents.11522

Access-Datenbank Internationales Forschungs- und Dokumentationszentrum Kriegsverbrecherprozesse/ International Research and Documentation Centre for War Crimes Trials (ICWC) an der Philipps-Universität Marburg

Bundesarchiv Koblenz (BA Koblenz)
Bestand „Zentrale Rechtsschutzstelle": BArch B 305

Archiv der Gedenkstätte Bergen-Belsen
Zeitungsausschnittssammlung zum ersten Bergen-Belsen-Pozess

Archiv des Instituts für Zeitgeschichte, München-Berlin (IfZ) in München
Nürnberger Dokumente, R110

Gedruckte Quellen:

11 Death Sentences in Belsen Trial. „The Beast" decides to appeal, in: Union Jack (19.11.1945).

17 Charges against von Manstein. Genocide in Russia, in: The Times (25.05.1949), S. 3.

Achenbach, Ernst, Redliche Bemühungen um Frieden und Wiedervereinigung. Aussenpolitische Reden und Aufsätze, Opladen 1961.

Alaric, Jacob, Abusive Letters to Belsen Defenders, in: Daily Telegraph (29.09.1945), 14,162.

Alaric, Jacob, Belsen – Day 33. There will be no more trials like this, in: Daily Teleraph (25.09.1945), 14,162.

Beastliness and Belsen. Jewish Women's Dramatic Evidence, in: The Jewish Chronicle (26.10.1945).

Belsen Lawyers are angry, in: Daily Express (18.10.1945).

Bentwich, Norman, Nuremberg Issues, in: The Spectator (16.11.1945), S. 456–457.

Board of Deputies protest against anti-jewish slur by British Officer defending Nazis, in: Jewish Telegraphic Agency (11.10.1945), S. 4.

Borrie, John, Despite captivity. A doctor's life as prisoner of war, London 1975.

Boyle, William, My Naval Life. Admiral of the Fleet the Earl of Cork & Orrery, London 1942.

British Counsel for Nazis Apologizes to Jews. Regrets reference to „ghetto Dregs", in: Jewish Telegraphic Agency (09.11.1945), S. 4.

Calls Victims „Ghetto dregs", in: New York Times (09.10.1945).

Cameron, John, The Peleus trial. Trial of Heinz Eck, August Hoffman, Walter Weisspfennig, Hans Richard Lenz and Wolfgang Schwender, London, Edinburgh, Glasgow 1948.

Clarke, Norman, Frau Kramer chased with carving knife, in: News Chronicle, 31,005 (01.10.1945).

Counsel's view scored. War-Crimes Court Gets Protest on 'Dregs of Ghettos', in: New York Times (12.10.1945), S. 10.

Cuddon, Eric, The Dulag Luft Trial. Trial of Erich Killinger, Heinz Junge, Otto Boehringer, Heinrich Eberhardt, Gustav Bauer-Schlichtegroll, London 1952.

Der meist Befähigte. Zur Reserve abgestellt, in: Der Spiegel (25.08.1949), S. 20–22.

Deutsche Verteidiger für Manstein, in: Die Welt (17.07.1949).

E., The British Court for War Criminals, in: The Law Journal, 95 (1945), S. 300.

E., The Plea of „Superior Orders" in War Crimes Cases, in: The Law Journal, 95 (1945), S. 242–243.

E. A., Unterhausanfrage über Manstein, in: Die Welt, 81 (06.07.1949), S. 7.

England debattiert Manstein-Prozeß. Bisher 3324 Dollar für die Verteidigung gesammelt, in: Hamburger Allgemeine Zeitung für christlich-demokratische Erneuerung, 4 (270.7.1949) 88, S. 1.

Goebbels, Joseph, Ein Wort zum feindlichen Luftterror, in: Völkischer Beobachter, Süddeutsche Ausgabe (28./29.05.1944), S. 1.

Götz, Albrecht, Bilanz der Verfolgung von NS-Straftaten, in: Bundesanzeiger, Jahrgang 38 (30.6.1986) 137a.

Hankey, Von Manstein's Trial, in: The Times (25.08.1949), S. 5.

Honig, Frederick, Kriegsverbrecher vor englischen Militärgerichten, in: Schweizerische Zeitschrift für Strafrecht, 62 (1947), S. 20–33.

Jews in Poland Protest to British Military Court Against Slur at Belsen trial, in: Jewish Telegraphic Agency (06.11.1945), S. 4.

Jung, C. G., Nach der Katastrophe, in: Neue Schweizer Rundschau, 2 (1945).

Kenny, Courtney Stanhope, Outlines of Criminal Law, based on Lectures delivered in the University of Cambridge, Cambridge 1947.

Kinche, John, v. Mansteins Verteidiger. 2 Labour-Abgeordnete, 1 jüdischer und 1 antimilitaristischer Rechtsanwalt, in: Hamburger freie Presse (16.08.1949), S. 2.

Koessler, Maximilian, The Borkum Tragedy on Trial, in: Journal of Commonwealth Literature, 47 (1956), S. 184–189.

Kogon, Eugen, Gericht und Gewissen, in: Frankfurter Hefte, 1 (1946), S. 31.

Kramer testifies he merely obeyed, in: New York Times 1945.

Lange, Richard, Die Rechtsprechung des Obersten Gerichtshofes für die Britische Zone zum Verbrechen gegen die Menschlichkeit, in: Süddeutsche Juristen-Zeitung, 11 (1948), S. 656–658.

Laternser, Hans, Verteidigung deutscher Soldaten. Plädoyers vor alliierten Gerichten, Bonn 1950.

Letters. „Dregs of the ghettoes": many protests, in: News Chronicle (15.10.1945).

Liddell Hart, B. H., „Der fähigste aller deutschen Generale", in: Hamburger Allgemeine Zeitung für christlich-demokratische Erneuerung, 4 (24.08.1949) 100, S. 5.

Manstein-Prozeß, in: Die Zeit, 35 (1.9.1949).

Marlowe, Anthony, The Wuppertal Trials. Crimes and sentence. A reply to recent comment, in: The Times (13.06.1946).

Maugham, Frederic Herbert, U.N.O. and war crimes, London 1951.

Munro, Hector A., Plans for the Trial of War Criminals, in: The Law Journal, 95 (1945), S. 5–7.

Munro, Hector A., The World Court and Its Future, in: The Law Journal, 94 (1944), S. 251–253.

Munro, Hector A., What Court should try Hitler?, in: The Law Journal, 94 (1944), S. 139–140.

Oppenheim, Lassa/Lauterpacht, Hersch, International Law. A treatise, Vol. II: War and Neutrality, 5. Aufl., London 1935.

Oppenheim, Lassa/Lauterpacht, Hersch, International Law. A treatise, Vol. II: War and Neutrality, 6. Aufl., London 1940.

Phillips, Raymond, The Belsen trial. Trial of Joseph Kramer and forty-four others, London 1949.

Polish Press Attacks British Officer Who described Oswiecim Vistims as „dregs of Ghetto", in: Jewish Telegraphic Agency (17.10.1945), S. 5.

Record Hun Devastation, Pillage and Mass Murder in Kiev. Extraordinary State Commission Issues Statement on Crimes Committed By Occupationsts, names germans Responsible for Atrocities, in: Moscow News (01.03.1944), S. 2.

Reel, Adolf Frank, The case of General Yamashita, Chicago 1949.

Russel, Bertrand, Recht oder Vergeltung? Englischer Beitrag zum Manstein-Prozeß, in: Hamburger Abendblatt, 2 (27.06.1949) 75, S. 2.

Sack, Alexander N., Punishment of War Criminals and the Defence of Superior Order, in: Law Quarterly Review, 60 (1944), S. 63–68.

Schlußplädoyers im Belsenprozeß, in: Frankfurter Rundschau (13.11.1945).

Simon, John Allsebrook, Von Manstein Trial, in: The Times (20.08.1949), S. 5.

Slaying of Jews in Galicia Depicted, in: New York Times (26.10.1941).

Studnitz, Hans G. von, Ihr Recht ist auch das Recht Ihres Feindes. Dramatischer Auftakt im Manstein-Prozess. Britischer Verteidiger bezweifelt die Zuständigkeit des Gerichts, in: Hamburger Allgemeine Zeitung für christlich-demokratische Erneuerung, 4 (24.08.1949) 100, S. 1.

The Belsen Trial. Jewish Women's Dramatic Evidence, in: The Jewish Chronicle (28.09.1945), S. 8–9.

The War Office, Manual of Military Law, London 1943.

The War Office, Manual of Military Law, London 1944.

Trainin, I., Lessons of Versaille, in: Soviet War News (23.09.1944), S. 3–4.

Trial of F.M. von Manstein. „Will Not be Abandoned", in: The Manchester Guardian (18.05.1949) 1949.

United Nations War Crimes Commission, History of the United Nations War Crimes Commission and the Development of the Laws of War, Vol. I–XV, London 1948.

United Nations War Crimes Commission, Law Reports of Trials of War Criminals. Selected and prepared by the United nations War Crimes Commission, Vol. I–XV, London 1947–1949.

Wife says Kramer knew he did wrong. Other prisoners Laugh as She Asserts He Loved Familiy, Worried Over Victims, in: New York Times (11.10.1945), S. 4.

Würtenberger, Thomas, Der Irrtum über die Völkerrechtsmäßigkeit des höheren Befehls im Strafrecht, in: Monatsschrift für Deutsches Recht, 2 (1948), S. 271–273.

Zeuss, Wolfgang/Webb, Anthony Michael Francis, The Natzweiler Trial. Trial of Wolfgang Zeuss, Magnus Wochner, Emil Meier, Peter Straub, Fritz Hartjenstein, Franz Berg, Werner Rohde, Emil Bruttel, Kurt aus dem Bruch and Harberg, London 1949.

VII. Statistische Aufstellungen

Prozess	Anklage	Tatort	Datum	Verteidiger
Essen-West Case Verfahren gegen Karl Rauer u.a.	Töten von alliierten Kriegsgefangenen	Aerodrome in Dreierwalde, Deutschland	Wuppertal 18.–26. Feb. 1946	Capt. H. C. Ogden Lt. F. J. Stone Lt. C. Ellison Lt. J. S. Grant
Dulag Luft Trial Verfahren gegen Erich Killinger u.a.	Misshandlung von britischen Kriegsgefangenen	Oberursel, Deutschland	Wuppertal 26. Nov.–3. Dez. 1945	Capt. H. C. Ogden Capt. W. Ure Maj. C. J. Rickard Capt. P. H. Cook Maj. L. P. Wallen
Dreierwalde Case Verfahren gegen Karl Amberger	Erschießen von unbewaffneten Kriegsgefangenen, die angeblich zu entkommen versuchten	Essen-West, Deutschland	Wuppertal 11.–14. März 1946	Lt. C. Ellison
Enschede Case Verfahren gegen Eberhard Schöngarth u.a.	Töten eines unbekannten alliierten Fliegers	Enschede, Niederlande	Burgsteinfurt 7.–11. Feb. 1946	Lt. C. Ellison Capt. T. H. G. Wood Capt. C. N. Dixon
Verfahren gegen Johannes Oenning, Emil Nix	Töten eines britischen Kriegsgefangenen	Velen, Deutschland	Borken 21.–22. Dez. 1945	Capt. G. Soulsby Maj. R. E. T. Birch
SS Peleus Case Verfahren gegen Hans Eck u.a.	Töten von Schiffbrüchigen	Auf Hoher See (Atlantik vor der afrikanischen Küste)	Hamburg 17. 20. Okt. 1945	Maj. N. Lermon *Dr. Todsen* *Dr. Pabst* *Dr. P. Wulf* *Fregatten-Kapitän Meckel* *Prof. Dr. Arthur Wegner*
Verfahren gegen Arno Heering	Misshandlung von britischen Militärs und anderen Briten und Alliierten (Vorenthalten von Lebensmitteln etc.)	Marsch von Marienburg (heute Polen) nach Braunschweig, Deutschland	Hannover 24.–26. Jan. 1946	Capt. E. A. Everett
Verfahren gegen Willy Mackensen	Misshandlung von alliierten Kriegsgefangenen auf einem sogenannten Todesmarsch	Marsch von Thorn, Polen nach Hannover, Deutschland	Hannover 28. Jan. 1946	Capt. E. A. Everett

Prozess	Anklage	Tatort	Datum	Verteidiger
Verfahren gegen Hans Renoth Hans Pelgrim, Friedrich Wilhelm Grabowski, Paul Herman Nieke	Töten eines unbekannten alliierten Fliegers	Elten, Deutschland	Elten 8.–10. Jan. 1946	Lt. R. E. Millman *Dr. Walter Gobbels*
Bergen-Belsen Case Verfahren gegen Josef Kramer u. 44 weitere	Töten und Misshandeln von alliierten Militärs in den Konzentrationslagern Belsen und Auschwitz	Belsen, Auschwitz, Deutschland	Lüneburg 17. Sept.–17. Nov. 1945	Maj. Thomas Claude M. Winwood Maj. A. S. Munro Maj. L. S. W. Cranfield Capt. D. F. Roberts Maj. C. Brown Capt. J. H. Fielden Capt. B. W. Corbally Capt. A. H. S. Neave Capt. J. R. Phillips Capt. J.M. Boyd Capt. D. E. Munro
Essen Lynching Case Verfahren gegen Erich Heyer Peter Koenen, Johann Braschoss, Karl Kaufer, Franz Hartung, Hugo Boddenberg und Erich Sambol	Töten von unbewaffneten Kriegsgefangenen durch Zivilisten; Verantwortlichkeit der Militär, die die Gefangenen bewachen sollten	Essen-West, Deutschland	Essen 18.–22. Dez.1945	Maj. J. W. Stone
Verfahren gegen Friedrich Vonhoren	Töten von 3 alliierten Personen im KZ Sachsenhausen	Oranienburg, Deutschland	Hamburg 29. Jan. 1946	Capt. L. H. Cartwright
Verfahren gegen Wilhelm Menzel	Misshandlung von alliierten Kriegsgefangenen auf einem Gewaltmarsch von Blechhammer (Schlesien) nach Moosburg (Bayern)	March von Blechhammer (Schlesien) nach Moosburg (Bayern)	Hamburg 18. Feb.1946	Capt. L. H. Cartwright
Verfahren gegen Karl Heinz Kniep	Befehl keine Gefangene zu machen, Gefangene sofort zu erschießen	Bray-et-Lû, Frankreich	Hamburg 30. Nov. 1945	Maj. G. G. Briggs
Verfahren gegen Heinz Zaun	Befehl keine Gefangene zu machen, Gefangene sofort zu erschießen	Bray-et-Lû, Frankreich	Hamburg 20. Nov. 1945	Maj. G. G. Briggs

Prozess	Anklage	Tatort	Datum	Verteidiger
Verfahren gegen Otto Theisze	Misshandlung von 2 unbekannten alliierten Personen mit Todesfolge	Liebenau, Deutschland	Hameln 28.–29. Dez. 1945	Maj. P.D. Warren
Verfahren gegen Helmuth Jung	Falsche Behandlung von verwundeten britischen Kriegsgefangenen	Kloster Haina, Deutschland	Göttingen 28. Jan. 1946	Maj. J. R. Phillips
Verfahren gegen Hans Hagel	Misshandlung von 2 polnischen Personen	Stelle, Deutschland	Celle 3. Feb. 1946	Lt. E. B. Richards
Verfahren gegen Gunther Giesenhagen	Misshandlung von polnischen Personen	Gut Emkendorf, Deutschland	Hamburg 6. Feb. 1946	Capt. A. M. Armit
Verfahren gegen Gustav Klever	Misshandlung von alliierten Kriegsgefangenen durch Vorenthalten von Paketen des Roten Kreuzes	Cuxhaven, Deutschland	Cuxhaven 1. Dez. 1945	Capt. B. Marmorstein
Verfahren gegen Hans Wandke	Verwundung eines brit. Offiziers durch weiteres Feuern trotz Vortäuschen von Aufgabe (Hände hochhalten)	Elst, Holland	Wuppertal 14. Okt. 1945	Maj. D. J. Brabbin
Verfahren gegen Lt. Ujvary	Tötung einer alliierten Frau in Belsen	Belsen, Deutschland	Celle 3. Dez. 1945	Capt. A. H. Bray
Verfahren gegen Cadet Officer Vajna	Schießen auf unbewaffnete alliierte Gefangene im KZ Bergen-Belsen	Belsen, Deutschland	Gifhorn 22. Dez. 1945	Capt. A. H. Bray
Verfahren gegen Aloys Stöckl, Fritz Möller	Misshandlung eines unbekannten brit. Fliegers/Kriegsgefangenen	In der Nachbarschaft von Rhede, Deutschland	Borken 17. (18.) Dez. 1945	Lt. M. H. Armstrong *Dr. Otto Neuhaus*
Verfahren gegen Hans Assmussen	Misshandlung von polnischen Arbeitern auf dem eigenen Hof	Neisgrau, Deutschland	Hamburg 31. Jan. 1946	Capt. N. G. A. Evans
Verfahren gegen Rolf Brinkmann, Werner Assmussen	Beteiligung an der Tötung eines brit. Fliegers/ Kriegsgefangenen	Bösel, Deutschland	Osnabrück 21.–23. Jan. 1946	*Dr. Stemmer* Maj. D. Orme Capt. F. H. G. H. Goodhart
Verfahren gegen Hans Speck, Claus Voss	Misshandlung von 2 polnischen Personen	Beringstedt, Deutschland	Hamburg 15. Feb. 1946/ 20. Feb. 1946 (Speck)	*Dr. F Koch* Capt. D. C. Courtney

Prozess	Anklage	Tatort	Datum	Verteidiger
Verfahren gegen Otto Nickel	Misshandlung eines abgeschossenen brit. Fliegers	Nachbarschaft von Gelsenkirchen, Deutschland	Gelsenkirchen 18. Feb. 1946	Capt. P.J. D. Langrishe
Verfahren gegen Laszlo Pato	Tötung von 2 unbekannten alliierten Personen	Belsen, Deutschland	Celle 3. Dez. 1945	Capt. J. Boys
Verfahren gegen Kurt Kindervater, Karl Drenckberg (Karl Didszona)	Misshandlung von 2 unbekannten brit. Fliegern, Misshandlung von polnischen Personen	Kiel, Deutschland	Hamburg 21. Feb. 1946	Capt. A. L. Davies
Verfahren gegen (Kurt Kindervater, Karl Drenckberg), Karl Didszona	Misshandlung von polnischen Personen	Kiel, Deutschland	Hamburg 23. Feb. 1946	Capt. A. L. Davies
Wattenscheid Case Verfahren gegen Paul Zimmermann, Heinrich Dohn, August Kronberg, Paul Dvorak, Paul Dierkesman, Wilholm Beele	Misshandlung von 2 unbekannten brit. Fliegern/ Kriegsgefangenen	Umgebung von Wattenscheid, Deutschland	Essen 1. Okt. 1946	Lieut. D. J. Ovens (Ass. Officer) *G. Fandel Dr. Karl Schäfer Dr. Bernhard Appelhoff Wilhelm Schulte zur Hausen Dr. Max Mondrzik Wulf Birkenhagen*
Verfahren gegen Jakob Bürgin	Misshandlung eines unbekannten brit. Fliegers/ Kriegsgefangenen	Huchenfeld, Deutschland	Recklinghausen 29. Okt. 1946	Lt. R. Beard (Ass. Officer) *Dr. H.G. W. von Bruch*
Verfahren gegen Gerhard Schrapp	Misshandlung einer unbekannten Anzahl von unbekannten polnischen Personen	Allersheim, Deutschland	Holzminden 11.–12. März 1946	Capt. H. C. Ogden

VIII. Literaturverzeichnis

Adorno, Theodor W., Was bedeutet: Aufarbeitung der Vergangenheit. (1959), in: Theodor W. Adorno, Erziehung zur Mündigkeit. Vorträge und Gespräche mit Hellmut Becker 1959–1969, hrsg. von Gerd Kadelbach, Frankfurt/M. 1971.

Aitkin, Leslie, Massacre On The Road To Dunkirk. Wormhout 1940, Mayflower 1976.

Akashi, Yoji, General Yamashita Tomoyuki. Commander of the 25th Army, in: Brian Farrell/ Sandy Hunter (Hrsg.), Sixty Years On. The Fall of Singapore Revisited, Singapur 2002, S. 185–207.

Anders, Gerhard/Zenker, Olaf, Transition and Justice. An Introduction, in: Development & Change, 45 (2014) 3, S. 395–414.

Assmann, Aleida, Der lange Schatten der Vergangenheit. Erinnerungskultur und Geschichtspolitik, München 2006.

Bajohr, Frank/Pohl, Dieter, Der Holocaust als offenes Geheimnis. Die Deutschen, die NS-Führung und die Alliierten, München 2006.

Barris, Ted, The Great Escape. A Canadian Story, Toronto 2013.

Barthe, Christoph, Joint Criminal Enterprise (JCE). Ein (originär) völkerstrafrechtliches Haftungsmodell mit Zukunft?, Berlin 2009.

Benz, Angelika, Der Henkersknecht. Der Prozess gegen John (Iwan) Demjanuk in München, Berlin 2011.

Benz, Wolfgang (Hrsg.), Deutschland unter alliierter Besatzung 1945–1949/55. Ein Handbuch, Berlin 1999.

Benz, Wolfgang/Distel, Barbara (Hrsg.), Der Ort des Terrors. Geschichte der nationalsozialistischen Konzentrationslager, Bd. 3: Sachsenhausen, Buchenwald, München 2006.

Benz, Wolfgang/Distel, Barbara (Hrsg.), Der Ort des Terrors. Geschichte der nationalsozialistischen Konzentrationslager, Bd. 5: Hinzert, Auschwitz, Neuengamme, München 2007.

Benz, Wolfgang/Distel, Barbara (Hrsg.), Der Ort des Terrors. Geschichte der nationalsozialistischen Konzentrationslager, Bd. 7: Wewelsburg, Majdanek, Arbeitsdorf, Herzogenbusch (Vught), Bergen-Belsen, Mittelbau-Dora, München 2008.

Bessmann, Alyn/Buggeln, Marc, Befehlsgeber und Direkttäter vor dem Militärgericht. Die britische Strafverfolgung der Verbrechen im KZ Neuengamme und seinen Außenlagern, in: Zeitschrift für Geschichtswissenschaft, 53 (2005), S. 522–542.

Bilsky, Leora, Political Trials, in: Neil J. Smelser/Paul B. Baltes (Hrsg.), International encyclopedia of the social & behavioral sciences, Amsterdam, New York 2001, S. 11712–11717.

Blasius, Rainer A./Ueberschär, Gerd R., Der Nationalsozialismus vor Gericht. Die alliierten Prozesse gegen Kriegsverbrecher und Soldaten 1943–1952, Frankfurt/M 1999.

Bloxham, Donald, Genocide on trial. War crimes trials and the formation of Holocaust history and memory, Oxford 2010.

Boberach, Heinz, Das Nürnberger Urteil gegen verbrecherische Organisationen und die Spruchgerichtsbarkeit der Britischen Zone, in: Zeitschrift für neuere Rechtsgeschichte, 12 (1990), S. 40–50.

Boberach, Heinz, Strafrechtliche Verfolgung von NS-Verbrechen, in: Wolfgang Benz (Hrsg.), Deutschland unter alliierter Besatzung 1945–1949/55. Ein Handbuch, Berlin 1999, S. 181–186.

Bock, Petra/Wolfrum, Edgar (Hrsg.), Umkämpfte Vergangenheit. Geschichtsbilder, Erinnerung und Vergangenheitspolitik im internationalen Vergleich, Göttingen 1999.

Boll, Bernd, Wehrmacht vor Gericht. Kriegsverbrecherprozesse der Vier Mächte nach 1945, in: Geschichte und Gesellschaft. Zeitschrift für historische Sozialwissenschaft, 24 (1998), S. 570–594.

Bower, Tom, Blind Eye to Murder. Britain, America and the Purging of Nazi Germany – A Pledge Betrayed, London 1995.

Brink, Cornelia, Ikonen der Vernichtung. Öffentlicher Gebrauch von Fotografien aus nationalsozialistischen Konzentrationslagern nach 1945, Berlin 1998.

Brito, Alexandra Barahona de (Hrsg.), The politics of memory. Transitional justice in democratizing societies, Oxford u.a. 2001.

Brochhagen, Ulrich, Nach Nürnberg. Vergangenheitsbewältigung und Westintegration in der Ära Adenauer, Hamburg 1994.

Brunner, Bernhard, Auf dem Weg zu einer Geschichte des Konzentrationslagers Natzweiler. Forschungsstand, Quellen, Methode, Stuttgart 2000.

Bryant, Michael S., Dachau Trials – Die rechtlichen und historischen Grundlagen der US-amerikanischen Kriegsverbrecherprozesse, 1942–1947, in: Henning Radtke/Dieter Rössner/Theo Schiller/Wolfgang Form (Hrsg.), Historische Dimensionen von Kriegsverbrecherprozessen nach dem Zweiten Weltkrieg, Baden-Baden, Zürich 2007, S. 111–122.

Buciek, Klaus D., Beweislast und Anscheinsbeweis im internationalen Recht. Eine Untersuchung zum Grundsatz des „Verfahrens nach eigenem Recht", Bonn 1984.

Buck, Kurt (Hrsg.), Die frühen Nachkriegsprozesse (Beiträge zur Geschichte der nationalsozialistischen Verfolgung in Norddeutschland, Bd. 3), Bremen 1997.

Buckel, Sonja/Christensen, Ralph/Fischer-Lescano, Andreas (Hrsg.), Neue Theorien des Rechts, Stuttgart 2006.

Buckley-Zistel, Susanne/Kater, Thomas, Nach Krieg, Gewalt und Repression. Vom schwierigen Umgang mit der Vergangenheit, Baden-Baden 2011.

Busch, Ulrich, Demjanjuk der Sündenbock. Schlussvortrag der Verteidigung im Strafverfahren gegen John Demjanjuk vor dem Landgericht München, Münster 2011.

Cassese, Antonio, International criminal law, Oxford u.a. 2003.

Caven, Hannah, Horror in Our Time. Images of the concentraion camps on the British media, in: Historical Journal of Film, Radio and Television, 21 (2001) 3, S. 299.

Chandler, Andrew, Patronage des Widerstands. Bischof Bell und das „andere Deutschland" während des Zweiten Weltkriegs, in: Joachim Garstecki (Hrsg.), Die Ökumene und der Widerstand gegen Diktaturen. Nationalsozialismus und Kommunismus als Herausforderung an die Kirchen 2007, S. 47–70.

Charlesworth, Lorie, Forgotten justice. Forgetting law's history and Victims' justice in British „minor " war crimes trials in Germany 1945–8, in: Amicus Curiae, 74 (2008), S. 1–10.

Christenson, Ronald, A political theory of political trials, in: Journal of Criminal Law and Criminality, 74 (1983) 2, S. 547–577.

Claus Füllberg-Stolberg (Hrsg.), Frauen in Konzentrationslagern. Bergen-Belsen, Ravensbrück, Bremen 1994.

Cobain, Ian, Britain's Secret Torture Centre, in: The Guardian (17.12.2005).

Cobain, Ian, The postwar photographs that British authorities tried to keep hidden. Revealed: victims of UK's cold war torture camp (03.04.2006).

Cobain, Ian, The Secrets of the London Cage, in: The Guardian (12.11.2005).

Cramer, John, Belsen Trial 1945. Der Lüneburger Prozess gegen Wachpersonal der Konzentrationslager Auschwitz und Bergen-Belsen, Göttingen 2011.

Cramer, John, „Tapfer, unbescholten, mit reinem Gewissen". KZ-Aufseherinnen im ersten Belsen-Prozess eines britischen Militärgerichts, in: Simone Erpel (Hrsg.), Im Gefolge der SS. Aufseherinnen des Frauen-KZ Ravensbrück. Begleitband zur Ausstellung, Berlin 2007, S. 103–113.

Danner, Allison Marston/Martinez, Jenny S., Guilty Associations. Joint Criminal Enterprise, Command Responsibility, and the Development of International Criminal Law (2005), URL: http://papers.ssrn.com/sol3/papers.cfm?abstract_id=526202 (letzter Aufruf: 10.03.2019).

David-Fox, Michael (Hrsg.), The Holocaust in the East. Local Perpetrators and Soviet Responses, Pittsburgh 2014.

Diercks, Herbert, Zwischenräume. Displaced Persons, Internierte und Flüchtlinge in ehemaligen Konzentrationslagern, Bremen 2010.

Distel, Barbara, Frauen in nationalsozialistischen Konzentrationslagern. Opfer und Täterinnen, in: Benz, Wolfgang/Distel, Barbara (Hrsg.), Der Ort des Terrors. Geschichte der nationalsozialistischen Konzentrationslager. Hinzert, Auschwitz, Neuengamme, München 2007, S. 195–209.

Distel, Barbara/Benz, Wolfgang (Hrsg.), Frauen im Holocaust, Gerlingen 2001.

Dumitru, Diana, An Analysis of Soviet Postwar Investigation and Trial Documents and Their Relevance for Holocaust Studies, in: Michael David-Fox (Hrsg.), The Holocaust in the East. Local Perpetrators and Soviet Responses, Pittsburgh 2014, S. 142–157.

Eggebrecht, Axel, Erinnerungen. Der Bergen-Belsen-Prozeß in Lüneburg, in: Werner Holtfort (Hrsg.), Hinter den Fassaden. Geschichten aus einer deutschen Stadt, Göttingen 1982, S. 53–57.

Ehlert, Martin, „Umerziehung zur Demokratie". Der erste Bergen-Belsen-Prozess in Zeitungsberichten, in: Claus Füllberg-Stolberg (Hrsg.), Frauen in Konzentrationslagern. Bergen-Belsen, Ravensbrück, Bremen 1994, S. 251–258.

Eibach, Joachim, Kriminalitätsgeschichte zwischen Sozialgeschichte und Historischer Kulturforschung, in: Historische Zeitschrift, 263 (1996), S. 681–715.

Eiber, Ludwig/Sigel, Robert, Dachauer Prozesse. NS-Verbrechen vor amerikanischen Militärgerichten in Dachau 1945–48. Verfahren, Ergebnisse, Nachwirkungen, Göttingen 2007.

Elster, Jon, Die Akten schließen. Recht und Gerechtigkeit nach dem Ende von Diktaturen, Frankfurt/M. u.a. 2005.

Espelage, Gregor, Das Arbeitserziehungslager Liebenau. Ein Lager der Firma Wolff & Co. mit Unterstützung der Gestapo Hannover, in: Die frühen Nachkriegsprozesse, Bremen 1997, S. 93–109.

Etschmann, Wolfgang, Erschießung englischer Kriegsgefangener bei Le Paradis am 27.5.1940, in: Franz W. Seidler/Alfred-Maurice de Zayas (Hrsg.), Kriegsverbrechen in Europa und im Nahen Osten im 20. Jahrhundert, Hamburg 2002, S. 155–156.

Farrell, Brian/Hunter, Sandy (Hrsg.), Sixty Years On. The Fall of Singapore Revisited, Singapur 2002.

Finger, Jürgen/Keller, Sven/Wirsching, Andreas, Vom Recht zur Geschichte. Akten aus NS-Prozessen als Quellen der Zeitgeschichte, Göttingen 2009.

Förster, Bodo/Guse, Martin (Hrsg.), „Ich war in Eurem Alter, als sie mich abholten!" Zur Zwangsarbeit der ukrainischen Familie Derewjanko in Berlin-Schöneberg und Steyerberg/Liebenau von 1943 bis 1945, Liebenau, Berlin 2001.

Frankenberg, Günter, Partisanen der Rechtskritik. Critical Legal Studies etc., in: Sonja Buckel/Ralph Christensen/Andreas Fischer-Lescano (Hrsg.), Neue Theorien des Rechts, Stuttgart 2006, S. 97–116.

Frei, Norbert, 1945 und wir. Das Dritte Reich im Bewusstsein der Deutschen, München 2005.

Frei, Norbert (Hrsg.), Transnationale Vergangenheitspolitik. Der Umgang mit deutschen Kriegsverbrechern in Europa nach dem Zweiten Weltkrieg, Göttingen 2006.

Frei, Norbert, Vergangenheitspolitik. Die Anfänge der Bundesrepublik und die NS-Vergangenheit, München 1996.

Garstecki, Joachim (Hrsg.), Die Ökumene und der Widerstand gegen Diktaturen. Nationalsozialismus und Kommunismus als Herausforderung an die Kirchen 2007.

Gausmann, Frank, Deutsche Großunternehmer vor Gericht. Vorgeschichte, Verlauf und Folgen der Nürnberger Industriellenprozesse 1945–1948/51, Hamburg 2011.

Geck, Stefan, Dulag Luft, Auswertestelle West. Vernehmungslager der Luftwaffe für westalliierte Kriegsgefangene im Zweiten Weltkrieg, Frankfurt/M. 2008.

Gottwaldt, Alfred/Kampe, Norbert/Klein, Peter (Hrsg.), NS-Gewaltherrschaft. Beiträge zur historischen Forschung und juristischen Aufarbeitung, Berlin 2005.

Grainer, Gerhard, Versenkung des britischen Lazarettschiffs Llandovery Castle am 27.6.1918, in: Franz W. Seidler/Alfred-Maurice de Zayas (Hrsg.), Kriegsverbrechen in Europa und im Nahen Osten im 20. Jahrhundert, Hamburg 2002, S. 49.

Grimm, Barbara, Lynchmorde an alliierten Fliegern im Zweiten Weltkrieg, in: Dietmar Süß (Hrsg.), Deutschland im Luftkrieg. Geschichte und Erinnerung, München 2007, S. 71–84.

Gruner, Martin, Verurteilt in Dachau. Der Prozess gegen den KZ-Kommandanten Alex Piorkowski vor einem US-Militärgericht, Augsburg 2008.

Guse, Martin, Die Pulverfabrik Liebenau 1938 bis 1945, in: Bodo Förster/Martin Guse (Hrsg.), „Ich war in Eurem Alter, als sie mich abholten!" Zur Zwangsarbeit der ukrainischen Familie Derewjanko in Berlin-Schöneberg und Steyerberg/ Liebenau von 1943 bis 1945, Liebenau, Berlin 2001, S. 47–67.

Gutman, Israel/Jäckel, Eberhard/Longreich, Eberhard/Schoeps, Julius H./Bergner, Margrit/Schmid, Marion, Enzyklopädie des Holocaust. Die Verfolgung und Ermordung der europäischen Juden, Berlin 1993.

Hankel, Gerd, Die Leipziger Prozesse. Deutsche Kriegsverbrechen und ihre strafrechtliche Verfolgung nach dem Ersten Weltkrieg, Hamburg 2003.

Hankel, Gerd/Stuby, Gerhard, Die Aufarbeitung von Verbrechen durch internationale Strafgerichte, in: Petra Bock/Edgar Wolfrum (Hrsg.), Umkämpfte Vergangenheit. Geschichtsbilder, Erinnerung und Vergangenheitspolitik im internationalen Vergleich, Göttingen 1999, S. 247–268.

Hartmann, Christian, Verbrechen der Wehrmacht. Bilanz einer Debatte, München 2005.

Hartmann, Christian, Wehrmacht im Ostkrieg. Front und militärisches Hinterland 1941/42, München 2010.

Hassel, Katrin, Kriegsverbrechen vor Gericht. Die Kriegsverbrecherprozesse vor Militärgerichten in der britischen Besatzungszone unter dem Royal Warrant vom 18. Juni 1945 (1945–1949), Baden-Baden 2009.

Heise, Ljiljana, KZ-Aufseherinnen vor Gericht. Greta Bösel – „another of those brutal types of women"?, Frankfurt/M. 2009.

Herde, Robert, Command Responsibility. Die Verfolgung der „Zweiten Garde" deutscher und japanischer Generäle im alliierten Prozeßprogramm nach dem Zweiten Weltkrieg, Baden-Baden 2001.

Hilger, Andreas/Schmidt, Ute/Wagenlehner, Günther (Hrsg.), Sowjetische Militärtribunale, Bd. 1: Die Verurteilung deutscher Kriegsgefangener 1941–1953 (Schriften des Hannah-Arendt-Instituts für Totalitarismusforschung, Bd. 17), Köln u.a. 2001.

Hilger, Andreas/Schmidt, Ute/Wagenlehner, Günther (Hrsg.), Sowjetische Militärtribunale, Bd. 2: Die Verurteilung deutscher Zivilisten 1945–1955 (Schriften des Hannah-Arendt-Instituts für Totalitarismusforschung, Bd. 17), Köln u.a. 2001.

Hirschfeld, Gerhard, Fremdherrschaft und Kollaboration. Die Niederlande unter deutscher Besatzung 1940–1945, Stuttgart 1984.

Hofmann, Birgit/Wenzel, Katja/Hammerstein, Katrin/Fritz, Regina/Trappe, Julie (Hrsg.), Diktaturüberwindung in Europa. Neue nationale und transnationale Perspektiven, Heidelberg 2010.

Hole, Gerhard, Der prima facie-Beweis und seine Übertragbarkeit in das Strafverfahrensrecht, Tübingen 1963.

Holtfort, Werner (Hrsg.), Hinter den Fassaden. Geschichten aus einer deutschen Stadt, Göttingen 1982.

Hürter, Johannes, Hitlers Heerführer. Die deutschen Oberbefehlshaber im Krieg gegen die Sowjetunion 1941/42, München 2006.

Jaiser, Constanze, Irma Grese. Zur Rezeption einer KZ-Aufseherin, in: Simone Erpel (Hrsg.), Im Gefolge der SS. Aufseherinnen des Frauen-KZ Ravensbrück. Begleitband zur Ausstellung, Berlin 2007, S. 338–346.

Jones, Priscilla Dale, British Policy towards 'minor' Nazi War Criminals. 1939–1958, Cambridge 1989.

Jones, Priscilla Dale, Nazi Atrocities against Allied Airmen. Stalag Luft III and the End of British War Crimes Trials, in: The Historical Journal, 41 (1998) 2, S. 543–565.

Kaienburg, Hermann, Die britischen Militärgerichtsprozesse zu den Verbrechen im Konzentrationslager Neuengamme, in: Kurt Buck (Hrsg.), Die frühen Nachkriegsprozesse, Bremen 1997, S. 56–64.

Karner, Stefan, Zum Umgang mit der historischen Wahrheit in der Sowjetunion. Die „Außerordentliche Staatliche Kommission" 1942 bis 1951, in: Wilhelm Wadl (Hrsg.), Kärntner Landesgeschichte und Archivwissenschaft. Festschrift für Alfred Ogris zum 60. Geburtstag, Klagenfurt 2001, S. 508–523.

Karstedt, Susanne, Legal institutions and collective memories, Oxford, Portland 2009.

Kastendiek, Hans, Großbritannien. Geschichte, Politik, Wirtschaft, Gesellschaft, Frankfurt/M. 1999.

Keller, Sven, Volksgemeinschaft am Ende. Gesellschaft und Gewalt 1944/45, München 2013.

Kenworthy, Aubrey Saint, The Tiger of Malaya. The story of General Tomoyuki Yamashita and „Death March" General Masaharu Homma, New York 1953.

Kirchheimer, Otto, Politische Justiz. Verwendung juristischer Verfahrensmöglichkeiten zu politischen Zwecken, Hamburg 1993.

Klee, Ernst, Das Personenlexikon zum Dritten Reich. Wer war was vor und nach 1945, Frankfurt/M. 2007.

Kochavi, Arieh, Britain and the establishment of the United Nations War Crimes Commission, in: Holocaust: critical concepts in historical studies (2004).

Kochavi, Arieh J., Prelude to Nuremberg. Allied war crimes policy and the question of punishment, Chapel Hill 1998.

Kochavi, Arieh J., The British Foreign Office versus the United Nations War Crimes Commission during the Second World War, in: International Criminal Law (2012).

Kolb, Eberhard, Bergen Belsen. Geschichte des „Aufenthaltslager" 1943–1945, Hannover 1962.

König, Helmut, Die Zukunft der Vergangenheit. Der Nationalsozialismus im politischen Bewußtsein der Bundesrepublik, Frankfurt/M. 2003.

König, Helmut, Von der Diktatur zur Demokratie oder Was ist Vergangenheitsbewältigung, in: Michael Kohlstruck/Andreas Wöll (Hrsg.), Vergangenheitsbewältigung am Ende des zwanzigsten Jahrhunderts 1998, S. 371–392.

König, Helmut/Kohlstruck, Michael/Wöll, Andreas, Vergangenheitsbewältigung am Ende des zwanzigsten Jahrhunderts 1998.

Kopp, Manfred, Flieger ohne Flügel. Duchgangslager (Luft) und Auswärtsstelle (West) 1939–1945, in: Jahrbuch Hochtaunuskreis, 17 (2009), S. 254–269.

Korte, Marcus, Das Handeln auf Befehl als Strafausschließungsgrund. Die Wirkung des Befehls im deutschen Recht und im römischen Statut für den Internationalen Strafgerichtshof, Baden-Baden 2004.

Koser, David/Schmidt, Roman, Hauptstadt des Holocaust. Orte nationalsozialistischer Rassenpolitik in Berlin, Berlin 2009.

Kramer, Helmut/Uhl, Karsten/Wagner, Jens-Christian (Hrsg.), Zwangsarbeit im Nationalsozialismus und die Rolle der Justiz. Täterschaft. Nachkriegsprozesse und die Auseinandersetzung um Entschädigung, Nordhausen 2007.

Krausnick, Helmut, Die Truppe des Weltanschauungskrieges. D. Einsatzgruppen d. Sicherheitspolizei u. d. SD 1938–1942, Stuttgart 1981.

Kreienbaum, Jonas, Ein trauriges Fiasko. Koloniale Konzentrationslager im südlichen Afrika 1900–1908, Hamburg 2015.

Kretzer, Anette, NS-Täterschaft und Geschlecht. Der erste britische Ravensbrück-Prozess 1946/47 in Hamburg, Berlin 2009.

Kritz, Neil J. (Hrsg.), Transitional Justice. How emerging Democracies reckon with former Regimes, Washington, D.C. 1995.

Krüger, Anne K., Transitional Justice. Version 1.0 (2013), in: Docupedia-Zeitgeschichte, URL: www.docupedia.de/zg/Transitional_Justice (letzter Aufruf: 10.03.2019).

Lai, Wen-Wei, China, the Chinese Representative, and the use of International Law to Counter Japanese Acts of Agression. China's Standpoint on UNWCC, in: International Criminal Law Forum, 25 (2014) 1, S. 111–132.

Lessing, Holger, Der erste Dachauer Prozeß. (1945/46), Baden-Baden 1993.

Levy, Sarah, Die Lüge ihres Lebens, in: Die Zeit (26.02.1015).

Lingen, Kerstin von, „Crimes against Humanity". Eine Ideengeschichte der Zivilisierung von Kriegsgewalt 1864–1945, Paderborn 2018.

Lingen, Kerstin von, Kesselrings letzte Schlacht. Kriegsverbrecherprozesse, Vergangenheitspolitik und Wiederbewaffnung. Der Fall Kesselring, Paderborn 2004.

Löffelsender, Michael, „A particularly unique role among concentration camps". Der Dachauer Dora-Prozess 1947, in: Zwangsarbeit im Nationalsozialismus und die Rolle der Justiz, Nordhausen 2007, S. 152–168.

Mallmann, Klaus-Michael, „Volksjustiz gegen anglo-amerikanische Mörder". Die Massaker an westalliierten Fliegern und Fallschirmspringern 1944/45, in: Alfred Gottwaldt/Norbert Kampe/Peter Klein (Hrsg.), NS-Gewaltherrschaft. Beiträge zur historischen Forschung und juristischen Aufarbeitung, Berlin 2005, S. 202–213.

Marienburg, Kerstin, Die Vorbereitung der Kriegsverbrecherprozesse im II. Weltkrieg, Hamburg 2008.

Marrus, Michaël Robert, The Nuremberg war crimes trial 1945–46. A documentary history, Boston 1997.

Marshall, Barbara, German Attitudes to British Military Government 1945–47, in: Journal of Contemporary History, 15 (1980), S. 655–684.

Melber, Takuma, Zwischen Kollaboration und Widerstand. Die japanische Besatzung in Malaya und Singapur 1942–1945, Frankfurt am Main 2017.

Merkl, Franz Josef, General Simon. Lebensgeschichten eines SS-Führers. Erkundungen zu Gewalt und Karriere, Kriminalität und Justiz, Legenden und öffentlichen Auseinandersetzungen, Augsburg 2010.

Merritt, Anna J./Merritt, Richard L., Public opinion in occupied Germany: the OMGUS surveys, 1945–1949, Urbana 1970.

Meserole, Mike, The great escape. The longest tunnel, New York 2008.

Messimer, Dwight D., Heinz-Wilhelm Eck. Siegerjustiz und die Peleus-Affaire, in: Theodore P. Savas (Hrsg.), Lautlose Jäger. Deutsche U-Boot-Kommandanten im Zweiten Weltkrieg, München 2001, S. 215–282.

Michaelis, Herbert, Deutschland unter dem Besatzungsregime. Die Viermächteverwaltung – Schuld und Sühne. Die Kriegsverbrecherprozesse – Die Vertreibung aus den Ostgebieten. 1958–1979.

Neliba, Günter, Lynchjustiz an amerikanischen Kriegsgefangenen in der Opelstadt Rüsselsheim (1944). Rekonstruktion einer der ersten Kriegsverbrecher-Prozesse in Deutschland nach Prozeßakten (1945–1947), Frankfurt/M. 2000.

Neumann, Ulfrid/Prittwitz, Cornelius/Abrão, Paulo (Hrsg.), Transitional Justice. Das Problem gerechter strafrechtlicher Vergangenheitsbewältigung, Frankfurt/M. 2013.

Olick, Jeffrey K., The politics of regret. On collective memory and historical responsibility, New York u.a. 2007.

Orth, Karin, Die Konzentrationslager-SS. Sozialstrukturelle Analysen und biographische Studien, München 2004.

Osiel, Mark, Mass atrocity, collective memory, and the law, New Brunswick u.a. 2000.

Pendaries, Yveline, Les procès de Rastatt, 1946–1954. Le jugement des crimes de guerre en Zone française d'occupation en Allemagne, Bern, New York 1995.

Plesch, Dan/Sattler, Shanti, A New paradigm of Customary International Criminal Law. The UN War Crimes Commission of 1943–1948 and its Associated Courts and Tribunals, in: International Criminal Law Forum, 25 (2014) 1, S. 17–43.

Plesch, Dan/Sattler, Shanti, Changing the Paradigm of International Criminal Law. Considering the Work of the United Nations War Crimes Commission of 1943–1948, in: International community law review, 15 (2013) 2, S. 203–223.

Pohl, Dieter, Von der „Judenpolitik" zum Judenmord. Der Distrikt Lublin des Generalgouvernements 1939–1944, Frankfurt/M., Berlin 1993.

Prusin, Alexander Victor, „Fascist criminals to the gallows!" The Holocaust and Soviet war crimes trials, December 1945–February 1946, in: Holocaust and genocide studies. An international journal, 17 (2003) 1, S. 1–30.

Radtke, Henning/Rössner, Dieter/Schiller, Theo/Form, Wolfgang (Hrsg.), Historische Dimensionen von Kriegsverbrecherprozessen nach dem Zweiten Weltkrieg, Baden-Baden, Zürich 2007.

Raim, Edith, Justiz zwischen Diktatur und Demokratie. Wiederaufbau und Ahndung von NS-Verbrechen in Westdeutschland 1945–1949, München 2013.

Reichel, Peter, Vergangenheitsbewältigung in Deutschland. Die Auseinandersetzung mit der NS-Diktatur in Politik und Justiz, München 2007.

Roht-Arriaza, Naomi (Hrsg.), Transitional justice in the twenty-first century. Beyond truth versus justice, Cambridge 2006.

Roth, Günter, Die deutsche Fallschirmtruppe 1936–1945. Der Oberbefehlshaber Generaloberst Kurt Student. Strategischer, operativer Kopf oder Kriegshandwerker und das soldatische Ethos – Würdigung. Kritik. Lektion, Hamburg 2010.

Rückerl, Adalbert, NS [i.e. Nationalsozialistische]-Prozesse. Nach 25 Jahren Strafverfolgung. Möglichkeiten, Grenzen, Ergebnisse, Karlsruhe 1972.

Rudorff, Andrea, Blechhamer (Blachownia), in: Benz, Wolfgang/Distel, Barbara (Hrsg.), Der Ort des Terrors. Geschichte der nationalsozialistischen Konzentrationslager. Hinzert, Auschwitz, Neuengamme, München 2007, S. 186–191.

Saffering, Christoph, Strafverteidigung im Nürnberger Hauptkriegsverbrecherprozess. Strategien und Wirkung, in: Zeitschrift für die gesamte Strafrechtswissenschaft, 123 (2011) 1, S. 1–81.

Saul Friedländer, Das Dritte Reich und die Juden. Verfolgung und Vernichtung 1933–1945, München 2007.

Savas, Theodore P. (Hrsg.), Lautlose Jäger. Deutsche U-Boot-Kommandanten im Zweiten Weltkrieg, München 2001.

Schäfer, Silke, Zum Selbstverständnis von Frauen im Konzentrationslager. Das Lager Ravensbrück, Berlin 2002, URL: http://webdoc.sub.gwdg.de/ebook/diss/200 3/tu-berlin/diss/2002/schaefer_silke.pdf (letzter Aufruf: 10.03.2019).

Schekahn, Hans-Jürgen, Briten und Belsen. Die ersten Monate nach der Befreiung, in: Kriegsende und Befreiung (1995).

Schenk, Dieter, Der Lemberger Professorenmord und der Holocaust in Ostgalizien, Bonn 2007.

Schmoeckel, Helmut, Lanconia-Affäre. Bombardierung von Rettungsboten durch ein amerikanisches Flugzeug am 16.9.1942, in: Franz W. Seidler/Alfred-Maurice de Zayas (Hrsg.), Kriegsverbrechen in Europa und im Nahen Osten im 20. Jahrhundert, Hamburg 2002, S. 183–184.

Schnatz, Helmut, Lynchmorde an Fliegern, in: Franz W. Seidler/Alfred-Maurice de Zayas (Hrsg.), Kriegsverbrechen in Europa und im Nahen Osten im 20. Jahrhundert, Hamburg 2002, S. 118–121.

Schuon, Christine, International criminal procedure. A clash of legal cultures, The Hague 2010.

Schwarz, Gudrun, „...möchte ich nochmals um meine Einberufung als SS-Aufseherin bitten." Wächterinnen in den nationalsozialistischen Konzentrationslagern, in: Barbara Distel/Wolfgang Benz (Hrsg.), Frauen im Holocaust, Gerlingen 2001, S. 331–353.

Schwarz, Gudrun, Verdrängte Täterinnen. Frauen im Apparat der SS (1939–1945), in: Theresa Wobbe (Hrsg.), Nach Osten. Verdeckte Spuren nationalsozialistischer Verbrechen, Frankfurt/M. 1992, S. 197–223.

Schwarzberg, Günther, Der SS-Arzt und die Kinder. Bericht über den Mord vom Bullenhuser Damm, Hamburg 1979.

Seidler, Franz W./De Zayas, Alfred-Maurice (Hrsg.), Kriegsverbrechen in Europa und im Nahen Osten im 20. Jahrhundert, Hamburg 2002.

Seliger, Hubert, Politische Anwälte? Die Verteidiger der Nürnberger Prozesse, Baden-Baden 2016.

Sigel, Robert, Im Interesse der Gerechtigkeit. Die Dachauer Kriegsverbrecherprozesse 1945–1948, Frankfurt/M., New York 1992.

Simone Erpel (Hrsg.), Im Gefolge der SS. Aufseherinnen des Frauen-KZ Ravensbrück. Begleitband zur Ausstellung, Berlin 2007.

Smelser, Neil J./Baltes, Paul B. (Hrsg.), International encyclopedia of the social & behavioral sciences, Amsterdam, New York 2001.

Sorokina, Marina, People and procedures. Towards a History of the Investigation of Nazis Crimes in the USSR, in: Michael David-Fox (Hrsg.), The Holocaust in the East. Local Perpetrators and Soviet Responses, Pittsburgh 2014, S. 118–141.

Stähle, Nina, British War Crimes Policy and Nazi Medecine. An Overview, in: Henning Radtke/Dieter Rössner/Theo Schiller/Wolfgang Form (Hrsg.), Historische Dimensionen von Kriegsverbrecherprozessen nach dem Zweiten Weltkrieg, Baden-Baden, Zürich 2007, S. 123–135.

Süß, Dietmar (Hrsg.), Deutschland im Luftkrieg. Geschichte und Erinnerung, München 2007.

Süß, Dietmar, Tod aus der Luft. Kriegsgesellschaft und Luftkrieg in Deutschland und England, Bonn 2011.

Sydnor, Charles W., Soldaten des Todes. Die 3. SS-Division „Totenkopf" 1933–1945, Paderborn, Wien u.a. 2002.

Taake, Claudia, Angeklagt. SS-Frauen vor Gericht, Oldenburg 1998.

Tech, Andrea, Arbeitserziehungslager in Nordwestdeutschland 1940–1945, Göttingen 2003.

Teitel, Ruti G., Transitional Justice Genealogy, in: Harvard human rights journal, 16 (2003), S. 69–94.

Ueberschär, Gerd R., Der Nationalsozialismus vor Gericht. Die alliierten Prozesse gegen Kriegsverbrecher und Soldaten. 1943–1952, Frankfurt/M. 1999.

UN, Report of the Secretary-General on the Rule of Law and Transitional Justice in Conflict and Post-Conflict Societies, New York 2004.

Visscher, Charles de/Carpmael, Kenneth/Colombos, C. John, Sir Cecil Hurst. Two Tributes, in: International and Comparative Law Quarterly, 13 (1964) 1, S. 1–5.

Volk, Rainer, Das letzte Urteil. Die Medien und der Demjanjuk-Prozess, München 2012.

Vormbaum, Thomas, Die strafrechtliche Transition in Deutschland nach 1945 unter besonderer Berücksichtigung der Aufarbeitung des Justizunrechts der NS-Zeit, in: Ulfrid Neumann/Cornelius Prittwitz/Paulo Abrão (Hrsg.), Transitional Justice. Das Problem gerechter strafrechtlicher Vergangenheitsbewältigung, Frankfurt/M. 2013, S. 81–104.

Wadl, Wilhelm (Hrsg.), Kärntner Landesgeschichte und Archivwissenschaft. Festschrift für Alfred Ogris zum 60. Geburtstag, Klagenfurt 2001.

Walters, Guy, The real great escape, London u.a. 2013.

Wassermeyer, Heinz, Der prima facie Beweis und die benachbarten Erscheinungen. Eine Studie über die rechtliche Bedeutung der Erfahrungssätze, Münster 1954.

Weber, Jürgen/Steinbach, Peter (Hrsg.), Vergangenheitsbewältigung durch Strafverfahren? NS-Prozesse in der Bundesrepublik Deutschland, München 1984.

Weckel, Ulrike/Wolfrum, Edgar (Hrsg.), Bestien und Befehlsempfänger. Frauen und Männer in NS-Prozessen nach 1945, Göttingen 2003.

Wefing, Heinrich, Der Fall Demjanjuk. Der letzte große NS-Prozess, München 2011.

Weingartner, James J., Americans, Germans and war crimes justice. Law, memory and „the good war", Santa Barbara 2011.

Wenck, Alexandra-Eileen, Zwischen Menschenhandel und „Endlösung" das Konzentrationslager Bergen-Belsen, Paderborn, München 2000.

Werle, Gerhard (Hrsg.), Justice in Transition. Prosecution and Amnesty in Germany and South Africa, Berlin 2006.

Wessels, Rolf, Das Arbeitserziehungslager in Liebenau 1940–1943, Nienburg/Weser 1990.

Wiggenhorn, Harald, Verliererjustiz. Die Leipziger Kriegsverbrecherprozesse nach dem Ersten Weltkrieg, Baden-Baden 2005.

Wobbe, Theresa (Hrsg.), Nach Osten. Verdeckte Spuren nationalsozialistischer Verbrechen, Frankfurt/M. 1992.

Wouters, Nico (Hrsg.), Transitional justice and memory in Europe (1945–2013), Cambridge 2014.

Wouters, Nico, Transitional justice and memory development in Europe, in: Nico Wouters (Hrsg.), Transitional justice and memory in Europe (1945–2013), Cambridge 2014, S. 369–412.

Wrochem, Oliver von, Erich von Manstein. Vernichtungskrieg und Geschichtspolitik, Paderborn 2006.

Wüstenberg, Ralf K., Aufarbeitung oder Versöhnung? Ein Vergleich der Vergangenheitspolitik in Deutschland und Südafrika, Potsdam 2008.

Zeidler, Manfred, Stalinjustiz contra NS-Verbrechen. Die Kriegsverbrecherprozesse gegen deutsche Kriegsgefangene in der UdSSR in den Jahren 1943–1952. Kenntnisstand und Forschungsprobleme, Dresden 1996.